TOWARZYSZ HEMINGWAY

Ernest Hemingway

NICHOLAS REYNOLDS

TOWARZYSZ HEMINGWAY

PRZEKŁAD
Zbigniew Kościuk

BELLONA
WARSZAWA

Tytuł oryginalny
Writer, Sailor, Soldier, Spy: Ernest Hemingway's Secret Adventures, 1935–1961

Projekt okładki i stron tytułowych
Paweł Panczakiewicz

Redakcja merytoryczna
Hanna Śmierzyńska

Redaktor prowadzący
Joanna Proczka

Redaktor techniczny
Elżbieta Bryś

Korekta
Joanna Kłos
Teresa Kępa

Zapraszamy na stronę Wydawnictwa:
www.bellona.pl
Dołącz do nas na Facebooku:
www.facebook.com/Wydawnictwo.Bellona
Księgarnia internetowa
www.swiatksiazki.pl

ISBN 978-83-11-15298-4
Numer: 1000176

Przypuszczam, że w naszych czasach walka będzie najprzyzwoitszym sposobem życia.

– Josephine Herbst do Ernesta Hemingwaya, fragment listu poświęconego hiszpańskiej wojnie domowej z 16 marca 1938 roku

SPIS TREŚCI

POSTACIE

Raymond O. Barton – generał, dowódca 4. Dywizji Piechoty USA, który ułatwiał Hemingwayowi pracę w charakterze korespondenta wojennego we Francji w 1944 roku.

Fulgencio Batista – prawicowy dyktator kubański, obalony przez Fidela Castro 1 stycznia 1959 roku.

Elizabeth Bentley – absolwentka Vassar College, w 1935 roku wstąpiła do amerykańskiej partii komunistycznej w Nowym Jorku, a następnie została sowieckim szpiegiem. Kochanka Jacoba Golosa, który zwerbował Hemingwaya do NKWD. Po śmierci Golosa zgłosiła się do FBI i zeznawała przeciwko dawnym mocodawcom.

Alvah Bessie – amerykański komunista walczący po stronie Republiki podczas hiszpańskiej wojny domowej. Autor dobrze przyjętych wspomnień *Men in Battle* (Ludzie w boju). Należał do „Dziesięciu z Hollywood" – grupy pisarzy komunistycznych, którzy trafili do więzienia za obrazę Kongresu w 1947 roku.

Philip W. Bonsal – amerykański ambasador na Kubie w latach 1959–1960, który przyjaźnił się z Hemingwayem i próbował znaleźć płaszczyznę porozumienia między Kubą Castro i Ameryką Eisenhowera.

Hayne D. Boyden – pilot marines, później attaché ds. morskich ambasady amerykańskiej w Hawanie, który wspierał morskie patrole Hemingwaya mające wykrywać nieprzyjacielskie okręty podwodne w latach 1942–1943.

Spruille Braden – amerykański ambasador na Kubie w latach 1942–1945. Wraz z dwoma podwładnymi, Boydenem i Joyce'em, nadzorował działalność Hemingwaya.

David K.E. Bruce – starszy oficer OSS, który poznał Hemingwaya we Francji w 1944 roku, gdzie obaj wzięli udział w wyzwoleniu Paryża. Po wojnie został dyplomatą wyższego szczebla.

Fidel Castro – kubański rewolucjonista, który w 1959 roku obalił rząd Fulgencio Batisty, ustanawiając lewicową dyktaturę na Kubie.

Roald Dahl – oficer RAF-u (i późniejszy autor bestsellerów); zaprzyjaźnił się z Marthą Gellhorn i pomógł Hemingwayowi dostać się do Europy w 1944 roku.

John Dos Passos – kolega po piórze i przyjaciel Hemingwaya. Dos Passos zerwał znajomość z pisarzem w Hiszpanii w 1937 roku, gdy jego przyjaciel, José Robles, został zamordowany przez republikańskie lub sowieckie organy bezpieczeństwa.

Gustavo Durán – wszechstronnie uzdolniony hiszpański kompozytor i żołnierz, który w armii hiszpańskiej Republiki objął dowództwo dywizji. Bliski przyjaciel Hemingwaya do ich rozstania w 1943 roku, w latach pięćdziesiątych oskarżony o bycie komunistycznym szpiegiem przez senatora Josepha R. McCarthy'ego.

Czou En-laj – chiński charyzmatyczny i długoletni przywódca komunistyczny, który spotkał się z Hemingwayem i Gellhorn w 1941 roku.

Hanns Eisler – niemiecki kompozytor o poglądach komunistycznych, w 1947 roku przesłuchiwany przez Komisję ds. Badania Działalności Antyamerykańskiej.

F. Scott Fitzgerald – głośny pisarz amerykański, w latach dwudziestych bliski przyjaciel Hemingwaya.

Francisco Franco – hiszpański generał, przywódca nacjonalistyczny, który stanął na czele oddziałów walczących z Republiką. Po odniesieniu zwycięstwa wprowadził dyktaturę i pozostał u władzy aż do śmierci w 1975 roku.

Joseph Freeman – amerykański pisarz o poglądach komunistycznych, wydawca pisma „New Masses" i znajomy Hemingwaya.

Martha Gellhorn – trzecia żona pisarza, która towarzyszyła mu w Hiszpanii i Chinach, mieszkała z nim na Kubie i nalegała, by opisał drugą wojnę światową w Europie.

Jacob Golos – żarliwy bolszewicki rewolucjonista, po emigracji do Stanów Zjednoczonych został ostatecznie agentem NKWD w Nowym Jorku. Pozyskał Hemingwaya dla „naszej sprawy" pod koniec 1940 lub na początku 1941 roku. Zmarł w Święto Dziękczynienia 1943 roku.

Winston Guest – amerykański bywalec salonów i sportsmen. Był podwładnym Hemingwaya w Fabryce Krętaczy oraz podczas wojennych patroli „Pilara", łodzi motorowej pisarza.

Igor Guzenko – szyfrant sowieckiej ambasady, który przeszedł na stronę aliantów w Ottawie, w 1945 roku, zabierając ze sobą tajne dokumenty dotyczące radzieckiej siatki szpiegowskiej w Kanadzie i Stanach Zjednoczonych.

Gregory Hemingway – najmłodszy z trzech synów Hemingwaya.

Hadley Richardson Hemingway – pierwsza żona pisarza, matka Johna Hemingwaya.

John „Bumby" Hemingway – najstarszy syn pisarza.

Leicester Hemingway – młodszy brat Ernesta. W 1940 roku patrolował rejon Karaibów, wypatrując statków z zaopatrzeniem dla niemieckich łodzi podwodnych.

Mary Welsh Hemingway – czwarta i ostatnia żona pisarza, którą poznał w Londynie w 1944 roku i poślubił dwa lata później na Kubie.

Patrick Hemingway – drugi syn pisarza.

Pauline Pfeiffer Hemingway – druga żona Hemingwaya, żarliwa katoliczka, matka Gregory'ego i Patricka Hemingwaya.

Valerie Danby-Smith Hemingway – ostatnia sekretarka pisarza, która po śmierci Hemingwaya poślubiła jego trzeciego syna, Gregory'ego.

Josephine (Josie) Herbst – lewicująca amerykańska powieściopisarka, przyjaciółka Hemingwaya w Paryżu, Key West i Hiszpanii.

José Luis Herrera (znany także jako Herrera Sotolongo) – komunista kubański, weteran hiszpańskiej wojny domowej, osobisty lekarz i przyjaciel Hemingwaya.

John Herrmann – mąż Josie Herbst, pisarz i tajny agent komunistyczny.

J. Edgar Hoover – długoletni dyrektor Federalnego Biura Śledczego (FBI).

Harry Hopkins – doradca prezydenta Franklina Roosevelta, dyrektor Federalnego Urzędu ds. Pomocy Nadzwyczajnej (FERA), agencji powołanej w ramach tzw. Nowego Ładu i działającej w latach 1933–1935.

A.E. Hotchner – amerykański dziennikarz i pisarz urodzony w 1920 roku. Pojechał do Hawany w 1948 roku, żeby przeprowadzić wywiad z Hemingwayem, i stał się jego bliskim przyjacielem, a po samobójczej śmierci pisarza napisał o nim pięć książek i wiele artykułów.

Joris Ivens – holenderski komunista, filmowiec i działacz Kominternu współpracujący z Hemingwayem przy filmie o hiszpańskiej wojnie domowej.

Sir Anthony Jenkinson – młody brytyjski arystokrata, który wspólnie z Leicesterem Hemingwayem patrolował wody Karaibów w początkowym okresie drugiej wojny światowej.

Robert P. Joyce – amerykański dyplomata w Hawanie, przyjaciel Hemingwaya ułatwiający mu działania wywiadowcze na lądzie i morzu w latach 1942–1943.

Czang Kaj-szek – chiński przywódca nacjonalistyczny, w latach drugiej wojny światowej walczący przeciwko Japończykom i komunistom. Poznał Hemingwaya i Gellhorn w 1941 roku.

Iwan Kaszkin – tłumacz książek Hemingwaya na język rosyjski, który znacznie przyczynił się do udostępnienia ich radzieckim czytelnikom.

Arthur Koestler – dziennikarz urodzony na Węgrzech; współpracował z Willim Münzenbergiem w Hiszpanii, aby później zwrócić się przeciwko komunistom i napisać antystalinowską powieść *Ciemność w południe.*

Charles T. „Buck" Lanham – oficer armii amerykańskiej, który poznał Hemingwaya podczas walk w 1944 roku i został jednym z jego najbliższych przyjaciół. Po wojnie prowadzili regularną korespondencję.

Mary „Pete" Lanham – żona Charlesa T. Lanhama.

John Howard Lawson – hollywoodzki scenarzysta i dogmatyczny komunista, który podczas przesłuchania przed Komisją ds. Badania Działalności Antyamerykańskiej w 1947 roku odmówił odpowiedzi na pytanie o przynależność do partii.

R.G. Leddy – agent specjalny FBI, podczas drugiej wojny światowej pracujący w ambasadzie amerykańskiej w Hawanie.

Archibald MacLeish – wybitny amerykański poeta i prozaik, pracujący z Hemingwayem i Ivensem przy ich filmie o hiszpańskiej wojnie domowej, mianowany przez Franklina Delano Roosevelta bibliotekarzem Kongresu.

S.L.A. Marshall – amerykański historyk wojskowości, który towarzyszył Hemingwayowi podczas wyzwalania Paryża w 1944 roku.

André Marty – francuski komunista, główny komisarz Brygad Międzynarodowych z ramienia Międzynarodówki w okresie hiszpańskiej wojny domowej. Zyskał sobie miano „Rzeźnika" rozkazami aresztowania i rozstrzeliwania żołnierzy podejrzanych o nielojalność.

Herbert L. Matthews – reporter „New York Timesa", który zaprzyjaźnił się z Hemingwayem w Hiszpanii. Pojechał na Kubę, by relacjonować objęcie władzy przez Fidela Castro; autor serii przełomowych artykułów o nim i jego ruchu.

Joseph R. McCarthy – republikański senator z Wisconsin, inspirator tzw. polowań na czarownice (czyli na komunistów) w Waszyngtonie na początku lat pięćdziesiątych.

Henry Morgenthau Jr. – amerykański sekretarz skarbu pozostający w kontakcie z Hemingwayem podczas jego podróży do Chin w 1941 roku, zainteresowany poglądami pisarza na sytuację w Azji.

Willi Münzenberg – niemiecki komunista, po mistrzowsku koordynujący operacje propagandowe Kominternu w Europie Zachodniej w latach trzydziestych XX wieku.

Joe North – amerykański pisarz i wydawca o poglądach komunistycznych, który zaaranżował publikację artykułów Hemingwaya w marksistowskich czasopismach. To on mógł przedstawić Hemingwaya werbownikowi NKWD, Golosowi.

Aleksander Orłow – rezydent kierujący siatką wywiadowczą NKWD w Hiszpanii w okresie od 1936 do 1938 roku. Zaprzyjaźnił się z Hemingwayem i umożliwił mu wizytę w obozie szkoleniowym partyzantów. Uciekł do Stanów Zjednoczonych przed innymi stalinowskimi poplecznikami.

Maxwell Perkins – długoletni (i czasami długo cierpiący) redaktor Hemingwaya z wydawnictwa Charles Scribner's Sons.

Gustav Regler – niemiecki komunista; służył jako komisarz Brygad Międzynarodowych w Hiszpanii, gdzie zaprzyjaźnił się z Hemingwayem. Z czasem zwrócił się przeciwko komunizmowi i Stalinowi i uszedł na wygnanie do Meksyku.

Alfred Rice – prawnik i de facto agent literacki Hemingwaya, począwszy od 1948 roku.

José Robles – hiszpański akademik, który wyemigrował do Stanów Zjednoczonych, został profesorem Uniwersytetu Johnsa Hopkinsa, po czym wrócił do Hiszpanii walczyć po stronie Republiki podczas wojny domowej. Został zamordowany w podejrzanych okolicznościach przez republikańskie lub sowieckie organy bezpieczeństwa.

Andy Rooney – reporter pisma „Stars and Stripes". Poznał Hemingwaya podczas działań wojennych we Francji w 1944 roku.

John W. Thomason Jr – oficer marines służący w Biurze Wywiadu Marynarki w Waszyngtonie, który wspierał Hemingwaya i pomagał mu w jego patrolach morskich przeciw niemieckim okrętom podwodnym na wodach kubańskich w 1942 i 1943 roku; współpracował z pisarzem przy antologii o wojnie.

Lew Trocki – członek bolszewickiego kierownictwa i komisarz spraw wojskowych, rywalizujący ze Stalinem o władzę w latach dwudziestych XX wieku. Zmuszony do banicji, ostatecznie osiadł w Meksyku, gdzie zginął z ręki zabójcy NKWD.

René Villarreal – zarządca domu Hemingwaya na Kubie, znany jako „kubański syn" pisarza.

Aleksander Wasiljew – oficer KGB, później dziennikarz, badacz i wygnaniec. Na początku lat dziewięćdziesiątych podpisał kontrakt z SWR (utworzoną po zakończeniu zimnej wojny Służbą Wnieszniej Razwiedki, Służbą Wywiadu Zagranicznego Federacji Rosyjskiej), aby zapoznać się z aktami NKWD/KGB i sporządzić opracowanie przeznaczone dla zachodnich historyków. Przedsięwzięcie to miało na celu zgromadzenie środków na fundusz emerytalny pracowników KGB/SWR. Jedne z akt, które czytał, dotyczyły Hemingwaya.

Emmett Watson – dziennikarz z Seattle, który przeprowadził wywiad z Hemingwayem w roku 1960 i odkrył prawdę o jego samobójstwie w 1961 roku.

Harry Dexter White – wyższy urzędnik amerykańskiego Departamentu Skarbu, który w 1941 roku zlecił Hemingwayowi zebranie informacji na temat sytuacji w Chinach. Po zakończeniu wojny zdemaskowany jako sowiecki szpieg.

Edmund Wilson – amerykański lewicujący krytyk literacki i pisarz.

Milton Wolff – amerykański lewicowiec, który brał udział w hiszpańskiej wojnie domowej i prowadził kampanię o postęp w latach czterdziestych i pięćdziesiątych.

WPROWADZENIE

W 2010 roku pracowałem jako historyk w „Najlepszym muzeum, którego nie widziałeś" (czyli w muzeum CIA), przemierzając codziennie kręte korytarze gmachu z czasów Eisenhowera stojącego na uboczu strzeżonego kampusu w północnej Wirginii. Przygotowywaliśmy nową wystawę poświęconą Biuru Służb Strategicznych (OSS), pierwszej amerykańskiej agencji wywiadowczej, założonej w 1942 roku. Zlecono mi odszukanie wszystkiego, co się da, na temat tej eksperymentalnej organizacji, a to obejmowało oczywiście zbadanie harmonogramów i terminarzy firmowych.

OSS, powołane w pośpiechu do walki z państwami osi, było dziwnym tworem – grupą mężczyzn i kobiet należących do wyższej warstwy amerykańskiego społeczeństwa ze Wschodniego Wybrzeża, która jak magnes przyciągała niezwykle utalentowanych i twórczych przedstawicieli wszystkich zawodów, od prawników z Wall Street i filmowców z Hollywood po niebieskie ptaki i najemników czy nawet przyszłą ekspertkę kulinarną Julię Child. W OSS mogli niemal dosłownie planować własne przygody, a w końcu nie wszyscy czuliby się dobrze w szeregach regularnej armii czy marynarki wojennej, w których panowała mniej tolerancyjna atmosfera.

Pewnego dnia, szperając w archiwach, mimochodem połączyłem pewne fakty i wypłynąłem na niezbadane wody. Kiedyś czytałem o tym, jak to w sierpniu 1944 roku Ernest Hemingway i pułkownik David K.E. Bruce z OSS „odbili" bar w paryskim Ritzu. Teraz zacząłem się zastanawiać, czy w tamtej historii nie kryło się coś więcej. OSS nie byłoby niewłaściwym miejscem dla Hemingwaya. Uwielbiał tajemnice i przewagę, którą mu dawały. Łaknął działania, ale nie nadawał się do typowej służby wojskowej. Łatwo przekraczał granice między państwami i warstwami społecznymi. Pomyślałem wtedy, że miał wiele wspólnego z ludźmi wywiadu, poznanymi przeze mnie osobiście lub znanymi mi z lektury. Czy mógłby zatem być jakiegoś rodzaju szpiegiem pracującym dla OSS? Jaka była pełna historia Hemingwaya i jego działalności wywiadowczej w okresie drugiej wojny światowej?

Zacząłem sprawdzać każde źródło, które zdołałem znaleźć. Spis materiałów CIA wskazał mi odtajnione akta OSS w Narodowym Archiwum w College Park, w stanie Maryland, poza granicami Waszyngtonu, w Dystrykcie Kolumbii[1]. Żaden z pracowników archiwum nie mógł jej odnaleźć, co początkowo jedynie pogłębiało atmosferę tajemnicy i prowadziło do wielu frustrujących godzin poświęconych na szukanie pomocy w starych segregatorach na zapleczu. Odnalazłem nawet kilka dokumentów w formie fiszek katalogowych, o których nikt inny nie miał pojęcia. W końcu zaprzyjaźniony badacz Hemingwaya udostępnił mi kopię teczki OSS, do której dotarł w 1983 roku. W trakcie poszukiwań natrafiłem na inne kuszące ślady niegdyś utajnionych teczek OSS, FBI i Departamentu Stanu.

Po kilku miesiącach pracy zaczął mi się rysować wizerunek Hemingwaya znacznie odbiegający od tego, który znałem. Począwszy od 1937 roku, przed i podczas drugiej wojny światowej, pisarz próbował swych sił – niemal obsesyjnie, jak mi się zdaje – w różnych rodzajach szpiegostwa i walki na dwóch kontynentach. Jego przystanki na tym szlaku były różne, często egzotyczne: pola bitewne w Hiszpanii, zaułki Hawany czy dżonka na Rzece Północnej w Chinach. Ciągnęło go do mężczyzn i kobiet działających w cieniu i o własnych siłach. W pewnym momencie jego trzecia żona, Martha, zaczęła potajemnie zabiegać, by OSS wciągnęło pisarza na listę płac. Zastępcy dyrektora i szefowie wydziałów rozważyli jej prośbę, oceniając potencjał Hemingwaya w szczerych uwagach skreślonych na marginesie korespondencji.

Wtedy dowiedziałem się czegoś, co mnie zdumiało: że nawiązał współpracę z organizacją wywiadowczą niepasującą do tradycyjnej narracji o jego życiu. Okazało się nią sowieckie NKWD – Ludowy Komisariat Spraw Wewnętrznych, poprzednik lepiej znanego KGB – który w czasach zimnej wojny, wbrew swojej nazwie, działał również poza granicami własnego kraju.

Na związki pisarza z NKWD natknąłem się, gdy sprawdzałem, czy w swoich badaniach uwzględniłem wszystko, co trzeba, i zaglądałem w nietypowe miejsca, szukając powiązań Hemingwaya z wywiadem. Tamtego brzemiennego w skutki dnia sięgnąłem na półkę po wydaną w 2009 roku książkę, której współautorem był dawny oficer KGB, Aleksander Wasiljew[2]. W jednym z podrozdziałów przytoczono słowo w słowo fragment sowieckiej teczki Ernesta Hemingwaya, którą Wasiljew przeszmuglował z Rosji. Jego dowody były mocne. Notatki o związkach pisarza z NKWD wskazywały, że radziecki agent zwerbował Hemingwaya „dla potrzeb naszej pracy ideologicznej” około grudnia 1940 roku, czyli w czasie, gdy Stalin rządził Związkiem Radzieckim żelazną ręką i był sprzymierzony z Hitlerem na mocy paktu Ribbentrop–Mołotow, nie wspominając o krwawych czystkach rozpoczętych w 1934 roku i trwających wówczas w najlepsze.

Całe życie podziwiałem Hemingwaya, kiedy więc przeczytałem, że powiązał się z NKWD, poczułem się tak, jakby ktoś walnął mnie łokciem w brzuch. Jak to możliwe? Zawsze miał wielu przyjaciół o lewicowych poglądach, ale nigdy nie popierał komunizmu (ani żadnej innej ideologii). Postacie z jego powieści ucieleśniały tak wiele amerykańskich wartości, które wciąż pielęgnowaliśmy: prawdę, dzielność, niezależność, wytrwałość w obliczu przeciwieństw, stawanie w obronie słabszych. Jego głos był bez reszty amerykański – i rewolucyjny. Kilka tygodni przed podjęciem współpracy z NKWD, pod koniec 1940 roku, Hemingway wydał jedną z najwybitniejszych politycznych powieści stulecia, *Komu bije dzwon*. Dlaczego taki człowiek miałby się sprzymierzyć z pachołkami Stalina? I to potajemnie, ukrywając prawdę przed przyjaciółmi, rodziną i czytelnikami? W końcu jego największe dzieła bazowały na dzieleniu się własnymi życiowymi doświadczeniami, a nie ich ukrywaniu.

Połknąłem haczyk. Po ukończeniu pracy przy wystawie poświęconej OSS zacząłem poszukiwać odpowiedzi na dręczące mnie pytania. Może popełniono jakiś błąd w przekładzie lub transkrypcji? A jeśli nie, to jak mogło do tego dojść? Jak ten werbunek mieści się w szerszym obrazie? I co oznacza dla dziedzictwa pozostawionego przez Hemingwaya?

Główne postacie dramatu już nie żyły. Sowiecki agent, który zwerbował Hemingwaya, zmarł w Greenwich

Village w Święto Dziękczynienia 1943 roku (jak wielu jego kapitalistycznych wrogów, na zawał serca po obfitym posiłku). Hemingway popełnił samobójstwo w roku 1961. Odeszli niemal wszyscy jego powiernicy. Stwierdziłem, że w większości będę musiał polegać na źródłach pisanych, takich jak akta sowieckie, oficjalnie nigdy nieodtajnione, prywatne notatki i listy przeznaczone tylko dla jednej pary oczu. Miałem nadzieję, że zdołam znaleźć dość informacji w archiwach i bibliotekach, by zrozumieć, co właściwie zaszło.

I tak zacząłem wysiadywać całymi dniami w czytelniach całego kraju od San Diego po Seattle, od Waszyngtonu po Boston, szukając tropów. Na początku zagłębiłem się w korespondencję Hemingwaya przechowywaną w Bibliotece Prezydenckiej Johna F. Kennedy'ego. Przeglądałem jego listy, siedząc w sali, której okna wychodziły na chłodne wody Zatoki Massachusetts, lecz urządzonej jako jego salon na tropikalnej Kubie, włącznie ze skórami zwierząt i stolikiem przy sofie, na którym stało coś, co wyglądało jak prawdziwy dzbanek z daiquiri, dopóki nie spróbowałeś nalać sobie drinka.

Przez całe życie, jeszcze nim podjąłem pracę w CIA, chciałem odsłaniać zakulisowe sprawy. Poszukiwania zawsze mnie pociągały. Uważałem za naturalne, że jedna wizyta w archiwum prowadzi do następnej. Kolejna mało znana książka o wojnie domowej w Hiszpanii, drugiej wojnie światowej czy czasach zimnej wojny prowokowała do szukania następnej. I tak przez blisko trzy kolejne lata wypełniałem kontury nowego portretu Hemingwaya, korzystając z nietypowych źródeł, do których zaliczały się przechowywane w Amerykańskich Archiwach Krajowych prywatne zapiski generała NKWD, notatka oficera prowadzącego FBI w innym archiwum w Waszyngtonie czy zapiski z rozmów pisarza z jego prawnikiem, które na pierwszy rzut oka dotyczyły prawa autorskiego. Zaskakująco pouczająca, po umieszczeniu we właściwym kontekście, okazała się mało znana grupa listów Hemingwaya, które przeczytałem pod srogim spojrzeniem Johna Fostera Dullesa w bibliotece Uniwersytetu Princeton.

W końcu doszedłem do wniosku, że flirt Hemingwaya z NKWD i wyjaśniające go postawy polityczne pisarza odegrały ważną rolę w jego życiu i twórczości, choć do dziś były zwykle pomijane. Związki z NKWD wywarły wpływ na wiele decyzji, które podjął w ciągu ostatnich piętnastu lat życia: na to, gdzie zamieszkał, co pisał i jak postępował. Ten łańcuch zdarzeń odegrał nawet pewną rolę w samobójstwie popełnionym przez niego w 1961 roku. Znaczna część dramatu rozgrywała się w jego głowie, wyolbrzymiona do nienaturalnych rozmiarów. Kolejne rozdziały zimnej wojny – czerwona panika, kubańska rewolucja i nieudana operacja w Zatoce Świń dwa miesiące przed śmiercią Hemingwaya – pogorszyły jego nastrój. Hemingway nie rozumiał polityki i intryg tak dobrze, jak mu się zdawało, i przez długi czas przeceniał swoją zdolność kontrolowania siebie i innych, ba, nawet wpływania na bieg historii. Kiedy w końcu zrozumiał własne ograniczenia, doszedł do tragicznego wniosku, że jedynym sposobem odzyskania kontroli jest popełnienie samobójstwa.

To jest historia, którą opowiem w mojej książce.

Nicholas Reynolds
Waszyngton, Dystrykt Kolumbii

ROZDZIAŁ 1

PRZEBUDZENIE

Gdy morze przenicowało ląd

Hemingway nie pojechał tam po to, żeby patrzeć. Czwartego września 1935 roku popłynął swą nową łodzią motorową, „Pilar", do Upper Keys, siedemdziesiąt pięć mil na północny wschód od Key West, by dołączyć do operacji ratunkowej. Zdecydowany zrobić wszystko, aby pomóc ocalałym z jednego z największych huraganów w historii Ameryki, załadował „Pilar" prowiantem, wodą i sprzętem mogącym uczynić koczowanie pod gołym niebem nieco znośniejszym. Niestety, tych, którym można było pomóc, została ledwie garstka. Hemingway nie oglądał takich scen od czasu, gdy walczył na froncie włoskim podczas pierwszej wojny światowej. W Święto Pracy nawałnica runęła na wąskie, płaskie wysepki i spustoszyła je niczym całodniowy ostrzał artyleryjski. Wiele największych drzew, jamajskich dereni i mahoniowców, zostało wyrwanych z korzeniami i rzuconych na ziemię. Stała jeszcze tylko garstka murowanych domów, reszta zamieniła się w sterty drewna. Nieopodal małego urzędu pocztowego na Islamoradzie huragan wyrzucił z torów pociąg wysłany w celu ewakuacji robotników zmianowych, ustawiając wagony pod dziwacznymi kątami. Najgorsze było odnajdywanie zwłok wzdętych w temperaturze dwudziestu siedmiu stopni Celsjusza, utrzymującej się u schyłku tego lata. Wiele z nich unosiło się w wodzie wciąż mętnej po uderzeniu sztormowej fali sięgającej czterech i pół metra. Trudno było przeoczyć grupę martwych przy drewnianym nabrzeżu, gdzie za życia przywiązali się do pali, aby nie porwała ich woda. Zwłoki dwóch kobiet uwięzły w konarach mangrowca, który oparł się wysokiej fali i wiatrowi. Czy ofiary próbowały ratować się wspinaczką, czy to fale cisnęły je w ich makabryczne gniazdo? Teraz nie miało to już znaczenia. Jedynym sposobem, w jaki wielki pisarz mógł pomóc ofiarom, było napisanie o nich, opowiedzenie światu o tym, co się stało, i wskazanie odpowiedzialnych za tę tragedię. Postanowił dać świadectwo w sposób, który zmienił jego życie.

W 1935 roku, gdy nadciągnął wielki huragan, Hemingway był u szczytu pisarskiej kariery. Ten ambitny młody człowiek z Oak Park w stanie Illinois, urodzony w przededniu nowego wieku, zapoczątkował rewolucję w literaturze, będąc jeszcze przed trzydziestką. Jego dwie bestsellerowe powieści, *Słońce też wschodzi* i *Pożegnanie z bronią*, są świadectwem tego, jak wiele przeżył w niespełna trzech pierwszych dekadach życia: w wieku dziewiętnastu lat został rannym weteranem, a następnie korespondentem zagranicznym „Toronto Daily Star" i członkiem paryskiej odnogi „straconego pokolenia", grupy legendarnie uzdolnionych pisarzy.

Uzasadnienie literackiej Nagrody Nobla, którą później otrzymał, odwołuje się do siły oddziaływania twórczości Hemingwaya: jego pisarstwo w sposób „uczciwy i nieugięty" ukazywało „twarde oblicze wieku", cechując się charakterystycznym połączeniem precyzji i prostoty. Gdy pisał, był ucieleśnieniem zwięzłości – snuł pasjonujące opowieści oszczędną prozą przemawiającą do wyobraźni milionów czytelników. Centralnym tematem jego utworów była osobista odwaga: okazywał „naturalny podziw każdemu, kto toczył sprawiedliwy bój w świecie [...] pozostającym w cieniu przemocy i śmierci"[1].

Odniósł tak wielki sukces, że był na dobrej drodze, aby stać się wzorcem dla każdego amerykańskiego pisarza i przykładem do naśladowania dla niemałej liczby tych, którzy uważali się za indywidualistów. Czytali Hemingwaya, cytowali jego słowa, naśladowali jego zachowanie, szukali rady. Chociaż jego głos był typowo amerykański, uznawano go za jednego z czołowych pisarzy świata. Miał nieliczną grupkę rywali. Jego sława sięgnęła nawet Związku Radzieckiego, gdzie literatura oznaczała służenie polityce. Pisarze sowieccy stopniowo tracili wolność mówienia prawdy o świecie, jaki widzieli, zmuszani zamiast tego do obsługi zapotrzebowań rządu. Nie sprawiało to większej różnicy zasadniczo apolitycznemu Hemingwayowi, ale cieszył go fakt, że coraz więcej i więcej obywateli sowieckich czyta jego książki.

Dziewiętnastego sierpnia 1935 roku, czyli w czasie, gdy pod wpływem amerykańskich krytyków Hemingway coraz bardziej czuł się niedoceniony we własnym kraju, pisarz dostał z Moskwy paczkę zawierającą zbiór jego opowiadań przełożonych na rosyjski. Przesyłkę nadał liczący się młody tłumacz i ważna postać sowieckiego świata literackiego, Iwan Kaszkin, który uczynił więcej od innych dla promowania twórczości Hemingwaya w ZSRR, początkowo wśród kolegów pisarzy, a później szerszego grona czytelników, wśród nich kilku członków rządzącej elity[2]. Hemingwaya uradował widok radzieckiego wydania jego opowiadań i będąc „spragniony współczucia i empatii", skwapliwie przeczytał dołączony esej Kaszkina napisany na cześć amerykańskiego pisarza[3]. W liście włożonym do paczki (zaadresowanym do „Szanownego Pana", „Pana Hemingwaya" lub może „Drogiego Towarzysza") Kaszkin pisał, z jaką radością, niemal bezkrytycznie, czytelnicy sowieccy powitali książki Hemingwaya: „W naszym kraju nie ma jałowego gapienia się na Pańskie błyskotliwe i fantastyczne osiągnięcia, nie ma radowania się z Pańskich ograniczeń"[4]. Pisarz niezwłocznie odpisał Kaszkinowi, jaką „przyjemnością [jest] mieć kogoś, kto wie, o czym piszesz" – co wśród nowojorskich krytyków stanowiło rzadkość[5]. Był to pierwszy z wielu długich, zaskakująco szczerych listów do człowieka, którego długo cenił jako krytyka i tłumacza[6].

Hemingway chciał jednak jasno wyłożyć Kaszkinowi, że choć jest szczęśliwy z posiadania sowieckich czytelników, nie zamierza zostać komunistą – ani nawet sympatykiem komunizmu. Odnoszący sukcesy młody autor chciał zachować niezależność pomimo nacisków, by przeszedł na lewą stronę. Pisał Kaszkinowi, że jego przyjaciele i krytycy straszyli go, iż skończy samotnie, jeśli nie będzie pisać jak marksista. Nie dbał o to. „Pisarz", ciągnął, „przypomina Cygana", który „nie jest winien posłuszeństwa żadnemu rządowi" i „nigdy nie będzie lubić rządu, pod którym przyjdzie mu żyć". Przy tym lepiej, aby rząd był mały, gdyż duży rząd centralny jest z konieczności „niesprawiedliwy"[7].

Niezależnie od tego, co utrzymywał, czytelnicy o lewicowych poglądach zaczęli dostrzegać u niego nikłe zalążki świadomości klasowej, gdy pisał o nieudolności amerykańskich polityków lub o tym, jak bogaci w Ameryce ignorują ciężką dolę ubogich. Niektórzy krytycy zwrócili uwagę na jego opowiadanie *One Trip Across* (Przeprawa) o przewoźniku pchniętym na drogę przestępstwa przez kryzys gospodarczy. Inni, o dziwo, powoływali się na uwagi, które poczynił na temat warunków panujących w Ameryce na kartach książki *Zielone wzgórza Afryki*, w zasadzie podróżniczej, opowiadającej o bogatym mężczyźnie polującym dla sportu na grubą zwierzynę[8].

Utwory, które Hemingway napisze dla „New Masses", zaskoczą sporą grupę lewicujących Amerykanów i zwrócą na niego uwagę Sowietów. Ten marksistowski przegląd literacki, wydawany przez amerykańskich lewicowców i komunistów, niewiele dzieliło od uznania go za oficjalny organ Komunistycznej Partii Stanów Zjednoczonych (CPUSA). Kiedy w 1926 roku ukazał się pierwszy numer tego przeglądu, „Time" porównał pismo do „okopconej łodzi, niezgrabnej, lecz mocnej, z czerwonymi bohomazami na dziobie i takimiż plamami widniejącymi tu i tam na cokolwiek rozkojarzonym napędzie"[9].

Owo rozkojarzenie nie miało znaczenia dla pewnego typu pisarzy – od światowych sław, takich jak George Bernard Shaw i Maksym Gorki, do ledwie tlących się talencików, znanych jedynie na lewicy, a pragnących wyłącznie tego, by ich publikowano. Niektóre z drukowanych w „New Masses" utworów miały charakter polityczny, ale większość była od niego wolna. Hemingway zamieszczał tam artykuły poświęcone najróżniejszym tematom, od walk byków po śmierć w odciętym przez śnieg domku w Alpach. Nie miał też oporów przed gniewnym oskarżeniem redaktorów, gdy niepochlebnie zrecenzowali jego opowiadanie *Torrents of Spring* (Strumienie wiosny). Byli rewolucjonistami, pisał do swojego starego przyjaciela Ezry Pounda, tylko dlatego, że mieli nadzieję, iż w nowym porządku zostaną uznani za „utalentowanych ludzi"[10]. Krytycy odgryźli się zarzutem, że Hemingway jest przesadnie skoncentrowany na jednostce i nie rozumie potężnych ekonomicznych sił wyznaczających kurs amerykańskiej historii.

Siły te dały o sobie znać w 1929 roku. Załamanie na giełdzie doprowadziło do wielkiego kryzysu, który postawił pod znakiem zapytania wszystkie założenia leżące u podstaw amerykańskiego marzenia. Wall Street, silnik napędzający kapitalistyczną machinę, zgasł i nie mógł już napędzać gospodarki. Mniej więcej jedna czwarta zatrudnionych straciła pracę. Około dwóch milionów ludzi ruszyło ku liniom kolejowym, wskakując do pociągów towarowych i przemierzając kraj w poszukiwaniu zajęcia. Jeszcze więcej milionów zaczęło głodować. Czołowi do niedawna przedsiębiorcy wystawali na rogach ulic, sprzedając ołówki czy jabłka, po czym stawali w kolejce po zupę w garkuchniach dla bezrobotnych. Nie lepiej wiodło się do niedawna świetnie prosperującym farmerom. Mieszkańcy miast nie mogli sobie pozwolić na kupowanie dotychczasowych ilości mięsa i płodów rolnych, kryzys więc objął także tereny wiejskie. Sytuację dodatkowo pogorszyła susza, która objęła Wielkie Równiny. Wiatr rozwiewał jeden akr ziemi uprawnej po drugim i na ogromnych obszarach szalały burze piaskowe.

Po 1929 roku „New Masses" przesunęły się jeszcze bardziej na lewo. Redaktorzy pisma postanowili wkroczyć „na niespokojną arenę, gdzie toczyły się codzienne walki o przetrwanie", i wysyłać reporterów „na linie pikietujących [...] martwiących się o przyszłość farm [i] tlącego się Południa"[11]. Chodziło o naoczne uchwycenie różnego rodzaju cierpień wywołanych przez niemal doskonałą gospodarczą i naturalną katastrofę. Tak powstałe artykuły miały przyciągnąć czytelników, by surowo ocenili wady kapitalizmu.

Rozwiązanie zdawał się podsuwać daleki Związek Radziecki. Sowieci mówili o przyszłości, w której nie będzie bezrobotnych i głodnych, tworząc mamiącą wizję społeczeństwa sprawiedliwego, bezklasowego. Wydawało się, że nazistowskie Niemcy i faszystowskie Włochy powstały jako przeciwwaga dla sowieckiego państwa. Przemówienia Hitlera kreśliły plan dla Niemiec. Zaciskając pięści i gwałtownie gestykulując, w gniewnym crescendo oskarżał Żydów i komunistów o spowodowanie kryzysu, który uderzył w Niemców równie mocno jak w resztę świata. Hitler miał własną drogę wyjścia z kryzysu: ucisz wrogów, przygotuj się do wojny, odbierz nieprzyjaciołom to, czego potrzebujesz. Tym sposobem Hitler i jego dyktator, Mussolini, pchnęli wielu amerykańskich artystów na lewo znacznie dalej, niż zaszliby tam sami[12].

Jeszcze przed nadejściem wielkiego kryzysu Hemingway i jego druga żona, Pauline Pfeiffer, przeprowadzili się na Key West. Mieli tam wieść rodzinne życie, a krzepki, przystojny sportsmen – mierzący sto osiemdziesiąt centymetrów wzrostu, muskularny, o bujnej, czarnej czuprynie i przenikliwych ciemnych oczach – mógł nadal prowadzić na pół surowe życie na łonie natury, a przynajmniej ubierać się, jakby miał taki zamiar: bosy, w prostej, zwykle do połowy rozpiętej koszuli i szortach przewiązanych kawałkiem sznurka.

Key West, stanowiąca południowy kraniec kontynentalnych Stanów Zjednoczonych, jest jedną z ostatnich małych wysepek, które ciągną się od Florydy w głąb Zatoki Meksykańskiej. W 1928 roku stanowiła tropikalny raj biedoty, do którego można było dotrzeć z kontynentu jedynie koleją lub łodzią. Wiele ulic nie miało utwardzonej nawierzchni. Liczne domostwa były pozbawione instalacji wodno-kanalizacyjnej lub elektryczności. Placówkami najbardziej przypominającymi sklep spożywczy były małe składy sprzedające artykuły pierwszej potrzeby.

Niemniej plaża zawsze była blisko, a woda ciepła i czysta. Nawet na głębokości pięciu metrów biały piasek dna wydawał się znajdować na wyciągnięcie ręki. Tuż nad nim unosiły się liczne ryby, stanowiąc łatwą zdobycz dla miejscowych. Jeszcze lepiej łowiło się na głębszej wodzie. Rybacy sprzedawali lub wymieniali codzienny połów z sąsiadami, którzy urozmaicali rybami posiłki złożone z ryżu i fasoli ze składu spożywczego oraz warzyw z przydomowego ogródka. Po obiedzie każdy mógł siąść na portowym nabrzeżu i obserwować słońce zachodzące za oceanem, a potem iść do prymitywnie urządzonego baru, najpierw nazwanego Blind Pig, później Silver Slipper, a wreszcie Sloppy Joe's. Niezależnie od nazwy, było to miejsce „obskurne, pełne dobrych przyjaciół i graczy, gdzie za piętnaście centów można było dostać szklaneczkę whiskey, a za dziesięć […] napić się dżinu", betonowa podłoga zaś była zawsze mokra od roztopionego lodu[13].

Hemingway usłyszał o Key West od kolegi po piórze, Johna Dos Passosa, intelektualisty z Baltimore – wysokiego, nieśmiałego, łysiejącego, bardziej myślącego niż emocjonalnego, trochę w typie profesora. Wbrew tym pozorom, Dos Passos uwielbiał przebywać w otoczeniu natury, choć może nie do końca tak jak wielki wędkarz i myśliwy Hemingway. Dos Passos trafił na to miejsce, przemierzając Florida Keys w 1924 roku, i napisał Hemingwayowi o swoim odkryciu. Pisarz pojechał je zobaczyć i też uległ jego urokowi. Tak bardzo, że w końcu wprowadził się do solidnego dwupiętrowego domu z wapienia stojącego przy Whitehead Street. Ten wzniesiony w 1851 roku budynek przypominał nowoorleańską siedzibę kapitana rzecznego parowca, otoczony wysoką werandą, z ozdobnymi kratami i drewnianymi, zwykle pomalowanymi na zielono okiennicami, chroniącymi przed wichurą.

W 1930 roku do wyspiarskiego miasteczka dotarł wielki kryzys. W 1934 roku Key West stało się formalnym

Miejsce, w którym kontynentalne Stany Zjednoczone przypominają najbardziej tropikalny raj: dom Hemingwaya przy Whitehead Street w mieście Key West.
NY World Telegram and Sun Collection, Library of Congress

bankrutem, nie mogąc zebrać dość podatków, by pospłacać budżetowe rachunki. Wtedy do akcji wkroczył florydzki oddział Federalnej Administracji do spraw Doraźnej Pomocy (FERA), powołanej przez Franklina Delano Roosevelta, i wziął sprawy w swoje ręce[14]. Urok wyspy częściowo polegał na tym, że kontynent – Floryda – był daleko, teraz jednak, uprzedzając lokalne władze, kontynent nagle się pojawił i przejął klucze do miasta. Dos Passos nie musiał długo myśleć o skutkach. Powiedział coś w rodzaju: „szantażyści z organizacji pomocowych" zamieniają „miasto wolnych rybaków i przemytników alkoholu" w „podupadłą farmę"[15]. Hemingway był podobnego zdania. Nowy Ład Roosevelta – prezydencki sposób na wydźwignięcie kraju z kryzysu – „przypominał przedstawienie YMCA" reżyserowane przez „chodzących z głową w chmurach bękartów". Z punktu widzenia Hemingwaya, preferującego twardą samodzielność, Nowy Ład zachęcał ludzi do rzucenia roboty i przejścia na zasiłek[16]. To, że jednym z elementów planu pomocowego było przekształcenie Key West w miejscowość turystyczną i uczynienie siedziby słynnego pisarza przy Whitehead Street jedną z lokalnych atrakcji, tylko pogarszało sytuację, pozbawiało bowiem Hemingwaya i jego rodzinę prywatności. Mimo to do 1940 roku nazywali to miejsce domem.

Na Keys prawie każdy żył blisko natury, stąd komuś tak wyczulonemu na pogodę jak Hemingway nietrudno było wyczuć nadciągającą burzę. W ostatnią noc sierpnia 1935 roku niebo zaciągnęły ciemne chmury i powiał silny wiatr towarzyszący spadkowi ciśnienia. Po zerknięciu do gazety i potwierdzeniu złego przeczucia Hemingway zaczął szykować dom i – zwłaszcza – łódź na nadciągający

Hemingway i Dos Passos, przyjaciele w dobrych czasach na łodzi rybackiej w pobliżu Key West.
Ernest Hemingway Photo Collection, JFK Library

sztorm. Jego „Pilar", łódź motorowa z dębiny i mahoniu, wykonana wedle dokładnych wskazówek pisarza, przeznaczona była głównie do wypraw wędkarskich na marliny, choć nadawała się także do wygodnych rejsów po otwartym morzu. Tamtej nocy „Pilar" cumowała w pobliżu basenów dla łodzi podwodnych w stoczni marynarki wojennej, kilka przecznic od domu. Hemingway poświęcił pięć godzin, aby przygotować ją na nadejście złej pogody.

W końcu burza jedynie musnęła Key West, nie wyrządzając większych szkód, za to w wyspy Middle i Upper Key uderzyła z siłą, jakiej nie pamiętano od zamierzchłych czasów. Hemingway zaczekał, aż pogoda się uspokoi, po czym wyruszył na północny wschód, żeby ocenić zniszczenia i zobaczyć, jak może pomóc. Wtedy zaczął odkrywać spustoszenia. Liście drzew wyglądały jak

Gdy morze przenicowało ląd: zniszczenia, które ujrzał Hemingway, gdy pożeglował „Pilar" na północ, do Matecumbe Keys, we wrześniu 1935 roku.
Ernest Hemingway Photo Collection, JFK Library

opalone przez ogień, ląd zaś sprawiał wrażenie wywróconego przez morze na drugą stronę[17]. Ujrzał to, zanim dotarł do jednego z leżących na wybrzeżu obozowisk dla weteranów pierwszej wojny światowej, którzy pracowali przy jednym z projektów budowlanych Nowego Ładu. Tu zniszczenia były znacznie gorsze. Prymitywne chaty z płyt przybitych do drewnianych ram, z płótnem zamiast dachu, zostały dosłownie zmiecione z powierzchni ziemi. Wokół walały się ciała, niczym szczątki statku rozbitego w morskiej katastrofie. Od 1918 roku Hemingway nie widział tylu zwłok w jednym miejscu. Lubił mawiać, że wyjazd na wojnę przyzwyczaił go do widoku śmierci. Żołnierz musiał zaakceptować śmierć, ale to nie była wojna i tego nie sposób było zaakceptować.

W długim liście do swojego redaktora, Maxwella Perkinsa z wydawnictwa Charles Scribner's Sons, nie potrafił zapanować nad silnymi emocjami, które wywołało w nim to przeżycie[18]. Opisywał półnagie ciała rozkładające się w słońcu z tak makabrycznymi szczegółami, że układny nowojorczyk, który w morski rejs rybacki udałby się w marynarce i krawacie, musiał uznać to za nieprzyjemne. Hemingway zakończył list konkluzją, że weterani zostali „praktycznie zamordowani". Winą za ich śmierć obciążył prezydenta i administratora FERA, dawnego pracownika pomocy społecznej, Harry'ego Hopkinsa, a obecnie powiernika Roosevelta. Wysyłali „tych nieszczęsnych chłopców uczestniczących w marszach biedoty [na Florida Keys], aby się ich pozbyć" i w końcu „pozbyli się ich na dobre"[19]. (Było to prawdą tylko w tym sensie, że administracja Roosevelta zaproponowała bezrobotnym weteranom, którzy organizowali protesty w Waszyngtonie, możliwość pracy na wyspach archipelagu Florida Keys).

Dla Hemingwaya był to kolejny dowód na to, że centralny rząd i polityka Nowego Ładu są złe.

Joe North, jeden z komunistycznych redaktorów pisma „New Masses", który w dziwnych momentach pojawiał się i znikał z życia Hemingwaya, zatelegrafował do pisarza z prośbą o artykuł na temat katastrofy. Zależało mu na tekście, który ukaże Nowy Ład w złym świetle, gdyż ówcześni komuniści stali na stanowisku, że administracja Roosevelta zasadniczo nie różni się od administracji Hoovera – z jednym wyjątkiem: nowy prezydent skrywał swoją kapitalistyczną politykę za nieschodzącym mu z ust uśmiechem[20].

Dając autorowi swobodę pisania o tym, co widział, North liczył, że Hemingway dostarczy mu artykuł, o jaki mu chodziło. Było to zgodne z ogólną wytyczną Komunistycznej Partii Stanów Zjednoczonych, aby wykorzystywać znane postacie, kiedy się da, niezależnie od ich politycznej orientacji. Nie wymagano członkostwa w partii, a jedynie gotowości pisania[21]. Hemingway, chociaż „New Masses" w dalszym ciągu krytykowały, często z goryczą, jego burżuazyjne poglądy, zgodził się napisać artykuł dla Northa[22]. W końcu miał już gotowy spory fragment tekstu w liście do Perkinsa, chętnie więc skorzystał z nowego ujścia dla targających nim uczuć. No i w końcu nikt inny go o to nie poprosił[23]. Niemniej zadbał, aby przyjaciele i korespondenci wiedzieli, że nie zmienił zapatrywań w kwestii linii redakcyjnej „New Masses"[24].

Pismo umieściło artykuł Hemingwaya pod nagłówkiem „Kto zamordował weteranów?" i wydrukowało go na pierwszej stronie numeru z 17 września 1935 roku jako atak na lansowaną przez administrację Roosevelta politykę „bezrobocia, głodu i śmierci" dla weteranów wojennych[25]. Jak na „New Masses" był to artykuł niezwykły. Rozpoczynał się całkiem dobrze, wskazując różnice klasowe między zamożnymi obywatelami i weteranami. Hemingway napisał, że bogaci wędkarze, tacy jak prezydenci Hoover i Roosevelt, wiedzieli, że odwiedzanie Florida Keys w porze lata nie jest mądrą decyzją. Szczególnie w okolicach Święta Pracy, gdy pogoda bywa zdradziecka i stwarza zagrożenie dla mienia. Jednak weterani nie mieli żadnego majątku. Byli oni, ciągnął Hemingway, zwykłymi „ludźmi, którzy nie osiągnęli sukcesu" i luksus wyboru ich nie obejmował. Wysłano ich na Florida Keys, aby wykonywali „pracę kulisów" w porze huraganów.

Następnie zmienił temat i poświęcił resztę strony na opisanie tego, jak zadbał o swój majątek, w szczególności o wykonaną na zamówienie łódź motorową. Opowiedział czytelnikom o wielu rzeczach, które zrobił, aby „Pilar" nie ucierpiała podczas burzy. Wspomniany ustęp, stanowiący szczegółową instrukcję dla zamożnego posiadacza łodzi stojącego w obliczu nadciągającego huraganu, jakimś sposobem uszedł uwadze redaktorów. Ponownie zmieniwszy temat, Hemingway przeszedł do serii oskarżycielskich pytań, przeplatanych makabrycznymi szczegółami katastrofy. Chciał poznać istotne fakty: Kto wysłał weteranów do Florida Keys? Kto pozostawił ich na wyspie w porze huraganów? Kto nie dopilnował ewakuacji, stanowiącej „jedyną możliwą ochronę"? Zakończył pytaniem o karę dla winnych tej rzezi[26].

Artykuł „Kto zamordował weteranów?" znalazł czytelników daleko poza względnie ograniczonym zasięgiem „New Masses". Dla przykładu „Time" wspomniał o artykule Hemingwaya we własnej relacji z kataklizmu, koncentrując się na tym, że prokurator stanu Floryda, George Worley, doszedł do wniosku, iż „nikt nie odpowiada za zaniechanie ewakuacji weteranów [...] zanim [...] huragan zabił 458 osób". Hemingway pełnił rolę kontrapunktu dla Worleya. Bez sugerowania, że pisarz był teraz lewicującym rewolucjonistą, „Time" zacytował końcowe podchwytliwe pytania Hemingwaya, dopytującego się, jak doszło do tego, że pozostawiono weteranów na pewną śmierć[27]. Gazeta „Daily Worker", podająca się za „Centralny Organ Komunistycznej Partii Stanów Zjednoczonych", poszła jeszcze dalej, przedrukowując słowo w słowo oryginalny artykuł, umieszczając nazwisko Hemingwaya przy głównym tytule i na zakończenie tekstu dodając nadtytuł: „Pisarz odnalazł wzdęte ciała pozostawionych na Florida Keys na pewną śmierć ludzi"[28]. Kaszkin osobiście przetłumaczył artykuł na rosyjski dla swojej gazety literackiej, udostępniając go rosnącej rzeszy sowieckich czytelników Hemingwaya[29].

Tekst przyciągnął uwagę także w innej moskiewskiej dzielnicy. Urzędnicy gromadzący wycinki prasowe na użytek sowieckich szpiegów zwrócili uwagę na artykuł, odkładając go do teczki jako przydatny dla przyszłych operacji i wpisując do indeksu, by informacje na temat Hemingwaya stały się dostępne[30]. Chodziło o to, żeby śledzić poczynania jego i innych cudzoziemców, którzy sympatyzowali z klasą pracującą i pewnego dnia mogli okazać się przydatni. Był to zbiór pasywny, pokrewny wstępnemu badaniu rynku odnotowującemu dobre okazje sprzedaży, z nazwiskami osób mogących pewnego dnia przejść na stronę Sowietów. Pewnie to wówczas ktoś w NKWD, Ludowym Komisariacie Spraw Wewnętrznych, pierwszy raz zainteresował się Hemingwayem.

W tym czasie NKWD było jedną z najbardziej doświadczonych i skutecznych agencji wywiadowczych na świecie. W końcu, po kilku zmianach nazwy, NKWD [w dalszej części książki będę używać akronimu „NKWD" zamiast oddawać liczne – często dezorientujące – zmiany nazwy tej organizacji] przeistoczyło się w lepiej znane KGB (Komitet Bezpieczeństwa Państwowego), stojące na solidnym fundamencie rosyjskiej i bolszewickiej tradycji. Carska Rosja miała swoją tajną policję polityczną, Ochranę. Bolszewicy, aby przetrwać jako ruch rewolucyjny pozostający w opozycji do Ochrany, stworzyli tajną, zdyscyplinowaną i głęboko zakonspirowaną organizację partyjną. Po dojściu do władzy w 1917 roku rząd bolszewicki rozwiązał Ochranę, ale zachował i ulepszał jej model działania, stwarzając znacznie potężniejszą organizację służącą obronie i rozprzestrzenianiu rewolucji. W kraju była ona narzędziem kontroli. W latach trzydziestych tajne służby państwa infiltrowały niemal wszystkie aspekty życia i pracy w Związku Radzieckim – i nie czyniły tego w delikatny sposób. Poza granicami kraju (wbrew swojej nazwie) NKWD było głównym narzędziem werbowania szpiegów, gromadzenia informacji wywiadowczych i eliminowania przeciwników młodego reżimu.

Agendą NKWD, które zainteresowało się Hemingwayem, był wydział zagraniczny, zlokalizowany głównie w Pierwszym Zarządzie Głównym, który utrzymywał placówki rezydentów (nazywane *riezydienturami*) w wielu krajach zachodnich. W Stanach Zjednoczonych *riezydientury* znajdowały się w Nowym Jorku, San Francisco i Waszyngtonie. Poza śledzeniem działań Komunistycznej Partii Stanów Zjednoczonych ich agenci zajmowali się wykradaniem amerykańskich technologii oraz analizowaniem, a nawet wpływaniem na politykę zagraniczną Ameryki, co stało się szczególnie ważne, gdy w 1933 roku Hitler zdobył władzę w Niemczech. Na koniec NKWD przyglądało się szerokiej grupie Amerykanów, którzy mieli dostęp do interesujących informacji. Wśród nich znajdowali się tacy ludzie jak David A. Salmon, szef Biura Komunikacji i Archiwów Departamentu Stanu, i Laurence Duggan, młody, wykształcony człowiek – absolwent Phillips Exeter Academy i Harvardu – o doskonałych koneksjach, także pracujący we wspomnianym Departamencie[31].

W początkowym okresie Sowieci zbierali informacje na temat osób, które pewnego dnia mogły okazać chęć pomocy ich sprawie[32]. Wskazówki pochodziły z Moskwy lub od miejscowych zaufanych członków partii nazywanych „rodakami" (przypuszczalnie dlatego, że wydawali się najbliżsi obywatelom sowieckim). W Stanach Zjednoczonych *riezydientury* ściśle współpracowały z Komunistyczną Partią USA, czerpiąc dane z periodyków typu „Daily Worker" i „New Masses" w przekonaniu, że stanowią one wierne odzwierciedlenie rzeczywistości.

Kiedy oficerowie NKWD przeczytali artykuł Hemingwaya, ich uwagę przykuł sposób, w jaki pisarz „piętnował" amerykański establishment. Ujawniał to, „co ubodzy i sponiewierani mieszkańcy stanu [Floryda] musieli wycierpieć nie z powodu huraganu, ale działań rządu"[33], sowieccy zaś agenci sądzili, że amerykańska opinia publiczna zrozumie polityczne twierdzenia Hemingwaya „w sensie dosłownym [...] bo [...] [był on] dobrze znanym i szanowanym pisarzem"[34]. Pod tym względem przypominali redaktorów „New Masses" uważających, że publiczne postaci w rodzaju Hemingwaya, niezależnie od tego, czy znajdowały się pod wpływem Sowietów, były warte tego, aby zabiegać o ich względy, dysponowały bowiem dużą liczbą potencjalnie użytecznych kontaktów, a pewnego dnia same mogły stać się wyrazicielami sowieckiego punktu widzenia.

I tak Hemingway pojawił się na radarze NKWD. Wydaje się mało prawdopodobne, aby w owym czasie istniał plan zwerbowania pisarza – raczej polecenie wykorzystania wszelkich możliwości, jakie mogą się pojawić. Gdyby było inaczej, NKWD – lub jego współpracownicy – obmyśliłoby sposób podejścia, wysyłając odpowiednią osobę dla wysondowania Hemingwaya i ustalenia, jak daleko jest gotów się posunąć.

ROZDZIAŁ 2

PISARZ I KOMISARZ

Na wojnę w Hiszpanii

Zdjęcie wykonano w Hiszpanii wiosną 1937 roku. Widnieje na nim jeszcze niedawno elegancki czarny sedan, przypominający czterodrzwiowego dodge'a z 1934 roku, podziurawiony kulami, przypuszczalnie z nieprzyjacielskiego myśliwca. Teraz wóz jest wrakiem: opona z przodu to flak, przednia szyba jest rozbita, jeden z reflektorów zwisa z oprawki. Silnik auta jest odsłonięty, maska leży bezużytecznie opodal. Otwarte drzwi sugerują, że pasażerowie opuścili wóz w pośpiechu. Dwaj z nich, Hemingway i holenderski komunista Joris Ivens, stoją między aparatem i wrakiem, cudem nietknięci.

Chociaż Hemingway całe życie lubił balansować na krawędzi i podejmować ryzyko, wyraz jego twarzy sugeruje, że tym razem zbyt blisko otarł się o śmierć. Pisarz ma zaciśnięte usta i trzyma dłonie w kieszeniach długiego, jasnobrązowego, częściowo rozpiętego trencza z postawionym kołnierzem, chroniącym przed chłodem pochmurnego dnia. Na głowę ma wciśnięty mały czarny beret. Choć jego oczy są półprzymknięte, wydaje się spoglądać mniej więcej w kierunku aparatu. Za to stojący obok Ivens ma oczy szeroko otwarte i patrzy prosto w obiektyw. Podobnie jak Hemingway, nosi czarny beret i zimowy płaszcz, ale całkowicie rozpięty, lewą rękę zaś trzyma w przedniej kieszeni spodni. Na jego twarzy widać cień uśmiechu, prawie zadowolenia, że mimo ataku świat zdaje się podążać swoją drogą[1].

Hemingway pojechał do Hiszpanii w 1937 roku, aby relacjonować przebieg wojny domowej, która wybuchła latem 1936 roku. Główny scenariusz polityczny był prosty, przynajmniej początkowo – kliku reakcyjnych generałów z Francisco Franco wznieciło tzw. nacjonalistyczną rebelię przeciwko legalnie ukonstytuowanemu rządowi republikańskiemu. W Hiszpanii działał system demokratyczny, lecz dla ludzi pokroju Franco Republika miała dwie poważne wady: nie była w stanie skutecznie rządzić, a wielu jej zwolenników spychało kraj zbyt daleko na lewo. Linia podziału była głęboka jak żadna inna w pierwszej połowie XX wieku, z wielkimi posiadaczami ziemskimi, armią i Kościołem katolickim sprzymierzonymi przeciwko osobliwej zbieraninie ugrupowań na lewo od centrum – socjalistów, komunistów, związkowców i anarchistów, a każde z własnym programem.

Kiedy interweniowały trzy obce państwa, wojna stała się bardziej złożona. Chociaż zachodnie demokracje trzymały się z boku, Hitler i Mussolini sprzymierzyli się z Franco, dostarczając mu broń, doradców i żołnierzy. Stalin zdecydował, że opowie się po stronie Republiki, aby poprawić stosunki z europejską lewicą i odwrócić uwagę od krwawych czystek, których dokonywał w kraju.

Ocaleni z ataku powietrznego wiosną 1937 roku: pisarz i jego przyszły komisarz polityczny, holenderski komunista Joris Ivens. *Fernhout Photo, Nederlands Fotomuseum*

Jesienią 1936 roku Sowieci zaczęli udzielać Republice podobnej pomocy jak Hitler i Mussolini nacjonalistom, wysyłali jednak mniej sprzętu i żołnierzy, za to więcej doradców i tajnych agentów. Był wśród nich człowiek przedstawiający się jako Aleksander Orłow[2].

Będący pierwowzorem drugoplanowej postaci Warłowa z powieści *Komu bije dzwon* Orłow miał nieposzlakowane bolszewickie referencje. Całe jego życie wypełniały nieprzerwane rewolucyjne zmagania. Podczas wojny domowej w Rosji uczestniczył w krwawej walce ze zwolennikami caratu – białymi, dążącymi do obalenia nowej władzy. W latach dwudziestych został jednym z pierwszych członków organizacji, która miała się przekształcić w NKWD, a później KGB. Jako człowiek o wykształceniu prawniczym, mający naturalny dar do języków, Orłow z równą swobodą operował w zachodniej Europie i Związku Radzieckim, co odróżniało go od wielu towarzyszy niepotrafiących wyzbyć się prowincjonalnego wyglądu i tonu rosyjskiego urzędnika. Zachowane zdjęcia ukazują krępego mężczyznę o krótkich czarnych włosach i przystrzyżonych wąsach przypominających wąsy Hitlera. W jego oczach nie ma śladu emocji. Rzadko się uśmiechał.

W latach trzydziestych Orłow działał niezwykle skutecznie w Europie Zachodniej. Wśród jego dokonań można wymienić pomoc w stworzeniu sowieckich siatek szpiegowskich, m.in. grupy superszpiegów określonych później mianem „Piątki z Cambridge", w której skład wchodził Kim Philby i inni członkowie brytyjskiej klasy wyższej, mający wykorzystywać swoje nieposzlakowane referencje do przeniknięcia na najwyższe szczeble rządu Jego Królewskiej Mości[3]. Przez krótki okres pracował również w Stanach Zjednoczonych i zajmował stanowisko starszego koordynatora personelu na Kremlu, gdzie poznał go Stalin, najwyższy sowiecki kadrowy.

W sierpniu 1936 roku NKWD wysłało Orłowa do Hiszpanii, powierzając mu jawną misję udzielania wywiadowczej i paramilitarnej pomocy Republice, co obejmowało szkolenie i wykorzystywanie antyfaszystowskiej partyzantki. Orłow pomagał też w zwiększaniu sowieckiej obecności w Hiszpanii oraz wpływał na Komunistyczną Partię Hiszpanii. Wraz z biegiem czasu coraz więcej agend rządowych dostawało się pod sowiecką kuratelę. Jednocześnie NKWD rozpoczęło bezwzględną likwidację miejscowych „trockistów" (czyli popleczników wielkiego rywala Stalina, przebywającego na wygnaniu bolszewickiego przywódcy rewolucyjnego Lwa Trockiego). W Hiszpanii NKWD tępiło każdego, niezależnie od narodowości, kto wydawał się niewiarygodny lub mógł się nim stać w przyszłości. Jego celem były także hiszpańskie ugrupowania polityczne, jak anarchiści lub ugrupowania skrajnie lewicowe, które miały własną, niestalinowską wizję przyszłości.

Osoby mające nieszczęście znaleźć się w kręgu podejrzeń czekały aresztowania, przesłuchania, tortury i egzekucje, często w jednym z obiektów *riezydientury*. Kiedy brytyjski rzeźbiarz Jason Gurney, idealista o zapatrywaniach lewicowych, pojechał do Hiszpanii, by walczyć po stronie Republiki, szybko zauważył, że „wszyscy wiedzieli", iż prawie zawsze „gdzieś w pobliżu znajdowało się więzienie i miejsce przesłuchań NKWD". Wystarczyło „najdrobniejsze podejrzenie o działalność wywrotową lub «trockizm» – co mogło oznaczać niemal wszystko – aby człowiek zniknął i nie pojawił się nigdy więcej"[4]. Przynajmniej jedno z takich miejsc w Hiszpanii było wyposażone we własne, wygodne dla służb krematorium[5]. NKWD mogło podstępnie zwabić trockistę na spotkanie, a następnie przesłuchać, zabić i skremować zwłoki tak, by nie pozostał po nim ślad.

Jeśli taka paranoiczna działalność mogła mieć jakieś cele, krótkoterminowym było umocnienie Republiki poprzez narzucenie jedności jej zwolennikom, długoterminowym zaś – uczynienie z Hiszpanii marionetkowego państwa Sowietów[6].

Orłow wyznał niezwykłemu wykonawcy swojego literackiego testamentu, emerytowanemu agentowi FBI nazwiskiem Edward P. Gazur, że NKWD zainscenizowało podróż Hemingwaya do Hiszpanii, aby pisarz stał się jednym z głosów popierających Republikę. „Dzięki działaniom rządu republikańskiego, potajemnie inspirowanego przez Sowietów, agencja North American Newspaper Alliance [NANA] w Nowym Jorku podpisała kontrakt z Hemingwayem…”[7]. Twierdzenie Orłowa jest trudne do udowodnienia, ale nawet gdyby okazało się prawdziwe, byłoby zaledwie częścią historii. Łańcuch zdarzeń, które sprowadziły Hemingwaya do Hiszpanii, miał kilka niezależnych ogniw: jego wieloletnią miłość do tego kraju; zew kolejnej wojennej przygody; wysoką cenę, jaką agencje informacyjne były gotowe płacić od słowa; okazję nakręcenia filmu o Republice i, co było równie ważne, pokonanie oporu amerykańskiego Departamentu Stanu, który nie chciał mu wydać paszportu na podróż do Hiszpanii. Przed wypłynięciem z Nowego Jorku pisarz musiał pojechać do Waszyngtonu na spotkanie z Ruth Shipley, wpływową urzędniczką kierującą biurem paszportowym, i pokazać jej kontrakt z NANA oraz zapewnić, że „nie zamierza uczestniczyć w […] konflikcie”[8].

Pisarka Josephine Herbst, przyjaciółka Hemingwaya z czasów paryskich, która pojawiła się ponownie na Key West i w Hiszpanii, miała lepsze rozeznanie od Orłowa. Wyczuła, że Hemingway, jak wielu innych, „przechodził jakiś rodzaj wewnętrznej przemiany”, a elementem tego procesu był wyjazd do Hiszpanii[9]. Wiedziała również, że pragnął być pisarzem wojennym swojego pokolenia. Że wojna dostarcza odpowiedzi, których nie można znaleźć nigdzie indziej, nawet na wodach okalających Key West, kiedy linkę szarpnie tarpon. „To, co tam stanowiło najgłębszą rzeczywistość, tutaj przyjmowało ekstremalną formę”[10].

Herbst miała słuszność, koncentrując się na tym procesie. Hemingway nie zmienił się w ciągu jednej nocy. Zaczął od ogólnego pragnienia udzielenia pomocy Republice i sprzeciwienia się faszyzmowi[11]. W grudniu 1936 roku napisał do swojego redaktora, Perkinsa, że Franco to „skurwysyn pierwszej wielkości”[12]. W kilku innych listach jego ton był ambiwalentny. Żadna ze stron nie ma słuszności, twierdził, więc nie zamierza nikogo wspierać. Obchodzili go jednak ludzie i ich cierpienia, co oznaczało, że sympatyzował z robotnikami rolnymi, którzy uprawiali nie swoją ziemię[13]. Dodał, że nie sądzi, aby wielu przywódców sowieckiego reżimu popierało Republikę: „Dzisiejszą Rosją rządzi brudna ekipa, ale ja nie lubię żadnego rządu”.

Kilka dni później w liście do rodziny żony, Pauline (katolików, którzy wydawali się bardziej przyjaźni Franco i nacjonalistom), przyznał, że „czerwoni mogą być tak źli, jak powiadają”, dodał jednak, iż to ich kraj, nie właścicieli ziemskich, a tym bardziej Włochów i Niemców[14]. Potwierdził również, że chce pojechać do Hiszpanii, aby obejrzeć „próbę generalną przed nieuchronną wojną w Europie” i móc pisać „antywojenną korespondencję z frontu”, aby powstrzymać Stany Zjednoczone od wzięcia w niej udziału.

A potem pojawiła się Martha Gellhorn, nowa efektowna kochanka Hemingwaya, niemal dziesięć lat młodsza od wielkiego pisarza. W grudniu 1936 roku Gellhorn weszła do baru Sloppy Joe's w Key West i zmieniła jego życie. Wysportowana, jasnowłosa i pełna życia, łaknęła przygody równie mocno jak popierania lewicy piórem. Uzgodnili z Hemingwayem, że spotkają się w Hiszpanii, dokąd pojadą, aby relacjonować przebieg wojny – ona dla magazynu „Collier's”, on dla NANA. Wojna ich zbliżyła – związali się niemal dosłownie pod artyleryjskim ostrzałem. W 1940 roku Martha miała zostać jego trzecią żoną. Z czterech małżonek pisarza najbardziej dorównywała mu pozycją. Podczas wojny w Hiszpanii stała się mającą własny punkt widzenia dziennikarką i pisarką. Hemingway na ogół to aprobował, choć czasami okazywał niechęć wobec zawodowych ambicji towarzyszki życia. Mimo to już w latach trzydziestych zauważył jej skupienie na cierpieniu zwykłych ludzi. Obecność Gellhorn u jego boku w Hiszpanii ułatwiła mu otwarcie się na lewo.

Wpływ na jego zwrot w tym kierunku mieli też inni artyści i pisarze, często wieloletni przyjaciele, jak John Dos Passos, który pokazał mu Key West, i Archibald MacLeish, przyszły bibliotekarz Kongresu, w tym czasie będący już znanym poetą. MacLeish i Dos Passos byli, jak pisał, jedynymi literackimi przyjaciółmi, którym mógł zaufać[15]. Pierwszy w czarnych barwach widział przyszłość kapitalizmu, drugi był zdeklarowanym orędownikiem równości społecznej. Podobnie jak Hemingway, mieli wielu przyjaciół i znajomych o poglądach komunistycznych, niemniej wszyscy trzej często się z nimi nie zgadzali, czasami radykalnie, słuszniej zatem byłoby nazwać ich ludźmi skłaniającymi się ku lewej stronie i antyfaszystami niż „sympatykami", a tym bardziej zdeklarowanymi komunistami[16]. Wspólnie z MacLeishem i Dos Passosem Hemingway stał się jednym z założycieli grupy Contemporary Historians Inc., która miała się zajmować kręceniem filmów o hiszpańskiej Republice. Ich celem było pozyskiwanie przychylności opinii publicznej dla walki kraju o przetrwanie, a przede wszystkim skłonienie amerykańskiego rządu do rezygnacji z polityki neutralności.

Historians mieli wyprodukować film *Spain in Flames* (Hiszpania w płomieniach), nad którym Hemingway pracował jeszcze przed opuszczeniem Nowego Jorku, oraz *Ziemię hiszpańską*, do którego pomógł nakręcić zdjęcia,

Hemingway i Gellhorn w Hiszpanii, gdzie relacjonowali przebieg hiszpańskiej wojny domowej. Gellhorn uśmiecha się do aparatu, Hemingway siedzi odwrócony plecami. W zasięgu ręki leży flaszka. *Ernest Hemingway Photo Collection, JFK Library*

a później pełnił w nim rolę lektora. Z dzisiejszej perspektywy *Spain in Flames* wydaje się obrazem, w którym grubymi nićmi połączono historię i propagandę. Tekst na jednej z ulotek reklamowych woła, że film ukazuje „tysiące ludzi zmasakrowanych przez faszystów z inspiracji Hitlera i Mussoliniego", „ciała kobiet i dzieci leżące na ulicach Madrytu". W tej samej ulotce zacytowano słowa Hemingwaya, że film poruszy każdego, niezależnie od politycznych przekonań lub wyznania[17]. Obraz *Ziemia hiszpańska*, chociaż bardziej wyrafinowany i artystyczny, miał opowiadać poruszającą historię. Jego reżyser, Joris Ivens, był najbardziej politycznie zdeklarowanym członkiem Historians. Idąc znacznie dalej od kolegów, którzy popierali lewicowe ideały sporadycznie, był żarliwym komunistą przez całe dorosłe życie, aż do upadku Związku Radzieckiego w 1989 roku. W latach trzydziestych ślubował posłuszeństwo Międzynarodówce Komunistycznej (Kominternowi)[18].

Komintern, rewolucyjny związek partii komunistycznych, był oficjalnie niezależny od NKWD. Jednak – podobnie jak Ludowy Komisariat – stanowił przedłużenie stalinowskiego aparatu, pozostając pod ogólną kontrolą dyktatora. Do jego czołowych postaci należał Niemiec Willi Münzenberg, człowiek niestrudzony i rozwichrzony, twórczy i charyzmatyczny. Zaliczany do grona „pięciu najbardziej interesujących ludzi Europy" z uwagi na wszechstronne uzdolnienia i energię[19], Münzenberg poznał Lenina przed rewolucją bolszewicką. W latach dwudziestych Lenin poprosił go o stworzenie zagranicznej organizacji w celu agitacji i propagandy – w skrócie „agitprop" – aby ukazać rewolucję w pozytywnym świetle. Münzenberg okazał się idealnym wyborem i już niebawem założył olśniewające europejskie imperium agitacyjno-propagandowe, nazywane niekiedy Trustem Münzenberga[20].

Zaczęło się od słowa drukowanego: Münzenberg wydawał periodyki i gazety stanowiące przeciwwagę dla pism kapitalistów i faszystów. Później rozszerzył działalność o sztukę, konferencje i rozmaite wydarzenia kulturalne – „w imponującej serii [...] kilkunastu kongresów międzynarodowych, wieców i komitetów"[21]. Filmy produkowano w Związku Radzieckim i za granicą. Komintern otwarcie przyznawał się do niektórych produkcji, choć ukrywał się również za fasadą innych grup. Współpracownicy mogli być tego świadomi lub nie. Cichym mottem przez większość czasu było „wszystko dla partii, nic w jej imieniu". Ivens, zawodowy filmowiec Komunistycznej Partii Holandii, był dokładnie takim człowiekiem, jakiego Münzenberg chciał mieć w swojej drużynie[22]. Holender odznaczał się lojalnością, energią i kreatywnością, a na dodatek był dyskretny. Ivens wiedział, że filmy, które nie wyglądają i nie brzmią jak propaganda, mają większą siłę oddziaływania.

Ivens nie krył swoich związków z Historians, a członkowie grupy znali jego poglądy i dobrze się z nim czuli. MacLeish był pewny, że Ivens był rodzajem „komunisty, który nigdy nie pozwoli, aby komunizm stanął na drodze jego twórczości"[23]. Przypuszczalnie była to ocena nazbyt wielkoduszna.

Wydaje się, że elokwentny Ivens wcielił się szybko w rolę „politycznego komisarza Ernesta", człowieka, który miał pokierować polityczną edukacją pisarza[24]. Nikt tak naprawdę nie wie, czy Komintern kazał mu pracować z Hemingwayem. W obszernym archiwum tej organizacji nie ma śladu oficjalnego zlecenia. Komputerowe przeszukanie około 50 milionów zdigitalizowanych stron (istnieli rewolucjoniści gorliwie sporządzający notatki) nie wyłowiło żadnych odnośników do Hemingwaya[25]. Ivens mógł zostać poproszony o to w bardziej nieformalny sposób – „zobacz, co da się zrobić" – jak to zrobił Münzenberg, prosząc wówczas jeszcze komunistycznego dziennikarza i pisarza Arthura Koestlera, żeby sprawdził, czego można się dowiedzieć od nieprzyjaciela. Nie mając szkolenia ani zdolności szpiegowskich, Koestler udał się do kwatery głównej Franco z misją, która doprowadziła do jego aresztowania i niemal kosztowała go życie[26]. Równie prawdopodobne jest to, że Ivens postanowił zrobić to, co wydawało mu się słuszne – jak najlepiej wykorzystać wielkiego pisarza.

Hemingway i Koestler nie byli jedynymi wielkimi pisarzami pozyskanymi przez Komintern w czasie hiszpańskiej wojny domowej. Innym celem była Barbara Wertheim, w późniejszym okresie lepiej znana jako historyk Barbara Tuchman, autorka bestsellerowej powieści *Guns of August* (Sierpniowe salwy), która zainteresowała prezydenta Johna F. Kennedy'ego[27]. Wertheim, członkini nowojorskiej socjety i absolwentka Radcliffe, pojechała do Hiszpanii w 1937 roku jako korespondentka „Nation". Spędziwszy pewien czas w Walencji i Madrycie, udała się do Paryża, gdzie poznała jednego z głównych zastępców Münzenberga, światowca i czarującego manipulatora Otto Katza, ten zaś próbował zwerbować ją do Kominternu. Nie miała komunistycznych zapatrywań i nie chwyciła przynęty, zatem Katz się wycofał, prosząc ją tylko o książkę, która wsparłaby ich sprawę analizą historycznych paraleli. Spełniła prośbę, pisząc książkę o Wielkiej Brytanii i Hiszpanii z XIX wieku, „zaprojektowaną", jak to ujęła, „w taki sposób, aby pokazać, że kardynalną zasadą polityki brytyjskiej było dbanie o to, aby Hiszpania [...] nie była poddana władzy potęgi dominującej na kontynencie (wówczas Hitlerowi)"[28]. Co ciekawe, egzemplarz tej stosunkowo mało znanej książki trafił do prywatnej biblioteki Hemingwaya w Key West i stał na półce jeszcze w 2015 roku[29].

Podobnie jak Katz, Ivens dopasowywał sposób postępowania do obranego celu. Urodzony rok wcześniej od Hemingwaya, Holender dobrze wiedział, że nie należy przynaglać pisarza do tego, aby został agentem Kominternu. Ivens miał stopniowo zaganiać Hemingwaya do owczarni, zamiast wpychać go tam siłą. Kilkadziesiąt lat później w zdumiewająco szczerym wywiadzie udzielonym Williamowi B. Watsonowi, historykowi Massachusetts Institute of Technology, wspominał: „Miałem plan wobec Hemingwaya i sądzę, że zastosowałem odpowiednią taktykę jak na człowieka tego formatu. Wiedziałem, jak daleko może się posunąć, zdawałem sobie sprawę, że nie jest zdrajcą"[30].

Ivens zaprzągł Hemingwaya do pracy, osobiście i bezpośrednio, na froncie filmowym i dopilnował, aby zetknął się z antyfaszystowską linią Kominternu. W przeciwieństwie do zdyscyplinowanego komunisty, Hemingwayem kierowała nie tyle świadomość polityczna, co na poły odruchowe postawy, jak pomaganie słabszym, walka z faszyzmem czy ochrona Ameryki przed udziałem w kolejnej wojnie w Europie. Ivens miał to zmienić, kiedy Hemingway przybył do Europy w marcu 1937 roku. „Byłem mocno zaangażowany politycznie", powiedział Watsonowi, „w odróżnieniu od niego [...]. Dlatego postawiłem sobie za cel wyjaśnienie mu antyfaszystowskiej sprawy" dokładnie tak, jak rozumiał ją Komintern, ni mniej, ni więcej[31].

Ivens zaczął od stworzenia silnej osobistej więzi. Mógł ją budować na fundamencie ich wspólnej pracy. Ze swej strony Hemingway wkładał całe serce w kręcenie filmów. Był przydatny, organizował transport, nosił sprzęt, dzielił się jedzeniem i piciem (zwykle whiskey i surową cebulą). Być może pragnął się sprawdzić – nie brał udziału w walce od niemal dwudziestu lat – bo wydawał się rad, gdy wraz z ekipą wyjeżdżał na front. Pracując w okopach, przebywając na ziemi niczyjej, podejmowali ryzyko, które w pełni mógł zrozumieć jedynie weteran wojenny pokroju Hemingwaya. Pewnego dnia kula utkwiła w ścianie za głową Ivensa, pisarz więc musiał przenieść ekipę w bezpieczniejsze miejsce. Kiedy okazało się, że operator zostawił kamerę, Hemingway poczołgał się po nią na rękach i kolanach, pod ogniem snajperów wroga, tak że niemal został trafiony. Wyjście bez szwanku z sytuacji zagrażających życiu zbliża ludzi na zawsze. Cytując Ivensa: „Jeśli towarzyszysz komuś na linii frontu [...] poznajesz, kim jest [...]. Pierwsze dwa tygodnie w Hiszpanii spędziliśmy na wzajemnym poznawaniu się. [...] Na froncie takie wstępy odbywają się bardzo szybko"[32].

Ivens poznał Hemingwaya z „odpowiednimi" ludźmi: komunistycznymi bojownikami. W tym celu Komintern utworzył Międzynarodowe Brygady, walczące po stronie Republiki, nad którymi sprawował dowództwo. Służyli w nich twardzi, interesujący, wykształceni mężczyźni (także garstka kobiet) z różnych krajów, m.in. ze Stanów Zjednoczonych, a ci fascynowali Hemingwaya. Niektórzy z nich, jak Milton Wolff z Brygady Abrahama Lincolna, najlepiej znanego amerykańskiego oddziału, mieli stać się dozgonnymi przyjaciółmi pisarza. Nie byli pismakami ani marzycielami, lecz ludźmi ryzykującymi życie dla własnych przekonań. Byli autentyczni. Większość poddała się komunistycznej dyscyplinie, gotowa zrobić wszystko, co każe partia lub Komintern. Ivens nie musiał wygłaszać Hemingwayowi pogadanek o polityce, a jedynie zabrać go na front, szczególnie tam, gdzie walczyły Brygady, i pozwolić mu chłonąć to, co wokół niego robiono i mówiono.

Po kilku tygodniach Ivens uznał, że Hemingway jest gotów do wykonania następnego kroku: poznania ludzi stojących za bojownikami. Byli to komunistyczni dowódcy, sowieccy urzędnicy i dziennikarze. Najlepsze miejsce, w którym można było ich znaleźć, znajdowało się kilkanaście kilometrów od frontu w hotelu Gaylord w Madrycie, przekształconym przez Sowietów w przybudówkę swojej ambasady w Hiszpanii. Mały, dyskretny hotel u zbiegu dwóch dużych ulic nie rzucał się w oczy. Z kilkoma futurystycznymi liniami wykutymi w szarej fasadzie od zewnątrz bardziej przypominał kamienicę niż luksusowy hotel z marmurowymi korytarzami prowadzącymi do gustownie urządzonych pokojów. Jedynie wartownicy z bagnetami na karabinach, stojący przy zadaszonym wejściu, sugerowali, że miejsce kryje coś niezwykłego.

Sowieci i ich sojusznicy mieszkali, jedli i pili z fasonem w Gaylordzie, podczas gdy żołnierze walczyli i umierali w okopach kilkanaście kilometrów dalej. Hotel był jednym z nielicznych miejsc w stolicy doskonale zaopatrzonych w żywność i alkohol, szczególnie wódkę i kawior. Podczas jednej z pierwszych wizyt Hemingway miał przynieść dwie drogocenne butelki whiskey, które wylądowały na wspólnym stole uginającym się już pod ciężarem ogromnej szynki (czyżby chciał mieć pewność, że zostanie zaakceptowany?)[33].

Częścią powabu Gaylorda był dla Hemingwaya jego ekskluzywny charakter. Tylko garstka dziennikarzy miała prawo wejść do środka i wmieszać się między ludzi decydujących o przebiegu wojny. Ivens przedstawił pisarza Michaiłowi Kolcowowi, głównemu korespondentowi sowieckiej gazety „Prawda", oraz różnym komunistycznym grubym rybom. Po wielu latach Ivens wspominał, że „dało mu [Hemingwayowi] to przewagę nad innymi, co było dla niego niezwykle ważne"[34].

Wkrótce więź łącząca obu mężczyzn stała się na tyle silna, by Ivens mógł zacząć wyznaczać Hemingwayowi zadania. Ponad siedemdziesiąt lat później w listach do Hemingwaya Ivens jawi się jako ktoś w rodzaju reżysera filmowego (lub komisarza politycznego), który chce wszystko trzymać w garści. W udzielaniu wytycznych staje się nużący. Mówi Hemingwayowi, z kim ma się spotkać, dokąd pójść, co sfilmować, czasami nawet, co powiedzieć. List z 26 kwietnia 1937 roku zawiera ponumerowaną listę rzeczy do zrobienia: nadzór nad zdjęciami w hiszpańskiej wiosce, zorganizowanie transportu i przesłanie materiału do 3 maja oraz utrzymanie w ryzach Dos Passosa[35]. Wkrótce potem Ivens poprosił Hemingwaya o pomoc w ukończeniu streszczenia filmu *Ziemia hiszpańska*[36].

Oczywiście Hemingway nie robił wszystkiego, czego chciał od niego Ivens. W ich związku chodziło bardziej o wywieranie wpływu, niż kierowanie. Jednak to Ivens zaplanował pierwszą podróż Hemingwaya do Hiszpanii, pozostawiając mu niewiele czasu na inne rzeczy, nawet adorowanie Gellhorn. Jeden z komunistycznych sympatyków, brytyjski poeta Stephen Spender, stwierdził, że Hemingway był „ścigany przez tę twardą, agresywną damę", która „wciąż go szukała", ale on zwykle przebywał na froncie z Ivensem[37].

Ivens nieprzypadkowo wyraził zaniepokojenie Dos Passosem. Profesor szykował się do opuszczenia jego trzódki. U podłoża tej decyzji mogła leżeć skomplikowana rywalizacja między dwoma pisarzami. Jednak bezpośrednią przyczyną było zamordowanie José Roblesa, przyjaciela Dos Passosa. Polityczna wędrówka Roblesa, człowieka wywodzącego się z „rodziny o sympatiach monarchistycznych i ogólnie reakcyjnych"[38], zaprowadziła go na lewo, ale nie na skrajne pozycje. W latach dwudziestych wyemigrował do Stanów Zjednoczonych, gdzie wykładał literaturę hiszpańską na Uniwersytecie Johnsa Hopkinsa w Baltimore. Kiedy w Hiszpanii wybuchła wojna domowa, znajdował się w Madrycie. Został w ojczyźnie i zaoferował swoje usługi Republice. Ponieważ znał nieco rosyjski, został tłumaczem hiszpańskich i sowieckich urzędników omawiających tajemnice państwowe w Ministerstwie Obrony.

Jesienią 1936 roku Roblesa aresztowała republikańska lub sowiecka tajna służba. Do dziś okoliczności tego zdarzenia skrywa mrok tajemnicy. Oprawcy przetrzymywali go w jednym z małych więzień, które NKWD pozakładało w całej republikańskiej Hiszpanii, i przesłuchiwali bez przerwy. Nigdy nie został postawiony przed sądem ani formalnie oskarżony. W końcu dalsze utrzymywanie go przy życiu stało się niewygodne, dlatego na początku 1937 roku prześladowcy po prostu go zabili i pozbyli się ciała[39].

Dos Passos, gdy tylko dotarł do Hiszpanii, wiosną 1937 roku, zaczął pracować nad odkryciem prawdy o losie przyjaciela. Odrzucił tezę, że Robles był faszystowskim szpiegiem, jako „sfabrykowaną przez romantycznych amerykańskich sympatyków komunizmu", co było szturchańcem wymierzonym Hemingwayowi i jego lewicowym przyjaciołom. Dla Dos Passosa sprawa Roblesa „zakończyła się egzekucją, bo rosyjscy tajni agenci wyczuli, że Robles za dużo wie o relacjach łączących hiszpańskie Ministerstwo Obrony z Kremlem i, z ich osobliwego punktu widzenia, nie jest wiarygodny politycznie"[40]. Historię tę warto było opowiedzieć Amerykanom w kraju, dawała bowiem pojęcie o „krwawej plątaninie zrujnowanych istnień" w Hiszpanii, stanowiąc przeciwwagę dla postawy „hurra-entuzjazmu dla naszej sprawy" i pomagając w „uwolnieniu umysłów [...] od [...] czarno-białej stronniczości"[41].

Tak więc w latach 1937–1940 Dos Passos i Hemingway zmierzali w przeciwnych kierunkach. W rezultacie tej przemiany Hemingway zauroczył się komunistycznymi bojownikami i artystami, coraz bardziej oddany ocaleniu Republiki przed faszyzmem. Jak to ujęła Josie Herbst, Hemingway „wydawał się naiwnie przyjmować uproszczoną wersję ówczesnych ideologii", podczas gdy Dos Passos, lepiej rozumiejący politykę, uparcie ją kwestionował[42].

Ivens pragnął zapobiec skutkom ubocznym afery Roblesa, szczególnie poza Hiszpanią. Nie chciał, żeby Dos Passos opowiadał o swoim „przyjacielu-tłumaczu-faszyście", kiedy wróci do domu[43]. W liście do Hemingwaya z 26 kwietnia 1937 roku Ivens wyraża nadzieję, że „Dos zrozumie, co prawdziwy człowiek i towarzysz musi czynić w tych trudnych i poważnych wojennych czasach", czyli przedłoży wyższe dobro ponad los jednostki; temat, który Hemingway wkrótce powtórzy jak echo[44]. Bez nakazywania czegokolwiek wprost, Ivens kończy swój wywód sugestywnym pytaniem: „Zgadzasz się?".

Hemingway się zgodził. Martwił się, że Dos Passos utrudni pracę ekipie filmowej, a jego pytania „wpakują wszystkich w kłopoty”[45]. W końcu postanowił osobiście dopilnować, żeby Dos Passos nie przekreślił ich pracy po wyjeździe z Hiszpanii. Konflikt osiągnął punkt krytyczny w Paryżu, 11 maja 1937 roku, gdy Dos Passos i jego żona oczekiwali na pociąg do portowego Hawru, gdzie mieli wejść na pokład parowca i przepłynąć Atlantyk[46].

Gare Saint-Lazare był jednym z największych i najstarszych dworców kolejowych Paryża. Elegancka dziewiętnastowieczna fasada sprawiała, że przypominał muzeum – mógłby stać obok Luwru – ale w środku wszystko było funkcjonalne, z rzędem kanciastych zadaszeń ze stali i szkła rozpiętych nad peronami i torami. Około południa słońce wyjrzało zza chmur i kilka promieni padło na perony, oświetlając pasażerów czekających na pociąg odjeżdżający do portu o 13.15. Dos Passos i jego żona, Katy, przybyli stosunkowo późno i mozolili się, ładując liczne bagaże. Niemal w ostatniej chwili, zanim konduktorzy zawołali „En voiture” – proszę wsiadać – i zatrzasnęli drzwi, Hemingway wypadł z tłumu krewnych i przyjaciół. Nie przybył jednak z przyjaznymi słowami. Kwaśno skrzywiony, nie miał ochoty na beztroskie pogaduszki. Domagał się odpowiedzi na ważne pytania. Niezwłocznie. Co Dos Passos zamierza powiedzieć o Roblesie? O wojnie w ogóle? Jak zawsze zadumany i spokojny Dos Passos odparł, że zamierza opowiedzieć Amerykanom jego historię: jaki sens ma walka o swobody obywatelskie, jeśli w jej trakcie depcze się ludzkie prawa? Hemingway odparował: „Nie pieprz o swobodach obywatelskich! Jesteś z nami czy przeciwko nam?!”. Dos Passos wzruszył ramionami jak profesor pragnący wyrazić swoją opinię na zajęciach: Napisze to, co musi. Hemingway podniósł zaciśniętą pięść do twarzy Dos Passosa i wycedził: „Zrób to, a będziesz skończony! Zniszczony! Krytycy w Nowym Jorku cię ukrzyżują!”[47].

Katy Dos Passos (też długoletnia bliska przyjaciółka Hemingwaya) nie mogła uwierzyć własnym uszom. Powiedziała Hemingwayowi, że „nigdy nie słyszała czegoś tak nikczemnie oportunistycznego”. Hemingway nie znalazł na to odpowiedzi i kiedy pociąg w końcu ruszył ze stacji, odszedł, nie oglądając się za siebie[48].

Ivens i Hemingway zaczęli wymazywać Dos Passosa z zawodowego życia. Zachowywali się tak, jakby Dos Passos nigdy nie należał do Contemporary Historians, którą Ivens przemianował później na History Today Inc., aby wykluczyć niedowiarka (nowa organizacja miała, jak to ujął Ivens, „nie mieć nic wspólnego z Dos Passosem i jemu podobnymi”[49]). Na początku 1938 roku Hemingway powrócił do tematu w gniewnym telegramie wysłanym z pokładu francuskiego transatlantyka „Île de France”, po którym nastąpił tylko nieznacznie łagodniejszy list nadany na suchym lądzie kilka dni później. Telegram oskarżał Dos Passosa (który zawsze borykał się z materialnymi trudnościami) o sypanie przyjaciół „dla pieniędzy, gdy lepsi od niego nadal walczą”, tj. o sprzedawanie historii demaskujących uchybienia Republiki[50].

List rozpoczynał się przeprosinami, ale później jego ton się zaostrzał[51]. Jedno z łagodniejszych zdań, mimo swojego tonu, stanowiło oskarżenie, które mogłoby zakończyć przyjaźń: twierdzenie Dos Passosa, że w tej wojnie komuniści narzucają ludziom własną wolę, jest „zjadliwe i pożałowania godne”.

W kolejnych latach Hemingway miał opowiadać różne wersje tej historii, wszystkie niepochlebne dla Dos

Passosa. Utrzymywał, że Robles został stracony jako szpieg po sprawiedliwym procesie lub że „chłopcy" po prostu zastrzelili „bezwartościowego tłumacza"[52]. W 1954 roku Hemingway przedstawił się jako „jedyny mający odwagę powiedzieć Dosowi" prawdę o Roblesie, a Dos Passos „zwrócił się przeciwko mnie, jakbym to ja go zastrzelił"[53].

Ataki Hemingwaya na Dos Passosa odzwierciedlały to, co później nazwał „technicznym napięciem" wielkiej wojny z faszyzmem, która rozpoczęła się w 1936 roku i trwała przez całą dekadę, zmieniając jego życie. Miał je wykorzystać, aby wyjaśnić, dlaczego zwrócił się przeciwko niektórym z dawnych przyjaciół[54]. Nigdy jednak nie odwołał tego, co powiedział lub napisał o Dos Passosie bądź Hiszpanii wiosną 1937 roku.

Z nadejściem maja w Barcelonie, mieście, gdzie skrajna lewica realizowała własną wizję przyszłości, wewnątrz trwającej wojny domowej wybuchła druga. Początkowo anarchiści i niekomunistyczni marksiści z POUM (Partido Obrero de Unificación Marxista – Robotnicza Partia Marksistowskiej Unifikacji) zdobyli przewagę. Eleganckie restauracje zamieniono na stołówki dla ludu – jadalnia Ritza była teraz Stołówką Ludową nr 1. Fabrykami kierowano z hal produkcyjnych; księża zniknęli, a kościoły zostały zamknięte lub wykorzystane w innych celach. Jeden z klasztorów przemieniono w sanatorium dla dzieci chorych na gruźlicę[55]. Wszystko to działo się wbrew polityce komunistów i Sowietów. Do tamtej pory wszyscy podlegali rządowi centralnemu.

Trwający konflikt wymknął się w końcu spod kontroli, znajdując ujście najpierw w rozmowach telefonicznych, a później na ulicach, gdzie obie strony przystąpiły do wznoszenia barykad z brukowej kostki i przewróconych pojazdów. Walki wybuchały w niespodziewanych miejscach i były ciężkie – w spokojny dzień „panowała cisza z wyjątkiem ognia z broni maszynowej i karabinów”[56]. Podczas gdy Sowieci intrygowali za kulisami, wywierając nacisk, gdzie tylko mogli, komuniści wykorzystali kryzys gospodarczy i zdołali wymienić premiera Republiki. Nowy rząd podjął kroki przeciwko POUM w Barcelonie. Kwatera główna partii została zamknięta i zamieniona w więzienie, jej oddziały frontowe rozwiązano, a członków komitetu centralnego aresztowano *en masse*.

W czerwcu przywódca partii Andrés Nin zapłacił życiem za to, że kiedyś wspierał Trockiego i krytykował Stalina, nazywając go „trucicielskim dyktatorem”[57]. NKWD zawiozło go do jednego ze swoich tajnych więzień i torturowało, aby wymusić zeznanie, że był faszystowskim szpiegiem. Okazując niezwykłą dzielność, odmówił przyznania się do winy, ratując w ten sposób życie przyjaciołom i towarzyszom. Wówczas Sowieci lub ich pełnomocnicy zamordowali go i porzucili ciało w wiejskiej okolicy. W przesłuchaniach przez pewien czas uczestniczył *riezydient* NKWD Orłow, bo sprawa Nina miała duże znaczenie dla Rosjan[58]. Próbując usprawiedliwić to, co się działo, komunistyczne gazety zamieściły drastyczne (i nieprawdziwe) oskarżenia Nina o kolaborację z faszystami. W końcu sfabrykowano opowieść, że Andrés Nin został ocalony przez faszystów i znalazł bezpieczne schronienie u Franco lub Hitlera.

Wydaje się mało prawdopodobne, żeby Hemingway znał prawdę o losie Nina lub udziale w sprawie Orłowa, ale słyszał plotki. Wspomniał o Ninie w liście do Dos Passosa z 1938 roku, a później w powieści *Komu bije dzwon* powtórzył cyniczną wersję jego śmierci sfabrykowaną przez

NKWD. Postać wzorowana na sowieckim korespondencie Kolcowie rzuca światło na całą tę sprawę. POUM stanowiło obłędną herezję; Nin siedział w areszcie, ale uciekł z „naszych rąk". Nikt nie wie, czy Hemingway naiwnie wierzył artykułom z pierwszych stron, czy też świadomie zatuszował prawdę, aby chronić Republikę[59].

Podczas zamieszek w Barcelonie Ivens i Hemingway przebywali w Stanach Zjednoczonych. Z Hiszpanii Hemingway udał się najpierw do Nowego Jorku, a później na Key West, gdzie spotkał się z żoną i synami, aby wspólnie wyruszyć na Bimini w archipelagu Bahamów, które tamtego lata pełniły rolę ich domu. Na początku czerwca na południe przybył Ivens, aby porozmawiać o filmie i mowie, którą Hemingway miał niebawem wygłosić[60].

Czwartego czerwca dwaj przyjaciele polecieli do Nowego Jorku, aby wziąć udział w Drugiej Konferencji Pisarzy Amerykańskich, sponsorowanej przez League of American Writers. Zachwalając konferencję jako zgromadzenie „ludzi pióra różnych zapatrywań politycznych", komunistyczna gazeta „Daily Worker" reklamowała mowę, którą miał wygłosić Hemingway, „największy z «apolitycznych» pisarzy [...] przybyły właśnie z krwawiących pól bitewnych Hiszpanii"[61]. Jednak to CPUSA napisała program kongresu, obsadzając w rolach głównych własnych członków, m.in. nudnego stalinistę Earla Browdera, sekretarza generalnego partii; przyjaciela Hemingwaya Donalda Ogdena Stewarta, producenta filmowego z Hollywood i jednego z wiernych, oraz samego Ivensa, wciąż pracującego nad montażem *Ziemi hiszpańskiej*.

Zgromadzenie odbywało się w sali Carnegie Hall przy Pięćdziesiątej Siódmej Zachodniej na Manhattanie.

Wybudowany w 1891 roku budynek wyglądał staromodnie, niczym ozdobny gmach opery, z rzędami pozłacanych lóż dających widok z góry na kanał dla orkiestry i scenę. Tamtego wieczoru sala pękała w szwach, wypełniona do ostatniego miejsca przez trzy i pół tysiąca komunistów i ich przyjaciół. Kłęby papierosowego dymu w połączeniu z gorącem i wilgocią powodowały, że trudno było oddychać, tłum jednak bacznie śledził wystąpienia mówców. Ivens był trzeci w kolejce. Pokazał publiczności urywki filmu „nakręconego na froncie, gdzie, jak sądzę, powinien znaleźć się każdy uczciwy pisarz"[62].

Hemingway, który nie czuł się nigdy swobodnie w roli mówcy – według jednej z anegdot chodził od baru do baru w centrum Manhattanu, żeby dodać sobie odwagi[63] – podjął temat tam, gdzie skończył Ivens. Skrępowany marynarką i krawatem, spocony pisarz z Oak Park dukał z bezbarwnym, niemal nosowym akcentem ze Środkowego Zachodu, jakby miał problem z odczytaniem maszynopisu. „Kiedy tekst nie brzmiał jak należy", rozgniewany Hemingway „powtarzał zdanie z wielką gwałtownością"[64].

Siedmiominutowe wystąpienie było atakiem na faszyzm, rozstrzygającm wątpliwości na korzyść komunizmu. Hemingway oznajmił zebranym, że problemem pisarza jest to, „jak pisać prawdę"[65]. Następnie oświadczył, że „tylko jedna forma rządów nie może wydać dobrego pisarza: system faszystowski"; „pisarz, który nie kłamie, nie może żyć i pracować w faszystowskim kraju". Nie wspomniał ani słowem o doli pisarza w Związku Radzieckim, gdzie ludzie pióra byli zmuszeni kłamać, aby przeżyć. Jednak jego mowa spodobała się publiczności. Dla wielu było to wydarzenie, na które czekali, i nie byli rozczarowani. Nagrodzili Hemingwaya brawami, gwizdami i tupaniem[66].

Kilka dni później Max Perkins opowiadał z entuzjazmem, że obserwacje Hemingwaya na temat pisarstwa są „wiecznie aktualne"[67]. Dwudziestego drugiego czerwca pełny tekst wystąpienia Hemingwaya wydrukowały „New Masses"[68].

Po kongresie w Carnegie Hall Contemporary Historians stanęli w obliczu kryzysu. W pewnym momencie, przypuszczalnie pod koniec czerwca, Ivens oświadczył, że potrzebuje 2500 dolarów na dokończenie filmu. Hemingway postanowił pomóc człowiekowi, któremu bezgranicznie ufał. Zauważył, że gdy wspominał komuś o tym problemie, jego rozmówcy, m.in. MacLeish, oświadczali, iż nie mogą w tej sprawie nic zrobić. On jednak był gotów ponieść kolejną ofiarę finansową dla sprawy i pożyczył wspomnianą sumę na sześć procent, czyniąc wyrwę w swoich finansach, ale zażegnując kryzys[69].

Na początku lipca film uzyskał postać ostateczną. Ivens naszkicował, a Hemingway zredagował scenariusz, sprowadzając wojnę do prostej formuły[70]:

Zdobyliśmy prawo do uprawiania naszej ziemi w demokratycznych wyborach. Dziś klika wojskowych i nieobecni właściciele ziemscy przypuścili atak, aby ponownie ją nam odebrać. Dlatego walczymy o prawo do nawadniania i uprawiania hiszpańskiej ziemi, którą arystokraci trzymali odłogiem dla własnej rozrywki.

Film z Hemingwayem w roli narratora rozpoczynał się obrazem republikańskiej wioski, której mieszkańcy pracują w kolektywie, aby poprawić warunki swojej egzystencji. W kolejnym ujęciu widać ludzi walczących o niezależne życie: pojawiają się zdjęcia z frontu i zniszczonego wojną Madrytu. Gellhorn miała zapamiętać na zawsze sceny ostrzału, z kobietami dławiącymi się dymem i przecierającymi oczy oraz mężczyznami o „poważnych, napiętych twarzach" posuwających się wolno w kierunku linii wroga, aby za chwilę skoczyć do ataku[71].

Ósmego lipca Hemingway, Gellhorn i Ivens pokazali *Ziemię hiszpańską* prezydentowi Rooseveltowi i jego małżonce, będącej przyjaciółką Gellhorn. Ta skontaktowała się z Eleanor i skłoniła ją do zaproszenia filmowców do Białego Domu. Hemingway początkowo nie miał wysokiego mniemania o gospodarzu. Kiedy się poznali, ocenił prezydenta jako „typowego harwardzkiego czarusia, bez wyrazu i zniewieściałego"[72]. Był upalny dzień. Roosevelt zaprowadził ich do jadalni pozbawionej klimatyzacji. Obiad też był nijaki: wodnista zupa, gumowate gołębie, przywiędła sałata. Jednak po posiłku Rooseveltowie obejrzeli *Ziemię hiszpańską* z uwagą. Prezydent siedział obok Ivensa, a kiedy film się skończył, nachylił mu się do ucha: „Może", zaczął, Hemingway i Ivens „powinni dać więcej propagandy w filmie"[73]?

Hemingway i Ivens planowali poprosić prezydenta o zawieszenie embarga na dostawy broni, które wynikało z neutralności Ameryki. Jednak Roosevelt tyle mówił, że nie mogli dojść do głosu. Hemingway zdołał jedynie wspomnieć Harry'emu Hopkinsowi, zaufanemu doradcy Roosevelta, którego, jak teraz oznajmił, podziwiał, że Republika potrzebuje broni, aby zwyciężyć. Ani sam film, ani ich skromna inicjatywa nie doprowadziły do zmiany amerykańskiej polityki, lecz próba wpłynięcia na prezydenta była dla dwóch artystów silnym przeżyciem. Jeszcze po latach Ivens pamiętał to uczucie. „Podjęliśmy próbę i byliśmy dumni, że to zrobiliśmy"[74].

Następnego dnia w swojej rubryce w gazecie zatytułowanej „My Day" (Mój dzień) pani Roosevelt plotkowała z czytelniczkami o trzech „interesujących ludziach", którzy przyszli do niej na obiad[75]. Holender o kręconych włosach i głęboko osadzonych błękitnych oczach był „najbardziej utalentowanym i nieustraszonym z filmowców". Zrobił na niej wrażenie sposób, w jaki ukazał „twarze mężczyzn i kobiet [...], rolników, żołnierzy i mówców lub wiejskich gospodyń, wszystkich [...] interesujących postaci, które chcielibyście poznać bliżej".

Ze swojej strony Gellhorn napisała do pani Roosevelt, aby podziękować jej „niezmiernie" za zorganizowanie wizyty i spytać z lekkim niepokojem: „Czy film naprawdę Ci się podobał?". Miała nadzieję, że tak, bo „Joris i Ernest są z niego bardzo radzi [...] dlatego przejęli się sugestią, Twoją i Pana Roosevelta, aby go wzmocnić przez podkreślenie powodów konfliktu"[76].

W połowie lipca, z Pauline zamiast Gellhorn na doczepkę, Ivens i Hemingway pojechali z filmem do Hollywood, gdzie mieli nadzieję znaleźć życzliwą publiczność, mogącą i chcącą wypisać czeki na duże sumy, za które Historians mogliby kupić ambulansy dla Republiki[77]. Hemingway był przyjmowany jak znakomitość przez aktorów i producentów, uszczęśliwionych, że mogą siedzieć na projekcji obok sławnego pisarza i jego przyjaciela reżysera, szczególnie że chodziło o lewicową sprawę. Najpierw odbył się uroczysty lunch w wytwórni MGM, gdzie gospodynią była austriacka piękność Luise Rainer. Później zorganizowano duże przyjęcia w domach dwóch innych gwiazd, Fredrica Marcha i Roberta Benchleya. Na pokaz w sali Philharmonic Auditorium wyprzedano wszystkie miejsca[78].

W Philharmonic Ivens przemawiał tak, jakby to on był Hemingwayem i niemal go przewyższył w „hemingwayowskim stylu", mówiąc: „wiem, że trudno zarobić pieniądze, ale umieranie też nie jest łatwe"[79]. Hemingway nie dał się pokonać i wystąpił z bezpośrednim błaganiem o pomoc. Po opowiedzeniu o sprawie – ekspansji faszyzmu, która musiała zostać powstrzymana w Hiszpanii, i ludziach, których kochał, umierających za sprawę – wystąpił z jeszcze bardziej osobistym apelem[80]:

Nie wiem, czy kiedykolwiek byliście ranni [...] wszystko dzieje się błyskawicznie [...] początkowo nie jest to bardzo bolesne [...] ale po upływie pół godziny, kiedy szok mija i zaczyna się ból [...] szczerze pragniesz śmierci, jeśli ambulans natychmiast nie dotrze na miejsce.

Scott Fitzgerald, obecny na pokazie filmu w Philharmonic, uznał go w liście do Perkinsa z wydawnictwa Charles Scribner's & Sons (oficyna wydawała jego i Hemingwaya) za „przewyższający wszelkie pochwały". Napisał też, że w słowach Hemingwaya było „coś niemal religijnego"[81].

Wielkie tournée po Hollywood okazało się okresem największej sławy *Ziemi hiszpańskiej*. Obraz – pokazywany w różnych miejscach, od teatru przy Pięćdziesiątej Piątej Ulicy w Nowym Jorku po National Press Club w Waszyngtonie – spotkał się z mieszanym przyjęciem. Krytycy mieli ambiwalentny stosunek do napięć między sztuką filmową i propagandą polityczną. Nie minęło wiele czasu, a *Ziemia hiszpańska* poszła w zapomnienie, stając się interesującym epizodem w historii filmu[82].

Później pojawiło się zaskakujące oświadczenie Ivensa, że skończył z Hiszpanią. Chciał poświęcić uwagę nowej wojnie, na którą zanosiło się w Chinach. Hemingwayowi i Gellhorn trudno było zaakceptować tę nagłą zmianę, choć niemal na pewno była wynikiem rozkazów płynących z Kominternu. Przeżyli z Holendrem bardzo wiele, od wojennych okopów po Biały Dom. Teraz zespół zaczął się rozpadać, gdyż jeden z jego członków udawał się na drugi koniec świata. Gellhorn wspominała później, że była przekonana, iż Ivens i Hemingway byli na odmienne sposoby oddani sprawie[83]:

> *W Nowym Jorku promowaliśmy* Ziemię hiszpańską, *jakby zależał od tego los całego świata. Zawsze dziwiło mnie, że Joris nie wrócił do Hiszpanii. Ernest i ja to zrobiliśmy, on nie. Sądzę, że nie był w to emocjonalnie zaangażowany.*

Hemingway martwił się, skądinąd słusznie, że Komintern zaczął odsuwać Hiszpanię na drugi plan, co latem 1937 roku było rzeczą niewyobrażalną dla niego i Gellhorn[84]. Pisarz wciąż zmierzał w przeciwnym kierunku, coraz bardziej oddany sprawie Republiki, co jeszcze bardziej zbliżało go do Sowietów – jego zdaniem najlepszych zagranicznych przyjaciół Hiszpanii. Kiedy najwierniejsi zwolennicy Kominternu, jak Ivens, wyjechali, Hemingway pogłębiał i tak dobre relacje z sowieckimi agentami, którzy pozostali w kraju i z radością odpowiadali na jego przyjazne gesty.

ROZDZIAŁ 3

POWRÓT DO HISZPANII

Utrzymywać kurs

Jednym z najtrudniejszych wyzwań tej podróży było nakłonienie właściciela warsztatu do pochlapania farbą niemal idealnego lakieru samochodu, by zamaskować jego kontury. Pod koniec lata 1937 roku Hemingway chciał możliwie najlepiej zabezpieczyć się przed nieprzyjacielskim atakiem z powietrza podczas jazdy do obozu republikańskich partyzantów w odległym zakątku kraju, a wykonany amatorskim sposobem kamuflaż był lepszy od żadnego. Po przymocowaniu pasami do zderzaka jednego czy dwóch kanistrów benzyny pisarz wyruszył z Walencji brukowanymi szosami biegnącymi wzdłuż wybrzeża Morza Śródziemnego, po czym skręcił w mniejsze boczne drogi, prowadzące w Góry Ternelu. Nieprzystosowane do użytkowania przez wojskowe ciężarówki i wozy sztabowe, które je rozjeżdżały, szlaki te musiały być usiane dziurami i koleinami. Samochód Hemingwaya, najpewniej kolejny potężny dodge o silniku buldożera, potrzebował około dwóch godzin, żeby przebyć dystans niespełna siedemdziesięciu kilometrów, wolno, ale niestrudzenie pokonując ostre zakręty. Małe miasteczko Alfambra, stanowiące cel Hemingwaya, było ładne na swój surowy sposób, z jałowymi wzgórzami obramowanymi porastającą brzegi małej rzeki o tej samej nazwie roślinnością. Zastał dowódcę partyzantów, którego szukał, w jednym z domów przekształconych w partyzanckie kwatery. Szybko okazało się, że Antoni Chrost, prostolinijny polski komunista dowodzący grupą, nie życzył sobie żadnych gości, a zwłaszcza reporterów. Nazwisko Hemingwaya nic mu nie mówiło. Ten wyciągnął przepustkę wystawioną przez Armię Centrum, pokrytą stemplami symbolizującymi władzę, która nakazywała każdemu dowódcy wojsk republikańskich udzielenie pomocy okazicielowi, a ów konkretny lubił mówić ludziom w rodzaju Chrosta, że jest bardziej pisarzem niż reporterem.

Przepustka poskutkowała, bo Chrost w końcu zgodził się, żeby pisarz wrócił za trzy tygodnie i wyruszył z jego oddziałem na akcję sabotażową – choć na wszelki wypadek kazał jednemu ze swoich mieć Hemingwaya na oku, kiedy ten za drugim razem spędził cztery dni w obozie partyzantów i w polu. Pożyczyli mu rewolwer i poprosili, żeby niósł granaty ręczne oraz prowiant podczas dwudziestopięciokilometrowego marszu do celu.

Wyruszywszy o zmroku, trzydziestoosobowy oddział przeszedł przez linie faszystów i ruszył wzdłuż drogi (ale nie po niej), aby w końcu, pod osłoną ciemności, podczołgać się do torów kolejowych na małym moście rozpiętym nad rzeką Jiloca. Nie minęło dużo czasu, kiedy usłyszeli odgłos nadjeżdżającego pociągu, a niebawem ujrzeli iskry lokomotywy tryskające w nocne niebo. Pociąg poruszał się wolno, zatem dinamiteros zdążyli ostrożnie uzbroić ładunki, podczas gdy Hemingway szperał w plecaku, szukając aparatu fotograficznego. Na kategoryczne żądanie Chrosta nie przyłączył lampy błyskowej, ale mógł wykorzystać światło eksplozji, by sfotografować akcję: most zapadł się i runął do wody, zanim lokomotywa zdążyła z niego zjechać. Wagony wyleciały z torów, orząc ziemię i zmieniając się w sterty złomu. Partyzanci, nie czekając na reakcję nieprzyjaciela, od razu zawrócili do bazy[1].

Od czasu, gdy Joris Ivens wyjechał do Chin, Hemingway trzykrotnie odwiedził Hiszpanię. Holenderski filmowiec w dalszym ciągu pisywał do amerykańskiego przyjaciela długie, szczegółowe listy, m.in. liczącą dwadzieścia stron epistołę z 28 stycznia 1938 roku, w której zachęcał go, aby utrzymał kurs[2]. Hemingway powinien nadal popierać piórem sprawę Republiki, tak jak to czynił w 1937 roku, i doprowadzić do wystawienia swojej antyfaszystowskiej sztuki *Piąta kolumna*, a może nawet nakręcić film na jej podstawie. Powinien również utrzymywać kontakt z członkami ruchu, którzy wyjaśnią mu, co wydarzyło się w Barcelonie. Jeśli będzie „chciał porozmawiać o czymś z jednym z przywódców", powinien „zrobić to" bez wahania. Na koniec, powinien przyjechać do Chin, będących nowym frontem walki z faszyzmem.

Wiele rad Ivensa Hemingway puścił mimo uszu. Nie pojechałby do Chin, aby pracować dla Kominternu, a tym bardziej do niego wstąpić. Budował na fundamencie położonym przez Ivensa, wykorzystując nowe sowieckie i komunistyczne kontakty, lecz wspierał Republikę na własny sposób, sam sobie będąc komisarzem, a także kimś więcej niż propagandzistą dla Ivensa i jego sprawy. Ten ostatni wydawał się nie rozumieć, że Hemingway w Hiszpanii prezentował różne strony – był tu jako pracownik organizacji humanitarnej, obserwator wojskowy, a nade wszystko pisarz. Według tego, co Hemingway próbował wytłumaczyć partyzantom, pisarz i reporter byli różnymi osobami. Reporter pragnął faktów do swej historyjki, by jak najprędzej przepchnąć ją przez cenzurę, pisarz zaś chciał chłonąć wojenne doświadczenia.

Człowiekiem, który był najbliższy zastąpienia Ivensa w życiu Hemingwaya, okazał się niemiecki komunista Gustav Regler, jedna z bardziej interesujących i sympatycznych postaci, które pisarz poznał w Hiszpanii[3]. Regler odznaczał się urodą gwiazdy filmowej, co potwierdza epizodyczna rólka w *Ziemi hiszpańskiej*; przypominał nieco Gary'ego Coopera. Zaprzyjaźnienie się z Hemingwayem ułatwiły mu doświadczenia wojenne, gdyż podczas pierwszej wojny światowej walczył w okopach po stronie kajzera. Po wojnie stał się zdeklarowanym komunistą, ryzykując życie i środki utrzymania dla partii. W 1934 roku współpracował z Ivensem przy filmie propagandowym o Niemczech i doświadczenie to pozostawiło w nim niesmak. Dla niego Ivens był trochę za śliski, trochę za bardzo manipulatorski. Kiedy spotkał Ivensa z Hemingwayem w Hiszpanii, zastanawiał się, czy „uśmiechnięty Ivens" nie zamierza nakręcić „kolejnego samooszukującego się filmu"[4].

W 1936 roku Regler przebywał w Moskwie, gdzie zaczęło do niego docierać w sposób niedostępny Hemingwayowi, co znaczy żyć z dnia na dzień w kraju dyktatury proletariatu. Często przypominało to złowieszczo francuski *ancien régime* lub nazistowskie Niemcy. Z mieszanką niewiary, niesmaku i lęku przyjął jeden z pierwszych procesów pokazowych Stalina: „Ujrzałem więźniarki [...] zajeżdżające na tyły Teatru Bolszoj. Nie różniły się wiele od furgonetek carskiej Ochrany [...] pomyślałem [też] o [więźniu], który minął mnie, idąc na śmierć w Monachium"[5]. Wśród sowieckich ofiar był jeden z jego protektorów, zasłużony rewolucjonista Lew Kamieniew, który został osądzony i stracony w sierpniu. Regler zaczął się już zastanawiać, czy nie jest następny na liście, z ulgą więc

Hemingway i niemiecki komunista Gustav Regler, komisarz z sercem, który stał się jego bliskim przyjacielem.
Ernest Hemingway Photo Collection, JFK Library

przyjął wiadomość, że Komintern wyraził zgodę na jego wyjazd do Hiszpanii. Miał tam zostać komisarzem politycznym 12. Brygady Międzynarodowej.

W przeciwieństwie do innych komisarzy, którzy stosowali znacznie surowsze metody, Regler uważał za swój obowiązek dbanie o morale żołnierzy i pracę z ludnością cywilną. W 1938 roku chwalił się, że uratował przed zniszczeniem bezcenne obrazy oraz wywiózł w bezpieczne miejsce kobiety i dzieci z wiosek, gdzie trwały zacięte walki[6]. Przypuszczalnie był szczery, gdy powiedział, że to od komisarzy zależy „powstrzymanie okrucieństw wojny [...] po obu stronach". Był rad, że może ponownie toczyć dobry bój, bo wiatry „bohaterskiej Hiszpanii" rozwiewały „trujący smród Moskwy"[7]. Widząc, jak „dobra Rosja" wkracza na scenę, bał się, że tuż za nią może kroczyć „Rosja diaboliczna".

O ile Ivens usiłował sprzedawać Hemingwayowi „dobrą Rosję", pokazując jej trudną walkę z faszyzmem, o tyle Regler nie wahał się ukazywać pisarzowi „Rosji diabolicznej" i jej metod. Opowiedział Hemingwayowi pewną historię ilustrującą tę różnicę. Otóż członkowie Brygady Francuskiej poprosili go, sami z siebie, o spotkanie w celu przedyskutowania pewnego problemu. Podczas ostatniej bitwy dwóch francuskich żołnierzy uległo panice, myśląc, że otoczyły ich nieprzyjacielskie oddziały. Śmiertelnie przerażeni, zaczęli krzyczeć do pozostałych, aby uciekali. Francuzi pytali, co z nimi zrobić. Regler kazał ich aresztować, później jednak uznał, że padli ofiarą nerwicy frontowej. Wysłał ich do sanatorium i złożył raport generalnemu inspektorowi z ramienia Kominternu (czyli głównemu komisarzowi) Brygad Międzynarodowych, francuskiemu komuniście André Marty'emu.

Marty był rewolucjonistą już wówczas, gdy służył we francuskiej marynarce wojennej. W kręgach komunistów znano go z tego, że zorganizował bunt, aby jego okręt nie otworzył ognia do bolszewików po wybuchu rewolucji październikowej 1917 roku. Kiedy dwadzieścia lat później pojawił się w Hiszpanii jako wyższy aparatczyk, jego potężna postać obrosła już tłuszczem, miał drugi podbródek i rozległą łysinę, którą ukrywał pod wielkim beretem. Jakby czarna skórzana kurtka i wielki pistolet nie były dostatecznie zastraszające, miał zwyczaj bardziej krzyczeć niż mówić i niemal każdego podejrzewać o zdradę[8].

Trzymając w garści raport Reglera, oznajmił, że wie, co należy zrobić, i przejmuje od niego tę sprawę. Po czym kazał „rosyjskiemu plutonowi egzekucyjnemu" rozstrzelać tych dwóch żołnierzy[9]. Regler zapamiętał, że Hemingway wykrzyknął: „Świnia!" i splunął na ziemię, gdy o tym usłyszał[10]. Ten gest zbliżył Reglera do Hemingwaya i potem Niemiec wielokrotnie potwierdzał swoją przyjaźń, dzieląc się z Amerykaninem poufnymi informacjami[11]: „Opowiadałem mu o kulisach operacji i kryzysów, których byłem świadkiem. Ujawniałem nasze straty i udzielałem informacji wyprzedzających, kiedy tylko mogłem, mając pewność, że mnie rozumiał...".

Jednak nawet Regler nie wspomina, że to on zapoznał Hemingwaya z innym przedstawicielem „diabolicznej Rosji", szefem hiszpańskiej rezydentury NKWD, Orłowem. Do spotkania doszło w Gaylordzie, przypuszczalnie wiosną 1937 roku. Orłow nie został oficjalnie przedstawiony, niemniej uznał, że Hemingway wie, kim jest. (Wśród bywalców Gaylorda trudno było utrzymać cokolwiek w tajemnicy). Podczas pierwszego spotkania wydarzyło się niewiele. Pili wódkę i hiszpańską brandy, rozmawiając po angielsku o broni palnej, którą obaj się interesowali, ale nie o polityce. Potem do towarzystwa dołączyła Gellhorn i oczarowała Orłowa; zaczęli gawędzić o austriackiej kuchni i muzyce, którą oboje bardzo lubili[12].

Latem 1937 roku Orłow śledził wiadomości o wyczynach Hemingwaya w Nowym Jorku i Hollywood, zwłaszcza notatki NKWD o konferencji pisarzy w Carnegie Hall[13]:

> *Źródła donoszą, że mowa Hemingwaya okazała się kulminacyjnym punktem kongresu [...] rozszarpał faszystów na strzępy. [...] To, że zajął publicznie tak pozytywne i zdecydowane stanowisko polityczne [...] zaskoczyło [NKWD].*

Mocne wystąpienie Hemingwaya w Nowym Jorku skłoniło Orłowa do wniosku, że NKWD powinno dać Hemingwayowi *carte blanche*, co ułatwiałoby pisarzowi uzyskanie pomocy, której mógłby potrzebować lub pragnąć w Hiszpanii[14]. Kiedy Hemingway wrócił do Madrytu we wrześniu 1937 roku, znów pojawił się w Gaylordzie i napomknął Reglerowi, że chciałby dowiedzieć się więcej o republikańskiej partyzantce, która ponoć dzielnie walczyła i odnosiła wielkie zwycięstwa. Mając dostęp do NKWD, Regler mógł osobiście przekazać Orłowowi, czego chciał Hemingway. Powołując się na swe doświadczenia w zwalczaniu białych buntowników podczas rosyjskiej wojny domowej, Orłow pozował na eksperta od wojny partyzanckiej, był więc rad, że może pochwalić się osiągnięciami. Chociaż było to sprzeczne z metodą skrytego działania NKWD, Orłow zrobił wyjątek dla Hemingwaya, który miał życzliwy stosunek do sprawy i uchodził za najbardziej prominentnego dziennikarza przebywającego w Hiszpanii, zatem warto było o niego zabiegać. Dlatego Orłow pozwolił Hemingwayowi na wizytę w Benimàmet [peryferyjnej dzielnicy Walencji], gdzie na terenie pozostającym pod kontrolą NKWD mieścił się tajny obóz szkoleniowy partyzantów.

Oprowadzenie Hemingwaya po Benimàmet przypadło zastępcy Orłowa, Leonidowi Eitingonowi, oficerowi NKWD o pękatym torsie, który koordynował bieżące operacje partyzantów, imponując im kompetentnym i bezpośrednim podejściem. W odróżnieniu od zdjęć Orłowa, które oddają jego skupienie, fotografie Eitingona wskazują na twardość, charyzmę i pewne poczucie humoru, co wydaje się o tyle osobliwe, że do jego obowiązków należało likwidowanie wrogów Stalina[15]. Podczas wizyty pisarza Eitingon poprowadził go starannie zaplanowaną trasą, ukazującą wszystkie etapy szkolenia w obozie. Efekt został osiągnięty, bo Hemingway rzeczywiście był pod wrażeniem.

W południe rolę gospodarza przejął Orłow, zapraszając gościa na wyśmienity lunch z francuskimi winami, zarezerwowanymi na wyjątkowe okazje. Poczęstował go też wyśmienitą polską wódką Baczewskiego, którą kolega z placówki NKWD w Wiedniu wysyłał mu regularnie do Hiszpanii. Po lunchu Orłow i Hemingway udali się na jedną z obozowych strzelnic, żeby wypróbować sowiecką broń. Biorąc pod uwagę ilość wypitego alkoholu, Orłow był zdumiony celnością strzałów Hemingwaya. Na zakończenie wizyty podarował gościowi jedną ze swoich cennych butelek Baczewskiego, żeby zabrał ją do hotelu. Rosjanin uznał, że Hemingway „nie posiadał się z radości", wyrażając wdzięczność za gościnność NKWD[16].

Orłow mógł ułatwić Hemingwayowi wizytę w Alfambrze, gdzie pisarz spędził cztery dni jesienią 1937 roku, towarzysząc oddziałowi komunistycznych partyzantów. Ci pozwolili mu obserwować akcję wysadzenia pociągu nacjonalistów, co stało się osią intrygi jego powieści *Komu bije dzwon*. Niektóre dowody mają charakter poszlakowy: Benimàmet i Alfambra leżą w odległości około stu pięćdziesięciu kilometrów; Hemingway odwiedził oba miejsca mniej więcej w tym samym czasie; Orłow mógł mieć wpływ, a nawet sprawować bezpośrednią kontrolę nad polskim dowódcą oddziału partyzanckiego, Antonim Chrostem, który być może odbył szkolenie w Benimàmet. Sam Orłow wspomniał o tym związku, gdy wiele lat później przyznał, że „znaczna część tego, o czym Hemingway napisał w książce", była owocem jego

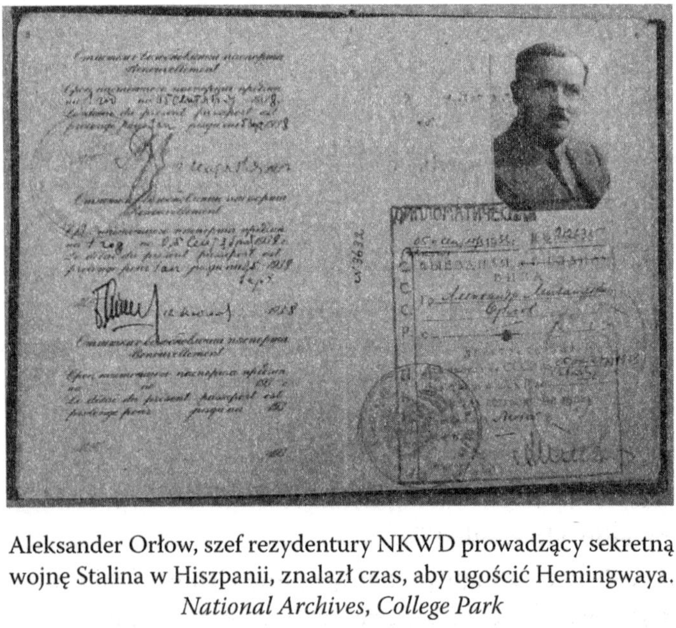

Aleksander Orłow, szef rezydentury NKWD prowadzący sekretną wojnę Stalina w Hiszpanii, znalazł czas, aby ugościć Hemingwaya.
National Archives, College Park

wizyty w Benimàmet, dodając, że z radością rozpoznał siebie w postaci Warłowa[17].

Kilka miesięcy później Orłow spotkał się ponownie z Hemingwayem. Okazji dostarczyły oficjalne obchody rewolucji bolszewickiej, 7 listopada 1938 roku, będące jednocześnie drugą rocznicą skutecznej obrony Madrytu. W całej republikańskiej Hiszpanii odbywały się huczne uroczystości[18]. Podczas lunchu w Gaylordzie Hemingway opowiadał o wspaniałym pobycie w Benimàmet i doskonałej wódce, którą zabrał do domu. Po kilku drinkach rozwiązał mu się język. „Zajadle oskarżał Franco i nacjonalistów", „rozpływając się" w pochwałach dla Brygad Międzynarodowych i zwolenników Republiki. Było to ostatnie spotkanie Hemingwaya z Orłowem, ale bystry oficer wywiadu usłyszał i przeczytał dość, aby wyciągnąć pewne wnioski dotyczące amerykańskiego pisarza. Zapamiętał Hemingwaya nie jako człowieka pozostającego pod sowiecką kontrolą, lecz „zdeterminowanego indywidualistę, zapalonego sportsmena i przede wszystkim osobę głęboko wierzącą w Republikę okresu hiszpańskiej wojny domowej"[19].

Orłow odnosił się, w gruncie rzeczy, z rezerwą do prawdziwie wierzących pokroju Hemingwaya. W podejmowaniu decyzji był zarazem cyniczny i rzeczowy, bez oglądania się na ideologię. Wiele lat później sugerował, że Hemingway, uwikłany we własne przekonania, nie wiedział, kiedy przestać: „on i ludzie jemu podobni stali się głównym motorem wojny, skłaniając świat do opowiedzenia się po stronie republikanów [...] co niepotrzebnie przedłużyło konflikt"[20].

Gdyby Hemingway znał tę opinię Orłowa, byłby z niej rad. Uważał się za bardziej wpływowego, niż faktycznie był, przekonany, że inni kierowali się tym, co powiedział i napisał o Hiszpanii. Na przykład, Alvah Bessie, młody pisarz o komunistycznych poglądach, był zaskoczony, gdy usłyszał, że Hemingway sądzi, iż to jego mowa do wiernych, wygłoszona w Nowym Jorku pamiętnego upalnego czerwcowego dnia 1937 roku, skłoniła jego, Bessiego, do pojechania do Hiszpanii i zaciągnięcia się do Brygady Abrahama Lincolna, złożonej w większości z amerykańskich obywateli, wezwanych przez Komintern do walki po stronie Republiki[21]. W swoich wspomnieniach *Men in Battle* Bessie przytacza słowa Hemingwaya, że „ta mowa skłoniła do przyjazdu [do Hiszpanii] wielu chłopców"[22]. Był to, ciągnął Bessie, „rodzaj megalomanii, na którą facet cierpiał [...] bo postanowiłem pojechać do Hiszpanii znacznie wcześniej [zanim usłyszałem jego mowę]. Próbowałem uwolnić się od mojego małżeństwa".

Na froncie Hemingway w dalszym ciągu na przemian obserwował i uczestniczył w walce. Razem z dwoma innymi amerykańskimi reporterami, Jayem Allenem z „Chicago Tribune" i Herbertem L. Matthewsem z „New York Timesa" pokonali wiele kilometrów, ale on nigdy nie wahał się odłożyć na bok notatnika i długopisu, gdy lojaliści potrzebowali pomocy. W grudniu 1937 roku, po pokazaniu Allenowi, jak chronić bębenki w uszach podczas nalotu (trzymając w zębach ołówek, aby usta pozostały otwarte), zawołał do kolegi, by pomógł przesunąć działo, które utkwiło w błocie, i rozgniewał się, gdy ten odmówił, oznajmiając, że został wynajęty do pisania, a nie do walczenia. Humoru nie poprawił mu wykład na temat praw wojny, który Allen następnie wygłosił, wskazując, że reporterom nie wolno nosić broni bocznej[23].

Hemingway ponownie rzucił się do pomocy w pewien słoneczny wiosenny dzień 1938 roku. Razem z Joe Northem (sławą „New Masses") oraz Matthewsem jechali górską drogą w Hiszpanii za ciężarówką pełną młodzieży śpiewającej republikańskie pieśni i wznoszącej pięści w republikańskim pozdrowieniu. Był to, jak skomentował pisarz, wyjątkowo poruszający widok. Chwilę później kierowca źle ocenił zakręt i ciężarówka się przewróciła. Chłopcy leżeli rozrzuceni jak szmaciane lalki wzdłuż drogi. Hemingway wyskoczył z samochodu i zaczął udzielać pierwszej pomocy, natomiast Matthews sięgnął po notes i zaczął wypytywać rannych. North zapamiętał, jak pisarz krzyczy na Matthewsa, by wynosił się w diabły, zanim go zabije – i że miał poczucie, iż on, North, i Hemingway są bratnimi duszami[24].

Na wiosnę 1938 roku pojawili się pierwsi neutralni obserwatorzy, którzy utracili wiarę w zwycięstwo Republiki Hiszpańskiej. Nacjonaliści umocnili się w północnej części kraju i nacierali na południe, aby podporządkować sobie pozostałą część terytorium Republiki. Pod koniec marca nawet Hemingway uznał, że należy się przygotować na najgorsze, i wraz z dwoma innymi dziennikarzami zwrócił się do amerykańskich ambasad we Francji i Hiszpanii z prośbą, by pomogły w zorganizowaniu repatriacji Amerykanów uczestniczących w wojnie, szczególnie rannych[25]. Hemingway ponownie był gotów zrobić więcej, niż do niego należało, w dziedzinie zbierania funduszy i logistyki. Nalegał przy tym na zachowanie wszystkiego w sekrecie, bo nie chciał stworzyć wrażenia, że przestał wierzyć w Republikę. Dlatego ulżyło mu, gdy w ciągu następnych dni sytuacja militarna „nieoczekiwanie" się ustabilizowała[26].

Kiedy na początku kwietnia Hemingway i Matthews spotkali Bessiego na froncie, pisarz znów zachowywał się niczym republikańska cheerleaderka. Do spotkania doszło w pobliżu miasta Tortosa, gdzie pospiesznie wyszkoleni piechurzy z Brygady Abrahama Lincolna pomagali utrzymać front w obliczu potężnej ofensywy faszystów. Bessie nisko ocenił Matthewsa, który wydał mu się „rozgoryczony", „posępny" i „ascetyczny". Za to wyższy, cięższy i rumiany Hemingway sprawiał wrażenie „największego z ludzi, jakich przyszło mi zobaczyć w życiu". Był „entuzjastyczny [...] jak duże dziecko", zadając pytanie za pytaniem na temat walk. Nie zamierzał ulec zniechęceniu. Chwalił komunistów za „dawany przykład, ciągłą agitację i niekwestionowaną lojalność", co pomogło stworzyć jednolitą antyfaszystowską armię. Uznał, że wojna wkroczy w nową fazę, a opór rządu zostanie zdwojony, ponieważ porządni ludzie na świecie będą coraz bardziej wściekli z powodu rosnącej liczby „kobiet, dzieci i starców", których faszyści zabili z zimną krwią[27].

Dopóki istniała najmniejsza szansa zwycięstwa, to, co mówił i pisał, było utrzymane w optymistycznym tonie, przychylnym Republice. Celem było zachowanie Frontu Ludowego w walce z faszyzmem. Jego artykuły dla północnoamerykańskiej agencji prasowej, nie mówiąc o tym, co pisał dla sowieckiej „Prawdy", przypominały bardziej propagandę niż reportaż[28]. Atakował faszystów, a szczególnie ich taktykę bombardowania obiektów cywilnych, utożsamiając ją z morderstwem. Opisywał ubóstwo, cierpienie i dzielność Republiki. Bronił lojalistycznych oddziałów przed oskarżeniami o dopuszczanie się potworności i wzywał demokratyczne kraje do zrewidowania ich polityki nieinterwencji.

Jak wielu innych, Hemingway gorąco wierzył, że Hiszpania jest miejscem, w którym należy powstrzymać faszyzm. Jeśli demokratyczne państwa nie podejmą działań i faszyści zatriumfują, zasłużą sobie na „to, co los im przyniesie"[29]. Nie analizował głębiej uchybień Republiki i nie chciał opisywać sytuacji na froncie z punktu widzenia nacjonalistów. Na wyraźną prośbę pokusił się tylko o jedną mało entuzjastyczną próbę przedstawienia stanowiska nacjonalistów[30]. Zmienił nawet zdanie w sprawie przyjęcia posady redaktora w nowym czasopiśmie „Ken", gdy na jego łamach zamieszczono dwa antykomunistyczne dowcipy rysunkowe, bo uznał, że „szczucie na czerwonych" może osłabić Front Ludowy[31].

W sztuce Hemingwaya z 1937 roku zatytułowanej *Piąta kolumna* pojawia się temat chwytania szpiegów[32]. Bohaterem sztuki jest Amerykanin nazwiskiem Philip Rawlings, który, jak Hemingway, mieszka w madryckim hotelu Florida, ma jasnowłosą przyjaciółkę, jest stałym bywalcem baru Chicote i ma zapas żywności, którą dzieli się z mniej uprzywilejowanymi. Jednak, w przeciwieństwie do Hemingwaya, jego głównym zajęciem nie jest pisanie. Rawlings określa siebie mianem „policjanta", specjalisty od „kontrwywiadu", który „ma przed sobą pięćdziesiąt lat niewypowiedzianych wojen" i „podpisał kontrakt na ten okres". Rawlings wygłasza takie niefortunne teksty jak: „mój czas jest czasem Partii" i „rozkazy też mają jedną właściwość. TRZEBA ICH SŁUCHAĆ"*. Przebywa w Hiszpanii od roku, pracując dla mężczyzny

* Cyt. za: Ernest Hemingway, *Piąta kolumna i cztery opowiadania z wojny hiszpańskiej*, przekł. B. Zieliński, Warszawa 1999.

o jastrzębim nosie imieniem Antonio – postaci, która zdaniem wielu była wzorowana na bezwzględnym funkcjonariuszu tajnej policji Pepe Quintanilli (bracie malarza Luisa Quintanilli, z którym Hemingway zaprzyjaźnił się przed wojną). Rawlings zna się doskonale na chwytaniu szpiegów – „członków sekretnej «piątej kolumny»" – krąży po mieście, słuchając pogłosek, i przesłuchuje zatrzymanych. Przeprowadza nawet potajemny rajd na ukryte stanowisko kierowania ogniem artylerii faszystów, chwytając ludzi wskazujących cele cywilne w Madrycie. Czytelnik jest prowadzony do konkluzji, że Republika potrzebowała ludzi pokroju Antonia i Rawlingsa, aby przetrwać.

Jakie stanowisko Hemingway zajmował w tamtym czasie? Ponad dekadę później, spoglądając wstecz, pisarz przyznał, że podczas wojny, która dla niego rozpoczęła się w Hiszpanii, był „tak cuchnąco prawy", że „jest przerażony, gdy to wspomina"[33]. Hiszpańska wojna domowa nie była tylko okazją dla pisarza, który pragnął być wojownikiem ani też źródłem materiałów do następnej depeszy prasowej lub książki. Słowami i czynami, na polu walki i poza nim, Hemingway opowiadał się po stronie Republiki, przeciwko faszyzmowi, niezależnie od tego, czy sprzyjało to jego karierze, czy ją komplikowało. Okazywał gotowość do osobistych i zawodowych poświęceń.

Kilka razy był bliski oświadczenia, że podczas tej wojny cel uświęca środki. Zakochał się w antyfaszystowskiej, republikańskiej sprawie jak wielu innych pisarzy i intelektualistów o lewicowych poglądach. W tym dziesięcioleciu wypełnionym skomplikowanymi kryzysami tylko jedno polityczne równanie miało absolutny sens: wolność zamiast ucisku, demokracja zamiast dyktatury, postęp zamiast reakcji, prosty człowiek zamiast oligarchy, życie zamiast śmierci. Człowiek rozumny mógł idealizować taką sprawę. Wielki brytyjski poeta W.H. Auden trafił do wielu w swoim nieśmiertelnym wierszu o Hiszpanii, gdy pytał[34]:

Cóż więc proponujesz? Zbudować sprawiedliwe miasto?
Zgoda. Czy może to samobójcza umowa, romantyczna
Śmierć? Dobrze, i to przyjmuję, bom ja
Twym wyborem i decyzją twoją: tak, jestem Hiszpanią.*

W swoim epitafium dla Jima Lardnera, młodego Amerykanina poległego w jednej z ostatnich bitew stoczonych przez Brygady Międzynarodowe, Hemingway zbliża się do postawy idealizmu i fatalizmu Audena[35]:

Nasi zmarli stali się cząstką hiszpańskiej ziemi, a ta nigdy nie umrze. Z każdą zimą wydaje się obumierać, by z nadejściem wiosny ponownie ożyć. [...] Żaden człowiek nie połączył się z ziemią z większym honorem niż ci, którzy polegli w Hiszpanii...

Oficjalnym powodem rozwiązania pod koniec 1938 roku Brygad Międzynarodowych i odesłania do domu cudzoziemskich ochotników walczących po stronie Republiki było ugłaskanie członków Non-Intervention Committee, komisji powołanej przez europejskie rządy do ograniczenia obcej interwencji w Hiszpanii. Pod koniec października rząd pospiesznie zorganizował pożegnalną defiladę w Barcelonie. Zagraniczni ochotnicy przemaszerowali wśród wiwatującego tłumu, szacowanego

---

* W.H. Auden, *Hiszpania, 1937,* przekł. L. Elektorowicz, w: *Poezje*, Kraków 1988.

na trzysta tysięcy. Ludzie obrzucili ich tyloma kwiatami, że marsz zamienił się w szuranie nogami w grubej warstwie płatków, obok olbrzymich fotografii przedstawiających republikańskich przywódców i Stalina. Żołnierze wysłuchali mowy „La Pasionarii", czyli komunistycznej przywódczyni i oratorki, Dolores Ibárruri Gómez, która zapewniła członków Brygad, że mogą kroczyć z podniesionym czołem, wykonali bowiem swój obowiązek i przeszli do historii, stali się legendą. Po wysłuchaniu mów trębacze odegrali capstrzyk ku czci członków Brygad poległych w walce. Mówiąc (życzliwymi) słowami naocznego świadka, „cała Barcelona odkryła głowę i zapłakała"[36].

Wydarzenie to zachwiało wiarą żarliwego wyznawcy tkwiącego w Hemingwayu, gdy na początku listopada 1938 roku dowiedział się o tym w Walencji, będącej wówczas stolicą Republiki. W hotelu, podczas nalotu bombowego, Hemingway i Gellhorn natknęli się na członka Brygad, Włocha Randolfo Pacciardiego, dowódcę Brygady Garibaldiego. Teraz szykował się do wyjazdu z Hiszpanii, lecz nie miał domu, do którego mógłby wrócić (Włochy znalazły się pod panowaniem faszystów). Gellhorn wspomina, że był załamany, bez ojczyzny i grosza przy duszy, ale nie narzekał na swój los[37].

Po rozmowie z Pacciardim Hemingway i Gellhorn ruszyli schodami do swojego pokoju. Po chwili Martha coś usłyszała, obróciła się i ujrzała, że Ernest oparty o ścianę klatki schodowej łka nad losem Pacciardiego. „Nie mogą tego robić! Nie mogą traktować w ten sposób dzielnych ludzi"[38] – mówił zduszonym łzami głosem. Gellhorn napisała, że ten bezsilny płacz wywołał sposób, w jaki rząd rozwiązał Brygady – ze zdawkowym podziękowaniem, pozwalając, żeby tacy ludzie jak Pacciardi odeszli „bez [...]

pieniędzy, dokumentów i przyszłości"[39]. Tylko raz słyszała, jak Hemingway płacze, i pokochała go jeszcze bardziej.

Hemingway tak tłumaczył swoje załamanie w Walencji: „Nie ma dziś człowieka, który nie płakałby nad tą wojną, jeśli uczestniczył w niej dostatecznie długo. [...] Czasami powodem [płaczu] jest przejście od jednej wielkiej

Kiedy ważyły się losy Republiki Hiszpańskiej, Hemingway pogłębił związki z ludźmi pokroju Miltona Wolffa (na zdjęciu), który nigdy nie cofał się w walce. Wolff miał zostać jego przyjacielem na całe życie.
Ernest Hemingway Photo Collection, JFK Library

niesprawiedliwości do drugiej, innym razem rozwiązanie oddziału, który, choć wiele wycierpiał i dokonał [...] nie spotka się nigdy więcej"[40].

Po opuszczeniu Hiszpanii wielu żołnierzy Brygad Międzynarodowych czekał równie niepewny los jak Pacciardiego. Brytyjczycy, Kanadyjczycy i Amerykanie mogli wrócić do domu, ale splamieni związkiem z komunistami byli dla władz podejrzani przez samą walkę po stronie Republiki. Obywatele sowieccy i ich sojusznicy wracali do Związku Radzieckiego bez obaw, niemniej wielu z nich zginęło w nowej fali bezsensownych czystek Stalina. Niemcy i Włosi mieli zamknięty powrót do swych ojczyzn, szukali więc, często na próżno, innych krajów, które udzieliłyby im schronienia.

Hemingway opuścił Hiszpanię mniej więcej w tym samym czasie co członkowie Brygad Międzynarodowych. Wiedział, że wojna w Hiszpanii jest skończona. Mimo to był daleki od zrezygnowania z osobistej walki o republikańskie wartości. Jak Rawlings, bohater *Piątej kolumny*, z dumą powtarzał, że zaciągnął się na długi czas i kilkakrotnie ślubował kontynuować walkę z faszyzmem tak długo, jak będzie trzeba, by pokonać wroga, nawet w pięćdziesięciu niewypowiedzianych wojnach[41].

ROZDZIAŁ 4

DZWON BIJE REPUBLICE
Hemingway składa świadectwo

W pierwszych dniach lutego 1939 roku, kiedy oddziały Franco zajęły Barcelonę, dziesiątki tysięcy republikańskich żołnierzy i sympatyków wyruszyły z miasta drogami prowadzącymi na północ i wschód, jak najdalej od faszystów dosłownie pijanych zwycięstwem. Żołnierze Franco strzelali do każdego, kogo uznali za republikanina. Dwupasmowe szosy – przypominające bardziej wiejskie drogi z gruntowymi poboczami – były zatłoczone uchodźcami w samochodach osobowych i ciężarówkach, idącymi na piechotę lub jadącymi na osłach. Wieśniaczki niosły kury i prowadziły kozy, matki wiodły dzieci, a wszyscy zmierzali do bezpiecznego schronienia we Francji[1].

W kilku ciężarówkach siedzieli faszystowscy piloci, jeńcy jakimś cudem nadal znajdujący się w rękach republikanów, z którymi teraz przerzucali się obelgami, przysięgając, że nigdy sobie nie wybaczą, i życząc wrogom, by zdechli. Jednak większość republikańskich oddziałów maszerowała w ciszy i porządku. W pogodny, słoneczny dzień, na chwilę przed wkroczeniem do Francji, ostatni raz stanęli w ordynku i przedefilowali przed garstką dowódców, m.in. niesławnym André Martym. Następnie rzucili karabiny na sterty broni i innego sprzętu, który zaśmiecał skalistą ziemię po hiszpańskiej stronie granicy. Niektórzy z walczących do końca członków Międzynarodowych Brygad zwarli szeregi i zaczęli śpiewać, wkraczając do Francji. Zesztywnieli, gdy francuscy żandarmi nakazali ciszę, wykrzykując: „Śpiew zakazany!"[2].

Pisarz czytał o agonii Republiki na Key West. Choć sercem nadal był w Hiszpanii, w końcu pogodził się z tym, że koniec jest bliski. Niemniej czuł się jak weteran, który po powrocie do domu usłyszał, że jego towarzysze nadal walczą. Przepełniała go wściekłość i poczucie winy. Wściekłość na dziennikarzy piszących o potwornościach, jakich dopuszczali się czerwoni, i o tym, że ludzie Franco postępowali bardziej humanitarnie (z pewnością było to przesadą, ale dopuściło się jej wielu szanowanych dziennikarzy). W liście do teściowej – matki Pauline Pfeiffer, wciąż mu bardzo bliskiej mimo związku z Marthą Gellhorn – napisał, że oskarżenia te są po prostu nieprawdziwe[3]. Widział „zbombardowane, zrównane z ziemią miasto, którego mieszkańcy zginęli, i kolumny uchodźców ciągnące drogami bombardowanymi i ostrzeliwanymi z broni maszynowej". Ten „rodzaj kłamstwa zabija od środka". Nie mógł znieść myśli, że jego przyjaciele nadal tam są. Byłoby lepiej, gdyby został razem z nimi. „Przez całą wojnę w Hiszpanii" nie dosypiał i był wiecznie głodny, ale nigdy nie czuł się lepiej. Zakończył list słowami: „sumienie to dziwna rzecz, nad którą nie ma władzy poczucie bezpieczeństwa ani zagrożenie śmiercią"[4]. Dzień później napisał do Maxa Perkinsa, że „co noc gnębią go złe sny [...] naprawdę straszne, pełne najdrobniejszych szczegółów"[5]. Dziwna sprawa, bo w Hiszpanii nie miewał złych snów.

Nie zmieniło to jego stosunku do polityki. W dalszym ciągu był wściekły, że kraje demokratyczne zrobiły tak mało dla Republiki. Hiszpania „została zdradzona, sprzedana na kilkanaście różnych sposobów"[6]. Za głównych winowajców uważał Brytyjczyków. W dalszym ciągu promował swoją sztukę *Piąta kolumna* głoszącą, że antyfaszystowskie cele usprawiedliwiają drakońskie środki. Chociaż nowojorscy producenci nie kwapili się do jej wystawienia, być może dlatego, że „wojna przybrała zły obrót", Hemingway wciąż naciskał. „Boże, żałuję, że nie napisałem tego jako powieści", powiedział Perkinsowi[7]. Jednak, zajęty wojną, nie miał na to czasu.

W marcu, kilka tygodni później, wojna ostatecznie się skończyła. Kiedy nacjonaliści wkroczyli do Madrytu, zachowywali się jak barbarzyńcy, jakby realizowali scenariusz napisany przez republikańskich propagandystów. Początkowo trochę przypominało to przyjęcie, zwycięska armia bowiem żarła i piła wszystko, co wpadło jej w ręce. Księża, nacjonalistyczni policjanci i rojaliści powyciągali swoje charakterystyczne szaty i mundury, aby paradować w nich otwarcie. Szybko jednak nadeszły represje. W większych miastach zapłonęły stosy „marksistowskich" książek. Podobnie jak w Barcelonie, republikanie i ich sympatycy zostali usunięci z wszelkich władz i urzędów. W najlepszym razie tracili firmy i pracę. Wiele tysięcy po prostu rozstrzelano. Nikt nie wie dokładnie, ilu kolejnych – może dziesiątki lub setki tysięcy – zapędzono do prowizorycznych obozów. Niektórzy marnieli w więzieniach miesiącami lub latami; wielu innych poszło na długoletnie ciężkie roboty, czasami na mocy wyroku sądu polowego[8].

Rzeki uchodźców uciekających przed nacjonalistami wzbierały przez cały czas wojny, osiągając najwyższy poziom na wiosnę 1939 roku.
Ernest Hemingway Photo Collection, JFK Library

Nie lepszy los czekał republikanów, którzy uciekli z Hiszpanii. Oprócz Meksyku żaden demokratyczny kraj nie powitał życzliwie uchodźców. Francja, najbliższe z demokratycznych państw, szybko zalana falą przybyszów, stała się wobec nich bardziej ambiwalentna, gdy ich liczba przekroczyła dwieście tysięcy. Większość republikańskich uchodźców we Francji trafiła do sieci obozów z marnym wyżywieniem, prymitywnymi warunkami sanitarnymi i lichym dachem nad głową.

Zdaniem Hemingwaya i Gellhorn europejskie demokracje nie mogły upaść niżej. To, co stało się w Hiszpanii, było złe, ale teraz dołączyła do niej Czechosłowacja, zdradzona w Monachium we wrześniu 1938 roku. Próbując uniknąć wojny, brytyjski premier Neville Chamberlain i jego francuski odpowiednik Édouard Daladier ulegli tam Hitlerowi, domagającemu się Kraju Sudeckiego jako „prawnie" niemieckiego terytorium istniejącego w granicach Czechosłowacji. Później Hitler włączył resztę kraju do strefy swych wpływów, kończąc proces aneksji w marcu 1939 roku. Podobnie jak Hemingway, Gellhorn obwiniała Francję, a jeszcze bardziej Wielką Brytanię o zaszłe zdarzenia: „Chamberlain wydał Europę dyktatorom"[9].

Dla Hemingwaya nadszedł czas wycofania się ze świata i zajęcia się pracą. Dwudziestego trzeciego marca napisał do rosyjskiego przyjaciela literackiego, Iwana Kaszkina: „Jedyną rzeczą, którą można uczynić w sprawie wojny, gdy już wybuchnie, to ją wygrać [...] a myśmy tego nie zrobili. Dam sobie na jakiś czas spokój z wojną [...] nie zostałem zabity, zatem muszę pracować"[10]. Dalej oznajmia, że pisze powieść i ma już piętnaście tysięcy słów. Kaszkin przekona się, że sercem nadal jest w Hiszpanii, krytykując tych, którzy nie uczynili niczego, by pomóc Republice, a teraz atakują jej obrońców. „Myśmy walczyli najlepiej, jak było można, bez egoizmu". Dwa dni później napisał w podobnym duchu do Maxa Perkinsa. Po tym, jak Francja potraktowała Republikę, nie czuł się w obowiązku stanąć po jej stronie przeciwko Niemcom. W każdym razie ważniejsze było teraz dla niego pisanie krótkich opowiadań i powieści o wojnie[11].

Hemingway miał już wtedy pięć opowiadań o wojnie – m.in. *Motyl i czołg*, *Denuncjację* i *Noc przed bitwą*[12] – opisujących życie w Republice czasów wojny domowej z nieupiększonymi (i czasami nużącymi) szczegółami. Optymistyczny Hemingway, którego Alvah Bessie poznał na froncie, stał się realistycznym Hemingwayem, gotowym opisywać uchybienia Republiki, żeby jego czytelnicy mieli pełniejszą wiedzę. Ton wyznacza opowiadanie *Motyl i czołg* – historia bezsensownej śmierci człowieka, tracącego życie w wyniku własnego psikusa spłatanego w barze Chicote (ulubionym lokalu Hemingwaya). Jak motyl występujący przeciw czołgowi, głupi żart zderza się z powagą wojny. *Denuncjacja* to ponura opowieść o potrzebie zadenuncjowania faszystowskiego oficera, który zjawił się w Madrycie w swoim ulubionym barze (u Chicote'a, co raczej nie dziwi). Problem w tym, że teraz ma na sobie republikański mundur i wypytuje o sprawy wojskowe. Dwaj główni bohaterowie opowiadania wzywają więc tajną policję, żeby przyszła po intruza, zabrała go i rozstrzelała jako szpiega. W *Nocy przed bitwą* żołnierz, amerykański komunista, jest pewny, że zginie podczas bezsensownego ataku następnego dnia. Wierzy w sprawę i rozumie zagrożenia, jakie niesie walka, lecz kwestionuje kompetencje dowódców, którzy wydali rozkaz do natarcia.

Kiedy Hemingway pisał, sytuacja w Europie ulegała dalszemu pogorszeniu. Stary Kontynent szykował się do wojny. Zachodni alianci przystąpili do rozmów ze Związkiem Radzieckim, sondując możliwość zawarcia sojuszu w wojnie z Niemcami. Brak entuzjazmu ze strony Moskwy sprawił, że ich wysiłki nie przyniosły żadnych rezultatów. Dwudziestego trzeciego sierpnia 1939 roku ministrowie spraw zagranicznych Rosji i Niemiec ogłosili, że podpisali pakt o nieagresji zawierający przyrzeczenie, iż żadne z państw sygnatariuszy nie zaatakuje drugiego w ciągu dziesięciu lat. Hitler wyraził zgodę, bo chciał mieć wolną rękę na Zachodzie. Z kolei Stalin pragnął mieć pewność, że nie będzie musiał walczyć z Niemcami, dopóki sam nie będzie do tego gotowy. A potrzebował więcej czasu na przygotowania, bo wymordował zbyt wielu swych najlepszych dowódców. Następnie obaj dyktatorzy radośnie przyjęli tajny protokół dodatkowy, gdzie podzielili między siebie mniejsze kraje Europy Wschodniej (poczynając od Polski), które niebawem miały się znaleźć w niemieckiej i sowieckiej strefie wpływów. Dwa dni później Wielka Brytania podpisała z Polską układ o wzajemnej pomocy wojskowej, nadając formalny kształt wcześniejszym gwarantom polskiej suwerenności.

Pakt nazistów z Sowietami był kolejną sensacją, usuwając ostatnią przeszkodę na drodze do wojny[13]. Zabezpieczywszy wschodnią flankę, Hitler mógł skupić uwagę na Francji i Wielkiej Brytanii na zachodzie. Sojusz komunistycznej Rosji i nazistowskich Niemiec przemeblował polityczne spektrum po lewej stronie. Był to kres Frontu Ludowego, kruchego (i często pozostającego w sferze deklaracji) przymierza liberałów, socjalistów i komunistów przeciwko faszyzmowi, oraz Kominternu, który w latach trzydziestych promował antyfaszystowskie sposoby myślenia wśród rozmaitych ugrupowań wchodzących w jego skład. Dla wielu przywódców Kominternu, którzy niebawem mieli zginąć w wyraźnie zapowiadającej się czystce, pakt z Niemcami był wyrokiem śmierci. Internacjonałowie walczący po stronie Republiki pod sztandarem Kominternu zostali odwołani do Moskwy, a następnie aresztowani i zamordowani, ponieważ stali się zbyt kosmopolityczni, zbrukani życiem w zachodniej Europie. Błyskotliwy Willi Münzenberg, który tak dobrze służył sprawie, został teraz zdany na własne siły. W 1940 roku znaleziono go martwego pod drzewem we Francji, przypuszczalnie zamordowanego przez NKWD. Dla lewicujących Żydów partia przestała być wygodną polityczną bazą wypadową, z której mogli zwalczać Hitlera i antysemityzm. Jeśli utrzymali się w jej szeregach, to po to, by znaleźć się po tej samej stronie co ich śmiertelny wróg, Hitler – człowiek nieukrywający, że zamierza ich wyplenić.

Linia partyjna pozostała dogmatyczna, jakby istniał tylko jeden politycznie poprawny sposób postrzegania świata. Niewiele – jeśli w ogóle – było tam miejsca na niuanse lub indywidualne interpretacje. Mimo to większość członków mogła się skupić na jednym lub dwóch podstawowych elementach (np. walce z faszyzmem), które do nich przemawiały. Teraz władze partii postawiły oficjalną doktrynę na głowie, domagając się, aby wierni wyznawcy bronili zmian. Ten zwrot uczynił kłamcami wielu przyzwoitych ludzi.

Dwadzieścia pięć procent członków Komunistycznej Partii Stanów Zjednoczonych nie wytrzymało, porzuciło ją i nie wróciło. Były wśród nich postacie ze świata literatury, jak Granville Hicks, jeden z redaktorów „New

Masses", więcej niż chętny wyjaśnić na swój powściągliwy, intelektualny sposób, dlaczego opuścił owczarnię. Zdumiony dyktatorskimi oświadczeniami partii, uznał je za „kompletnie pozbawione jasności i logiki. [...] Jeśli przywódcy partyjni nie potrafią bronić Związku Radzieckiego inteligentnie, będą robić to głupio"[14].

Innym znaczącym człowiekiem, który wystąpił z partii, był przyjaciel Hemingwaya Regler, komisarz o ludzkim sercu. Początkowo Regler nie mógł uwierzyć, że Stalin zawarł oddzielny pakt z Hitlerem. Czy nie była to kolejna nieodpowiedzialna, absurdalna plotka? Uwierzył dopiero, gdy przeczytał o tym w gazetach. Podobnie jak Hicks, Regler nie mógł znieść dwójmyślenia, do którego zaczęła nawoływać partia. Pokręcił głową na to, co usłyszał od komunistycznego lekarza, odważnego mężczyzny i skutecznego uzdrowiciela, utrzymującego, że pakt zapobiegł „wybuchowi prawdziwej wojny" i że zawarto go „z korzyścią dla proletariatu"[15].

A co o pakcie Ribbentrop–Mołotow sądził Hemingway? Kilka wskazówek można znaleźć w książkach Reglera. Utrzymywali kontakt po wojnie w Hiszpanii, pisywali do siebie, a Hemingway zrobił, co mógł, żeby pomóc Reglerowi w 1939 i 1940 roku, posyłając mu pieniądze, kiedy przebywał jako uchodźca we Francji po upadku Republiki. Po wybuchu drugiej wojny światowej pisarz wzywał do uwolnienia Reglera z bezsensownego internowania jako obywatela wrogiego kraju[16]. W swoich wspomnieniach Regler napisał: „Byliśmy bez pieniędzy i przyjaciół, z wyjątkiem Hemingwaya trwającego przy nas jak skała"[17]. W końcu Francuzi uwolnili Reglera, a ten wyjechał najpierw do Stanów Zjednoczonych, później zaś do Meksyku, gdzie razem z żoną z trudem wiązali koniec z końcem jako malarka i pisarz, tworząc interesujące dzieła, które nie sprzedawały się jednak najlepiej. Wśród książek napisanych przez Reglera znajdowały się dwie powieści o hiszpańskiej wojnie domowej, w tym jedna wyraźnie autobiograficzna.

Opublikowana w 1940 roku *The Great Crusade* (Wielka krucjata) to historia komunisty mającego sumienie, który w końcu odrzuca stalinizm. Bohater toczy podwójną walkę – na froncie przeciw faszystom i przeciwko stalinistom, którzy podkopują sprawę. Książka jest długa i często nużąca, ale napisana z serca. Jeden z jej ustępów opowiada, jak bolesny był proces rozczarowywania się wiernego komunisty. Opisany w nim rewolucyjny intelektualista Mikołaj Bucharin, podczas czystek lat trzydziestych zmuszony do obciążenia się winą za wyimaginowane przestępstwa, stawia pod znakiem zapytania sens swojego życia, bez reszty oddanego rewolucji, która tak strasznie się wyrodziła. Poszukując odpowiedzi, nie znajduje niczego oprócz „ponurej czarnej próżni"[18].

Nie czytając książki od deski do deski i nie zastanawiając się przesadnie nad jej implikacjami, Hemingway przerwał pracę nad własną powieścią o Hiszpanii, aby napisać wstęp do opowieści o „złotym okresie Brygad Międzynarodowych". Nie szczędził pochwał Reglerowi i 12. Brygadzie Międzynarodowej, w której tamten służył, a on, Hemingway, często odwiedzał. Napisał, że właśnie tam znajdowało się jego serce podczas wojny. Żołnierze Dwunastej byli niezwykle odważni i prawie zawsze w dobrych humorach, bo czas, gdy wierzyli, że Republika zwycięży, był „najszczęśliwszym okresem" ich życia[19].

Pisze dalej, że był rozgoryczony „pewnym idiotycznym, źle pomyślanym atakiem, głupio zaplanowanym i po wariacku zrealizowanym" szturmem na wzgórza nad rzeką Jaramą, który zdziesiątkował oddział. Aprobował los człowieka, który zaplanował i nakazał atak, a „później został rozstrzelany, gdy powrócił do Rosji". Hemingway nie przytoczył nazwiska tego dowódcy, ale było niemal pewne, że chodziło o komunistycznego żołnierza Jánosa Gálicza, opisanego jako Węgier nienawidzący dziennikarzy, za to oświadczył, iż „powinien być zastrzelony od razu". Pisarz ponownie przypisuje Sowietom nienależną zasługę. Wydaje się nieprawdopodobne, aby NKWD rozstrzelało Gálicza za niekompetencję. Niemal na pewno zabito go, bo służył w Hiszpanii, co czyniło go podejrzanym w paranoicznym postrzeganiu świata przez Stalina[20].

W przedmowie do *Great Crusade* Hemingway nawiązuje także do paktu Ribbentrop–Mołotow. Jego opinia nie mogła znacznie odbiegać od wygłoszonej przez Reglera. Niemiec obwinił Stalina o to, że zrezygnował z hiszpańskiej Republiki, a później poświęcił komunistyczne ideały, zawierając taktyczny układ z Hitlerem. W odróżnieniu od niego Hemingway był gotów rozstrzygnąć wątpliwości na korzyść sowieckiego przywódcy: „Związek Radziecki nie był związany żadnym paktem z Hitlerem, kiedy Brygady Międzynarodowe walczyły w Hiszpanii. Dopiero gdy [Sowieci] utracili wiarę w kraje demokratyczne, narodził się sojusz [nazistowsko-sowiecki]"[21]. Poparcie, którego pisarz udzielił paktowi, rzuca się w oczy jako pozbawione kontekstu. Było to jednak typowe dla jego ówczesnego sposobu myślenia. Pisarz był wdzięczny Stalinowi za pomaganie Republice i Brygadom Międzynarodowym w okresie od 1936 do 1938 roku i przekonywał, że po Monachium sowiecki dyktator nie może być obwiniany za podjęcie koniecznych działań w obronie własnej[22].

Regler wydawał się rozumieć tok rozumowania przyjaciela. Opisywał Hemingwaya jako zasadniczo „apolitycznego". Ernest lepiej rozumiał prawo dżungli niż politykę, gdyż był typem myśliwego. Postrzegał życie i śmierć w „czarno-białych barwach"[23]. Nie rozumiał, że „współcześni dyktatorzy nie mają szacunku nawet dla skautowskiego prawa obowiązującego grupę zuchów"[24]. Jednemu z bardziej życzliwych Sowietów w Hiszpanii Regler powiedział, że Hemingway nie opowiada się po stronie zachodniej demokracji, ale chłonie życie w pełni pośród wzgórz Afryki i na wodach okalających Key West[25].

Kolejne miesiące przyniosły jeszcze większe zamieszanie. We wrześniu Niemcy napadły na Polskę. Francja i Wielka Brytania wypowiedziały wojnę Hitlerowi, ale ponieważ niewiele prócz tego zrobiły, Hitler z łatwością podbił nieszczęsnego sąsiada i otworzył drogę Stalinowi do zagarnięcia jego części wschodniej Polski na mocy podpisanego paktu. To, co się później wydarzyło, było zaskoczeniem dla wielu żarliwych komunistów. W listopadzie Stalin napadł na małego demokratycznego sąsiada, Finlandię. Było to typowe zagarnięcie cudzej ziemi przez wielkie mocarstwo, dokonane w dawnym stylu, godnym cara lub kajzera. Finowie stawiali opór jak Dawid walczący z Goliatem. Działania wojenne trwały do marca 1940 roku. W tym czasie Anglia i Francja rozlokowały swe oddziały wzdłuż ufortyfikowanej granicy Francji z Niemcami. Nazwano to „dziwną wojną", bo zimą na przełomie 1939 i 1940 roku na tym froncie niewiele się wydarzyło.

„Dziwna wojna" dobiegła końca w maju 1940 roku, kiedy wojska niemieckie zaatakowały Francję przez gęsto zalesione tereny belgijskich Ardenów. Długie kolumny czołgów i piechoty zmotoryzowanej oskrzydliły graniczne fortyfikacje i bez trudu okrążyły sprzymierzonych. W ciągu sześciu krótkich tygodni Hitler podbił Francję i wypchnął Wielką Brytanię z kontynentu. Kraj, który Hemingway najgłośniej obwiniał o nieudzielenie pomocy Hiszpanii, znalazł się kompletnie sam naprzeciw państw osi, wspierany jedynie przez swe terytoria zamorskie. Nowy premier, Winston Churchill, był zdecydowany walczyć, ale przed Wielką Brytanią rysowały się ponure perspektywy. Wielu Amerykanów wątpiło, czy osamotniona Anglia zdoła pokonać Hitlera, lecz nie uważali, że zasługuje na pomoc Ameryki. Gellhorn nie była jedyną w głoszeniu opinii, że „Anglikom przyjdzie w końcu zapłacić za Hiszpanię i Czechosłowację, Polskę i Finlandię”[26].

W pierwszych miesiącach drugiej wojny światowej Hemingway był głęboko pochłonięty pracą nad książką o hiszpańskiej wojnie domowej, sporadycznie pisując do Gellhorn – bądź tylko nosząc się z takim zamiarem. W jednym z listów Gellhorn wspomina, że „jak zwierzę” chronił maszynopis, trzymając go przy sobie lub chowając w szufladzie pod innymi papierami. Nigdy dobrowolnie nie pokazał go nikomu i nie chciał o nim rozmawiać[27]. Kiedy Gellhorn udała się do Finlandii, żeby relacjonować sowiecką inwazję, Hemingway skupił się wyłącznie na jej odwadze i, w odróżnieniu od wielu rozczarowanych komunistów, nie poświęcił słowa sposobowi, w jaki Sowieci zaatakowali sąsiada[28]. Gdy skierował wzrok na front zachodni, to tylko po to, by ponownie oskarżyć Brytyjczyków. Na przykład w maju 1940 roku przypomniał Maxowi Perkinsowi, jacy zdegenerowani byli Anglicy. W Hiszpanii

„okazali się wobec nas wredni jak nikt inny, kiedy walczyliśmy za nich darmo z Hitlerem i Mussolinim, a mogliśmy robić to bez końca, gdyby tylko udzielili nam pomocy". Przepowiedział przy tym, że Anglicy wykręcą numer, który nazwał prześmiewczo „Coitus Britannicus" – tj. wycofają się z pola walki i zostawią sojuszników na lodzie[29].

Katastrofa w Europie skłoniła dawnego przyjaciela Hemingwaya, Archibalda MacLeisha, do skrytykowania amerykańskiej polityki neutralności. W szeregu wystąpień i artykułów wiosną 1940 roku świeżo mianowany bibliotekarz Kongresu biadał, że tylu młodych Amerykanów podchodzi z cynizmem do wojny, iż graniczy to z pacyfizmem. Winą za istniejący stan rzeczy obarczył antywojenne książki, m.in. Hemingwayowskiego klasyka z okresu pierwszej wojny światowej, *Pożegnanie z bronią*. Ten odpowiedział gniewnie, że MacLeish źle zrozumiał książkę. Niemcy wiedzieli, jak walczyć, alianci zaś nie mieli o tym pojęcia, ale nie było to winą antywojennych książek. MacLeish musi mieć „straszne wyrzuty sumienia", ale on, Hemingway, ich nie ma, bo „walczył z faszyzmem" w każdy dostępny mu sposób[30]. Zasugerował, aby MacLeish przeczytał *Piątą kolumnę* (jego sztukę o agencie kontrwywiadu, który nie boi się pobrudzić sobie rąk) i ponownie obejrzał film *Ziemia hiszpańska* (będący ich wspólną produkcją). Okrasił to kąśliwą uwagą o froncie w Hiszpanii, na którym on był, a MacLeish nie. Trzy tygodnie później Hemingway poskarżył się na MacLeisha Maxowi Perkinsowi: „tyle teraz wokół paniki, histerii i zalewającego nas gówna, że nie czuję się na siłach napisać czegoś hurraptriotycznego"[31].

MacLeish obrał sobie zły cel. Wielka powieść Hemingwaya o hiszpańskiej wojnie domowej, *Komu bije dzwon*, w całości była poświęcona walce z bronią w ręku. Różniła się diametralnie od *Pożegnania z bronią*, opublikowanego w 1929 roku, a będącego opowieścią o miłości i wycofaniu ze świata. Żołnierz Frederic Henry zostawia w niej wojnę za sobą, zmuszony do dezercji przez nieszczęśliwy łańcuch zdarzeń. Wyrusza do neutralnej Szwajcarii z kochanką, Catherine Barkley. Świat ogranicza się do małej przestrzeni wokół Henry'ego i niej, noszącej w łonie ich dziecko. Przychodzi ono na świat martwe, a matka umiera wkrótce po nim wskutek komplikacji poporodowych. Dramatyczna, lecz prosta historia, tymczasem w książce o Hiszpanii już sam tytuł każe czytelnikowi poszukiwać związków łączących powieść z zewnętrznym światem. Fraza „komu bije dzwon" pochodzi z wiersza Johna Donne'a, który rozpoczyna się wersem „Żaden człowiek nie jest samoistną wyspą".

Oparta na doświadczeniach Hemingwaya z komunistycznymi sabotażystami, nowa powieść opowiada o czterech dniach z życia partyzanckiego oddziału operującego na tyłach faszystów. Jego zadaniem jest wysadzenie mostu w celu zakłócenia transportu wroga, gdy rozpocznie się wielka ofensywa. Amerykański partyzant Robert Jordan ani myśli o dezercji, przeciwnie, gotów jest oddać życie za sprawę. Jest jednak niespokojny, zastanawia się, jak uwikłał się w politykę i wojnę. Wie, jak i dlaczego toczy się wojna, i wzorem Hemingwaya wierzy, że Republika potrzebuje komunistycznej dyscypliny, aby pokonać faszystów.

W oczach Jordana nie jest ona bez skazy, tyle że w tamtym czasie nie było niczego lepszego. Przyznaje przed samym sobą, że niektórzy komunistyczni dowódcy są morderczo niekompetentni, a ich działania szkodzą sprawie tak skutecznie, jakby byli faszystami. Wyróżnia się wśród nich Francuz André Marty, główny komisarz Brygad Międzynarodowych, o którym Hemingway usłyszał od Reglera. Z obrazu, który odmalował, jasno wynika, że nie starał się w powieści ukryć tożsamości Marty'ego [32].

Jordan wie, że faszyści dopuszczali się okrucieństw, wśród nich gwałtu zbiorowego na jego kochance, Marii. Niemniej zdaje sobie sprawę, że i republikanie nie są bez skazy. Słyszał o potwornościach podobnych do tych, które miały miejsce w Rondzie podczas wojny[33]. W książce po zajęciu miasta republikanie postanawiają, że czołowi obywatele (zwolennicy nacjonalistów lub podejrzani o sprzyjanie ich sprawie) muszą przebiec pomiędzy dwoma szeregami ludzi uzbrojonych w haki, cepy i sierpy. Wszyscy giną z większą lub mniejszą godnością, nie jak faszystowskie demony, ale istoty ludzkie. „Starałem się przedstawić", powiedział później Kaszkinowi, „różne strony wojny [...] ukazując je powoli i uczciwie, analizując pod wieloma kątami"[34].

Bezstronność Hemingwaya spotkała się z uznaniem wielu krytyków. Edmund Wilson świętował zgon „stalinisty z hotelu Florida", którym pisarz był w 1937 roku, i powrót „Hemingwaya artysty [...] którego witamy jak starego przyjaciela"[35]. Jednak ta sama bezstronność spowodowała, że utracił przyjaciół z lewej strony. Julio Álvarez del Vayo, minister spraw zagranicznych Republiki Hiszpańskiej, przeczytał *Komu bije dzwon* pod koniec 1940 roku i stał się wyrazicielem wielu, gdy napisał, że jego współwygnańcy są „oburzeni" książką Hemingwaya, gdyż ich zdaniem nie oddaje prawdziwej natury wojny streszczającej się w słowach „my albo oni"[36]. Dla amerykańskich komunistów pokroju Alvaha Bessiego, którzy czuli pokrewieństwo z Hemingwayem poznanym na polu walki, jego nowa powieść była rażąco błędnym przedstawieniem szlachetnej sprawy. Z nutką żalu Bessie zauważa na łamach „New Masses", że Hemingway mógł stworzyć wielką książkę o wojnie ludu, lecz zamiast tego wpadł w pułapkę indywidualizmu, pisząc „historię miłosną w stylu «Cosmopolitana»" ukazaną na tle wojny[37].

Bessie był zły, że Hemingway przedstawił komisarza Marty'ego jako „głupca, szaleńca i [...] mordercę"[38]. Atak na Marty'ego – uznał – to woda na młyn „naszego wroga". Bessie przyznał, że intencją Hemingwaya mogło nie być oczernienie Hiszpanii lub Związku Radzieckiego, lecz sposób, w jaki opowiedział swoją historię, dał taki efekt. „Hemingway chwali bohaterstwo poszczególnych komunistów [...] [ale] podaje w wątpliwość i szkaluje motywy oraz postawy ich dowódców"[39]. Inni krytycy, jak Milton Wolff, dowódca Batalionu Lincolna i przyjaciel Hemingwaya, narzekali na to, że w książce nie wspomniano lub zminimalizowano okrucieństwa frankistów, które, co podkreślił, były świadomą polityką. Nacjonaliści zabijali ludzi w sposób metodyczny. Czerwoni tego nie czynili[40]. (A przynajmniej nie robili tego na taką skalę. Wolff miał rację, jeśli pominąć operację NKWD przeciwko trockistom i innym lewicowym rozłamowcom). Także Joris Ivens w końcu przyłączył się do fali krytyki, ale nie oburzenia. Wyraził łagodny osąd, że pisząc nową powieść, Hemingway „powrócił do dawnego [apolitycznego] punktu widzenia"[41].

Ivens był w błędzie. Wojna zmieniła Hemingwaya. Stał się żarliwym zwolennikiem Republiki i antyfaszystą. Był nim także w 1939 roku, lecz nie musiał już cenzurować samego siebie, aby bronić hiszpańskiej sprawy. Mógł teraz przekazywać pełną prawdę, do czego zachęcali go niektórzy z dawnych republikanów, a wśród nich Regler[42]. Podczas wojny dzielił się z Hemingwayem partyjnymi tajemnicami, pisarz jednak nie wykorzystał ich, ponieważ partia walczyła za Republikę, a ta miała jeszcze szansę[43]. Dopiero po wojnie poczuł się uprawniony do zaatakowania tych, którzy szkodzili sprawie. Komuniści tracili czas na rzeczy bez znaczenia: w Brygadzie Abrahama Lincolna – czyli także w innych Brygadach Międzynarodowych – było „za dużo ideologii i za mało wyszkolenia, dyscypliny i sprzętu wojskowego"[44]. Stanowczo za często byli niepotrzebnie poświęcani przez niekompetentnych dowódców.

Regler doszedł do wniosku, że niezliczeni czytelnicy nauczyli się z powieści Hemingwaya rzeczy, których nie chcieli się nauczyć w życiu. Z nienawiścią, jaką myśliwy darzy kłusownika, pisarz ukazał „szpiegowską manię, ten rosyjski syfilis, we wszystkich jego haniebnych, morderczo idiotycznych przejawach"[45]. Komisarz o ludzkim sercu wiedział, że istnieje wiele sposobów narzucenia ludziom rewolucyjnej dyscypliny. Jak myśliwy z własnej metafory, nie był przeciwnikiem zabijania, ale polowania bez licencji, wbrew prawu. Regler słusznie zakładał, że Hemingway czuje to samo co on. Jednak niecałe dwa lata później zmienił zdanie i zakwestionował stanowisko Hemingwaya.

ROZDZIAŁ 5

TAJNA TECZKA
NKWD rozdaje karty

W lipcu 1940 roku, w jedenastym dniu fali upałów, temperatura w Nowym Jorku sięgnęła dwudziestu siedmiu stopni Celsjusza. W apartamencie Hemingwaya, w hotelu Barclay stojącym w odległości jednej przecznicy od dworca kolejowego Grand Central w centrum Manhattanu, okno w salonie było otwarte, a stojący na ławie wiatrak elektryczny mieszał gorące, wilgotne powietrze. W kubełku topiły się kostki lodu. Butelki piwa White Rock tłoczyły się na parapetach i blatach stołów, a pięć butelek szkockiej stało na podłodze pośrodku kręgu piwoszy, na wypadek gdyby któryś zapragnął szklaneczki czegoś mocniejszego. Pisarz przyjmował gości w rozpiętej górze od pidżamy, odsłaniającej gęsto owłosiony tors. Przyjaciele i znajomi, mówiący po angielsku, francusku i hiszpańsku, wchodzili i wychodzili. Jeden był prawnikiem, inny weteranem hiszpańskiej wojny domowej z imponującym dorobkiem wojennym. Telefon dzwonił co kilka minut, przerywając rozmowy o losie żołnierzy Republiki internowanych we Francji, wezwanych do Moskwy i zastrzelonych, cierpiących w nazistowskich obozach koncentracyjnych.

Reporter „Timesa" Bob Van Gelder uchwycił tę mieszankę troski, energii i, ponad wszystko, triumfu. Mimo hałasu nie mógł przeoczyć radości, która wyzierała raz po raz z jego wywiadu z Hemingwayem. Z gęstą czupryną ciemnych, opadających na czoło włosów pisarz „wydawał się wielki niczym słoń i niezwykle zdrowy". Ledwie hamował emocje, gdy pochylał się do przodu i mówił, siedząc na skraju krzesła. Promieniował zadowoleniem, bo właśnie przekazał wydawnictwu Scribner's swoją powieść wojenną.

Po siedemnastu miesiącach wytężonej pracy wiedział instynktownie, że Komu bije dzwon *jest majstersztykiem. Z drugiej strony, słysząc złe wieści napływające z Europy, nie mógł spocząć na laurach. Świat eksplodował, pogrążył się w wojennej zawierusze. Sprzymierzeńcy Franco kontynuowali zwycięski marsz. Hitler 14 czerwca zdobył Paryż i panował w Europie. Oznaczało to, jak powiedział Hemingway Van Gelderowi, że „walka w Hiszpanii będzie musiała zostać podjęta na nowo"*[1]*. Jak zawsze nie zamierzał przegapić akcji.*

Latem 1940 roku Hemingway myślał już o nowych sposobach wykorzystania rozpierającej go energii w pracy dla sprawy, której się poświęcił. W lipcu, gdy mieszkał w nowojorskim hotelu Barclay, powiadomił listownie Maxa Perkinsa, że będzie kontynuować walkę z wrogiem, ale wyłącznie na własnych warunkach[2]. Jednym ze sposobów zwalczania faszyzmu było oczywiście pisanie i dokumentowanie zmagań, jak to uczynił w swoich utworach z czasów wojny hiszpańskiej, *Piątej kolumnie* i *Ziemi hiszpańskiej*. Jego nowa powieść, *Komu bije dzwon*, również brzmiała jak wezwanie do bitwy. Oczywiście pisanie nie było jedyną metodą walki, a on był gotów wypróbować inne możliwości, nawet zapomnieć na pewien czas, że jest osobą publiczną. Później w liście do syna Jacka napisał, że jeśli zrobi cokolwiek podczas tej wojny, uczyni to „po cichu i bez rozgłosu”[3].

Poszukiwania odpowiedniej wojennej roboty podjął już w październiku 1940 roku, kiedy jego życie osobiste układało się na nowo. Rozwód z drugą żoną Pauline zbliżał się ku końcowi, on zaś planował nowe życie z Gellhorn. Niepotrafiąca usiedzieć na miejscu przyszła panna młoda rozglądała się za pracą zagranicznej korespondentki wojennej. Zaraz po ślubie zamierzała wyruszyć do Azji. Wzmianka o tej podróży pojawia się po raz pierwszy w liście Hemingwaya z 21 października, tydzień po pojawieniu się *Komu bije dzwon* na półkach księgarni wydawnictwa Scribner's przy Piątej Alei 597[4]. Dziesięć dni później plany zostały odwołane, by pojawić się ponownie zaraz po ślubie w Cheyenne, w stanie Wyoming, 21 listopada[5]. Z Cheyenne nowożeńcy udali się do Nowego Jorku, gdzie spędzili miesiąc miodowy w wygodnie urządzonym apartamencie hotelu Barclay.

Bawiąc w mieście, Gellhorn sfinalizowała umowę z wydawcą magazynu „Collier's" na relacjonowanie walk Chińczyków z japońskimi najeźdźcami, które gasły i wybuchały na nowo od tak dawna (pierwsze walki zaczęły się w 1931 roku), że wielu ludzi na Zachodzie całkiem o tym konflikcie zapomniało. Hemingway niechętnie zgodził się z nią pojechać i ustalił z przyjacielem Ralphem Ingersollem, że będzie pisać reportaże dla jego nowego centrolewicowego brukowca „PM".

Przypuszczalnie zgodził się także „przyjrzeć" jednej lub dwóm sprawom na prośbę amerykańskiego sekretarza skarbu, Henry'ego Morgenthau Jr., wpływowej postaci w administracji Roosevelta, który lubił zlecać zadania znanemu podróżnikowi i światowcowi[6]. Kilka miesięcy później, 27 stycznia 1941 roku, podczas spotkania wewnętrznego kręgu współpracowników, Morgenthau miał zapytać bez ceremonii: „Jak się miewa Ernest?". Harry D. White odpowiedział, że Hemingway ma się dobrze i „będzie rad, mogąc sprawdzić coś [dla nas]"[7]. White był osobą numer dwa w Departamencie Skarbu. Najwyraźniej to on w imieniu Morgenthau nawiązał kontakt z Hemingwayem, utrzymywał z nim łączność i zaaranżował osobiste spotkanie pisarza z sekretarzem skarbu. W liście do Morgenthau z lipca 1941 roku Hemingway wyjaśnia, że White poprosił go, by zbadał „trudności, z którymi boryka się komunistyczny Kuomintang (Chińska Partia Narodowa), i spróbował dotrzeć do wszelkich informacji, które mogą być dla pana użyteczne"[8].

W gestii White'a leżało sprawdzanie zdolności kredytowej pożyczkobiorcy, zaś Departament Skarbu, który udzielał pomocy gospodarczej Chinom, zamierzał włączyć ten kraj do programu lend-lease (na podstawie Lend-Lease Act – ustawie o pożyczce i dzierżawie), pozwalającego kupować broń na dogodnych warunkach, pod warunkiem że zostanie wykorzystana do walki z faszyzmem. White i Morgenthau chcieli, żeby Hemingway podjął misję gromadzenia faktów, co w tym okresie było powszechną praktyką, ocierającą się o szpiegostwo. Wyższy urzędnik rządowy mógł poprosić znanego obywatela lub polityka, by udał się w zagraniczną podróż, zapoznał z sytuacją na miejscu i przekazał swoje wrażenia. Właśnie tym zajmował się William J. Donovan, czołowy nowojorski prawnik i republikański internacjonalista, na zlecenie prezydenta i sekretarza marynarki, gdy w 1940 roku udał się do Wielkiej Brytanii, aby ocenić możliwości przetrwania tego kraju w starciu z Niemcami[9]. Donovan odbył obszerną turę spotkań z przedstawicielami politycznej i wojskowej elity i wrócił ze szczegółowym raportem, który pomógł stworzyć fundament dla Biura Służb Strategicznych (OSS), agencji wywiadu, którą założył w 1942 roku. Morgenthau oczekiwał czegoś podobnego od Hemingwaya, a pisarzowi pochlebiło, że go o to poproszono. To była taka forma uznania, jakiej pragnął. Uważał się za kogoś więcej niż pisarza lub reportera, we własnych oczach był oblatanym bystrzakiem, wiedzącym, jak działa świat, i potrafiącym to wykorzystać do kształtowania biegu zdarzeń[10].

Nowożeńcy postanowili spędzić Boże Narodzenie w Finca Vigía, domu na przedmieściach Hawany, który najpierw wynajęli, a później kupili na własność. Z początkiem nowego roku planowali wrócić do Nowego Jorku, a później wyruszyć na Zachodnie Wybrzeże. Hemingway został w mieście wystarczająco długo, aby odbyć kilka ważnych spotkań[11].

Przed wyjazdem do Chin zgłosił się do niego człowiek nazwiskiem Jacob Golos, usilnie zabiegając o spotkanie. Golos był jednym z tych prawdziwych oryginałów, którzy co pewien czas wyłaniają się z kart historii szpiegostwa. Urodził się w 1890 roku na Ukrainie, należącej wówczas do carskiej Rosji, w zamożnej żydowskiej rodzinie. Pierwszy raz trafił do aresztu w wieku ośmiu lat za kolportowanie antycarskiej propagandy, co sugeruje, że jego rodzina miała, mówiąc łagodnie, lewicowe przekonania[12]. (Wielu rosyjskich rewolucjonistów było Żydami, m.in. w reakcji na sankcjonowany przez państwo antysemityzm, skutkujący pogromami, powtarzającymi się z zatrważającą regularnością).

Pierwsze aresztowanie nie ostudziło rewolucyjnego zapału Golosa, w dalszym ciągu rozpowszechniającego, a później samemu drukującego bolszewicką propagandę. Po drugim aresztowaniu utrzymywał, że ocalał z masowej egzekucji, padając na ziemię i udając nieżywego. Trzeci raz został zatrzymany w roku 1907, gdy miał siedemnaście lat, i jako niepoprawny bolszewik został zesłany na Syberię. Po dwóch latach zdołał uciec, podążając na wschód i docierając pieszo do Chin, a później przez Japonię do Stanów Zjednoczonych. W Stanach zajmował się tym samym co w Rosji – rewolucyjną robotą. Najpierw w Detroit, a później w Nowym Jorku zintegrował się ze społecznością wygnańców, przyłączając się do ekspatriantów i spiskowców, którym nigdy nie zależało na Ameryce, lecz cały czas obsesyjnie wracali myślą do sytuacji politycznej w ich dawnym kraju.

W 1915 roku Golos otrzymał amerykańskie obywatelstwo. W 1917 roku w Rosji wreszcie wybuchła rewolucja i bolszewicy przejęli władzę, on jednak pozostał w Stanach Zjednoczonych, stając się jednym z pierwszych członków CPUSA, a gdy ta się rozrosła, jednym z jej przywódców. Na przestrzeni lat partia miała różne nazwy i odnogi, ale jedno nigdy nie uległo zmianie: zawsze była narzędziem Moskwy w Stanach Zjednoczonych i ramieniem sowieckiego wywiadu. Członek partii mógł zostać szpiegiem lub spełniać rolę pomocniczą. Golos stał się wkrótce pomocnikiem *par excellence*, człowiekiem, który mógł pełnić rolę pośrednika między sowieckim wywiadem i amerykańskim społeczeństwem w sposób dobry dla Sowietów, lecz nie dla Ameryki.

Niezależnie od tego, jak długo mieszkał w Ameryce, Golos wyglądał i mówił jak rosyjski rewolucjonista. Niski i krępy – mierzył niecałe sto sześćdziesiąt centymetrów wzrostu – miał niebieskie oczy, pełne wargi i czuprynę z głębokimi zakolami. Na zdjęciach jego włosy, ponoć rude, wyglądają na gęste i sztywne, dając efekt aureoli. Nigdy nie stracił akcentu, chodził w sfatygowanym ubraniu i zdartych butach, słowem – był rewolucjonistą, który nie dbał o życiowe wygody. Ponad osobisty majątek przedkładał

Jacob Golos, stary bolszewik, który zwerbował Hemingwaya dla NKWD. *National Archives, Waszyngton*

partyjne symbole i broszury. Niemniej był też na tyle samodzielny myślowo, by od czasu do czasu kierować się osądem własnym, a nie opinią przełożonych z NKWD. (Z perspektywy Moskwy wyglądało to tak, jakby gromadził informacje i źródła na własny użytek, co w branży szpiegowskiej jest pokrewne grzesznemu zapałaniu miłością do własnych agentów i często sygnalizuje, że prowadzący dba o nich tak samo jak o powierzoną misję). Jego umiejętności operacyjne nie były perfekcyjne, ale jak na amatora więcej niż dobre. Od dzieciństwa był członkiem jednej z najgłębiej zakonspirowanych partii politycznych na świecie, miał więc instynktowną zdolność do intryg. Dobrze sobie radził w kontaktach z ludźmi i umiał postępować z kobietami. (Jedna z jego kochanek wręcz nazwała go „najbardziej uroczym mężczyzną w Rosji", kiedy w latach dwudziestych bawił tam na czymś w rodzaju urlopu[13]). Posiadanie amerykańskiego paszportu i umiejętności radzenia sobie w Nowym Jorku były ogromną korzyścią dodatkową.

Najważniejsze jednak było to, że Golos prawdziwie wierzył w sprawę. Całe życie walczył o ostateczne zwycięstwo komunizmu, które miało zapoczątkować przyszły raj robotników. Mimo że potrafił manipulować ludźmi, promieniował też szczerym rewolucyjnym zapałem, co czyniło go skuteczniejszym w werbowaniu i prowadzeniu szpiegów. Umiał wprowadzić cudzoziemca do owczarni i skłonić go do wykradania tajemnic własnego kraju. Choć trudno porównać Golosa do innych komunistów poznanych przez Hemingwaya, jego niezależność i autentyczność upodabniały go do Reglera, czyli do człowieka, którego pisarz lubił i któremu ufał.

W 1932 roku Golos został dyrektorem Intouristu, pierwowzoru komunistycznej firmy fasadowej w Stanach

Zjednoczonych. Na pozór było to biuro turystyczne sprzedające wycieczki do ZSRR, ale jego głównym celem było stworzenie zaplecza dla sowieckich szpiegów. NKWD chciało przede wszystkim, żeby Golos załatwił jego agentom autentyczne amerykańskie paszporty. Uczynił to, werbując urzędnika miejscowego biura paszportowego mającego problem z hazardem, co NKWD wykorzystało jako punkt nacisku. W miarę upływu czasu Golos wykonywał coraz więcej pracy operacyjnej, pozyskując i prowadząc agentów. Uczyniono go nawet odpowiedzialnym za weryfikację wszystkich nowych amerykańskich szpiegów, których nie zwerbował osobiście[14].

Pod koniec dekady wyjątkowy zbieg wprawionych w ruch przez Stalina wydarzeń sprawił, że Golos stał się prawie niezastąpiony. Czystki przeprowadzone przez dyktatora wpłynęły bowiem na amerykańskie placówki w takim samym stopniu jak na działające w Europie. Doświadczonych anglojęzycznych oficerów NKWD odwoływano do Moskwy pod byle pretekstem, gdyż w paranoicznym postrzeganiu świata przez Stalina kosmopolityzm, który czynił ich skutecznymi, sprawiał jednocześnie, że stawali się podejrzani. W ten sposób NKWD zlikwidowało wielu swoich najlepszych ludzi, m.in. agentów z Nowego Jorku. Jednocześnie stale wzrastał apetyt Sowietów na tajne informacje polityczne, gospodarcze i techniczne z USA, roboty więc było więcej, a pracowników mniej. Jednym z nich był Golos.

Skończyło się na tym, że otrzymał trzy wymagające zadania: był dyrektorem biura turystycznego Intouristu, wyższym urzędnikiem Komunistycznej Partii Stanów Zjednoczonych i filarem placówki NKWD w Nowym Jorku. Zdarzały się dni, gdy spotykał się z agentami trzy lub cztery razy. (To zdumiewająca liczba jak na tajne, a choćby wymagające jedynie dyskrecji kontakty; doktryna KGB z czasów zimnej wojny zalecała trzy lub cztery spotkania rocznie w przypadku „wrażliwych" tajnych agentów). Podobno w 1940 i 1941 roku Golos szykował od dziesięciu do dwudziestu Amerykanów do tajnych zadań. Może i nie był zawodowym oficerem wywiadu, starannie wybranym spośród partyjnych kadr, a później wyszkolonym i przeegzaminowanym w specjalnym ośrodku na przedmieściach Moskwy, lecz znał Amerykę lepiej od większości enkawudowskich karierowiczów i był bardziej produktywny od nich.

Był to czas, gdy do CPUSA wstępowało coraz więcej Amerykanów; partia przestawała być tak bardzo zależna od emigrantów, a rysujący się trend stwarzał nowe okazje. Członkowie partii lub sympatycy urodzeni w Ameryce mogli infiltrować rząd i przemysł w sposób nieosiągalny dla emigrantów. Gdy liczba szpiegów wzrastała wykładniczo, rosło zapotrzebowanie na Amerykanów mogących pełnić rolę pośredników (w szpiegowskim żargonie nazywanych „łącznikami") między agentami NKWD i amerykańskimi szpiegami. Na przykład urodzona w Stanach kobieta z dyplomem college'u przyciągnęłaby mniej uwagi, spotykając się z wyższym amerykańskim urzędnikiem, od kogoś pokroju Golosa, który wyglądał tak rosyjsko.

Odpowiadającą profilowi kobietą z dyplomem stała się Elizabeth Bentley, niewyróżniająca się niczym szczególnym absolwentka ekskluzywnego Vassar College, która po wojnie miała zyskać miano „królowej czerwonych szpiegów". Sceny, które oglądała podczas wielkiego kryzysu, wstrząsnęły jej społeczną wrażliwością i skierowały w szeregi CPUSA. Udział w wiecach i przebywanie wśród towarzyszy łagodziło nieco jej samotność. Golos dostrzegł potencjał Bentley i stopniowo wciągał ją do „specjalnej pracy", czyniąc z niej znakomitą łączniczkę[15].

Dziennikarze mogą odgrywać równie ważną rolę. Znany reporter o rozległych kontaktach też może służyć jako łącznik i zbierać informacje osobiście lub znajdując potencjalnych współpracowników. Jego możliwości zwiększałaby jeszcze powszechna wiedza, że nie jest komunistą, a jeszcze cenniejsza byłaby możliwość odbywania podróży poza granicami Stanów Zjednoczonych. Hemingway spełniał oba warunki. Dla NKWD był w równym stopniu znanym i życzliwie usposobionym dziennikarzem co pisarzem. Werbownik mógł zaczerpnąć informacje z moskiewskiej teczki Hemingwaya, gdzie udokumentowano jego atak na amerykański establishment na łamach „New Masses" w 1935 roku oraz antyfaszystowskie i zarazem prosowieckie doniesienia z Hiszpanii, nie wspominając o zajadłej antyfaszystowskiej mowie wygłoszonej w Carnegie Hall w czerwcu 1937 roku[16].

Szczegóły wciąż pozostają niedostępne w Moskwie, ale decyzja, by zwrócić się do Hemingwaya, została niemal na pewno podjęta między październikiem i grudniem 1940 roku. Aleksander Wasiljew, były oficer KGB, który odnalazł informacje na temat Hemingwaya w archiwach KGB na początku lat dziewięćdziesiątych, spekulował, że Golos przeczytał *Komu bije dzwon* zaraz po ukazaniu się książki. W przeciwieństwie do doktrynerskich lewicowców, którzy atakowali powieść Hemingwaya, spojrzał głębiej i za krytyką błędów Republiki dostrzegł szpiegowski potencjał pisarza[17]. Być może Golos zrozumiał, że afirmując własną niezależność, pisarz stawał się jeszcze cenniejszym celem. Do tego dochodził jego podziw dla komunistycznych partyzantów, toczących zajadłą wojnę podjazdową. NKWD mogło wiedzieć nawet o podjętej przez pisarza obronie paktu Ribbentrop–Mołotow we wstępie do książki Reglera. W recenzji książki z jesieni 1940 roku moskiewski wydział kadr Kominternu odnotował, że Hemingway napisał do niej wstęp[18]. Pisarz pozostawał nadal zagorzałym antyfaszystą i miał prosowieckie nastawienie. Był gotów przymykać oczy na grzechy Stalina i krytykować amerykańską politykę zagraniczną, zatem był tym, kogo pragnęli mieć Sowieci.

Nikt na Zachodzie nie wie, kto przedstawił Golosa Hemingwayowi, ale obaj mieli wspólnych znajomych. Joe North, nowojorski komunista z przyjzanym uśmiechem, wyszukiwał Golosowi potencjalnych współpracowników[19]. Drogi Northa i Hemingwaya skrzyżowały się kilkakrotnie: kiedy w 1935 roku skłonił Hemingwaya do napisania artykułu dla „New Masses" i gdy razem przeżywali dramatyczne chwile w Hiszpanii. Po wojnie Hemingway napisał emocjonalny wstęp do jego książki sławiącej amerykańskich antyfaszystów walczących w Brygadzie Abrahama Lincolna[20]. Ostatni raz widzieli się latem 1940 roku, kiedy North relacjonował przebieg konferencji poświęconej hiszpańskim uchodźcom na Kubie. Ponowne spotkanie ucieszyło obu. Hemingway zaprosił Northa do baru La Florida w Starej Hawanie, gdzie pisarz był stałym bywalcem. Dwaj weterani rozsiedli się wygodnie pod wirującymi leniwie sufitowymi wiatrakami i przegadali długie godziny[21].

Pośrednikiem mógł być również jakiś amerykański komunista, na przykład niespełniony pisarz John Herrmann, długoletni przyjaciel Hemingwaya, który przez wiele lat wykonywał tajną robotę dla CPUSA[22]. (W latach

1926–1940 był także mężem Josephine Herbst, dobrej, jeśli nie bliskiej przyjaciółki pisarza). W jednej z relacji to Herrmann, z udziałem któregoś ze swoich informatorów, pomógł zaaranżować udane spotkanie werbunkowe z Algerem Hissem, urzędnikiem Departamentu Stanu[23].

Joe North, redaktor „New Masses", który zamieszczał na łamach swego pisma artykuły Hemingwaya i mógł przedstawić pisarza Jacobowi Golosowi.
Abraham Lincoln Collection, Tamiment Library

Ostatnim kandydatem jest dobry przyjaciel Hemingwaya, Joris Ivens, filmowiec, który w latach 1939–1941 bywał w Nowym Jorku i kilka razy próbował namówić go, by spotkał się z komunistami. Zaproszeniem na dyskretne spotkanie mógł być tajemniczo brzmiący telegram złożony z dwóch linijek: „Dzwoniłem do ciebie, ale wyjechałeś z kraju [...] mówią, że chętnie by dzisiaj wypili z tobą kilka drinków”[24].

Nawet jeśli pośrednik pozostaje zagadką, wiemy, że Golos spotkał się z Hemingwayem pod koniec 1940 roku, przypuszczalnie podczas miesiąca miodowego pisarza w Nowym Jorku. Ich spotkanie jest faktem, podobnie jak to, że celem Golosa było zwerbowanie Hemingwaya do NKWD. Niemniej, by wyobrazić sobie szczegółowy przebieg ich rozmowy, musimy zdać się na domysły oparte na historii Golosa i sowieckich praktykach.

Golos i jego pośrednik wiedzieli, że osobiste przedstawienie jest bardziej obiecującym sposobem nawiązania relacji od niezapowiedzianej wizyty. Pośrednik mógł wpaść po Hemingwaya do hotelu Barclay i zawieźć go do jakiejś ustronnej restauracji w Lower East Side – bo takie Golos wybierał zwykle na miejsce spotkań – np. do małej i cichej restauracji przy Drugiej Alei, gdzie widywał się z Bentley. Wystrój sali i menu nie wyróżniałyby się niczym szczególnym. Lokal miałby również pomieszczenie na zapleczu, a przynajmniej cichy kąt, w którym mogliby pogadać. Klientela, złożona z przedstawicieli klasy pracującej, przypuszczalnie nie rozpoznałaby wielkiego pisarza.

Pośrednik zostawiłby ich samych, aby mogli się poznać, co było kolejnym warunkiem nawiązania tajnej relacji. Hemingway zamówiłby coś do picia. Po krótkiej rozmowie, np. o nowej powieści pisarza, obaj przedstawiliby swe kwalifikacje, być może wyolbrzymiając własne dokonania. Amerykanin mógłby opowiedzieć o Hiszpanii, utrzymując, że był żołnierzem, a nie tylko pisarzem, a Rosjanin dać do zrozumienia, że wykonuje ważną robotę w Stanach. Golos poruszyłby temat antyfaszyzmu i wspomniał o stanowiącym ostatni szaniec obrony przed zgubną ideologią Związku Radzieckim. Niemal na pewno schlebiałby Hemingwayowi, wskazując na ważną rolę, jaką pisarz mógłby odegrać, gdyby walczył z faszyzmem wspólnie z Sowietami. Odgadnięcie tego, co krzepki Amerykanin o silnym ego chciałby usłyszeć, nie byłoby trudne dla tak doświadczonego wywiadowcy jak Golos.

Z grubsza w tym samym czasie, przed lub po ich pierwszym spotkaniu, Golos powiadomiłby nowojorską placówkę NKWD o możliwości pozyskania do pracy szpiegowskiej kolejnego czołowego dziennikarza. Zważywszy na pozycję Hemingwaya i doświadczenie Golosa, wydaje się mało prawdopodobne, aby werbunek dokonał się pod wpływem chwili, w stylu „wydaje się, że to dobry pomysł". Mogło się tak zdarzyć w przypadku Kominternu, ale nie operacji NKWD, której obiektem była powszechnie znana postać. Komintern miał swoje sekrety, ale istniał głównie po to, by realizować cele propagandowe. W przeciwieństwie do niego NKWD było profesjonalną służbą szpiegowską. Ludzie tacy jak Ivens zajmowali się produkcją filmów, a tacy jak Golos – werbowaniem i prowadzeniem szpiegów. Ten ostatni podlegał Moskwie, która nienawidziła niespodzianek, pragnąc sprawować pełną kontrolę nad sytuacją.

Jeśli Sowieci postępowali zgodnie z obowiązującą ich procedurą, doszło do wymiany telegramów między Nowym Jorkiem i Moskwą, zanim Golos podjął próbę zwerbowania Hemingwaya. Opisano w nich pierwsze kontakty z pisarzem oraz opinię placówki na temat jego szpiegowskiego potencjału. Z kolei centrala przekazała podsumowanie informacji zawartych w teczkach Hemingwaya i, być może, opinię Orłowa po jego spotkaniu z pisarzem w Hiszpanii. W pewnym momencie Moskwa dała zgodę na to, by jej ludzie w Nowym Jorku podjęli próbę zwerbowania pisarza, ale wolała, żeby Golos nie spieszył się z propozycją, lecz złożył ją Hemingwayowi, gdy lepiej się poznają. Właśnie tak to pewnie było: pisarz obiecał pomóc NKWD, a następnie obaj panowie uzgodnili, że pozostaną ze sobą w kontakcie.

Zachowane dokumenty, które udostępniono badaczom, nie pozostawiają żadnych wątpliwości, że Golos informował Moskwę o podjętych próbach zwerbowania Hemingwaya. Jednym z najważniejszych jest podsumowanie znajdującej się w tajnych archiwach ujawnionych przez Wasiljewa teczki pisarza[25]. W oparciu o wspomniane dokumenty, m.in. telegramy z Nowego Jorku, sporządzono podsumowanie dla celów wewnętrznych, niedostępne dla ludzi z zewnątrz, co sugeruje ich dużą autentyczność.

W notatce z 1948 roku czytamy, że „przed wyjazdem do Chin [Hemingway] został zwerbowany przez [Golosa] do naszej pracy z pobudek ideologicznych". W języku wywiadu oznacza to, że pisarz przyjął propozycję nawiązania tajnych stosunków z Sowietami. Golos mógł powiedzieć mu wprost o NKWD lub wspomnieć o sowieckich „służbach specjalnych", używając skrótu, który nie był zagadką dla Hemingwaya. Nawiązanie do „pobudek ideologicznych" oznacza, że pisarz zgodził się z celami Sowietów (przynajmniej niektórymi) i nie przyjął propozycji dla pieniędzy czy innej korzyści. Usuwało to możliwość szantażu lub przymusu, bo w przypadku kandydata motywowanego względami ideologicznymi, szczególnie tak ważnego jak Hemingway, presja była zbędna.

W odpisach materiałów z tajnej teczki nie ma wzmianki o konkretnych zadaniach (jeśli takowe były), które Golos miałby zlecić Hemingwayowi. Ten pierwszy mógł być rad ze zwerbowania pisarza wyłącznie ze względu na jego duży potencjał jako dziennikarza szpiega, tj. kogoś, kto mógł wykorzystać rozległą sieć kontaktów dla celów NKWD[26]. Nie byłoby to niczym niezwykłym dla Sowietów, stosujących zwykle okres próbny dla sprawdzenia nowego kandydata i ustalenia, do jakiej roboty się nadaje. Hemingway mógł sądzić, że wie, czego chcą od niego Sowieci: informacji o rosyjskich szpiegach w Hiszpanii, jego znajomości wojny partyzanckiej, opisanej w *Komu bije dzwon*, oraz świata kontrwywiadu, przedstawionego w *Piątej kolumnie*. Być może NKWD chciało, żeby zachowywał się jak bohater jego sztuki, który był funkcjonariuszem tajnej policji i składał raporty o osobach interesujących Sowietów, a spotykanych w barach – choć teraz odbywałoby się to na znacznie większą skalę i obejmowało informacje zebrane od osób bogatych i wpływowych, z takimi bowiem pisarz miał styczność dzięki wykonywanej profesji.

Golos, jak każdy dobry werbownik, nie mógł przeoczyć jednego: kwestii spotkań nowo pozyskanego agenta z zaufaną osobą trzecią. Sam uginał się pod nadmiarem pracy, miał słabe zdrowie i nie mógł odbywać dalekich podróży. W jaki sposób NKWD miało się kontaktować ze swoim nowym człowiekiem w Chinach (lub gdziekolwiek indziej)? I jak Hemingway miał rozpoznać człowieka, któremu mógł zaufać? W raporcie przesłanym do Moskwy Golos wyraził opinię, że NKWD musi podjąć próbę spotkania się z Hemingwayem w Chinach lub w ZSRR, jeśli pisarz będzie jechał przez ten kraj. Napisał, że przygotował Hemingwaya na spotkanie z „naszymi ludźmi" poza granicami Stanów Zjednoczonych. Pisarz mógłby dać Rosjaninowi kilka „identyfikatorów", najlepiej coś wyjątkowego – np. kubańskie znaczki pocztowe – i oświadczyć, że zaufa tylko temu, kto je pokaże. Golos zakończył raport ufnym przeświadczeniem: „Jestem pewny, że będzie z nami współpracować i [...] będzie robić wszystko, co w jego mocy"[27].

Opatrzony datownikiem 1941 roku meldunek Golosa jest wyjątkowy z kilku powodów. Użyte sformułowania wskazują, że Hemingway i Golos nawiązali kontakt przed ostatecznym zatwierdzeniem planu podróży pisarza (planu, który kilkakrotnie ulegał zmianie); notatka Golosa ma sens jedynie pod warunkiem, że obaj utrzymywali ze sobą stały kontakt, co uzasadniałoby przypuszczenie, że Hemingway godził się na współpracę z Sowietami[28]. To, że Golos pisze o Hemingwayu, używając jego prawdziwego nazwiska, wskazuje, że ich tajna relacja była świeża. NKWD nadało mu kryptonim dopiero pod koniec 1941 roku, odkąd był znany jako „Argo". (NKWD zwykle oznaczało zwerbowanych szpiegów kryptonimami. Nowe imiona często oddawały celnie ich cechy, np. absolwentka college'u, panna Bentley, była „Bystrą Dziewczyną", kongresmen biorący łapówki został zaś nazywany „Oszustem". Widać ktoś w NKWD był oczytany i najprawdopodobniej wyczuł miłość Hemingwaya do morza. W mitologii greckiej bowiem „Argo" to nazwa statku, którym Jazon i jego załoga popłynęli po złote runo). Zaaranżowanie spotkania z nowym agentem w Związku Radzieckim lub Chinach miałoby sens, tworząc okazję do wzajemnego poznania się bez obawy dekonspiracji przez FBI, które obserwowało Golosa od 1939 roku.

Kolejnym krokiem NKWD było włączenie książki *Komu bije dzwon* do centralnych archiwów. Powieść przesłano z Nowego Jorku do Moskwy w poczcie dyplomatycznej z 8 stycznia 1941 roku[29]. Wasiljew, po zapoznaniu się z teczką Hemingwaya, doszedł do wniosku, że oprawcy Stalina z Łubianki, ich głównej kwatery w centrum Moskwy, w dawnym gmachu firmy ubezpieczeniowej – z biurami na górze i celami w piwnicy – zdobyli książkę w celu uzupełnienia teczki niedawno zwerbowanego Hemingwaya[30]. Poza innymi zaletami była cenną wskazówką co do sposobu, w jaki Hemingway myślał o antyfaszyzmie.

Na pierwszy rzut oka historia zwerbowania Hemingwaya opiera się na wątłych podstawach. Zapiski są fragmentaryczne, widać wyraźne luki oddzielające ocalałe telegramy i notatki służbowe, a sposób ich datowania jest mylący. Dostępne są jedynie odręczne kopie i notatki, a nie oryginały dokumentów. Z drugiej strony, kopie wszystkich dokumentów z teczki NKWD oraz faksymilów, które FBI ujawniło w latach osiemdziesiątych, pozwalają uprawdopodobnić tę hipotezę[31].

Dzięki ujawnionym materiałom FBI możemy ustalić, co Biuro wiedziało o Hemingwayu. Historia pisarza wyłania się z szeregu wiadomości, notatek służbowych i uwag na marginesach dokumentów przeznaczonych do użytku wewnętrznego, w większości sporządzonych w ściśle określonym celu – aby opisać jakieś wydarzenie, uaktualnić wcześniejszy raport lub prosić o zgodę na przeprowadzenie operacji. Nie jest to prosta historia z początkiem i końcem, która miałaby sens dla zwykłego czytelnika. Ale cóż, taka jest natura pracy wywiadowczej. Pod tym względem „kompletna" teczka FBI i „niekompletna" teczka NKWD są do siebie podobne. Każda jest zbiorem fragmentów, czasami błędnych lub jedynie częściowo prawdziwych, niemniej razem tworzą schemat, a niedoskonałości przydają im autentyczności.

To samo można powiedzieć o okolicznościach ujawnienia całej historii. Wydaje się ona zbyt fantastyczna, aby została wymyślona lub stanowiła jakiś spisek[32]. Upadek Związku Radzieckiego w 1991 roku był katastrofą z rodzaju tych, do których miały nie dopuścić tajne służby. NKWD i jej następca, KGB, służyły za tarczę i miecz rewolucji, a ta miała się troszczyć o służących jej ludzi. Kiedy Związek Radziecki przestał istnieć, weterani KGB poczuli się jak pracownicy firmy, która nagle zbankrutowała bez pełnego sfinansowania systemu emerytalnego. Byli zdani na siebie w obliczu gospodarczego i politycznego chaosu, nie wspominając o opinii publicznej, która odzyskała wolność słowa i zaczęła ich krytykować. Co mogli zrobić dla siebie w takim położeniu? Czy mieli coś, co mogliby wykorzystać? Agencje wywiadowcze istnieją zwykle po to, żeby wykradać nowe sekrety, może jednak dałoby się sprzedać stare i uzyskać pieniądze na emerytury?

Crown Publishing Group, jednostka zależna od wydawnictwa Random House (obecnie Penguin Random House), dostrzegła okazję i złożyła propozycję SWR (Służbie Wywiadu Zagranicznego Federacji Rosyjskiej), która przejęła rolę KGB w nowej Rosji. W zamian za solidne zasilenie swego funduszu emerytalnego, SWR miała przekazać autorom Crowna historyczne informacje na temat operacji KGB. Takie historie, oprócz dostarczenia interesującej lektury, poprawiłyby wizerunek KGB, pokazując, jak dobrze służyło państwu. Wyżsi oficerowie SWR entuzjastycznie przyjęli więc propozycję, mimo wątpliwości wielu tradycjonalistów z byłego KGB.

Do kwerendy danych dla każdej książki z planowanej serii miał zostać oddelegowany przynajmniej jeden rosyjski badacz, starannie wybrany przez SWR. Jego zadaniem było przejrzeć oryginalne teczki KGB, sporządzić odręczne notatki, a następnie na ich podstawie podsumować to, co zebrał, a komisja SWR miała zweryfikować te dane przed udostępnieniem ich zachodnim historykom. Chodziło o to, by nie dzielić się notatkami roboczymi, ale użyć ich do sporządzenia podsumowania. Nikt nie zdołałby odnaleźć źródeł, jeśli ich pochodzenie nie zostało wcześniej ujawnione. Rezultatem miała być seria książek o dniach chwały sowieckiego szpiegostwa, daleka od ujawnienia wszystkich informacji[33].

Jako pierwsza ukazała się biografia Aleksandra Orłowa, szefa rezydentury NKWD w Hiszpanii w latach 1936–1938, który poznał Hemingwaya w 1937 roku w hotelu Gaylord, gdzie funkcjonariusze sowieckich tajnych służb odpoczywali w luksusie[34]. Wyszła w 1993 roku, stając się wzorem dla kolejnych tomów, gdyż ukazując Orłowa w całej złożoności jego postaci, nie unikała kontrowersyjnych tematów i nie zatajała mrocznych faktów z jego kariery. Na użytek sceptyków zamieszczono strony z faksymilami dokumentów znajdujących się w oryginalnych teczkach.

Wśród kolejnych tytułów serii miała się znaleźć książka o sowieckiej działalności szpiegowskiej na terenie Stanów

Zjednoczonych w latach trzydziestych i czterdziestych XX wieku. Do zgromadzenia danych do tej pozycji SWR wybrało Aleksandra Wasiljewa, który jako dziennikarz i oficer KGB miał być zdolny do zrozumienia i podsumowania teczek w sposób niemożliwy dla osoby postronnej. Wasiljew przystąpił do pracy w 1993 roku, przesiewając góry teczek o Amerykanach szpiegujących dla Związku Radzieckiego. Okazało się, że wspomniany proceder uprawiało więcej osób, niż przypuszczał. Przełożeni pozwolili mu sporządzić jedynie odręczne notatki, po rosyjsku. Wasiljew często wykonywał odpisy dokumentów, kopiując je słowo w słowo. Kiedy zadanie było bliskie ukończenia, przygotowywał podsumowanie do akceptacji, aby mogli przystąpić do pracy zachodni historycy.

Niestety, w 1995 i 1996 roku sytuacja uległa zmianie. Wydawnictwo Crown zrezygnowało z wydania książki z przyczyn finansowych, w SWR zaś ponownie doszli do głosu zwolennicy twardej linii, wierzący w świętość państwowych tajemnic i dalecy od liberalnej otwartości. Jeden z nich uprzedził Wasiljewa, że „dobiorą mu się do tyłka", gdy zmieni się zarząd[35]. Wasiljew potraktował to jako groźbę i uciekł na Zachód. Później postarał się o to, by jego notatki przeszmuglowano za granicę (były wśród nich sporządzone odręcznie zapiski z kopiami fragmentów teczki Hemingwaya).

To, że wspomniane materiały robocze miały pozostać utajnione, wzmacnia ich wiarygodność. Badacze zajmujący się życiem Hemingwaya mogą dzisiaj czytać odpisy oryginalnych sowieckich dokumentów związanych z osobą pisarza, sporządzonych niekiedy w trakcie wykonywania operacji. Oczywiście idealnym źródłem byłaby cała oryginalna enkawudowska teczka Hemingwaya. Jednak dopóki SWR nie otworzy swoich archiwów w nieokreślonej przyszłości, zachodni badacze muszą polegać na Wasiljewie, kompetentnym świadku, który wykonał tę pracę w ich imieniu[36].

Czy istnieje tylko jedna wersja opowieści o tym, jak Hemingway został szpiegiem? Historyk może polegać na niepełnej, niemniej autentycznej relacji sowieckiej, ale czy sam Hemingway nie powiedział czegoś na ten temat? Przypuszczalnie nie. Dziesięć lat później w listach do najlepszego przyjaciela wspomniał, że wykonywał „dziwne zadania" dla Sowietów w Hiszpanii i że po zakończeniu wojny domowej utrzymywał kontakt z „Ruskimi", którzy ujawnili mu różne tajemnice, lecz nigdy nie rozwinął tego tematu[37]. Nie ma też żadnego dowodu, by kiedykolwiek rozmawiał z kimś o Golosie i NKWD, nawet z Gellhorn, która podzielała wiele jego poglądów politycznych, ale w ich związku odgrywała rolę młodszego wspólnika[38]. Jego stosunki z sowiecką służbą wywiadowczą były sprawą poważną, a nie tematem plotek przy drinku czy barwnych opowieści, jak zdarzenia z czasów hiszpańskiej rewolucji lub inne mniej tajne przygody z okresu drugiej wojny światowej. Zdawał sobie sprawę z potrzeby zachowania tajemnicy, będącej jednym z fundamentów szpiegowskiego fachu. Hemingway uważał, że szpiegowanie było kolejną z jego licznych umiejętności, i się nie mylił.

Kiedy na początku 1941 roku pisarz przekazywał znaczki Golosowi, odgrywał aktywną rolę w tajnej transakcji z sowieckim szpiegiem. (Znaczki, jak już wspomniano, były sygnałem, że można zaufać mężczyźnie lub kobiecie, którzy je okażą, podobnie jak przedarte na pół opakowania galaretki Jell-O, którymi posługiwali się inni sowieccy szpiedzy; osoba mająca przy sobie pasującą połówkę była tym, kogo szukali). Takie identyfikatory nie są konieczne w normalnych, codziennych kontaktach, a jedynie w tajnych operacjach. Gdyby sprawa była naturalna, pisarz lub ten drugi mogliby przedłożyć zwykły list polecający, podobny do tego, który Ivens napisał Hemingwayowi podczas hiszpańskiej wojny domowej. W warunkach konspiracji znacznie lepiej sprawdzały się identyfikatory. Same w sobie znaczyły niewiele, bo ich prawdziwy cel był znany jedynie wtajemniczonym.

Hemingway nie zmienił się zbytnio pomiędzy listopadem 1938 roku, kiedy Orłow słuchał jego peror o hiszpańskiej wojnie domowej, a styczniem 1941, gdy zetknął się z Golosem. Jego nadal wręcz fanatyczne oddanie walce z faszyzmem zaskakiwało starych komunistów, być może dlatego, że od wielu lat nie mieli z nim kontaktu. Hemingway był rekrutem ideologicznym – Golos miał w tej sprawie rację. Nie przypominał jednak innych „prawdziwie wierzących" komunistów – nie dbał o marksizm ani leninizm. Dołączył do zespołu antyfaszystów, żeby być bardziej skutecznym, a przynajmniej w taki sposób myślał o NKWD. Widział, jak Sowieci szkolili w Hiszpanii partyzantów, niszczyli tory za liniami faszystów i starali się utrzymać dyscyplinę.

Chociaż pisarz różnił się od wielu ideologicznych rekrutów, z innymi szpiegami łączyło go kilka cech. Zgoda na zwerbowanie często rodziła się pod wpływem wydarzenia, które wstrząsało emocjonalnym status quo i zmieniało światopogląd przyszłego szpiega. W przypadku Hemingwaya tym punktem zwrotnym był huragan, który w 1935 roku uderzył we Florida Keys. Katastrofa ta skłoniła go do zajadłego ataku na amerykański establishment za rzekomy brak troski o weteranów pierwszej wojny światowej, których setki zginęły wskutek kataklizmu. Później, podczas hiszpańskiej wojny domowej, poświęcił się Republice i zafascynował wywiadem. Teraz uczynił kolejny krok. Zgodził się zostać szpiegiem, ponieważ prowadzenie sekretnego życia, nie wspominając o dreszczyku emocji wywołanym ryzykiem, zaspokajało jego wewnętrzną potrzebę. W wypadku wielu szpiegów istnieje jakiś rodzaj frustracji, który tę potrzebę wzmacnia. Hemingwaya frustrowało to, że choć z całych sił walczył z faszyzmem, nie zdołał skłonić demokratycznych krajów, szczególnie własnego, by go wysłuchały. Dlatego musiał sięgnąć po inne, skryte środki, podobnie jak małżonek, który nawiązuje romans, bo ocenia swój związek jako nieudany (co Hemingway zrobił więcej niż raz).

Kolejną cechą, która łączyła Hemingwaya z innymi szpiegami, było przekonanie, że nie obowiązują go zwykłe reguły. Przez dziesiątki lat kierował się własnym prawem. W literaturze dał temu wyraz, wprowadzając rewolucyjny sposób narracji. Swoją wielką powieścią polityczną rozpoczął w 1940 roku coś nowego i teraz po prostu zrobił to ponownie. Był radosny, pewny siebie, gotowy na nową przygodę. W liście do żony MacLeisha, Ady, wspomina, że czuje się „niemal za dobrze", gdy pisze najlepiej, jak potrafi, a później sprzedaje swoją książkę. Szkoda, że nie miał tylu pieniędzy „w dawnych czasach, kiedy na świecie istniały jeszcze puste miejsca, gdzie można było się wprowadzić". Mimo to żywił nadzieję, że „odrobiny swobody" dostarczy mu licząca tysiące mil droga do Chin[39].

Szukał tej swobody w polityce i na wojnie. Lubił wojskowe klimaty i przebywanie wśród żołnierzy, ale nie chciał wstąpić do żadnej armii. Wolał luźny związek z członkami nieformalnych oddziałów, zwłaszcza partyzantami, który pozwalał mu czuć się częścią akcji, lecz pozostawił mu swobodę ruchów, kiedy tego chciał. Nie był komunistą ani nawet sympatykiem, lecz zgadzał się robić filmy dla Kominternu, a później nawiązać współpracę z NKWD, żeby walczyć z faszyzmem, odsuwając sympatie polityczne na drugi plan.

Gdyby Hemingway opisał spotkania z Golosem, pewnie przyznałby, że polubił tego doświadczonego rewolucjonistę, a jego propozycja go zainteresowała. Jak było, tak było, w każdym razie zgodził się na kolejne spotkanie, a później na trzecie i czwarte. W końcu, w styczniu 1941 roku, amerykański pisarz zgodził się na współpracę z Moskwą. Podobnie jak wielu szpiegów, nie użyłby słowa „zwerbować". Chociaż wiedział, że nawiązuje tajne relacje z sowiecką służbą wywiadowczą, przypuszczalnie traktował ją raczej jako partnerstwo, a nie pierwszy krok na drodze do odbierania rozkazów z Moskwy[40]. Jednak „zwerbowanie" jest słowem, którego użyli Sowieci. Byli przekonani, że Hemingway przystał na propozycję Golosa, zapoczątkowując sekretne związki, które zamierzali kształtować i kontrolować. Chodziło o to, żeby agent robił to, co kazała Moskwa. W zamian miał od NKWD coś otrzymać: pieniądze, odstąpienie od szantażu lub zapewnienie bezpieczeństwa rodzinie. W przypadku Hemingwaya nie ma dowodów, że chodziło o coś więcej od ogólnikowego zobowiązania się do walki z faszyzmem i zachowania kontaktów w tajemnicy. To jednak wystarczyło.

Hemingway mógł nawet nie pomyśleć, że zdradza swój kraj. Nadal nie miał niczego dobrego do powiedzenia o Nowym Ładzie i wciąż był wściekły na Roosevelta, że nie udzielił pomocy Republice Hiszpańskiej. Z trudem tamował frustrację, że Stany Zjednoczone nie uczyniły więcej dla walki z Hitlerem, ale nie zamierzał zdradzać ojczyzny. Pewnego dnia 1940 roku, po przeczytaniu korespondencji, pełnej jak zwykle niechcianych listów od wielbicieli i krytyków, udzielił odpowiedzi na liścik z zapytaniem, czy jako lojalny Amerykanin byłby gotów nabyć dom za granicą i tam się osiedlić. W telegramie napisał, że „kompletną nieprzyzwoitością" jest pytać, czy planuje zostać obywatelem innego kraju niż Ameryka. Miał wielu przodków uczestniczących w wojnie o niepodległość Stanów Zjednoczonych, ale „żaden z nich nie nazywał się Benedict Arnold"[41].

Czy Departament Sprawiedliwości by się z tym zgodził? Czy doszło do zdrady? Czy Hemingway złamał jakieś prawo, zgadzając się na współpracę z NKWD? W owym czasie amerykańskie prawo dotyczące szpiegostwa nie było szczegółowe i mogło nie obejmować takiego przypadku. Hemingway nie był urzędnikiem państwowym i nie znał żadnych tajnych informacji, które mógłby zdradzić. Nie udzielał też pomocy i wsparcia nieprzyjacielowi podczas wojny. Stany Zjednoczone nie uczestniczyły wówczas w żadnym konflikcie zbrojnym, a Związek Sowiecki nie był uważany za wroga. Po ataku na Pearl Harbor oba kraje miały nawet połączyć siły na czas wojny. W najgorszym razie Hemingway mógłby naruszyć ustawę Foreign Agents Registration Act (FARA – o rejestracji zagranicznych agentów) z 1938 roku, która wymagała publicznego ujawnienia od każdego, kto działał w charakterze „politycznego lub quasi-politycznego agenta" obcego państwa[42]. Obejmowało to z pewnością nawiązanie współpracy z obcą służbą wywiadowczą. Na mocy FARA faktycznie wniesiono oskarżenia przeciwko sowieckim szpiegom (w tym Golosowi).

Istniały jednak ważne powody utajnienia związku Hemingwaya z NKWD. Jeszcze przed wojną niektórzy amerykańscy urzędnicy byli podejrzewani o skrajnie lewicowe poglądy. FBI miało na oku CPUSA, a weterani hiszpańskiej wojny domowej byli dyskryminowani. Sam Hemingway złożył oświadczenie, które trafiło do jego dossier w Departamencie Stanu z zapewnieniem, że nie zaangażuje się w konflikt w Hiszpanii[43]. Nie chciał, aby to (lub inne) dossier urosło i przeszkadzało mu w pracy. Dochodziło do tego jego umiłowanie wolności. Wielokrotnie wskazywał na potrzebę niezależności pisarzy od rządów i partii politycznych. Jak sam to ujął, pisarze będący orędownikami jakiejś politycznej sprawy, którzy pokładają w niej wiarę i dla niej pracują, umrą jak wszyscy pozostali, ale po ich śmierci rozejdzie się większy smród[44]. Hemingway mógł sobie wyobrażać, że łączy siły z NKWD, aby walczyć ze wspólnym wrogiem, nie chciał jednak, żeby nagłówki gazet krzyczały: „Hemingway zdemaskowany jako szpieg czerwonych!". Chciał zachować to w tajemnicy do końca życia.

ROZDZIAŁ 6

SZPIEGOWAĆ ALBO NIE SZPIEGOWAĆ

Chiny i zmęczenie wojną

Pewnego kwietniowego dnia 1941 roku Martha Gellhorn poszła na targ w chińskim mieście Czungcingu. Lubiła tętniące życiem targowisko, będące przeciwieństwem ponurej dzielnicy, w której mieszkali z Hemingwayem. Wąskie alejki wypełniała symfonia zapachów „żywności i przypraw, woń kwiatów, aromat pieczonych kasztanów i słodycz opium", mieszająca się ze „śpiewnym" monotonnym nawoływaniem ulicznych handlarzy oferujących wszystko – od drewna po bawełnę, od kociego dzwoneczka po noże i pałeczki do uszu[1]. Nie spodziewała się, że w takim miejscu spotka wysoką Europejkę „w męskim filcowym kapeluszu i kwiecistej bawełnianej sukience włożonej na spodnie". Nieznajoma podeszła do niej i zapytała, czy Hemingwayowie chcieliby poznać Czou En-laja[2]. Powiedziała, żeby następnego dnia Gellhorn wróciła na rynek razem z mężem i by chodzili uliczkami, dopóki nie upewnią się, że nikt ich nie śledzi. Kiedy Martha powtórzyła Hemingwayowi chińskie nazwisko, które nic jej nie mówiło, oznajmił, że Czou jest znajomym ich wspólnego przyjaciela z czasów hiszpańskiej wojny domowej, holenderskiego filmowca i komunisty Jorisa Ivensa. Pójdą się z nim zobaczyć. Ze względu na Gellhorn. „Później nastąpiła scena jak z Jamesa Bonda, ale znacznie go wyprzedzająca”[3]*. Kobieta w męskim kapeluszu poprowadziła małżonków w głąb targowiska, dalej niż Gellhorn zapuściła się dzień wcześniej – trasą przypominającą istny labirynt – a później zasłoniła im oczy i wsadziła do rikszy. Kiedy dotarli na miejsce i zdjęli opaski, znajdowali się w małym pokoju o ścianach pobielonych wapnem. Umeblowanie składało się ze stołu i trzech krzeseł. Przy stole siedział jeden z głównych przywódców komunistów, późniejszy premier Chin w latach 1949–1976. Miał na sobie prostą, białą koszulę rozpiętą pod szyją, czarne spodnie i sandały.*

Podróż Hemingwaya i Gellhorn do Chin w 1941 roku mogłaby być ich drugim miesiącem miodowym, tymczasem ona nazwała ich wyprawę „horrorem wysokiej klasy”[4]. Hemingway wciąż miał mieszane uczucia co do wyjazdu z nią na Daleki Wschód tak szybko po ślubie. Gellhorn nazywała go „Niechętnym Towarzyszem” lub „NT” w jej na ogół pogodnych i ciekawych wspomnieniach zatytułowanych *Travels with Myself and Another* (Podróże ze sobą i Innym).

I bez niechętnej postawy Hemingwaya wyprawa była długa i trudna, znacznie trudniejsza od często nieprzyjemnego i niekiedy ryzykownego wynajdywania drogi z rzekomo neutralnej Francji do walczącej Hiszpanii. Chociaż Stany Zjednoczone nie przystąpiły jeszcze do wojny, większość pozostałych państw już w niej uczestniczyła, niełatwo więc było znaleźć i zarezerwować przejazd nawet komuś tak znanemu jak Ernest Hemingway. W końcu zaokrętowali się na trzydziestoośmioletni parowiec „Matsonia".

Para, mająca dotychczas dobre doświadczenie z Atlantykiem i nawykła do tego, że morska podróż to czysta wygoda, została zaskoczona odkryciem, jak wzburzony potrafi być Pacyfik między San Francisco a Honolulu. Na początku lutego 1941 roku, gdy przybyli na Hawaje i zostali entuzjastycznie powitani, Hemingway nie był w dobrym nastroju. Gniewnie oznajmił, że nie cierpi girland kwiatów na szyi, a następnej osobie, która zawoła do niego „Aloha!", wciśnie to słowo z powrotem do gęby[5]. Nastrój pisarza nie uległ poprawie, kiedy wraz z Gellhorn zwiedzali bazę marynarki wojennej w Pearl Harbor. W osłoniętej tropikalnej zatoce ujrzeli amerykańskie okręty i samoloty ustawione w schludnych rzędach. Hemingway wyjaśnił Gellhorn, że Stany Zjednoczone stosują system, który był popularny, lecz katastrofalny podczas pierwszej wojny światowej: „Umieść sprzęt i ludzi w jednym miejscu, a [sprowadzisz ryzyko] [...] że wszystko pójdzie w diabły"[6]. Wiedział, że sposobem ograniczenia strat i ochrony przed atakiem powietrznym, który Japończycy już wówczas planowali, jest rozśrodkowanie sprzętu i ludzi. W maju miał gorzko zauważyć, że siły zbrojne USA „spały" od połowy lat trzydziestych, kiedy on i Gellhorn walczyli z faszyzmem[7].

Niebawem słynna para opuściła Hawaje i pokonała Pacyfik na pokładzie boeinga 314 clipper należącego do Pan American World Airways. Była to pięciodniowa wyprawa z przystankami na oceanicznych wyspach Midway i Wake, a następnie na Guam i w Manili, przed przebyciem ostatniego odcinka do Hongkongu[8]. Przypadła na czas rozkwitu międzykontynentalnych podróży lotniczych. Wielkie wodnosamoloty przypominały latające salonki – wygodne, znakomicie wyposażone i obsługiwane. Kiedy taki samolot lądował w celu uzupełnienia paliwa i prowiantu, pasażerowie mogli pływać w idyllicznych lagunach lub po prostu brać kąpiel, jeść i spać w jeszcze bardziej komfortowych przestrzeniach. Hemingway, choć był człowiekiem, któremu nie przeszkadzały trudne warunki, szczególnie jeśli wiązały się ze służbą sprawie, w którą wierzył, równie łatwo adaptował się do życia w luksusie.

Dwudziestego drugiego lutego Hemingway i Gellhorn w końcu dotarli do Chin. Trudno byłoby znaleźć lepsze miejsce dla intrygi. Chińczycy od lat walczyli z Japończykami, którzy przyłączyli się do nazistowskich Niemiec i faszystowskich Włoch, tworząc oś Berlin–Rzym–Tokio. Była to krwawa wojna, która zdawała się nie mieć końca. Cele Japończyków były względnie proste – zdobycie surowców i terytorium – i nie dbali o to, co muszą zrobić, aby dostać upragnione dobra, a zwykle oznaczało to zabijanie dużej liczby Chińczyków, żołnierzy i ludności cywilnej, czasami w sposób przypadkowy, innym razem celowy. Byli agresorami, dopuszczającymi się zbrodni wojennych na skalę, której Franco nie zdołałby sobie wyobrazić. Jeśli, jak napisał Hemingway, nacjonaliści byli zabójcami podczas hiszpańskiej wojny domowej, Japończycy dopuszczali się w Chinach ludobójstwa. Niemniej, mimo zagrożenia zewnętrznego po stronie chińskiej istniały jedynie pozory jedności. Pod powierzchnią kipiał konflikt między dawną władzą i komunistycznymi rewolucjonistami.

Dawną władzę uosabiał wojskowy gubernator, Czang Kaj-szek – przywódca Kuomintangu, Chińskiej Partii Narodowej oraz nominalny szef rządu i sił zbrojnych.

Komuniści kierowani przez Mao Tse-tunga i jego zastępcę, Czou En-laja, mieli własną, znacznie mniejszą (ale bardziej zdyscyplinowaną) armię. Obydwie strony poświęcały równie dużo czasu na zwalczanie siebie nawzajem, co na niszczenie Japończyków. Związek Radziecki, Niemcy i Ameryka w różnych okresach dostarczały pomocy Czangowi i jego armii. Któregoś razu Hemingway i Gellhorn oglądali wystawę w chińskiej akademii wojskowej, gdzie sytuację tę zobrazowano niejako graficznie – na ścianie w jednym rzędzie wisiały obok siebie portrety Roosevelta i Chamberlaina oraz Hitlera, Mussoliniego i Stalina[9]. Sprawy dodatkowo komplikował fakt, że w Chinach i ich bezpośrednim sąsiedztwie znajdowały się kolonie rządzone przez państwa europejskie, które wciąż wierzyły w swą zdolność kontrolowania wydarzeń na Dalekim Wschodzie.

Jedną z tych kolonii był brytyjski Hongkong, dla Hemingwaya i Gellhorn będący bramą do Chin. Na początku 1941 roku stanowił on coś w rodzaju krainy marzeń. W swojej książce podróżniczej Gellhorn napisała, że w niczym nie przypominał nowoczesnej aglomeracji z drapaczami chmur nad zatoką, którą miał stać się po wojnie. W jego sercu wznosiła się górzysta wyspa Victoria, zaskakująco dziki teren, zwany Peak (Szczyt), u którego podnóża rozpościerał się pracujący Hongkong. Na jego zboczu w wygodnych domach mieszkali przywódcy kolonii: im wyższą pozycję zajmowali, tym wyżej znajdowała się ich siedziba. Życie w dole, nad wodą, było skrajnie odmienne – ludzie tam gnieździli się w budach, które wyglądały, jakby poprzedniego dnia zbito je z kawałków drewna i blachy. Uliczki wokół nich były hałaśliwe i barwne, zatłoczone pieszymi, rikszami i rowerami[10].

Chociaż daleka ojczyzna od ponad roku toczyła wojnę, a japońskie wojska otaczały kolonię, w Hongkongu panowała taka atmosfera, jakby czas stał w miejscu. Hemingway napisał później dla „PM", brukowca Ingersolla, że hongkońskie restauracje zaliczały się do najlepszych na świecie i że w mieście nadal można było oddawać się pokojowym rozrywkom, takim jak wyścigi konne, krykiet, rugby i piłka nożna[11]. Hemingway wzbogacił je własną wersją koktajlu Bloody Mary i zabawianiem miejscowych literatów „opowieściami o miejscach odległych", np. o tym, jak poturbował krewnego przywódcy norweskich faszystów Vidkuna Quislinga w barze w Idaho[12]. W inny wieczór razem z oficerem marines zaprezentował „sztuczki ze sztyletem i mieczem", pokazując, jak łatwo i bez wysiłku obciąć człowiekowi głowę[13].

Jak zawsze nieprzychylny Brytyjczykom, Hemingway podkreślał atmosferę nierealności panującą w Hongkongu, pisząc, że „niebezpieczeństwo wisiało nad tym miejscem tak długo, że stało się czymś kompletnie zwyczajnym"[14]. Miasto było „niezwykle wesołe", z „wysokim morale" i „upadłymi obyczajami" z powodu pięknych Chinek, tłumnie przybywającymi do Hongkongu, aby spędzać czas z chińskimi milionerami, których w ocenie Hemingwaya na terenie kolonii mieszkało pięciuset. Sławny pisarz wydawał się rad, mogąc ogłosić, że według oficjalnego stanowiska brytyjskich władz w mieście nie było prostytucji, którą należałoby regulować.

I to nie wszystko, co miał do powiedzenia o gospodarzach kolonii. Z lubością powtarzał anegdotę o chińskim generale, który chciał się dowiedzieć, co Brytyjczycy naprawdę sądzą o chińskiej armii[15]. Tu amerykański pisarz wcielił się w angielskiego oficera, który odpowiedział:

„Wie pan, nie bardzo o to dbamy [...] Johnny [lekceważące określenie Chińczyka] jest w porządku i ogólnie miły gość [...] ale jest totalnie beznadziejny w natarciu. Za grosz nie wierzymy, że kiedykolwiek podejmie atak". Chiński oficer odpowiedział zagadką: „Dlaczego brytyjscy sztabowcy noszą monokle? Żeby nie zobaczyć więcej, niż mogą ogarnąć wzrokiem". Hemingway zakonkludował, że Brytyjczycy w Hongkongu zginą „jak szczury w pułapce", gdy Japończycy zaatakują kolonię[16]. W tej sprawie okazał się tak samo proroczy jak w ocenie amerykańskiej marynarki wojennej na Hawajach – przed końcem roku, w osiem godzin po ataku na Pearl Harbor, Japończycy zajęli Hongkong.

Nie miało dla niego znaczenia, że Brytania była jedynym mocarstwem prowadzącym wojnę z nazistowskimi Niemcami. Anglia toczyła samotną walkę na śmierć i życie, broniąc demokracji w Europie. Inne wielkie antyfaszystowskie mocarstwo, Związek Sowiecki, nadal utrzymywało pokój z Niemcami pod osłoną paktu Ribbentrop–Mołotow z sierpnia 1939 roku. Później, w kwietniu 1941, Stalin podpisał kolejny pakt o nieagresji, tym razem z Japonią, która była sojusznikiem Niemiec.

Dla wielu, w tym przywódców chińskich komunistów, była to oburzająca zdrada. Amerykański dziennikarz Theodore White, przebywający wówczas w Chinach, zapisał w dzienniku, że „pakt rosyjsko-japoński" podziałał jak „uderzenie pioruna"[17]. Kiedy White przekazał elektryzującą wiadomość Hemingwayowi i Gellhorn, zaskoczyła go ich chłodna, rzeczowa reakcja. Kilka miesięcy później Hemingway wyjaśnił swoje stanowisko w kolejnym artykule dla „PM". Pisarz poddał drugi sowiecki pakt o nieagresji takiemu samemu testowi, jaki zastosował w Hiszpanii – nie patrzył na to, co mówili politycy, ale na to, co robili. Związek Radziecki dostarczał pomocy władzom chińskim walczącym z Japończykami. Czy pomoc w dalszym ciągu napływała? Czy sowieccy doradcy nadal przebywali i działali w Chinach? Odpowiedź na oba pytania była twierdząca. „Rosja Sowiecka udzieliła Chinom większej pomocy niż inne kraje" i wciąż to czyniła[18]. Skoro tak było, kto mógł zarzucać Stalinowi, że zabezpieczył własne granice przed atakiem ze wschodu?

Nie ustosunkował się do argumentu, że dzięki zawartemu paktowi obie strony mogły przesunąć wojska na inne fronty. W przypadku Japończyków żołnierzy wysłano do Chin. Inaczej mówiąc, Stalin ułatwił Japończykom prowadzenie wojny z Chińczykami. Jak na ironię, wszystko inne, co Hemingway powiedział i napisał podczas podróży do Chin w 1941 roku, miało na celu wzmocnienie Chińczyków w walce z Japonią – tak jak w Hiszpanii, gdzie robił wszystko dla pokonania faszyzmu.

Chociaż Hemingway rozpoczął podróż na wschód jako „Niechętny Towarzysz" Gellhorn, w miarę upływu czasu zaczęli zamieniać się rolami. Niemal do przesady pedantyczna Gellhorn była coraz bardziej zniechęcona niehigienicznymi warunkami i ogólnym bałaganem, który panował w Chinach. Z Hemingwayem było na odwrót. Nie odczuwał potrzeby codziennej kąpieli oraz utrzymywania czystości i porządku w otaczającej go przestrzeni życiowej. Kiedy sprawy nie szły zgodnie z planem, odzywał się w nim dawny awanturnik, który zdawał się świetnie bawić. Elementem przygody były spotkania z chińskimi przywódcami, które czyniły ją tym przyjemniejszą, że rozmówcy traktowali pisarza jak równego.

Przez ponad tydzień małżonkowie przebywali w Czungcingu, „ponurej, bezkształtnej i błotnistej" stolicy kraju czasu wojny[19]. Poznali Czang Kaj-szeka, komunistycznego przywódcę Czou oraz kilku generałów i urzędników Czanga. Generalissimo, jak tytułował się szef nacjonalistów, i pani Czang (Gellhorn napisała, że „wciąż była pięknością, powszechnie uznawaną za wampa") zaprosili Hemingwayów na wykwintny obiad w swojej prywatnej kwaterze, która przypomniała Gellhorn skromny, schludny domek w Grand Rapids w stanie Michigan[20]. Szczupły i łysy – amerykański generał Joseph Stillwell nazywał go

Hemingway i Gellhorn z panią Czang Kaj-szek w Czungcingu, 1941 rok. *Ernest Hemingway Photo Collection, JFK Library*

„fistaszkiem", od kształtu głowy – Czang miał na sobie prosty, szary mundur. Bez sztucznych zębów wyglądał jak „zabalsamowany". Madame Czang, która mówiła płynnie po angielsku, tłumaczyła słowa męża miotającego gromy na komunistów i podkreślającego, że siły Mao nie wnoszą znaczącego wkładu do wysiłku wojennego kraju. Wręcz przeciwnie, sześćdziesiąt dywizji, które nacjonaliści trzymali w odwodzie na wypadek japońskiej ofensywy, musiało się zajmować „pilnowaniem komunistów".

Czang zauważył, że komuniści wykonują znakomitą robotę, podsuwając amerykańskim reporterom własną wersję wydarzeń, starając się wywołać wrażenie, że ich wojska stanowią klucz do zwycięstwa. W pewnej chwili, podczas gdy pani Czang próbowała oczarować Hemingwaya, Gellhorn zapytała, dlaczego rząd nie zatroszczył się o trędowatych, którzy aby przeżyć, muszą żebrać na ulicach. Chińska pierwsza dama zaripostowała, że jej rodacy są bardziej ludzcy od mieszkańców Zachodu, ponieważ nie izolują trędowatych od reszty społeczeństwa. No a poza tym, ciągnęła, Chiny miały wspaniałą kulturę, kiedy przodkowie Gellhorn jeszcze „mieszkali na drzewach i malowali ciała na niebiesko"[21]. Gellhorn uznała, że „ta dwójka niewzruszonych przywódców jest zupełnie obojętna na los cierpiących nędzę mas swego ludu"[22].

Gellhorn porównała Czangów do ich przeciwnika, Czou. Trzydzieści lat później nie mogła sobie przypomnieć treści rozmowy z przywódcą komunistów w pobielanej wapnem izbie, gdzie się spotkali. Zapamiętała jednak niezwykle pozytywne wrażenie, które na nich wywarł: „Po raz pierwszy i jedyny poczuliśmy się jak w domu. [...] Uznaliśmy Czou za zwycięzcę, jedynego dobrego człowieka, którego poznaliśmy w Chinach. [...] Jeśli tacy byli chińscy komuniści, przyszłość należała do nich"[23]. Kilka dni po tym spotkaniu Hemingway opisał Czou jako „człowieka o niezwykłym uroku osobistym i wielkiej inteligencji, [który] znakomicie potrafi sprzedać punkt widzenia komunistów"[24].

Europejką, która zaaranżowała to spotkanie, okazała się Anna Wong, Niemka, która poślubiła chińskiego komunistę. Sposób, w jaki podeszła do Gellhorn, rodzi kilka intrygujących pytań. Czy ręka Jorisa Ivensa sięgnęła tak daleko? A może był to rodzaj tajnego kontaktu, który Golos, szpieg NKWD, miał nadzieję nawiązać z Hemingwayem w Chinach? Odpowiedzią na oba pytania jest zdecydowane nie. Ivens dawno wyjechał z Chin i przebywał wówczas w Stanach, gdzie szukał pracy. Jeśli pośredniczył w nawiązaniu kontaktu, zrobił to jedynie w bardzo luźnym sensie, sugerując Hemingwayowi lub Wong, że powinni się spotkać, jeśli będą kiedyś w tym samym miejscu i czasie. Z kolei gdyby to Golos odegrał jakąś rolę w zaaranżowaniu tego zdarzenia, odnotowano by ten fakt w enkawudowskiej teczce Hemingwaya. Nie ma tam jednak żadnej notatki o tajnym spotkaniu w Chinach. Wręcz przeciwnie, funkcjonariusz NKWD, który przejrzał teczkę pisarza w 1948 roku, zauważył, że „w Chinach nie nawiązano ponownego kontaktu z «Argo» [kryptonim Hemingwaya]"[25]. Chociaż Hemingway i Golos zadali sobie trochę trudu, aby przygotować potajemne spotkanie w Chinach z użyciem umówionego znaku, nie został on wówczas zastosowany.

Bardziej prawdopodobne wydaje się, że Czou wiedział o obecności Hemingwaya w Czungcingu, mieście, gdzie niełatwo było utrzymać cokolwiek w sekrecie, i postanowił to wykorzystać. W owym czasie Anna Wong pracowała jako ktoś w rodzaju rzecznika prasowego komunistów, łatwo więc mogła zorganizować spotkanie, by Hemingway i Gellhorn poznali ich punkt widzenia, skoro usłyszeli już stanowisko nacjonalistów[26]. Spotkanie miało charakter prywatny, Czou mógł mówić bez przerywania przez funkcjonariuszy Czanga, co upodobniło je do dyskretnej konferencji, a nie tajnej schadzki. Gellhorn nie miała zatem do końca racji, nazywając ten epizod intrygą w stylu Jamesa Bonda.

Hemingway wykorzystał informacje uzyskane od Czou i Czangów tak, jak dziennikarz lub wysłannik rządowy wykorzystałby podobne rewelacje, czyli pisząc artykuły

Martha Gellhorn słucha przewodnika objaśniającego propagandowe hasło wymalowane z boku chińskiego domu w1941 roku.
Ernest Hemingway Photo Collection, JFK Library

i przygotowując raporty. Postępowanie pisarza było zgodne z ówczesną praktyką oraz linią polityczną, którą wspierał. Jego doniesienia dla „PM" miały w zasadzie optymistyczny wydźwięk, jak doniesienia z okresu hiszpańskiej wojny domowej. W udzielonym wywiadzie wyjaśnił, że armia Czanga jest ważna, ponieważ wiąże Japończyków, gdy Stany Zjednoczone szykują się do obrony swoich dalekich baz na Pacyfiku[27]. Z kolei komunistów chwalił za „wspaniałą walkę". Nie zajmował się napięciami między dwoma stronnictwami, nie chciał bowiem powiedzieć ani zrobić niczego, co osłabiłoby najważniejszą sprawę – walkę z faszyzmem[28]. Z tego powodu chował dla siebie oraz garstki przyjaciół i znajomych negatywne wnioski co do perspektyw rysujących się przed Brytyjczykami i Amerykanami w rejonie Pacyfiku.

Intrygujące pytania, wciąż pozostające bez odpowiedzi, brzmią: Co się wydarzyło podczas domniemanego tajnego spotkania w trakcie długiego pobytu Hemingwaya w krajach Orientu? Dlaczego Golos zadał sobie tyle trudu, by przygotować spotkanie, które faktycznie nigdy nie miało miejsca?

Być może doprowadzenie do takiego spotkania w warunkach wojny okazało się po prostu zbyt trudne. Hemingway i Gellhorn nie wiedzieli, gdzie będą za godzinę, nie mówiąc o następnym dniu. Komunikację i łączność cechowała skrajna niepewność. Dziennik Gellhorn obfituje w opowieści o przegapionych i przypadkowych połączeniach oraz w przerażające opisy podróży samolotem lub łodzią, które o mały włos nie skończyły się katastrofą. Hipoteza, że zaaranżowanie spotkania Hemingwaya z człowiekiem NKWD było zbyt trudne, traci na sile w kontekście spotkania pisarza z Czou En-lajem. Jeśli ludzie Czou potrafili odnaleźć Hemingwaya i to zorganizować, czy agenci NKWD w Chinach nie zdołaliby zrobić tego samego? Hemingway odbył przyjacielskie spotkanie z grupą sowieckich doradców wojskowych na terenie kontrolowanym przez nacjonalistów. Wydaje się mało prawdopodobne, aby znaleźli się tam bez wiedzy i nadzoru NKWD. Komisarz pełniący dyżur powiadomiłby o obecności energicznego cudzoziemca, który zmusił skrytych z natury Rosjan do zwrócenia na niego uwagi, kiedy stanął im na drodze i przywitał jednego ze znanych mu przelotnie oficerów słowami: „Jak się macie, *towariszcz*?"[29].

Istnieją też dwa inne wyjaśnienia. Po pierwsze, jak wielu szpiegów, Hemingwaya mogły najść wątpliwości po nawiązaniu współpracy z obcym mocarstwem, mimo wielkiego podziwu, jaki dla niego żywił. Pewien zajmujący się psychiką szpiegów lekarz określił to mianem „zespołu następnego ranka", syndromu pojawiającego się zwykle kilka miesięcy po zwerbowaniu[30]. Doznanie to przypomina wyrzuty sumienia nabywcy, który wynegocjował i sfinalizował ważny zakup, później zastanawia się, czy kupił odpowiednią rzecz za odpowiednią cenę. Może wówczas nieznacznie – lub znacznie – ostygnąć w entuzjazmie wobec sprzedawcy.

Pod koniec 1940 roku Hemingway mógł stosunkowo łatwo przekonać samego siebie, że nawiązanie współpracy z NKWD było rzeczą słuszną. Jego gniew na państwa demokratyczne (głównie z powodu Hiszpanii) oraz sympatia do Sowietów zagłuszyły wątpliwości, a sukces powieści *Komu bije dzwon* sprawił, że pisarz poczuł się silniejszy. Mimo to zostanie szpiegiem oznaczało wyjście poza amerykański główny nurt – krok, który mógł zostać zrozumiany i wybaczony tylko przez niewielu

Amerykanów. Hemingway był rad, że ma dostęp do poufnych informacji. Utrzymywanie sekretnych kontaktów, obcowanie z tajemnicami, posiadanie dostępu do „pełnej prawdy" (co tak bardzo lubił) dawało mu poczucie wyższości[31]. Cena była jednak niemała. Nie mógł nikomu powiedzieć, kogo zna lub co wie. Było to brzemię, które przypuszczalnie zaczęło mu ciążyć w 1941 roku.

Podczas hiszpańskiej wojny domowej Hemingway zrozumiał, jak mała – i niepopularna – była w Stanach skrajna lewica. Wiedział, że wielu jego przyjaciół, których jedynym przestępstwem była walka z faszyzmem w Hiszpanii, zostało wrogo przyjętych w ojczyźnie. Nawet ranni w walkach weterani byli często separowani. Po 1939 roku Hemingway wielokrotnie okazywał, że jest gotów wystąpić w ich obronie, np. wspierał oddanego Gustava Reglera, który nie miał dokąd pojechać po zakończeniu wojny w Hiszpanii. Z drugiej strony nie musiało to oznaczać, że pisarz czuł się wygodnie za kulisami, gdzie działali szpiedzy.

Innym wyjaśnieniem może być to, że Hemingwaya zmęczyła niemal maniakalna aktywność. W ciągu czterech ostatnich lat doświadczył szeregu życiowych zdarzeń, które wyczerpałyby większość śmiertelników: przeżył zdradę, rozwód i ponowne małżeństwo; sercem i duszą oddał się przegranej sprawie w Hiszpanii; zerwał związki z Key West i przeprowadził na Kubę; napisał liczące 470 stron arcydzieło literatury światowej i wyjechał na kolejną wojnę do nieznanej części świata. Wyrażenie zgody na szpiegowanie dla Związku Radzieckiego – niezwykle stresująca decyzja dla większości Amerykanów zwerbowanych przez NKWD – było tylko jedną z pozycji na tej liście. Wszystkie one przyczyniły się do tego, co nazwał później – w liście do literackiego przyjaciela

Archibalda MacLeisha[32] – „technicznym zmęczeniem wojną [z faszyzmem] w latach 1936–1946". W kolejnym liście do Ady, żony wspomnianego, dodał, że zmęczenie to uczyniło go „nieznośnym" na „dziesiątki lat"[33].

To, co Hemingway powiedział i zrobił, opuszczając Chiny, pasuje do objawów wyrzutów sumienia u kupującego i ogólnego wyczerpania. Nowożeńcy postanowili, że wrócą do domu osobno. Gellhorn miała zobowiązania wobec magazynu „Collier's", więc pojechała do Singapuru, będącego wówczas kolonią brytyjską, a kilka dni później do Batawii (dzisiejszej Dżakarty), pozostającej pod kontrolą Holandii, żeby dokończyć reporterską robotę. Niechętny Towarzysz zaczął niemal natychmiast tęsknić za partnerką. Bez Gellhorn przyjemność podróżowania po Azji zaczęła go nużyć. Nastroju nie poprawił mu list od redaktora, Maxa Perkinsa, donoszący o śmierci pisarzy Sherwooda Andersona i Virginii Woolf. Hemingway zauważył później z irytacją, że pisarze „mrą jak muchy"[34]. Z Woolf łączyło go niewiele, ale cierpiał po stracie Andersona równie mocno, jak opłakiwał pisarzy, którzy zmarli w 1939 i 1940 roku, szczególnie starego bliskiego przyjaciela Scotta F. Fitzgeralda[35]. Kiedy wyruszył z Hongkongu w liczącą wiele etapów podróż na wschód, stał się bardziej opryskliwy niż zwykle. Podczas długich przelotów nad wodą pił samotnie podły chiński alkohol i powarkiwał na licznych wielbicieli podczas przerw w podróży. Jeden z dziennikarzy zapamiętał go jako „szorstkiego i agresywnego", szczególnie wobec osób ciekawych tego, co porabiał w Chinach[36].

W okresie od szóstego do dwunastego maja Niechętny Towarzysz zatrzymał się na Filipinach, w owym czasie terytorium zależnym od Stanów Zjednoczonych. Kraj ten stanowił najdalej wysuniętą – i najbardziej narażoną na atak – bazę amerykańskich sił lądowych i morskich na Pacyfiku, która miała zostać zajęta przez Japończyków w ciągu niecałego roku. W Manili spotkał się z lokalnym przedstawicielem G-2, jak określano amerykański wywiad wojskowy. Wygląda na to, że podzielił się z nim opinią na temat wojny w Chinach oraz przypuszczeniami dotyczącymi zamiarów i możliwości Japończyków. Jak to ujął w liście do Gellhorn, napisanym kilka dni później, załatwił „kilka spraw z G-2" w Manili, spędzając czas z oficerami, którzy „wydawali się niebywale wdzięczni za przekazane materiały"[37]. Dodał jednak szybko, że istnieją granice tego, co gotów jest zrobić dla rządu. W następnej linijce stwierdził: „Ty i ja nie możemy dać się uwikłać w pułapkę tej idiotycznej wojny". Kiedyś będą musieli przystąpić do gry i pomóc zwyciężyć w nadciągającym nieuchronnie konflikcie, ale tymczasem są winni sobie oraz swoim „dzieciakom [*sic*], matce i Duchowi Świętemu" skupienie na „pisarskim fachu"[38].

O czym myślał, kiedy pisał ten dziwny list? W dalszym ciągu miał mieszane uczucia wobec amerykańskiego (i brytyjskiego) rządu, które pozostały mu po hiszpańskiej wojnie domowej. Uporanie się z gniewem na demokratyczne kraje za to, że porzuciły Republikę i nie zrobiły więcej, aby stłumić faszyzm we wczesnym stadium, miało mu zająć dużo czasu. Być może zmęczenie światem objęło także Sowietów. Kilka miesięcy wcześniej, po ukończeniu bestsellerowej powieści *Komu bije dzwon* i poślubieniu żywiołowej młodej kobiety, był gotów na kolejne przygody. Niesiony entuzjazmem, przyjął propozycję NKWD i wyraził gotowość pojechania na kolejną wojnę, która trwała na nieznanym mu kontynencie. Jednak gdy u kresu podróży jego energia zaczęła słabnąć, był skłonny ponownie wycofać się ze świata, przynajmniej czasowo, jak wtedy, gdy wrócił z Hiszpanii.

W połowie czerwca odszedł przedwcześnie Joe Russell, towarzysz jego wypraw wędkarskich i właściciel baru Sloppy Joe's w Key West, co jeszcze bardziej przygnębiło pisarza. (Nawet w swoim oficjalnym liście do Morgenthau Hemingway opisał Russella jako „jednego z najlepszych przyjaciół" i wyjaśnił, że z powodu jego śmierci odwołał wyjazd do Nowego Jorku i Waszyngtonu[39]). Ponownie nadszedł czas na odpoczynek, zebranie sił i pisanie przed kolejną przygodą: nadciągającą wojną Ameryki z państwami osi, która, jak wierzył, była bliska. Każdy, kto domagał się więcej jego czasu i energii, musiał po prostu poczekać. Dotyczyło to także oficerów sowieckiego wywiadu, pragnących skłonić do pracy nowego rekruta o tak dużym potencjale.

Hemingway nie byłby sobą, gdyby nie czynił wyjątków od tej reguły – pisarz nadal z radością wykładał swoje poglądy i odpowiadał na wezwania wpływowych postaci polityki. W czerwcu 1941 roku znalazł się w Nowym Jorku, aby udzielić Ralphowi Ingersollowi wywiadu, zamieszczonego na łamach jego gazety „PM". Był to klasyczny majstersztyk Hemingwaya: kilka nieprawdopodobnych opowieści, garść interesujących faktów, jedna lub dwie celne obserwacje i mnóstwo szerokich uogólnień[40]. Z Nowego Jorku wyruszył do Waszyngtonu, gdzie odbył krótkie spotkanie z sekretarzem skarbu Morgenthau, na którego przychylności nadal mu zależało[41]. Szczegóły spotkania się nie zachowały, ale można przypuszczać, że pisarz wygłosił na nim kilka przewidywań i udzielił darmowej rady[42].

Kilka tygodni później Hemingway napisał długi list do sekretarza[43]. Rozwinął w nim temat, który podczas ostatniej wizyty omówił tylko pobieżnie – trudnych do przecenienia tarć między nacjonalistami i komunistami, do których dochodziło w Chinach. W jego ocenie istniało poważne zagrożenie wybuchem wojny domowej. Zachowując stosowny szacunek, nie odmówił sobie udzielenia rady natury politycznej: należy ustawicznie dawać „do zrozumienia, że w żaden sposób nie będziemy finansować wojny domowej"[44]. Stany Zjednoczone powinny się powstrzymać przed udzieleniem jakiejkolwiek pomocy, jeśli Czang zwróci się przeciw komunistom.

W Chinach Hemingway nie zajmował się, ujmując rzecz ściśle, szpiegowaniem. Nie było żadnych potajemnych spotkań. Nikt nie zdradził, nie wykradł ani nie kupił żadnych tajemnic państwowych. Jednak on i Gellhorn byli zaproszeni na audiencje prywatne, podczas których dzielono się pewnymi tajemnicami. Komuniści i nacjonaliści wykorzystali pisarza, aby przekazać wiadomość amerykańskiej opinii publicznej i rządowi. Sekretarz skarbu dostał prywatny raport, złożony przez doświadczonego podróżnika zaraz po jego powrocie z Chin. Nie różniło się to wiele od zaglądania do hotelu Gaylord w Madrycie w okresie od 1937 do 1938 roku. Hemingway był ponownie rad, że może przekazywać poufne informacje ważnym członkom rządu.

Szczególnie przyjemne było spotkanie z Morgenthau. Różnica pomiędzy Czangiem i Czou a sekretarzem skarbu polegała na tym, że ten ostatni chciał słuchać Hemingwaya, nie zaś na odwrót. Pisarz nawiązał współpracę z NKWD między innymi dlatego, że w okresie hiszpańskiej wojny domowej Waszyngton nie dawał posłuchu jego słowom. Teraz sytuacja ulegała zmianie. Prowadzenie rozmów z politykami mogło nie być tak ekscytujące jak szpiegowanie, ale dla kogoś zmęczonego międzynarodowymi intrygami było nie najgorszym substytutem. Być może dlatego Hemingway uczynił tak niewiele od czasu spotkania z Golosem. Miał teraz na głowie inne sprawy, interesujące go o wiele bardziej.

Człowiek, który skontaktował Hemingwaya z Morgenthau, dostarczając pisarzowi innego zajęcia niż szpiegowanie dla Sowietów, sam był „najwyżej umieszczonym" sowieckim szpiegiem w amerykańskim rządzie[45]. Harry Dexter White, długoletni sympatyk komunistów i prawa ręka Morgenthau, przekazywał poufne informacje sowieckiemu wywiadowi. Zdawał sobie sprawę z tego, co robi i na jakie niebezpieczeństwo się naraża. Z punktu widzenia Sowietów problem z White'em polegał na tym, że trudno było nim kierować. W przeciwieństwie do Hemingwaya uważał, że może i powinien prowadzić własną politykę zagraniczną. Sam decydował, czym dzielić się z Sowietami i jak się z nimi spotykać.

Nie ma dowodów na to, że Rosjanie polecili mu nawiązanie kontaktu z Hemingwayem ani że przekazywał im informacje pozyskane od pisarza. Mało prawdopodobne jest również to, by podejrzewali się nawzajem o specjalne związki z NKWD. Trudno sobie wyobrazić, aby ci dwaj skryci ludzie podjęli ogromne ryzyko podzielenia się tajemnicami. Kiedy White poprosił Hemingwaya o raport na temat Chin, niemal na pewno działał w imieniu Departamentu Skarbu, a nie Moskwy.

Kolejną ironią losu jest fakt, że misja w Chinach przeszła bez echa w innej agencji wywiadu, która miała nabrać dla Hemingwaya znacznie większego znaczenia niż jego stosunki z Sowietami. Ta opowieść rozpoczyna się od ekscentrycznego najemnika nazwiskiem Charles Sweeney, który twierdził, że był oficerem we francuskiej Legii Cudzoziemskiej. On i Hemingway przyjaźnili się od lat dwudziestych, a pisarz zawsze miał dla niego czas, szczególnie gdy trwała wojna i kiedy, z charakterystyczną dla siebie pasją, promował jakiś szalony pomysł. Sweeney przyciągał ludzi tak samo jak on niemieszczących się w istniejących ramach, to zaś w naturalny sposób pchnęło go do przedstawienia Hemingwayowi innego amerykańskiego oryginała, podpułkownika marines Johna W. Thomasona Jr.

Ten dumny Teksańczyk z krótkimi ciemnobrązowymi włosami rozdzielonymi pośrodku przedziałkiem, noszący dopasowany mundur, był weteranem pierwszej wojny światowej i bohaterem zaciętych walk w okopach z 1918 roku. Ostro pijący, nawet jak na ówczesne standardy piechoty morskiej, twardziel był przy tym cenionym

Przygody Hemingwaya i Gellhorn w Chinach zaowocowały poznaniem podpułkownika marines Johna A. Thomasona Jr., który nawiązał współpracę z pisarzem na dwóch nowych frontach.
USN Photo

rysownikiem i autorem krótkich opowiadań. (Jego opowieści o morzu, szczególnie zebrane w pierwszej książce, *Fix Bayonets*, stały się klasyką dla kilku pokoleń amerykańskich marines). Hemingway i Thomason wiedzieli już o swoim istnieniu. Oprócz innych związków, mieli tego samego redaktora, budzącego respekt Maxa Perkinsa[46].

Latem 1941 roku Thomason pracował w Biurze Wywiadu Marynarki w Waszyngtonie – w Main Navy, prostym betonowym gmachu wzniesionym na miejscu kwatery głównej w 1918 roku[47]. Rozległy kompleks prostokątnych „budynków tymczasowych" rozciągał się na terenie National Mall, pomiędzy pomnikami Lincolna i Waszyngtona. Hemingway i Gellhorn weszli na teren Main Navy bramą przy Constitution Avenue, pewnie więc nie zauważyli jedynego kontrastującego urodą z resztą otoczenia elementu – sadzawki Reflecting Pool, ze spoglądającym na nią Lincolnem. Gellhorn zapamiętała jedynie biurokratyczną atmosferę. Wspominała później, że ona i Hemingway zostali „wezwani [...] aby odpowiedzieć na pytania o Chiny". „Poszli naburmuszeni", by oświadczyć „referentom wywiadu, że po tej wojnie komuniści przejmą w Chinach władzę"[48].

Miała rację we wszystkim z wyjątkiem gburowatości. Spotkanie przebiegło w pogodnej atmosferze. Będący pod wrażeniem jej analizy Thomason napisał o niej Perkinsowi, nieco tylko protekcjonalnie, że zdaje się „mieć coś w sobie", a nie być tylko dodatkiem do „nadzwyczaj rozsądnego i przyzwoitego" Hemingwaya[49]. Jednak Thomason był rad przede wszystkim z tego, że w końcu poznał sławnego pisarza, i liczył na to, iż będzie widywać go częściej. Jego życzenie niebawem się spełniło. W kolejnych miesiącach wojna miała dotrzeć do obu Ameryk, a dwaj pisarze wojownicy, Thomason i Hemingway, zacząć szukać sposobu, by wspólnie walczyć z nazistami w rejonie Karaibów.

ROZDZIAŁ 7

FABRYKA KRĘTACZY
Tajna wojna na lądzie

W 1942 roku agent specjalny FBI R.G. Leddy został oddelegowany do amerykańskiej ambasady na Kubie, mieszczącej się przy eleganckiej Paseo del Prado w Hawanie. Aleja ta biegła od zatoki przez całą stolicę, oddzielając starówkę od nowego miasta, miała charakterystyczny deptak ocieniony drzewami wawrzynu i ozdobne marmurowe ławki ustawione na pasie oddzielającym dwie jezdnie. Siedziba ambasady znajdowała się w przerobionej rezydencji z kolumnowym portykiem, którą poprzedni prezydent, José Miguel Gomez, zbudował jako siedzibę rodzinną na początku XX wieku.

Wszystko, co wiemy o życiu i pracy Leddy'ego, sprowadza się do tego, że reprezentował FBI na Kubie i że z tego powodu Hemingway nim pogardzał. Któregoś wiosennego popołudnia po partii peloty – gry podobnej do squasha, z użyciem twardej piłki, która szybowała po korcie z niebezpieczną prędkością – pisarz przedstawił go kubańskiemu przyjacielowi wręcz jako funkcjonariusza amerykańskiego gestapo. Później twierdził, że żartował, ale Leddy nie dał temu wiary. Pisarz wkrótce ujawnił znów prawdzi-

we oblicze, gdy hawańska policja zatrzymała pracującego dla niego mierzącego sto osiemdziesiąt pięć centymetrów młodego amerykańskiego sportowca Winstona Guesta, zabrała go na komendę główną i pobiła. Po zwolnieniu Guest pojechał prosto do Finki, aby donieść pisarzowi, co się stało. Historia Guesta rozwścieczyła pisarza. W aresztowaniu dopatrzył się ręki FBI, wyobrażając sobie, że Biuro prowadzi przeciwko niemu operację, korzystając z wiedzy swego oficera łącznikowego w kubańskiej policji. Chociaż było już dobrze po północy, Hemingway wsadził Guesta – wciąż ubranego w smoking i czarną muszkę – do samochodu i zawiózł go do mieszczącej się piętnaście kilometrów dalej skromnej kawalerki w pobliżu hawańskiego nabrzeża. Mieszkał w niej amerykański dyplomata Robert Joyce, koordynujący działalność FBI i szpiegów amatorów pokroju Hemingwaya. Kiedy otworzył drzwi, ujrzał, że zwykle niefrasobliwy Guest jest bliski łez, a Hemingway „kipi z wściekłości". Ułagodzenie go nie zapowiadało się łatwo. Odgrywając rolę uczciwego pośrednika, Joyce wezwał Leddy'ego i kazał mu przekazać Kubańczykom, żeby zostawili Guesta w spokoju. Podczas gdy Hemingway piorunował go wzrokiem, Leddy „słuchał z ponurą miną", po czym „odszedł bez słowa". Interwencja Joyce'a zażegnała kryzys, na dłuższą metę jednak niczego nie zmieniła. Stosunek Hemingwaya do FBI pogarszał się wraz z upływem czasu, prowadząc do niedających się przewidzieć konswekwencji[1].

Hemingway kochał ten wyspiarski kraj położony w odległości zaledwie stu czterdziestu kilometrów od Key West, ale już inny i egzotyczny, z tropikalną roślinnością, śpiewną hiszpańską intonacją i pokrętną moralnością. W 1932 roku wyprawa na marliny zawiodła Hemingwaya na „wielką, głęboką i niebieską rzekę", jak nazwał Prąd Zatokowy przepływający u wybrzeży Kuby[2]. Tamtego roku dwutygodniowa wyprawa wędkarska rozciągnęła się na dwa miesiące. Był to początek najdłuższego romansu jego życia.

Golfsztrom przepływa tuż obok stolicy Kuby, Hawany, w odległości zaledwie dwustu metrów od El Morro, potężnej XVI-wiecznej hiszpańskiej fortecy strzegącej wejścia do zatoki. Latarnik widział z El Morro wody Prądu Zatokowego, kiedy patrzył w morze, a gdy zwrócił się w drugą stronę, w kierunku przesmyku, miał widok na stare miasto z iglicami kościołów oraz różowymi, żółtymi i niebieskimi dachami domów ciągnącymi się w głąb lądu. Nie można było przeoczyć kopuły Kapitolu, rzekomo trzeciej pod względem wysokości na świecie. Zdaniem niektórych hawańska kopia Kapitolu Stanów Zjednoczonych wyglądała niestosownie, co, być może, czyniło ją dobitnym przypomnieniem, że potężny sąsiad z północy lubi rezerwować sobie prawo ingerowania w kubańską politykę.

Po 1932 roku Hemingway wielokrotnie powracał na Kubę, zwykle podczas wypraw wędkarskich, a pod koniec dekady uczynił ją swoim domem. W 1940 roku – w okresie gdy spotykał się z werbownikiem NKWD, Golosem – kupił Finca Vigía, dosłownie „farmę obserwacyjną", nazwaną tak od jej położenia na wzgórzu, kilkanaście kilometrów od Hawany, z oceanem ledwie majaczącym w oddali. Było to trzynaście akrów bananowców, krzewów tropikalnych i dzikich ogrodów, otaczających rozpadającą się, ale czarującą jednopiętrową willę pokrytą stiukiem, zbudowaną przez katalońskiego architekta w 1886 roku i zwykle pomalowaną na jakiś odcień bieli. W pobliżu frontowych drzwi stary puchowiec wyciągał w zapraszającym geście powitania konary do Hemingwaya i jego żon, z ich psami i kotami, a szczególnie książkami. Większość pokojów miała się wkrótce zamienić w odnogi głównej biblioteki, ulokowanej w gabinecie Hemingwaya. Sterty książek zajmowały niemal całą wolną przestrzeń. W 1961 roku w Finca Vigía miało być około siedem i pół tysiąca książek.

Amerykański pisarz lubił rozmaitość wyborów i wolność, które wyspa oferowała zamożnym ekspatriantom. Życie na Kubie było bardziej barwne i ekscytujące niż w domu. Obowiązywały tam również inne zasady, a właściwie brak wszelkich zasad. Hemingway informował swoich czytelników na kontynencie, że oprócz świetnych miejsc do wędkowania był tam też klub strzelecki, gdzie strzelano do żywych gołębi zamiast do glinianych rzutków. Organizowano także walki kogutów, zdelegalizowane w wielu amerykańskich stanach, i mecze kubańskiego bejsbolu, podczas których podstarzały wuj zajmujący pozycję pałkarza mógł klepnąć młodego bratanka, aby obiegł bazy za niego, gdy uderzy piłkę. Wuj i bratanek należeli do grona życzliwych sąsiadów Hemingwaya w San Francisco de Paula, wiosce położonej w dole, przy tej samej ulicy co Finca, stanowiąc dodatkową atrakcję. W końcu, choć nie było to wcale najmniej ważne, Hemingway mógł się cieszyć chłodnymi i cichymi wczesnymi porankami na Kubie, które sprzyjały pisaniu jak żadne inne miejsce, które znał. Lubił wstawać o świcie i pracować samotnie, najpierw w gabinecie w Ambos Mundos, nieco oficjalnym hotelu o europejskim wyglądzie w centrum miasta, który wpadł mu w oko, gdy przyjechał pierwszy raz do Hawany, a po 1940 roku w jednym z przewiewnych, słonecznych pokojów Finki. Kiedy pisał, niemal zawsze do pokoju wchodził kot lub pies, rozciągając się u jego stóp na chłodnych żółtych płytkach.

Człowiekowi pochodzącemu z konserwatywnych przedmieść Chicago odpowiadało także kubańskie społeczeństwo, o wiele mniej formalistyczne niż amerykańskie. Z zachwytem odnotował, że gdy człowiek zamierzał pójść do miasta, musiał tylko założyć buty. Nawet najbardziej wyjątkowe okazje wymagały jedynie czystej białej koszuli i długich spodni. Za pierwszym razem gdy Spruille Braden – amerykański ambasador na Kubie – zaprosił Hemingwaya na obiad do swojej rezydencji, okazało się, że pisarz ekspatriant nie miał żadnego „obiadowego stroju" i musiał pożyczyć garnitur i koszulę wizytową od przyjaciół[3]. (Marynarka pasowała, ale koszula już nie, Hemingway musiał więc wysoko podciągnąć czarny krawat, by ukryć, że jej kołnierzyk jest niezapięty).

Braden nazywał kubański sposób sprawowania rządów *gangsterismo*[4]. Podobnie jak wiele byłych kolonii, także Kuba miała nieliczną, skorumpowaną klasę rządzącą, żyjącą w sposób uprzywilejowany i komfortowy, odseparowana od niższych warstw społeczeństwa, które uważała za swą własność lub maltretowała z obojętnym okrucieństwem. A Hemingway, chociaż zawsze powtarzał, że jest sprzeciwny prawicowym kubańskim dyktaturom, nader gładko obracał się zarówno w wyższych, jak i niższych kręgach społeczeństwa. Potrafił cieszyć się z członkostwa w klubach dla elity i bratać z ludźmi żyjącymi z pracy własnych rąk, szczególnie gdy dysponowali umiejętnościami, które cenił, zwykle mającymi coś wspólnego z wędkarstwem, żeglarstwem lub strzelectwem.

Kuba była miejscem, w którym Hemingway odnalazł się po powrocie z Chin, ukojony przyjemnym rytmem życia na wyspie. Zdawał się uważać wszystkie możliwości za otwarte, gdyż w sierpniu 1941 roku przypomniał przyjacielowi, żeby nie planował nieczego z jego udziałem, bo wydaje się „bardzo prawdopodobne", że znów pojedzie do Chin lub nawet do Rosji w niedalekiej przyszłości[5]. Słowa te odbijają jego (i Gellhorn) niepokój latem 1941 roku. Palącym pytaniem dla obojga było – wciąż – jaka rola przypadnie im w nowej wojnie światowej. Gellhorn ciągnęło do huku wystrzałów i opisywania wielkich wydarzeń. Hemingway też chciał się zaangażować, ale nie zamierzał się spieszyć.

Związek Radziecki ogarnęła wojna. Hitler wykorzystał początek 1941 roku, aby przygotować machinę wojenną do inwazji. Tak ogromne przedsięwzięcie było niemal niemożliwe do ukrycia, niemniej Stalin uparcie ignorował liczne ostrzeżenia, które do niego docierały. Jeden z raportów pochodził od wybitnego sowieckiego szpiega Richarda Sorgego, niemieckiego komunisty akredytowanego w Tokio jako korespondent zagraniczny. Udając oddanego nazistę, Sorge uzyskał dostęp do tajnych informacji przechowywanych w niemieckiej ambasadzie w Tokio i wielokrotnie narażał życie, przesyłając tajne meldunki do Moskwy za pomocą radiostacji nadającej na falach krótkich[6]. Inne ostrzeżenie nadeszło od brytyjskiego premiera Winstona Churchilla, który nie krył frustracji, gdy Stalin nie zareagował. Churchill opisał później, jak przywódcy sowieccy „biernie czekali [...] na nadejście strasznego ataku nieuchronnie nadciągającego nad Rosję. Wcześniej uważaliśmy ich za egoistycznych spekulantów, ale okazali się także głupcami. [...] Jeśli za kryterium przyjąć strategię i politykę, zdolność przewidywania i kompetencje, Stalin i jego komisarze stali się najbardziej wykiwanymi nieudacznikami drugiej wojny światowej"[7].

Niemieckie siły lądowe i powietrzne uderzyły na Związek Radziecki 22 czerwca 1941 roku. Mniej więcej sto czterdzieści pięć dywizji zaatakowało na linii frontu ciągnącej się z północy na południe na długości tysiąca pięciuset kilometrów. W jednej chwili sowieckie pogranicze – głównie mokradła i monotonne równiny – prymitywne odludzie, znane głównie z tego, że nie jest znane, przekształciło się w pierwszą linię obrony, gdzie setki tysięcy żołnierzy toczyło epickie boje.

Armia Czerwona, pozbawiona dowódców wskutek stalinowskich czystek, nie była gotowa do walki, w pierwszych miesiącach kampanii Niemcy wygrywali więc jedną bitwę po drugiej, prąc nieprzerwanie na wschód (i na chwilę wtrącając Stalina w rodzaj katatonii, gdy nawet on musiał przyznać, choć tylko przed sobą, jak fatalnie pomylił się w swych kalkulacjach). W trzecim i czwartym kwartale 1941 roku zginęło lub zaginęło bez wieści ponad 2 993 000 żołnierzy Armii Czerwonej, nie wspominając o ogromnej rzeszy wziętych do niewoli, których liczbę tylko w pierwszych tygodniach wojny szacowano na czterysta tysięcy[8].

Pod koniec roku Sowieci rozpoczęli kontratak, korzystając ze świeżych oddziałów ściągniętych z Dalekiego Wschodu i doprowadzając do ustabilizowania frontu na zachód od Moskwy, co przygotowało grunt pod mające trwać trzy i pół roku wyniszczające zmagania. Nie podlega dyskusji, że front wschodni był teatrem wojny, który zaangażował najwięcej ludzi i środków. Skala działań była tak ogromna, że przyćmiła większość innych pól bitewnych tego największego konfliktu zbrojnego w historii świata. Statystyki nie pozostawiają w tym względzie żadnych wątpliwości: od 80 do 90 procent niemieckich ofiar drugiej wojny światowej padło na froncie wschodnim.

Oznaczało to, że na tym kierunku w sumie poległo około czterech milionów niemieckich żołnierzy oraz jedenaście milionów żołnierzy radzieckich[9].

W owym czasie, bardziej niż kiedykolwiek, miało sens traktowanie Związku Radzieckiego jako głównego mocarstwa antyfaszystowskiego. Sowieci wydawali się jedynymi naprawdę toczącymi walkę i zasługującymi na pomoc świata. Redaktor „New Masses" Joseph Freeman (dziennikarz ten poznał Hemingwaya w latach dwudziestych i pomógł w udostępnieniu jego książek sowieckiej publiczności, a także napisał wspomnienia zatytułowane *American Testament*, które znajdowały się w bibliotece Hemingwaya w Key West) myślał podobnie. W końcu nastąpiło to, co nieuniknione. Dwa diametralnie odmienne systemy starły się ze sobą, a wynik tych zmagań miał okazać się rozstrzygający[10]:

> *System nazistowski musi zostać całkowicie unicestwiony, aby świat mógł nadal się rozwijać, a ZSRR jest największą potęgą mogącą zadać mu śmiertelny cios. Ameryka powinna udzielić Armii Czerwonej wszelkiej potrzebnej pomocy, aby mogła ona pomóc nam tak, jak tego potrzebujemy.*

Kiedy latem 1941 roku Hemingway wspominał o wyjeździe do Rosji lub powrocie do Chin, mógł mieć na myśli kolejny etap reporterskich doniesień z linii frontu. Sugeruje to kontekst i niedawne perypetie pisarza. Czemu on i Gellhorn nie mieliby kontynuować tej dziennikarskiej roboty, którą rozpoczęli w Chinach?

Istniała też inna możliwość. Hemingway mógł pamiętać, że Sowieci w dalszym ciągu chcieli, aby odbywał podróże zagraniczne w celach szpiegowskich. Kilka miesięcy później, w listopadzie 1941 roku, centrala w Moskwie zleciła placówce NKWD w Nowym Jorku „zbadanie możliwości odbywania [przez Hemingwaya] podróży zagranicznych do krajów, które nas interesują", przypuszczalnie w celu nawiązania kontaktów z miejscową elitą i zebrania informacji, jak to uczynił w Chinach[11]. U podstaw polecenia kryło się przypuszczenie centrali, że placówka w Nowym Jorku ma kontakt z Hemingwayem, a przynajmniej dysponuje tajnymi możliwościami jego nawiązania. Na podstawie tej intrygującej wzmianki nie sposób jednak rozstrzygnąć, czy placówka w Nowym Jorku faktycznie wykonała polecenie. Tak czy inaczej, Sowieci w końcu dotarli do Hemingwaya.

Jakiś czas po napaści Niemiec na Związek Radziecki otrzymał on telegram od sowieckiego ministra spraw zagranicznych, Wiaczesława Mołotowa, jednego z autorów niesławnego paktu Ribbentrop–Mołotow, który poprzedził wybuch drugiej wojny światowej, kordialnie zapraszającego pisarza do złożenia wizyty w Rosji. Mołotow dodał, że gość będzie miał do dyspozycji znaczną sumę w rublach tytułem tantiem za sprzedaż jego książek[12]. Ponieważ ruble nie miały na Zachodzie wartości nabywczej, nie mogły być przesłane za granicę ani wymienione na dolary, Sowieci nie mając możliwości wysłania Hemingwayowi czeku, zaprosili go do siebie, aby wydał pieniądze w ich kraju.

Trudno przyjąć tę propozycję za dobrą monetę. Nie była to najlepsza pora na doświadczanie rozkoszy życia w Związku Radzieckim. Zachodnie połacie kraju pokrywały zwęglone zgliszcza. Żaden sowiecki urzędnik nie mógł zapomnieć choćby na chwilę, że niemieckie czołgi posuwają się w kierunku Moskwy i na północ, w stronę

Leningradu, kulturalnej stolicy kraju. Czy cyniczny, twardogłowy Mołotow lub podwładny, którego upoważnił, mógł odłożyć na bok walkę o przetrwanie, aby zająć się tantiemami dla cudzoziemca? Może więc zaproszenie było pretekstem do ściągnięcia Hemingwaya do Moskwy, gdzie NKWD mogłoby spędzić z nim trochę czasu, lepiej go poznać i zmienić w produktywnego szpiega? Sowieci rozpaczliwie potrzebowali przyjaciół i materialnego wsparcia. Może zdołaliby skłonić Hemingwaya, aby wstawił się za nimi u często przez niego widywanych wpływowych Amerykanów. W ostateczności mógłby chociaż napisać przychylny artykuł o sowieckiej armii, którą, jak twierdził, tak bardzo podziwiał[13]. Nie byłby to pierwszy raz, kiedy niemal wszechmocne NKWD zwróciło się z prośbą lub nakazało Ministerstwu Spraw Zagranicznych podjęcie działań w jego imieniu. Widok Niemców u bram Moskwy mógłby dopełnić konwersji na pół już przekonanego antyfaszystowskiego szpiega – podobnie jak obrona Madrytu pchnęła go w lewo cztery lata wcześniej.

Hemingway nigdy nie był w Związku Radzieckim. Wczesnym rankiem, w niedzielę 7 grudnia 1941 roku, samoloty marynarki japońskiej zaatakowały amerykańską bazę w Pearl Harbor na hawajskiej wyspie Oahu, siejąc spustoszenie na kotwicowisku pancerników Battleship Row i zabijając blisko dwa tysiące amerykańskich marynarzy. Dzień po ataku, kiedy nad wrakami wciąż unosił się dym, prezydent Roosevelt wygłosił mowę w Kongresie, oznajmiając, że 7 grudnia przejdzie do historii jako dzień „okryty wiecznie żywą hańbą", i prosząc połączone Izby o wypowiedzenie wojny Japonii. Kiedy później, w wyniku nieoczekiwanej reakcji łańcuchowej, Niemcy wypowiedziały wojnę Stanom Zjednoczonym, Ameryka znalazła się w stanie wojny na trzech kontynentach, od jednej półkuli po drugą.

Hemingway usłyszał o ataku na Pearl Harbor przez radio, przekraczając granicę Teksasu w drodze na południe. Wracał na Kubę po spędzeniu idyllicznej jesieni w Sun Valley w Idaho, gdzie oddawał się polowaniom z Gellhorn i jej synami. Ponownie poczuł ponurą satysfakcję. Sprawdziły się przewidywania, którym dał wyraz podczas wizyty w Pearl na początku 1941 roku – że amerykańskie okręty i samoloty są zagrożone z powodu stłoczenia ich razem. Cztery dni później, w jednym z pierwszych moteli w Teksasie, Park Mo-Tel przy Broadway 3617 w San Antonio, napisał do Maxa Perkinsa, że „mit naszej niezrównanej marynarki eksplodował"[14].

Jego doraźne remedium na katastrofę było proste: sekretarz Marynarki Wojennej Stanów Zjednoczonych powinien zostać zwolniony w ciągu dwóch godzin, a „ci odpowiedzialni za Oahu [...] rozstrzelani"[15]. (Ponieważ amerykańskie metody różniły się od sowieckich, admirał Husband E. Kimmel i generał Walter C. Short, dwaj oficerowie dowodzący Pearl Harbor 7 grudnia, nie stracili życia. Czekał ich jednak los niewiele lepszy w postaci niekończącej się serii oficjalnych dochodzeń stawiających pod znakiem zapytania ich kompetencje i honor).

Następnego ranka, o 5.45, Hemingway ponownie wrócił do tematu, pisząc do swojego wydawcy, Charlesa Scribnera, że przez „lenistwo, kryminalne zaniedbanie i ślepą arogancję zostaliśmy załatwieni pierwszego dnia tej wojny i czekają nas Chrystusowe katusze, aby ją wygrać, jeśli kiedykolwiek to nastąpi"[16]. Wcześniej oszczędził takich oskarżeń dowódcom sowieckim, którzy w pierwszych miesiącach wojny ponieśli znacznie większe straty od swych amerykańskich odpowiedników.

Wręcz przeciwnie, jeszcze w marcu 1942 roku wyrażał się pozytywnie o Sowietach, kiedy pojechał z Gellhorn do miasta Meksyk, aby odwiedzić przyjaciół i obejrzeć kilka walk byków[17]. Pod względem uwielbienia dla corridy Meksyk ustępował w tym czasie jedynie Hiszpanii. W centrach wielu meksykańskich miast znajdowały się areny, organizowano też święta, podobne do tego w Pampelunie, które Hemingway rozsławił w znakomitej wczesnej powieści *Słońce też wschodzi*. Meksyk pozostał też jednym z nielicznych państw przyjmujących politycznych uchodźców o poglądach lewicowych. Najsłynniejszym z nich był Lew Trocki, arcywróg Stalina, spędzający ostatnie lata życia w willi położonej przy cichej, wysadzanej drzewami uliczce Coyoacánu, dzielnicy miasta Meksyk, niedaleko jasnobłękitnego domu dawnej kochanki, słynnej meksykańskiej malarki Fridy Kahlo.

Dom Trockiego był znacznie mniej przyjemny. Przypominał małą twierdzę otoczoną wysokim murem, z żelaznymi okiennicami i uzbrojonymi strażnikami w wieżyczce górującej nad ulicą. Trocki próbował się uchronić przed długą ręką NKWD. Miejscowi członkowie partii nękali wielkiego rewolucjonistę nie tylko transparentami i zniewagami. W maju 1940 roku NKWD wysłało ciężarówkę meksykańskich komunistów, w tym znanego malarza Davida Siqueirosa, aby przejechali ulicą, ostrzeliwując drzwi i okna rezydencji z broni maszynowej. Nie trafili Trockiego, ale postrzelili jego wnuka i porwali jednego z ochroniarzy, który został następnie aresztowany. W sierpniu, kilka miesięcy później, udający przyjaciela zabójca NKWD zamordował Trockiego, zadając mu w tył głowy cios czekanem używanym we wspinaczce wysokogórskiej.

Bliski przyjaciel Hemingwaya z czasów hiszpańskiej wojny domowej mieszkał w skromniejszej dzielnicy Ajusco, położonej w południowej części miasta. Dawny komisarz Brygad Międzynarodowych Gustav Regler przeżywał ciężki okres. Otwarcie opuścił owczarnię. „Partia komunistyczna wydała tajny komunikat – «Regler nie jest już z nami, dlatego jest przeciwko nam»"[18]. W jednej z meksykańskich gazet pojawiły się zjadliwe karykatury przedstawiające go jako nazistę i trockistę, co byłoby śmiesznym połączeniem, gdyby nie zachęcało miejscowych komunistów do zrobienia mu krzywdy zupełnie na serio. Nieznani młodzi ludzie zaczęli obserwować dom Reglerów. Kiedy Hemingway zjawił się z wizytą, przyznał, że zagrożenie istnieje, lecz najwyraźniej nie rozumiał go do końca. „Nie zauważył niczego z wyjątkiem fizycznego niebezpieczeństwa", napisał we wspomnieniach Regler, „i dał mi pieniądze na rewolwer"[19].

Hemingway nalegał, by przyjaciel sięgnął wzrokiem dalej, poza ataki w prasie. Po obejrzeniu walki byków Hemingway, Regler i jego żona Marie Louise poszli na drinka do klubu Tampico. Restauracja ta, położona w *centro historico*, otoczona eleganckimi hiszpańskimi domami z czasów kolonialnych, przyciągała ludzi zamożnych i artystów. Liczne drinki osłabiły polityczne zahamowania Hemingwaya, jak wówczas, gdy pili wódkę z Orłowem i entuzjastycznie rozprawiali o Republice. Po wyjściu z klubu Hemingway nie mógł się powstrzymać. Musiał powiedzieć Reglerowi coś ważnego. „Opuścił dłoń" na ramię przyjaciela i „pchnął [go] na marmurową fasadę" restauracji[20].

„Dlaczego ich [komunistów] opuściłeś?", zapytał. Marie Louise próbowała interweniować, ale Hemingway nie zdjął ręki z ramienia przyjaciela, który nadal był słaby po odniesieniu ran w Hiszpanii i okresie internowania w prymitywnych obozach we Francji. Hemingway znajdował się w „niepokojącym stanie emocjonalnego rozstroju. «Dlaczego wierzyłeś w nich w Hiszpanii? Bo potrzebowaliśmy organizacji, a oni ją mieli. Wróć do nich!»". Hemingway w końcu puścił Reglera, ale jeszcze z nim nie skończył. Spokojniejszym tonem, lecz z takim samym naciskiem powiedział, że demokratyczne kraje są bezsilne wobec nazistów. „Stany są skończone, podobnie jak Francja [...] tylko Rosjanie toczą walkę"[21].

Ani Regler, ani Hemingway nie zapomnieli tego spotkania w Meksyku. Ten ostatni w liście, który skreślił swoim charakterystycznym pismem w lutym 1947 roku, ubolewa, że jego dobry i dzielny przyjaciel opuścił szeregi partii komunistycznej, gdy ogłoszono pakt Ribbentrop–Mołotow[22]. Przecież komunizm był dla Reglera „niczym religia dla [...] *croyant* [wierzącego]". W 1942 roku mieszkający w Meksyku Regler wydawał się „godny pożałowania jak suspendowany ksiądz". On i jego przyjaciele przemawiali tak, jakby cele tortur NKWD odgrywały centralną rolę podczas hiszpańskiej wojny domowej. Dla Reglera do tego się to wszystko sprowadzało. Skupił uwagę na okropnościach wojny, jakby nie pamiętał, dlaczego walczył po stronie Republiki. Hemingway przyznał, że wiedział „o ludziach, których z a s t r z e l i l i ś m y w Hiszpanii [podkreślenie autora], często niesłusznie", ale była to „niewielka cząstka tego, co się działo". Chociaż przyznał, że dochodziło do rozstrzeliwania niewinnych, koncentrował się na tym, co uważał za większe dobro – walce z faszyzmem pod kierunkiem Związku Radzieckiego w 1942 roku, podobnie jak w 1936.

Pearl Harbor zmieniło życie w Ameryce. Początkowo atak wywołał falę natywizmu. Wielu nienagannie uczciwych i patriotycznych obywateli, pechowo mających związki z Japonią lub Niemcami, popadło w podejrzenia lub wprost zostało oskarżonych. W stanach leżących na wybrzeżu Pacyfiku dziesiątki tysięcy Amerykanów japońskiego pochodzenia internowano na czas trwania wojny, rzekomo w celu uniemożliwienia im popełniania aktów sabotażu lub szpiegostwa. W wyniku zatrzymania utracili swoje domy i firmy.

Kuba przyłączyła się do Stanów Zjednoczonych w wojnie przeciwko państwom osi, sytuacja na wyspie różniła się więc niewiele od tej na kontynencie. Także tutaj organizowano polowania na wrogich wywrotowych cudzoziemców. Po doświadczeniach wyniesionych z hiszpańskiej wojny domowej Hemingway i Gellhorn byli przekonani, że rozumieją zagrożenie. Kilka miesięcy później Gellhorn napisała do Charlesa Colebaugha, redaktora magazynu „Collier's", że „[miejscowa] tajna hiszpańska organizacja faszystowska zrzeszała [...] 770 Niemców i 30 000 Hiszpanów"[23]. Mogli oni utworzyć piątą kolumnę, tajny korpus mogący pokrzyżować działania rządu. Takiej ewentualności nie wolno było lekceważyć, przeciwnie – wciąż o niej pamiętać. Ambasador amerykański na Kubie był „poważnie zatroskany działalnością miejscowych nazistów"[24].

Gellhorn wiedziała, że skądinąd rozsądni amerykańscy urzędnicy słuchali wszelkiego rodzaju przesadzonych opowieści i przekazywali je do Waszyngtonu. Na przykład już we wrześniu 1939 roku ambasada w Hawanie odnotowała „wzrost poparcia dla Hitlera u większości hiszpańskich kupców [...] [którzy] pilnują się, by nie zdradzić prawdziwych uczuć", co musiało skłonić ludzi czytających te słowa w Waszyngtonie do zastanowienia się, jak ktokolwiek miałby wiedzieć, jakie te „prawdziwe uczucia" faktycznie były[25].

Inny chybiony raport, tym razem sporządzony przez tajnego informatora Biura, przesłany do Waszyngtonu i krążący w najwyższych kręgach FBI i Departamentu Stanu, zawierał informację o anonimowym starszym Włochu z wystającymi górnymi zębami pracującym na statku „Recca" i odwiedzającym młodzieńca nazwiskiem Hoppe z darami w postaci owoców głogu i innych świeżych produktów[26]. Nic nie wyjaśnia, dlaczego wydarzenie to wydało się podejrzane lub zostało uznane za godne umieszczenia w raporcie.

W tym czasie ambasada w Hawanie sporządziła notatkę na temat Hemingwaya, wojującego antyfaszysty, który znał miasto jak własną kieszeń i wydawał się rozumieć tajemną sztukę szpiegostwa. Attaché morski, pułkownik marines nazwiskiem Hayne D. Boyden, zawiadomił Waszyngton, że Hemingway nie lęka się konfrontacji z faszystami, gdzie i kiedy by ich nie spotkał. Jako przykład podał przypadek niejakiego Michaela Pfeiffera, „jednego z najbardziej kłótliwych i pyskatych orędowników reżimu Hitlera, [który] [...] przy każdej okazji trąbił o tym na prawo i lewo [...] [i] wdałby się w bójkę na pięści z Ernestem Hemingwayem z powodu przymiotów *Führera* [Adolfa Hitlera], gdyby nie obawiał się, że od niego oberwie"[27].

Innym pracownikiem ambasady, który utrzymywał znajomość z pisarzem, był wykształcony w Yale dyplomata Robert P. Joyce. Na oficjalnej fotografii Joyce wygląda na inteligenta, może intelektualistę, członka establishmentu ze Wschodniego Wybrzeża. Ma na sobie stylowy ciemnoniebieski garnitur w prążki i spogląda w obiektyw z odrobiną arogancji. Jego żona Jane, widoczna na drugim zdjęciu, wydaje się chłodna, elegancka i piękna. Wygląda jak idealne dopełnienie młodego człowieka pnącego się po szczeblach kariery.

Amerykański dyplomata Robert Joyce, być może najlepszy przyjaciel Hemingwaya w amerykańskiej ambasadzie w Hawanie, ok. 1941 roku. *National Archives, College Park*

Znajomość Hemingwaya i Joyce'a nie rozpoczęła się dobrze. Kiedy spotkali się pierwszy raz, późną wiosną 1941 roku, Joyce zauważył u pisarza „umiarkowaną, aczkolwiek uprzejmą niechęć i całkowity brak zainteresowania spotkaniami w przyszłości. Postawa ta, jak się wkrótce dowiedziałem, była jego typowym przejawem wrogości i podejrzliwości wobec przedstawicieli rządu i wszelkiej władzy. [Jednak] [...] Ernest odkrył wkrótce, że byłem niezdyscyplinowanym, nieskutecznym i niezbyt entuzjastycznym biurokratą"[28].

W rzeczywistości Joyce był człowiekiem o dużych talentach urzędniczych, tyle że nie lubił ulegać konwencjom. Jego podejście do życia sprawiło, że zdołał zaprzyjaźnić się z Ernestem i stał się regularnym bywalcem Finki, gdzie on i Jane byli często jedynymi gośćmi na obiedzie. W niedzielne popołudnia przesiadywali przy drinku z Hemingwayem i Gellhorn, często do późnej tropikalnej nocy. Joyce czuł się z nimi swobodnie, chociaż „nie podzielał entuzjastycznego stosunku Ernesta do zajęć na świeżym powietrzu, takich jak [...] strzelanie do zwierząt albo ludzi podczas wojny"[29]. Hemingway stonował niektóre ze swych skrajnych poglądów, co pozwoliło im obu połączyć siły we wspólnej nienawiści do tego, co Joyce nazywał „hitleryzmem, marksistowsko-leninowskim totalitarnym komunizmem [...] [i] małostkowym burżuazyjnym konformizmem"[30].

Na początku 1942 roku pisarz, przypuszczalnie po raz pierwszy, napomknął Joyce'owi, że mógłby pomóc w wojennym wysiłku kraju, zakładając biuro kontrwywiadowcze w Hawanie. Jego pracownicy obserwowaliby zdeklarowanych i potencjalnych sympatyków państw osi, tj. Niemców i Hiszpanów, o których pisała Gellhorn. Hemingway wyjaśnił, w jaki sposób nauczył się tego w Madrycie w 1937 roku, kiedy działał w republikańskim kontrwywiadzie. (Dowodem, że pisarz znał się na sposobach demaskowania faszystowskich szpiegów, jest jego sztuka *Piąta kolumna*, której akcja toczy się w ogarniętej rewolucją Hiszpanii). Oświadczył, że gotów jest wyłożyć własne pieniądze na sfinansowanie podobnego przedsięwzięcia na Kubie[31].

Był to zgoła inny pomysł od szpiegowania dla Sowietów. Hemingway nie zerwał z nimi kontaktu, ale na pewien czas chciał się poświęcić działalności wywiadowczej osobiście inicjowanej i kontrolowanej, bo o czymś takim marzył przez całą swoją szpiegowską karierę.

Pomysł Hemingwaya został uznany za wart przedyskutowania z szefem Joyce'a, Spruillem Bradenem, innym absolwentem Yale w kubańskiej placówce. Ambasador Braden reprezentował ten typ fizyczny, który przemawiał do Hemingwaya. Potężnie zbudowany, w młodości był mistrzem pływackim i bokserskim, a zwinny i elegancki sposób, w jaki tańczył tango, „przeczył jego 130 kilogramom wagi"[32]. Latem 1942 roku ambasador zgodził się na spotkanie w La Floridzie, co było oznaką jego elastyczności. Ulubiony lokal Hemingwaya w centrum Hawany – przez stałych bywalców nazywany Floriditą, czyli „Małą Florydą" – zdaniem większości dyplomatów odznaczał się zbyt swobodną atmosferą. Stiukowa elewacja miała zwykle jasnoróżowy kolor, a wnętrze było wyłożone czarno-białymi płytkami, z długim mahoniowym barem mającym w tle duże lustro obramowane drewnianymi kolumnami. Goście wchodzili i wychodzili jedenaściorgiem drzwi otwartych na ulicę, dzięki czemu Hemingway mógł z łatwością zaproponować każdemu, kto go zdenerwował, wyjście na zewnątrz i załatwienie sprawy na pięści. Słysząc wezwanie na solo, kelnerzy przynosili obu zabijakom do założenia komicznie wyglądające czerwone marynarki.

Braden i Hemingway szybko znaleźli wspólny język, chociaż ten pierwszy dbał o zachowanie odpowiedniego dystansu. (Kiedy Hemingway poprosił dyplomatę, żeby z nim poboksował, starszy pan odmówił, pomacawszy ramię pisarza i stwierdziwszy, że „ma obwód uda przeciętnego mężczyzny i jest twarde jak skała"[33]). Ambasadorowi tak bardzo przypadł do gustu pomysł założenia amatorskiego biura kontrwywiadu, że przedstawiał go później jako własny.

Kiedy Braden zdał sobie sprawę, że Hemingway jest „zaprzyjaźniony z różnego rodzaju ludźmi" w Hawanie i że ambasada mogłaby wykorzystać krąg jego znajomych, doznał czegoś, co określił mianem „jednego z największych olśnień w życiu"[34]. W sierpniu 1942 roku opowiedział członkom personelu o swoim planie skorzystania z usług Hemingwaya[35]. Śledzenie poczynań wrogo nastawionych cudzoziemców zwykle leżało w gestii FBI mającego kilku agentów specjalnych w ambasadzie, ale biuro attaché prawnego od kilku miesięcy borykało się z problemami kadrowymi. W tym czasie pojawił się Hemingway, Braden więc wezwał go do ambasady, oznajmił mu, „że należy obserwować tych Hiszpanów", i poprosił, aby się tym zajął. Pisarz i szef siatki szpiegowskiej w jednej osobie szybko wyraził zgodę i przystąpił do tworzenia organizacji nazwanej przez niego „Fabryką Krętaczy", co było jego własną wersją „Sekcji Kryminalnej", nieco bardziej biurokratycznego określenia, którego ambasada używała na oznaczenie tej operacji.

Jako szef Fabryki Krętaczy Hemingway odpowiadał przed Joycem, Braden bowiem stworzył dla niego w ambasadzie osobliwe stanowisko szefa wywiadu. Oznaczało to, że nieszczęsny dyplomata znalazł się w samym środku wojny o wpływy pomiędzy wojskiem i marynarką oraz Hemingwayem i FBI[36]. Nikt w rządzie Stanów Zjednoczonych nie znał się na koordynacji jakichkolwiek działań. Każdy departament i agencja były znane z niezależności, wyspecjalizowane w ochronie własnych interesów i dbania o nie.

Ambasador Braden miał słuszność w kwestii zdolności Hemingwaya do zmobilizowania ludzi, których zapamiętał jako „osobliwą zbieraninę [...] barmanów [...] szczurów portowych [...] zabiedzonych graczy peloty i byłych torreadorów [...] baskijskich księży; barwnej grupy przebywających na wygnaniu hrabiów i książąt oraz kilku [hiszpańskich] lojalistów"[37]. W sumie Fabryka Krętaczy liczyła od dwudziestu do dwudziestu pięciu członków, przy czym tylko garstka była pełnoetatowymi informatorami, a reszta pracowała w niepełnym wymiarze. Poczynając od września 1942 roku, z miesięcznym budżetem rzędu pięciuset dolarów, przystąpili do pracy w całkiem niezwykły sposób[38].

Joyce lubił opowiadać o „bogatym playboyu", któremu Hemingway nadał kryptonim R-42 i wysłał z misją do Mariel, miasta oddalonego o pięćdziesiąt kilometrów od Hawany. Hemingway tak to przedstawił Joyce'owi: „poleciłem R-42, aby udał się do miejscowego *bordello*, który był najlepszym lokalem w Mariel. Burdel jest czysty i serwują w nim smaczne jedzenie. Burdelmama to emerytowana dziwka z Hawany. Poza tym to moja przyjaciółka i dobra kobieta. [Aby miał się czym zająć po służbie], dałem mu do czytania *Żywot Jezusa* [Ernesta] Renana"[39]. Kiedy Joyce zapytał, czy agentowi spodobał się XIX-wieczny francuski bestseller ukazujący Jezusa bardziej jako człowieka niż Boga, Hemingway odparł: „Słuchaj, Bob, R-42 był tak zafascynowany książką, że po dotarciu do połowy natychmiast przeszedł do ostatniego rozdziału [...] żeby się dowiedzieć, jak to wszystko się skończy"[40].

Skupienie się na działalności „załogi" Fabryki Krętaczy czy określeniu R-42 (niemal na pewno był nim wierny i utalentowany asystent pisarza, Winston Guest) jako bogatego playboya byłoby poważnym niedomówieniem. To prawda, że Hemingway zaprzągł do pracy dziwną zbieraninę przyjaciół, jak i to, że Fabryka nie była profesjonalną agencją wywiadowczą analizującą sprawy w metodyczny sposób, korzystając z inwigilacji i infiltracji. Agentom Hemingwaya nie powiedziano, na kim powinni skupić uwagę, bo nie było jasne, kogo mają szukać. Mieli to wyczuć w trakcie operacji. Celem mógł się okazać zagraniczny przedsiębiorca stojący przy długim zakrzywionym barze Floridity i zadający zbyt wiele pytań na temat statków, które czekały na redzie, lub ktoś z towarzystwa, mężczyzna w czarnej muszce i smokingu, wyłuszczający Winstonowi Guestowi, dlaczego państwa osi wygrają wojnę. Kiedy dowiedzą się czegoś ciekawego, zjawią się w Fince, spoczną wśród półek z książkami, na jednym z wyściełanych krzeseł w liczącym piętnaście metrów salonie Hemingwaya, i popijając drinka, zdadzą sprawę chaotyczną mieszaniną hiszpańskiego i angielskiego. Wydaje się, że butelki nigdy nie wysychały, a „narady z personelem" przeciągały się do wczesnych godzin porannych.

Styl dowodzenia Hemingwaya mógłby się wydać niekonwencjonalny, ale był skuteczny. Pisarz wzbudzał lojalność i entuzjazm w swoich ludziach. Mimo wciąż obecnego w jego życiu alkoholu sprawiał, że jego agenci skupiali się na szczegółach i wyczerpująco je opisywali. Po spotkaniu mógł nie kłaść się spać do końca nocy, skrupulatnie zapisując i redagując raporty, by o świcie pojechać piętnaście kilometrów z Finki do ambasady. Mijając wychodzące na Paseo del Prado frontowe drzwi pod oficjalnym szyldem, dostawał się do środka dyskretnymi bocznymi drzwiami i dostarczał zdobycz Joyce'owi, który był pod wrażeniem gorliwości Hemingwaya. Po wojnie miał wspominać, że pisarz „sporządził ogromną ilość raportów"[41].

Nie zaskakuje, że FBI miało niskie zdanie o działalności Fabryki. Leddy informował Waszyngton, że wyniki pracy Hemingwaya są bezwartościowe[42]. Jednak najważniejsza postać w placówce, czyli ambasador Braden, uważał je za co najmniej równie użyteczne jak inne doniesienia, które trafiały na jego biurko. W telegramie do Waszyngtonu z listopada 1942 roku donosił, że Hemingway „przekazywał informacje na temat aktywności Hiszpanów [...] [które były] dokładne, starannie sprawdzone i miały wymierną wartość"[43]. Inaczej mówiąc, chociaż Fabryka nie zdemaskowała żadnego faszystowskiego szpiega ani nie pozwoliła ambasadorowi wpłynąć na układ sił na Kubie, podejmowała sprawy, które go interesowały.

To, że Joyce i Braden opowiadali się generalnie po stronie Hemingwaya, w żaden sposób nie poprawiło jego stosunków z FBI. Kiedy Joyce oznajmił, że ambasada planuje skorzystać z usług pisarza, Leddy „przypomniał panu Joyce'owi [...] że należy rozważyć kwestię kontaktów pana Hemingwaya z przedstawicielami Biura"[44]. Leddy pamiętał, że Hemingway w 1940 roku podpisał list otwarty oskarżający FBI o aresztowanie w Detroit działaczy, którzy popierali Republikę Hiszpańską, co stanowiło pogwałcenie ustawy o neutralności. Z tego powodu został „oskarżony o komunistyczne sympatie, chociaż poinformowano nas, że zaprzeczył i [...] [nadal] stanowczo zaprzecza jakimkolwiek związkom z komunistami lub sympatyzowaniu z ich sprawą"[45]. Dochodził do tego sposób, w jaki przedstawił Leddy'ego podczas partii peloty w Hawanie. Koniec końców Joyce próbował przekonać tego ostatniego, że Hemingway nie jest wrogiem FBI, lecz po prostu podpisywał jedną petycję po drugiej jak leci, nie wnikając w ich treść, i żartował, gdy porównał FBI do gestapo[46].

Joyce doskonale wiedział, że nie było to zgodne z prawdą. On i Hemingway dopasowali przekaz do osoby i potrzeby chwili. W rzeczywistości, jak później napisał, „Ernest odnosił się [zwykle] wrogo do FBI, wszystkich jego działań oraz pracowników"[47]. Był przekonany, że wielu agentów sympatyzowało z Franco, bo byli rzymskimi katolikami. Lubił nazywać FBI „Frankistowskimi Bękartami Irlandzkimi" i „żelazną kawalerią Franco". Uważał, mówiąc słowami Joyce'a, że FBI nie ma „zielonego pojęcia, jak delikatne powinny być działania wywiadowcze podczas wojny". Według niego agenci federalni byli „tępymi i platfusiastymi gliniarzami" bez zagranicznego doświadczenia[48].

Hemingway był w błędzie, oskarżając Biuro o brak wyrobienia. Odtajnione akta FBI zawierają wyważoną odpowiedź, z jaką spotkało się wkroczenie pisarza na ich teren. Choć co najmniej jeden agent uważał, że FBI powinno doprowadzić do konfrontacji z tym amatorem i zdemaskować go jako „oszusta", J. Edgar Hoover osobiście nakazał ostrożność w działaniu. Z jednej strony polecił swojemu człowiekowi w Hawanie, aby „w sposób dyplomatyczny wskazał Bradenowi ujemne strony" wpuszczenia do owczarni kogoś, kto jak Hemingway nie był urzędnikiem państwowym[49]. Z drugiej strony nie chciał wywierać nacisku w tej sprawie, bo Hemingway miał przychylność ambasadora i liczne kontakty w Białym Domu. (Prezydent sam opowiedział Hooverowi o pomyśle pisarza, aby rząd Stanów Zjednoczonych pomógł Europejczykom internowanym na Kubie, w większości ofiarom faszyzmu, zaś Hemingway dał jasno do zrozumienia agentowi specjalnemu w Hawanie, że „lepiej, aby FBI się z nim dogadało, bo ma duże wpływy w Waszyngtonie"[50]). Żaden z tych argumentów nie zmienił stanowiska dyrektora Biura w sprawie zatrudnienia pisarza. Zdaniem Hoovera Hemingway był „ostatnim z ludzi [...] którego można wykorzystać w sprawie tego rodzaju. Jego zdolność oceny [jest], mówiąc oględnie, nie najlepsza", a doniesienia o skłonności do pijaństwa czynią jego przydatność do pracy wywiadowczej jeszcze bardziej „wątpliwą"[51].

Zainteresowanie Hemingwaya wywiadem było trwałe, choć niektóre z jego przygód miały krótki żywot. Jedna fascynacja mogła przerodzić się w drugą po kilku tygodniach lub miesiącach. Przykładem tego stała się Fabryka Krętaczy, z której dowodzenia pisarz zrezygnował, bo zapragnął zająć się czymś innym. Joyce uznał, że decyzja została podjęta, ponieważ Hemingway zwątpił, że Fabryka jest najlepszym sposobem wykorzystania jego czasu. A że szpieg amator nie chciał porzucić własnego dziecka, wymyślił sposób kontynuowania dzieła pod nowym przywództwem[52].

Jakiekolwiek powody nim kierowały, Hemingway poinformował Joyce'a, że chce przekazać kierowanie operacją

Hiszpanowi nazwiskiem Gustavo Durán, który „działał razem z nim [Hemingwayem] w wywiadzie republikańskim podczas hiszpańskiej wojny domowej”[53]. Durán był innym wyjątkowym człowiekiem, który pojawiał się i znikał w życiu pisarza. Oprócz surowej męskiej urody odznaczał się zdumiewającą gamą talentów. Mówiąc słowami Hemingwaya, był „wojskowym i wywiadowczym geniuszem kalibru Napoleona, jaki zdarza się raz na sto lat”[54]. Zaczynał jako kompozytor i impresario o sympatiach lewicowych. W 1936 roku poświęcił się całym sercem sprawie Republiki Hiszpańskiej. Chociaż nie miał wojskowego wykształcenia, a jedynie instynktowny talent do walki, awansował do stopnia dowódcy dywizji i przez krótki czas był szefem Służby Wywiadu Wojskowego działającego pod kierunkiem Aleksandra Orłowa, rezydenta NKWD, który zaprzyjaźnił się z Hemingwayem w 1937 roku. Po wojnie Durán wyjechał do Wielkiej Brytanii, gdzie poślubił należącą do miejscowej socjety Amerykankę Bontë Crompton[55]. Mniej więcej w tym czasie Hemingway uwiecznił go na kartach powieści *Komu bije dzwon*, gdzie pojawia się jako „cholernie dobry generał”, którego przyjaciel Roberta Jordana pragnął zobaczyć w madryckim hotelu Gaylord po wysadzeniu mostu.

Na prośbę Hemingwaya Joyce załatwił Duránowi amerykańskie obywatelstwo, aby ten mógł przyjechać na Kubę i poprowadzić Fabrykę Krętaczy[56]. Jesienią 1942 roku Durán był już na Kubie, spędzając większość czasu w Fince i kierując bieżącą działalnością Fabryki. Nie potrzebował dużo czasu, aby dojść do wniosku, że raporty są „banalne i pozbawione znaczenia”[57]. Co gorsza, uznał środki ostrożności powzięte przez Hemingwaya – trzymanie rewolweru pod koszulami w komodzie – za dziecinne i niepotrzebne[58]. Pod koniec roku skupił uwagę na ambasadzie, stając się kimś w rodzaju attaché kulturalnego i autorem mów ambasadora.

Hemingway był wściekły, gdy Durán przedłożył inne zajęcie nad kierowanie Fabryką Krętaczy. Którejś nocy ponownie zapukał do drzwi Joyce'a, żeby się wyżalić. „Bob, chcę ci zameldować, że Gustavo to drań. Zwolniłem go ze stanowiska szefa Fabryki Krętaczy"[59]. Był to koniec wielkiej przyjaźni, a także niecodziennej, choć mało owocnej operacji szpiegowskiej, która pochłaniała czas i energię Hemingwaya przez kilka miesięcy 1942 i 1943 roku. Jednak w tym czasie poświęcał już więcej energii innej szpiegowskiej przygodzie, która także pozostawiała niewiele czasu dla Sowietów.

ROZDZIAŁ 8

„PILAR" I WOJNA NA MORZU

Tajny agent rządu Stanów Zjednoczonych

Dziewiątego grudnia 1942 roku o jedenastej trzydzieści, w porze lunchu, Hemingway rzucił kotwicę przy rafie Colorado nieopodal położonego na północno-wschodnim wybrzeżu Kuby miasta Bahía Honda i spojrzał na ocean z pomostu nawigacyjnego swej łodzi motorowej „Pilar". Był spokojny, pogodny dzień, nie musiał więc wytężać wzroku, by dostrzec smugę dymu z komina przepływającego statku, który wydawał się zmierzać w jego stronę. W południe dzieliło ich nadal kilka mil, ale obserwując jednostkę przez lornetkę z dziesięciokrotnym powiększeniem, rozpoznał cztery czerwono-złote flagi wymalowane na białym kadłubie i zidentyfikował jednostkę jako pasażerski liniowiec „Marqués de Comilla".

Później, o dwunastej dziesięć, w odległości sześciu–ośmiu mil od „Marquésa" zauważył inną „jednostkę pomalowaną szarą farbą" i serce zabiło mu szybciej[1]. Wyglądała jak kuter Straży Wybrzeża, tyle że bez komina, holujący coś długiego i niskiego, przypominającego zbiornik ropy. O dwunastej piętnaście Hemingway postanowił podnieść kotwicę, żeby wypłynąć w morze i sprawdzić, co to takiego.

Ruszył na północ–północny wschód z umiarkowaną prędkością siedmiu węzłów, jakby wędkował, a nie spieszył do walki.

Kiedy dzieląca ich odległość zmniejszyła się do około trzech mil, szara jednostka ustawiła się burtą do „Pilar", ukazując zarys kiosku wznoszącego się nad długim, niskim pokładem. „Płynęła majestatycznie po zupełnie spokojnym morzu"[2] i była tak duża, że przyjaciel Hemingwaya, Winston Guest, pełniący podczas wojennego patrolu „Pilar" funkcję pierwszego oficera, wziął ją za lotniskowiec. Kapitan i pisarz w jednym odpowiedział słowami, które miał potem wplatać w powojenne opowieści: „Nie, Wolfie. To okręt podwodny i każdemu niesie widomość, że już po nim"[3].

Kapitan oraz załoga szkolili się na taką chwilę i wypatrywali jej za każdym razem, gdy łódź mijała falochron, wypływając na wody Prądu Zatokowego. Hemingway wziął kurs na domniemanego U-Boota, zmniejszając dzielący ich dystans. „W ustach miał sucho, ale był szczęśliwy", żądny walki[4]. Załoga wyciągnęła karabiny maszynowe i granaty ręczne, szykując broń w sposób niewidoczny dla wroga. Niemcy mieli sądzić, że ludzie na „Pilar" są pochłonięci wędkowaniem, aż będzie za późno. Zacięcie dużej barakudy wzmocniło wrażenie, że to tylko łódź rybacka[5].

Minuty wlokły się powoli, aż o trzynastej dwadzieścia pięć okręt podwodny zmienił kurs i przyspieszył. „Pilar" próbowała go ścigać, lecz jej cel poruszał się zbyt szybko. W ciągu piętnastu minut zniknął im z oczu, zostawiając łódź pisarza samą na oceanie. Wydarzenie to było rozczarowaniem dla wojowniczej natury Hemingwaya, zdecydowanego bez wahania umrzeć za swój kraj. Napisał później, że on i jego załoga gotowi byli iść na wieczność do Walhalli, „szczęśliwi jak idioci”[6].

Pilar stanowiła jądro wojennej przygody Hemingwaya na morzu. Nazywał ją statkiem, lecz przy swoich niespełna trzynastu metrach długości była ledwie łodzią. Miała czarny kadłub i nieznacznie wystawała nad powierzchnię wody, co czyniło ją trudną do dostrzeżenia nawet za dnia. Kanciaste linie nadawały jej rys działa w stylu art déco. Zdaniem pisarza Paula Hendricksona, który poświęcił jej książkę, w „Pilar” było „coś widmowego”[7]. W latach 1942–1943, kiedy Hemingway wykorzystał łódź w roli jednostki szpiegowskiej, wydawało się to całkiem stosownym określeniem.

Pisarzowi spodobało się wykończenie łodzi mahoniem i jodłą, kiedy tylko przeczytał o takiej opcji w katalogu stoczni Wheeler Shipyard działającej nad cieśniną East River na nowojorskim Brooklynie. Polecił wprowadzić do podstawowego modelu zmiany, dzięki którym „Pilar” stała się nieco mniej wygodna jako jacht kabinowy, ale bardziej funkcjonalna jako łódź rybacka, z takimi usprawnieniami jak mały silnik napędzający kołowrót ciągnionej wędy, dodatkowe zbiorniki paliwa i obite miedzianą blachą skrzynie na ryby. Rezultatem, jak napisał przyjacielowi, była łódź „cudowna do wędkowania”[8], zdolna pływać w niemal każdych warunkach i zawrócić praktycznie w miejscu, aby ruszyć w pościg za rybą. Mogła też przez pół dnia leniwie ciągnąć przynętę, zużywając niecałe dwadzieścia galonów paliwa, a później w kilka sekund przyspieszyć do szesnastu węzłów. Przy całej tej funkcjonalności wciąż pozostawała dość wygodna do dłuższych rejsów, dzięki pięciu dużym kojom i przestronnym pokładom.

Z chwilą, gdy Hemingway sprowadził łódź do Key West, „Pilar" zajęła ważne miejsce w jego życiu. Czekając na nadejście wielkiego huraganu w 1935 roku, zabezpieczył ją przed sztormem równie starannie jak dom przy Whitehead Street, i to nią popłynął na północny wschód, kiedy sytuacja się uspokoiła. Opływając wyspy Upper i Lower Matecumbe Keys, lawirował wśród unoszących się na wodzie szczątków, używając łodzi jako pływającego punktu pierwszej pomocy. To, co zobaczył, stało się impulsem do napisania artykułu dla pisma „New Masses", który zwrócił uwagę szefów siatki szpiegowskiej w Moskwie[9].

Łódź, która popłynęła na wojnę: „Pilar" Hemingwaya na patrolu.
Ernest Hemingway Photo Collection, JFK Library

Pod koniec dekady Hemingway przeprowadził „Pilar" przez cieśniny z Florydy na Kubę, gdzie na wodach Golfsztromu opływającego wyspę łódź i jej właściciel czuli się jak w domu. Całymi dniami pisarz, członkowie jego rodziny i przyjaciele mogli łowić na ciągnioną wędę duże ryby – marliny, tuńczyki i mieczniki – które żyły w ciemnogranatowej toni. Hemingway niewiele rzeczy kochał bardziej od żeglowania po morzu na pokładzie „Pilar".

Kierowanie Fabryką Krętaczy miało znacznie mniej uroku. Była ona pierwszym wejściem Hemingwaya w działalność wojenną po Pearl Harbor i choć niezwykła, nie była najdziwniejszą z rzeczy, które wydarzyły się w pierwszych dniach wojny. Pisarz uczynił zadość oczekiwaniom amerykańskiej ambasady, przy czym w większości na własnych warunkach. Jednak sama robota nie była tak ekscytująca – albo chociaż produktywna – jak na to liczył, zanim więc jeszcze Fabryka zaczęła działać na pełnych obrotach, Hemingway powrócił do sprawy z lata 1941 roku, gdy on i Gellhorn pojechali do Waszyngtonu po powrocie z Chin.

To właśnie wtedy, w dawnym budynku marynarki na terenie National Mall, małżonkowie poznali podpułkownika Johna W. Thomasona Jr. Bohater pierwszej wojny światowej miał z Hemingwayem wielu wspólnych znajomych i podzielał wiele jego zainteresowań: wojnę, literaturę i sztukę, nie wspominając o mocnych alkoholach. Szybko się zaprzyjaźnili. Dla Hemingwaya ten marine był człowiekiem wartym posłuchania, „o najbardziej bystrym umyśle spośród tych, z którymi kiedykolwiek rozmawiałem"[10]. Szybko też poczęli szukać okazji, by popracować razem. Wiosną 1942 roku zaczęli współpracę nad antologią *Men at War: The Best War Stories of All Time* (Ludzie na wojnie. Najlepsze opowieści wojenne wszech czasów), która została wydana w drugiej połowie roku[11].

Wstęp do *Men at War*, który Hemingway napisał na Kubie latem tamtego roku, był niepohamowanie patriotyczny. Przykładając rękę do powstania antologii, którą dedykował synom, pomagał krajowi w rozprzestrzeniającej się wojnie z faszyzmem. Chciał dać młodym Amerykanom przedsmak tego, co ich czekało. „Książka ta", zaczynał ponuro, „nie powie wam, jak umrzeć"[12]. Mimo to zamierzał opowiedzieć o mężczyznach walczących i poległych w dawnych czasach. „Jednak gdy doczytacie ją do końca, będziecie wiedzieli, że nie czeka was nic gorszego niż to, przez co przeszli ludzie przed wami". Z charakterystycznym uznaniem dla sowieckich i chińskich komunistycznych bojowników, jako jeden z najlepszych utworów, „którego nie wolno przegapić", wskazał skrajnie przesadzone opowiadanie amerykańskiej komunistki (i sowieckiego szpiega) Agnes Smedley[13], która poznała Hemingwaya w Hongkongu. Stara chińska wyga opisywała w płomiennych słowach cierpiących bez skargi bojowników z Armii Narodowo-Rewolucyjnej Mao i Czou, często jeszcze chłopców, gotowych na każde poświęcenie dla sprawy.

Dla potrzeb wstępu Hemingway złagodził swoją zwykłą krytykę amerykańskich przywódców. Ponieśli klęskę w Pearl Harbor, bo „zapomnieli", że państwa osi napadły bez ostrzeżenia Związek Radziecki[14]. Nie jest jednak jego intencją, ciągnął, obarczać kogoś winą za porażkę, a jedynie ostrzec przed lekceważeniem wroga i przypomnieć czytelnikom, o co walczymy. Jego ton tak dalece odbiegał od zajadłej krytyki państw demokratycznych z lat trzydziestych za to, że nie zrobiły więcej dla pokonania faszyzmu, iż opis celów Ameryki w tej wojnie mógłby zostać równie dobrze napisany przez sekretarza prasowego Białego Domu. Amerykanie będą walczyć w obronie konstytucyjnych praw i przywilejów „i biada temu, kto chce je nam odebrać"[15].

Hemingway zaproponował władzom, że podejmie własną wojnę na morzu, korzystając z „Pilar". Chciał zostać, jak to później określił, „tajnym agentem rządu"[16], a ściślej rzecz ujmując, dalekomorskim agentem Thomasona i Wywiadu Marynarki, wykonującym sekretną misję na wodach kubańskich. Operacja łączyła jego miłość do „Pilar" i morza w sposób, który mógłby zostać opisany na stronach magazynu „Outdoor Life" (i został ukazany w jego wydanej pośmiertnie książce *Wyspy na Golfsztromie*). Mógłby uczestniczyć w wysiłku wojennym bez opuszczania kubańskich wód, które kochał, wykonując zadania bardziej konkretne i ryzykowne od typowej działalności szpiegowskiej dla Sowietów lub antyszpiegowskiej dla ambasady amerykańskiej w Hawanie. No i przede wszystkim byłby sam sobie sterem, żeglarzem i okrętem.

Podstawowym zadaniem tej niezależnej służby byłoby patrolowanie przez Hemingwaya i jego ludzi (wielu z Fabryki Krętaczy) północnego wybrzeża Kuby na pokładzie „Pilar" i wypatrywanie niemieckich okrętów podwodnych – perfekcyjnych machin wojennych, które zatapiały alianckie statki w wielu rejonach Atlantyku[17]. Hemingway, po odebraniu od amerykańskiej marynarki sygnału o możliwym pojawieniu się nieprzyjaciela, wypływałby „Pilar" na poszukiwanie intruza, a po wykryciu meldował o jego obecności[18]. Następnym punktem planu dla „Pilar" było zatopienie U-Boota – mimo jego znacznie większych rozmiarów (siedemdziesiąt pięć metrów długości), wyporności (powyżej do tysiąca ton) i uzbrojenia, zwłaszcza stupięciomilimetrowego działa pokładowego, które jednym pociskiem mogło zmieść małą łódź z powierzchni wody.

Niemcy winni ich wziąć za łódź rybacką, zajętą własnymi sprawami. Liczono, że wróg podpłynie, aby kupić (lub zarekwirować) świeże ryby i wodę. Załoga „Pilar" czekałaby na niego z bazookami, karabinami maszynowymi i granatami ręcznymi. Mieli zabrać ze sobą nawet bombę naramienną, „potężne urządzenie wybuchowe w kształcie trumny, z uchwytami na obu końcach, które, rzucone na obiekt, blokowało się tam i automatycznie uzbrajało"[19]. Hemingway zamierzał wykorzystać baskijskich zawodników peloty, specjalistów od szybkiego umieszczania piłki w miejscu, gdzie powinna się znaleźć. Baskowie mieliby ciskać granaty do środka włazów U-Boota, otwartych przez niespodziewającą się (taką żywiono nadzieję) ataku załogę. Gdyby choć jeden granat wybuchł wewnątrz okrętu, efekt byłby niszczycielski, a gdyby udało się przerzucić na pokład U-Boota wspomnianą bombę, zabójcza broń dokończyłaby dzieła.

Hemingway przyznał później, że cała operacja była tak niesamowita, „tak nieprawdopodobna", iż nikt nie dałby wiary, że ją zrealizowano[20]. Jak zatem do niej doszło?

Od września 1939 roku, gdy w Europie wybuchła wojna, Amerykanie zaczęli obawiać się obecności niemieckich okrętów podwodnych na swoich wodach przybrzeżnych. Hemingwayowie byli wśród nich prominentnymi postaciami. W grudniu 1939 roku Ernest powiedział swojemu bratu Leicesterowi o młodym Angliku, który „miał tytuł, konto bankowe i zlecenie zorganizowania misji dla wywiadu marynarki"[21]. Wysoki, szczupły, wytworny i odrobinę arogancki, sir Anthony Jenkinson – „dla przyjaciół Tony" – był autorem dwóch całkiem znośnych książek przygodowych (w 1940 roku)[22]. (Dopiero później pisarz miał nazwać Tony'ego, za jego plecami, „niezbyt bojowym i mętnym kutasem"[23]). Jenkinson szukał kogoś, kto „lubi żeglować, zna się na nawigacji i chce robić coś ryzykownego"[24] – zaproszenie brzmiące jak wiele innych wywiadowczych propozycji i intrygujące dla mężczyzn pokroju Ernesta i Leicestera. (Typowe zaproszenie streszczało się w słowach: „Dopóki się nie zgodzisz, nie możemy ci powiedzieć, czym dokładnie będziesz się zajmować, lecz gwarantujemy, że zadanie jest ekscytujące"). Chodziło o to, aby pływali w rejonie zachodnich Karaibów, wypatrując „możliwych i rzeczywistych" baz niemieckich okrętów podwodnych. Hemingway pomógł wyekwipować ekspedycję.

Ernest bywał przykry dla znacznie młodszego Leicestera (urodzonego w 1915 roku) – zjadliwy w krytyce, apodyktyczny w udzielaniu rad – ale tym razem okazał się „niezwykle uprzejmy, jak na siebie"[25]. Na zdjęciu wykonanym w Zatoce Hawańskiej widać braci Hemingwayów i Gellhorn popijających piwo podczas szykowania do podróży dwunastotonowego drewnianego szkunera – małej jednostki, dobrej do jednodniowych wypadów na wody przybrzeżne, a nie do rejsu przez Karaiby. Wszyscy się uśmiechają. Leicester jest tak podobny do Ernesta, że mógłby zostać jego dublerem, niemniej język ciała wyraźnie wskazuje, kto jest szefem. Leicester był dłużnikiem Ernesta i zdawał sobie z tego sprawę – później miał napisać, że nie zdołałby mu wystarczająco podziękować „za setki [dolarów] i bezcenną pomoc"[26].

Przygotowanie szkunera z kilku dni przeciągnęło się do kilku tygodni – wystarczająco długo, aby bracia „wielokrotnie jadali razem", a młodzi żeglarze pomogli Ernestowi w zabawianiu jego wydawcy, Charlesa Scribnera[27]. Kiedy na początku 1940 roku byli gotowi do wypłynięcia, Leicester i Jenkinson wyznaczyli kurs, który poprowadził „Blue Streama" na mało znane wody. Wpływali do cichych zatok i ujść rzek, docierali do dalekich wysp, gdzie dwaj młodzi poszukiwacze przygód napotykali przemytników, spekulantów i niezwykłych ludzi, niekiedy ewidentnie pochodzących z Europy.

W trakcie rejsu Ernest korespondował z Leicesterem i Tonym, dostarczając im rad i zachęty[28]. Po powrocie napisali w „Reader's Digest", że „odkryli nazistowskich agentów, nazistowską propagandę i zapasy ropy przygotowane dla nazistowskich piratów"[29]. Artykuł kończył się konkluzją, że byli świadkami „przygotowań do niemieckiej operacji morskiej u wybrzeży Ameryki Środkowej"[30].

Szpiedzy amatorzy przedstawili swoje obserwacje Wywiadowi Marynarki, przynajmniej po amerykańskiej stronie Atlantyku. Ich trud nie spotkał się jednak z życzliwym przyjęciem. Kontradmirał T.J. Wilkinson napisał, że po uważnym przestudiowaniu raportu Biuro Wywiadu Marynarki Wojennej (ONI) uznało, iż nie sądzi, aby Leicester mógł kiedykolwiek dostarczyć użytecznych informacji „morskich, hydrograficznych i szpiegowskich"[31].

Admirał miał częściowo rację. Konkluzje Tony'ego i Leicestera były naciągane. Niemcy nigdy nie mieli bazy lądowej w rejonie Karaibów, jak utrzymywali młodzi mężczyźni. Podczas wojny niemieckie U-Booty były zaopatrywane przez inne łodzie podwodne, a nie sympatyków czekających na brzegu. Admirał Wilkinson mógł być jednak bardziej wyrozumiały. Dawał do zrozumienia, że działania Tony'ego i Leicestera stanowiły margines, choć wraz z Ernestem nie byli w nich osamotnieni.

Ambasada w Hawanie podzielała ich zaniepokojenie, przynajmniej od 1940 roku. Niemal od początku pracownicy placówki wypytywali o misję Leicestera i Tony'ego. W lipcu 1940 roku Hemingway napisał do matki z Finki, że „amerykańskie władze są niezwykle zadowolone z [...] pracy [Leicestera]"[32]. Urojone okręty podwodne przyczyniły się do podsycania szpiegowskich obsesji, które doprowadziły do powstania Fabryki Krętaczy. Może Niemcy wysadzili na brzeg szpiegów przywiezionych na pokładzie okrętu podwodnego? Wykorzystywał to Hemingway, umieszczając agentów w rodzaju R-42 wzdłuż wybrzeża, aby wypatrywali oznak przybrzeżnej aktywności okrętów podwodnych[33]. Oprócz tego krążyły uporczywe plotki o koloniach zwolenników państw osi rozsianych wzdłuż wybrzeża, które miały utrzymywać tajne zapasy dla niemieckiej marynarki[34].

Zagrożenie ze strony okrętów podwodnych wcale nie było takie wydumane. Na początku 1942 roku Marynarka Wojenna Stanów Zjednoczonych i Straż Wybrzeża nie miały dość okrętów i samolotów, aby patrolować szlaki żeglugowe. Po ataku na Pearl Harbor młodzi, agresywni kapitanowie U-Bootów zaczęli wykorzystywać „sprzyjający czas", który nastał w rejonie Wschodniego Wybrzeża. Operowanie w tej części świata było znacznie przyjemniejsze i zwykle równie opłacalne jak wojna na północnym Atlantyku. Na wschód od przybrzeżnych szlaków żeglugowych mogli zejść na większą głębokość, poczekać, aż na horyzoncie pojawi się frachtowiec, i odpalić torpedy. Zdarzało się, że nocą cele podświetlały łuny nadmorskich miast (np. Miami), w których nie obowiązywało zaciemnienie. Niemcy byli jednocześnie widzami i aktorami morderczego widowiska światło-dźwięk.

Na południu sytuacja nie była aż tak poważna, lecz u wybrzeży Kuby widywano U-Booty, zdarzały się też zatopienia – na wiosnę 1942 roku ataki okrętów podwodnych osiągnęły punkt kulminacyjny z piętnastoma zatopieniami w ciągu miesiąca. Niemal codziennie ocaleni rozbitkowie o przekrwionych oczach, usmarowani olejem opałowym i melasą (wiele statków wiozło taki ładunek z Kuby) lądowali w Hawanie i znajdowali schronienie w niegdyś ulubionym miejscu Hemingwaya w centrum miasta – hotelu Ambos Mundos. W odpowiedzi na kryzys amerykańska ambasada w Hawanie zaproponowała rozwiązanie podobne do tego, jakie marynarka znalazła dla Wschodniego Wybrzeża, gdzie, sama przeciążona pracą, wezwała cywilnych żeglarzy do patrolowania atlantyckiej linii brzegowej własnymi łodziami i wypatrywania peryskopu lub wynurzonego okrętu podwodnego. Mieli donosić o każdym przypadku zauważenia U-Boota, bez atakowania nieprzyjaciela. Ta półoficjalna inicjatywa, realizowana w trzecim kwartale 1943 roku, zyskała miano „Hooligan's Navy" (chuligańskiej floty) – „osobliwej zbieraniny marynarzy i niedzielnych żeglarzy, [którzy] służyli z odwagą i werwą, nawet jeśli nie byli skuteczni"[35]. Po miesiącu wojny ambasador w Hawanie oświadczył, że chce czegoś podobnego. W styczniu 1942 roku napisał do Waszyngtonu, że „zagrożenie ze strony okrętów podwodnych [...] nasila się z każdym dniem"[36]. W związku z tym zalecił, aby marynarka zarekwirowała pewną liczbę łodzi motorowych, wyposażyła każdą w jedną czy dwie sztuki broni i przekazała Kubańczykom do patrolowania wybrzeża.

Nie wiadomo dokładnie, jak i kiedy Hemingway wpadł na pomysł zabrania swej „Pilar" na taką wojnę. Pewną rolę odegrała zapewne przygoda Leicestera. Hemingway był gotów przyznać, że brat wykonał dobrą robotę podczas „szpiegowskiego rejsu", jak go nazywał. Czekała go jeszcze długa droga, ale uczył się sztuki szpiegowskiej (mówiąc dokładniej, stwierdził, że robota Tony'ego i Leicestera staje się „stopniowo coraz mniej dziecinna")[37]. Niemniej, jak potem twierdził, był „rozczarowany", że nie zdołali nawiązać z nieprzyjacielem bardziej agresywnego kontaktu[38]. Dla Hemingwaya idealna misja rozpoczynała się jakiegoś rodzaju szpiegostwem, a kończyła całkowitym zniszczeniem wroga.

Koncepcja operacji morskiej zaczęła nabierać kształtu, kiedy John Thomason i Hemingway poznali się w Waszyngtonie w czerwcu 1941 roku. Gdy pisarz opowiedział Thomasonowi o wyprawie Leicestera, przedyskutowali dalsze możliwe działania, tym razem pod auspicjami ONI. Skutek był taki, że Ernest kazał Leicesterowi „ostrzyc się krótko [...] porządnie umyć twarz", a później pójść na rozmowę do Thomasona i oddać do jego dyspozycji „Blue Streama" wraz z załogą[39].

Być może nieświadomy okoliczności jego powstania, ambasador Braden miał później utrzymywać, że plan powstał w jego biurze w Hawanie, jak to miało miejsce w przypadku Fabryki Krętaczy. W jego wspomnieniach Hemingway zażądał *quid pro quo* za swoje „patriotyczne usługi" jako szef Fabryki. Według Bradena powiedział: „Teraz chcę, żeby zapłacono mi za pracę, którą wykonałem"[40]. Kiedy Braden spytał, jakiej chce zapłaty, ten zaczął opisywać, jak „Pilar" będzie tropić i zatapiać U-Booty, kończąc z teatralną wojowniczością: „Mógłbym skompletować załogę, gdybyś dał mi bazookę, bym mógł wywalić dziurę w burcie U-Boota, karabiny maszynowe do skoszenia ludzi na pokładzie i granaty ręczne, aby je wrzucić do kiosku"[41].

Ambasador zdawał sobie sprawę, że żądania Hemingwaya są sprzeczne ze wszystkimi obowiązującymi przepisami"[42]. Jednak pisarz wykonał „wspaniałą robotę" w Fabryce Krętaczy, Braden był więc gotów „wyrzucić przepisy [...] do kosza" i poprzeć nową inicjatywę. Hemingway docenił to i do końca operacji uważał, że „pracuje dla ambasadora"[43]. Wsparcie osób na wysokim szczeblu miało dla niego nadal duże znaczenie.

Późną wiosną lub na początku lata 1942 roku ambasada uczyniła kolejny krok, ściągając Johna Tohmasona do Hawany na konsultacje[44]. Oficer marines pojawił się w gmachu przy Prado w mundurze ozdobionym różnokolorowymi baretkami, przypominającymi o jego bohaterskich czynach na froncie zachodnim podczas pierwszej wojny światowej. Kręcąc okularami na czarnej jedwabnej wstążce i osuszając co najmniej dwie szklanki czegoś mocnego, wspólnie z ambasadorem wysłuchał pisarza przedstawiającego swój niezwykły plan. Odwołując się do historii, Hemingway przypomniał, że podczas wcześniejszych wojen uzbrajano statki handlowe, by przywabić wroga, a następnie otworzyć ogień, kiedy znalazł się w zasięgu strzału. Thomason uznał, że pomysł nie jest niemożliwy do zrealizowania, „tylko zwariowany", przypuszczalnie chcąc zakończyć dywagacje Ernesta[45]. Wystarczyłby jeden celny strzał z działa pokłdowego U-Boota, aby „Pilar" przestała istnieć – razem ze swoim kapitanem. Z drugiej strony Thomason zgodził się, że gdyby Hemingway zdołał jakimś cudem zatopić nieprzyjacielski okręt podwodny, wzmocniłby tym morale aliantów.

Proponowana operacja byłaby tajna, prowadzona bez wiedzy kubańskiego rządu przez amerykańską ambasadę[46], z którą Hemingway utrzymywałby kontakt za pośrednictwem attaché morskiego, pułkownika marines Hayne'a D. Boydena, występującego pod absurdalnym kryptonimem „Cucu" lub „Cuckoo" (Kukułka). Był on, jak się zdaje, doświadczonym, lecz lekkomyślnym pilotem latającym podczas operacji wojskowych piechoty morskiej na Haiti i w Nikaragui wysłużonymi samolotami w każdą pogodę. Lepiej przygotowany do pilotowania niż pracy za biurkiem, miał temperament, który kazał Hemingwayowi przezornie zatroszczyć się o szczegóły. W pewnym momencie pisarz oświadczył koordynatorowi wywiadu w ambasadzie, prywatnie jego przyjacielowi Bobowi Joyce'owi, że jego współpraca z pułkownikiem robi się zbyt „chaotyczna", i poprosił tamtego o opracowanie planu, czegoś na piśmie, z wyszczególnieniem zadań każdego z nich[47].

Thomason i Boyden załatwili w końcu Hemingwayowi broń i radiostację, pozwalającą zameldować o lokalizacji wroga, oraz oddelegowali do pomocy bosmana marines Donalda B. Saxona, „cudownie nieprzystosowanego typa", który spędzał wolny czas na piciu na umór i bójkach w barach[48]. Saxon miał pomóc w przeszkoleniu załogi, a następnie wypłynąć na pokładzie „Pilar" i obsługiwać sprzęt. Wymyślili nawet przykrywkę dla Hemingwaya, jakoby prowadził badania dla Amerykańskiego Muzeum Historii Naturalnej, a Boyden przygotował „list żelazny" na oficjalnej papeterii ambasady, aby pisarz mógł go nosić przy sobie. Pismo to, sporządzone uroczą mieszaniną angielskiego i hiszpańskiego, miało przekonać czytającego, że wymieniona w nim osoba prowadzi eksperyment i korzysta z oficjalnego sprzętu łączności, ponieważ „łowi okazy ryb dla Amerykańskiego Muzeum Historii Naturalnej”[49].

Hemingway zdawał sobie sprawę, że sukces tajnej operacji zależy, mówiąc jego słowami, „od elementu zaskoczenia i dobrego wyszkolenia załogi”[50], robił zatem wszystko, by ukryć „Pilar” (zwłaszcza przed wrogiem) i należycie przygotować ludzi. Do niego należało ryzyko podjęcia walki z U-Bootem, w sposób przez siebie wybrany. Niemniej możliwości zwiększenia szans powodzenia „Pilar” były ograniczone. Jak wspominał kilka lat później, ostatnie wskazówki Thomasona sprowadziły się do słów: „Ruszaj, chłopcze. Niech Bóg ci błogosławi i zmiłuje się nad tobą. Wszystko, co mogę ci zagwarantować, to to, że cię nie powiesimy i że nie zrobią tego Brytyjczycy. Ale, Erneście, z pewnością będziesz musiał improwizować”[51].

Wojenną służbę „Pilar” rozpoczęła latem 1942 roku, początkowo odbywając rejsy szkoleniowe na wodach przybrzeżnych, a następnie, gdy Hemingway nabrał pewności i otrzymał więcej sprzętu, zapuszczając się dalej. „Pilar” miała bazy w Hawanie, na północno-zachodnim wybrzeżu Kuby oraz w Cayo Confites, na jałowej ławicy piasku na wschodnim końcu Kanału Starobahamskiego, gdzie jej załoga urządziła prowizoryczny obóz[52]. We wrześniu 1943 roku Hemingway zaprosił tajnego informatora FBI na lunch w Fince i wyjaśnił mu, że „normalna procedura” polegała na patrolowaniu okolicznych wód przez dwanaście godzin na dobę pod pozorem łowienia ryb, a następnie stawaniu na kotwicy w pobliskim porcie, żeby przenocować[53]. Rejsy, podczas których dowodził Hemingway, były często długie, od dwóch do blisko trzech miesięcy, i przez cały ten czas załoga miała do dyspozycji wyłącznie własne towarzystwo. Pływali w każdą pogodę. Być może pragnąc nawiązać do przeciwności, Hemingway postanowił nazwać operację od imienia jednego ze swoich kotów, nie do końca fortunnym kryptonimem „Friendless" (Pozbawiony przyjaciół).

Martha Gellhorn odnosiła się do operacji „Friendless" z mieszanymi uczuciami. Raz chwaliła Hemingwaya za zdyscyplinowanie i cierpliwość w wypełnianiu patriotycznego obowiązku na jego „pływającym pudle sardynek"[54], innym razem zaś twierdziła, że operacja była po prostu

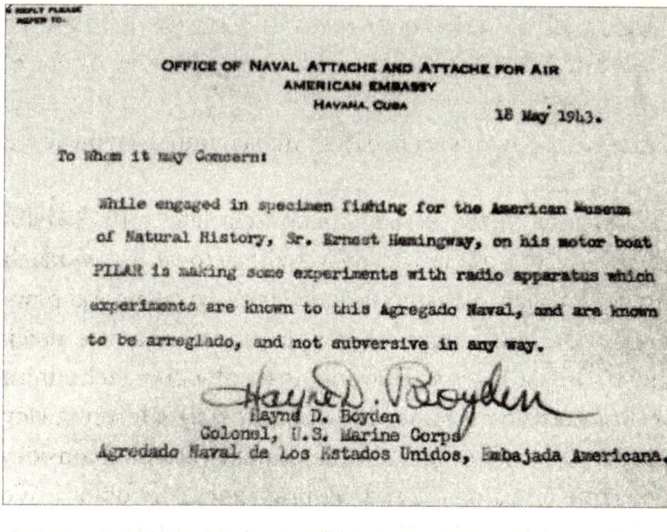

IN REPLY PLEASE REFER TO.

OFFICE OF NAVAL ATTACHE AND ATTACHE FOR AIR
AMERICAN EMBASSY
HAVANA, CUBA

18 May 1943.

To Whom it may Concern:

While engaged in specimen fishing for the American Museum of Natural History, Sr. Ernest Hemingway, on his motor boat PILAR is making some experiments with radio apparatus which experiments are known to this Agregado Naval, and are known to be arreglado, and not subversive in any way.

Hayne D. Boyden
Colonel, U.S. Marine Corps
Agregado Naval de Los Estados Unidos, Embajada Americana.

Na poły po angielsku, na poły po hiszpańsku: list-przykrywka sporządzony przez attaché morskiego amerykańskiej ambasady w Hawanie dla uczestników operacji „Friendless", wojennych rejsów patrolowych „Pilar".
Ernest Hemingway Collection, JFK Library

sposobem zdobycia dla „Pilar” paliwa, racjonowanego podczas wojny, aby mógł wędkować i pić z kolegami[55]. Hemingway potwierdził to przypuszczenie nie raz – na przykład gdy zabrał na „wojenny” patrol nieletnich synów, o czym nie wspomniał przyjacielowi spisującemu historię jego morskich operacji[56]. Na ogół jednak traktował pracę poważnie i wkładał w nią całe serce. Tylko wojennemu szczęściu można przypisać, że „Pilar” nie napotkała żadnego U-Boota. Wielu kapitanów marynarki i Straży Wybrzeża również wykonywało obowiązki patrolowe ani razu nie napotykając wroga, co nie zmieniło faktu, że była to zaszczytna służba.

Większość tego, co wiemy o operacji „Friendless”, pochodzi od samego Hemingwaya – z późniejszych relacji pisarza przekazanych rodzinie i przyjaciołom oraz z dziennika pokładowego „Pilar”, prowadzonego w starym kalendarzu medycznym, który jakimś sposobem trafił na pokład łodzi. Lakoniczne wpisy przeplatają się tam z zapisami punktowymi długich rozgrywek karcianych prowadzonych na morzu. Sprawiają wrażenie skreślonych pobieżnie, choć z drugiej strony są niezwykle cenne dla współczesnego czytelnika, sporządzono je bowiem w odstępie kilku minut lub godzin od opisywanych wydarzeń. Notatka z 9 grudnia 1942 roku szczegółowo opisuje możliwe dostrzeżenie U-Boota, na spotkanie z którym Hemingway liczył – i jego ogromną frustrację, gdy szary okręt odpłynął, zanim „Pilar” znalazła się wystarczająco blisko, by móc zaatakować.

Hemingway nie jest jedynym źródłem informacji o tym wydarzeniu. Kiedy 9 grudnia zameldował Hawanie przez radio o spotkaniu z U-Bootem, amerykańska marynarka wojenna potraktowała wiadomość na tyle poważnie, że przekazała ją flocie oraz udzieliła pisarzowi i jego załodze skromnej pochwały[57]:

HAWANA DONOSI O OKRĘCIE PODWODNYM UZNANYM ZA NIEMIECKI 740 TON WYPORNOŚCI WIDZIANYM OD 1210 DO 1340 W MIEJSCU O WSPÓŁRZĘDNYCH 22–58 PN 83–26 ZD INFORMACJĘ PRZEKAZALI DWAJ WIARYGODNI AMERYKANIE I CZTEREJ KUBAŃCZYCY

Ambasador Braden udzielił pisarzowi jeszcze większej pochwały. Był przekonany, że Hemingway wniósł realny wkład do wysiłku wojennego. Po ostatnim rejsie zwiadowczym „Pilar" latem 1943 roku, gdy stało się jasne, że zagrożenie ze strony U-Bootów w rejonie Karaibów maleje, napisał list do Hemingwaya, dziękując mu wylewnie za służbę na lądzie i morzu. Pochwalił w nim żeglarza szpiega za podejmowanie „osobistego ryzyka" w obliczu „stale czyhającego niebezpieczeństwa"[58]:

Zadanie [...] zostało wykonane umiejętnie, cierpliwie i fachowo, mimo nikłych szans powodzenia i długich okresów fizycznych przeciwności. Wiem, że przeprowadziłeś je niemałym nakładem kosztów [...]. Na chwilę obecną musi wystarczyć, że prześlę ci wyrazy uznania za twój patriotyzm i osiągnięcia oraz zapewnię o moim osobistym podziwie i trwałej przyjaźni.

Hemingway odpowiedział niemal natychmiast, pisząc do ambasadora na prywatnej papeterii w kolorze złamanej bieli, z nagłówkiem „Finca Vigía, San Francisco de Paula, Kuba" wydrukowanym prostą, lecz elegancką czerwoną czcionką u góry arkusza. Jak na niego język był kwiecisty. Oświadczył, że choć służenie krajowi jest „zwyczajnym obowiązkiem [...] i nie oczekuje za to pochwały", służba pod Bradenem była „przywilejem", który dostarczył pisarzowi „ogromnej radości"[59].

Hemingway cenił sobie list Bradena i nosił go długo przy sobie. Nie chodziło tylko o to, że czuł się w obowiązku służyć krajowi podczas wojny. Operacja „Friendless" stanowiła realizację kodeksu pisarza (głoszącego potrzebę wykorzystywania umiejętności, odwagi i wytrwałości) na jego własnych zasadach, bo mimo że był dowódcą, nie miał stopnia wojskowego. W maju 1943 roku napisał do przyjaciela, Archibalda MacLeisha, że choć pracował „po cichu, tak dobrze, jak to było możliwe, [...] [to ja] stary dobry rybożerca, nawet bez gwiazdek z nieba na [...] [moim] kołnierzyku", nigdy nie czułem się bardziej szczęśliwy[60].

List ambasadora wciąż spoczywał w kieszeni Hemingwaya, kiedy w 1944 roku szedł zobaczyć się z Leicesterem w Londynie. Spotkali się w hotelu Dorchester, jednym z najlepszych w mieście, niedaleko Hyde Parku i ambasady amerykańskiej przy Grosvenor Square. Kiedy pili pierwszą szklaneczkę szkockiej w skąpo oświetlonym, wyłożonym drewnianą boazerią barze, Ernest powiedział młodszemu bratu, że podzieli się z nim sekretem, jeśli ten obieca, że „nikomu nie powie... Nikomu, rozumiesz?"[61]. Następnie sięgnął do wewnętrznej kieszeni i wyciągnął list Bradena w wymiętoszonej kopercie z pozaginanymi rogami. Czytając list, Leicester natychmiast zrozumiał, jak wspaniale czuł się Ernest, wykonując misję na Kubie[62].

Gdzie było wówczas NKWD, agencja wywiadowcza o długiej pamięci? W 1943 roku ktoś z Ludowego Komisariatu, najpewniej z moskiewskiej centrali, pamiętał, że trzy lata wcześniej pisarz zgodził się zostać szpiegiem, ale niczego nie zdziałał. Kiedy operacja „Friendless" miała się ku końcowi, „pracownik" NKWD – przypuszczalnie oficer sowieckiego wywiadu – spotkał się z Hemingwayem na Kubie, aby zbadać jego operacyjne tętno[63].

I tym razem dysponujemy jedynie fragmentarycznymi informacjami. Przypuszczalnie człowiek NKWD w Hawanie otrzymał zapytanie z Moskwy dotyczące Hemingwaya. Wspomniany „pracownik" ustalił najlepszy sposób nawiązania kontaktu z pisarzem, a skoro nie handlowali atomowymi tajemnicami, mógł wybrać bezpośrednie podejście. Być może Sowieci postanowili „ukryć się na widoku" i zwyczajnie złożyć mu wizytę w Fince (jak wielu innych przyjaciół i wielbicieli, którzy liczyli, że Hemingway poświęci im kilka minut czasu), a później zaprosić pisarza do miejscowej restauracji. Może ich człowiek pokazał Hemingwayowi znak rozpoznawczy – znaczki przekazane w 1941 roku – aby udowodnić, że naprawdę pracuje dla NKWD. Kiedy „pracownik" potwierdził swoją tożsamość, nawiązali rozmowę. Rosjanin ostrożnie sondował Hemingwaya, zbierając informacje na temat jego działalności. Pisarz mógł wspomnieć o „Pilar" – w 1943 roku łódź była jego ulubionym tematem – i wojnie, być może chwaląc wielkie zwycięstwo Sowietów pod Stalingradem odniesione na początku poprzedniego roku. Nawet jeśli nie chciał zostać ich aktywnym szpiegiem, Hemingway nadal był pełen podziwu dla Sowietów i ich sięgających Hiszpanii 1937 roku sukcesów w wojnie z faszyzmem[64].

Chociaż przypuszczalnie nigdy się nie poznali, Hemingway i człowiek nazwiskiem Michael Straight mieli podobne doświadczenia z NKWD. Gdyby się spotkali i porównali notatki, zdaliby sobie sprawę, że Sowieci dobrze wiedzieli, jak postępować z niemrawymi, lecz dobrze ulokowanymi amerykańskimi szpiegami. Straight w końcu napisał wspomnienia, wyjaśniając sposób, w jaki NKWD stosowało delikatną, ale upartą presję.

Straight był zamożnym Amerykaninem, którego owdowiała matka poślubiła Anglika. W 1935 roku podjął studia w Trinity College w Cambridge i krok po kroku został socjalistą, a później komunistą, by w 1937 roku podjąć współpracę z NKWD. Wśród etapów na jego drodze można wymienić wizytę w Rosji Sowieckiej i śmierć przyjaciela komunisty, poety Johna Cornforda, który zginął na wojnie hiszpańskiej, walcząc po stronie Republiki. Straight twierdził, że po opuszczeniu Cambridge nabrał wątpliwości co do działalności szpiegowskiej (epizod wyrzutów sumienia u kupującego). Po przepłynięciu Atlantyku i wykorzystaniu licznych koneksji do zdobycia posady w waszyngtońskim Departamencie Stanu zaczął mieć nadzieję, że zostawił NKWD za sobą. Wiosną 1938 roku nadzieję tę przekreślił Rosjanin, który przedstawił się jako Michael Green. Pewnego dnia Straight podniósł słuchawkę telefonu i usłyszał głos przekazujący z ciężkim akcentem „pozdrowienia od przyjaciół w Cambridge”[65]. Green, który czekał na Straighta w pobliskiej restauracji, zaczął mówić, gdy tylko kelnerka przyjęła zamówienie i zostawiła ich samych. Rosjanin przeprosił za to, że nie okazał znaku rozpoznawczego, ale, jak wyjaśnił, odnalezienie Straighta zajęło mu trochę czasu, a połówka przedartego na dwoje rysunku należąca do NKWD zaginęła. (Straight przypuszczalnie zachował swoją połowę).

Przyjazny, niefrasobliwy szpieg posługujący się dobrą angielszczyzną spytał o pracę Straighta i delikatnie zasugerował, że gdyby zauważył jakieś interesujące dokumenty, powinien zabrać je do domu do przestudiowania. Straight odparł, że nikt nie przekazuje takowych na jego biurko. Green skinął głową i obiecał, że odezwie się za miesiąc, aby sprawdzić, jak Straight się miewa. Młody Amerykanin wcale tego nie pragnął, ale nie potrafił odwrócić się plecami do przyjaciół z Cambridge lub oświadczyć miłemu panu z NKWD, który nie żądał wiele, że nie chce go więcej widzieć. Łatwiej było odsunąć konfrontację w czasie. Oprócz tego, któż wiedział, czy agent może zrezygnować ze współpracy i jak miałby to zrobić? Dlatego Straight wybrał drogę pośrednią. Pojawienie się Greena mogło być „katastrofą", której chciałby uniknąć. Mimo to, jak zanotował, „rozstali się w przyjaźni"[66].

Spotkanie Straighta z człowiekiem przedstawiającym się jako Green przypomina pierwsze spotkanie Hemingwaya z ludźmi NKWD na Kubie. Sowiecki funkcjonariusz i amerykański pisarz nie przyszli na nie z konkretnymi planami, ale podobnie jak Straight i Green, rozstali się w przyjaźni. Drzwi pozostały otwarte, Sowieci więc mogli wrócić, aby podjąć proces budowania relacji, zanim Hemingway wyjechał do Europy na wiosnę 1944 roku. W teczkach NKWD znajduje się notatka, że doszło do drugiego spotkania, oraz sugestia, iż dojdzie do trzeciego, jeśli Hemingway pozostanie na wyspie[67]. Sowieci nie zamierzali się poddać, znaleźliby zatem inny czas i miejsce, aby złożyć wizytę życzliwemu, choć nieosiągalnemu pisarzowi. NKWD nadal wierzyło w jego potencjał. W czasach, które miały niebawem nadejść, prominentnych amerykańskich szpiegów czekało ważne zadanie.

ROZDZIAŁ 9

W DRODZE DO PARYŻA

Dzielny niczym dziki bawół

Przez kilka sierpniowych dni 1944 roku, kiedy amerykańskie i francuskie wojska walczyły z Niemcami broniącymi podejść do Paryża, Hemingway służył jako nieoficjalny szef wywiadu w Rambouillet, małej mieścinie lub, jeśli ktoś woli, na wielkiej polanie wśród starych lasów otaczających stolicę. Prowadząc rozpoznanie dróg, które mogliby wykorzystać alianci, pisarz przedzierzgnięty w korespondenta wojennego i jego szofer, szeregowy Archie Pelkey, posuwali się dżipem po wiejskiej drodze, gdy napotkali mały oddział partyzantów francuskiego ruchu oporu, w tym dwóch obnażonych od pasa w górę.

Francuzi byli radykalnymi komunistami, niewiele różniącymi się od republikańskich partyzantów poznanych przez Hemingwaya w Hiszpanii, szybko więc znaleźli wspólny język z rosłym Amerykaninem, a nawet uczynili go swoim dowódcą. Razem pojechali do Rambouillet i znalazłszy się na przyjaznym skraju ziemi niczyjej między aliantami i Niemcami, rozlokowali się w uroczym wiejskim hotelu, zajmując osiem z trzydziestu kilku pokojów Hôtel du Grand Veneur. Tam Hemingway założył „całkiem nieźle urządzoną, choć niewielką kwaterę główną", rozwieszając na ścianach duże mapy z zaznaczonymi niemieckimi pozycjami i bezpiecznymi szlakami patrolowymi[1]. *Posługujący się mieszaniną angielskiego, francuskiego i łamanego niemieckiego, hojnie okraszoną przekleństwami, rzekomy korespondent wojenny objął dowództwo. Przyjmował w samej koszuli „kurierów wywiadu, uciekinierów z Paryża i dezerterów z armii niemieckiej", metodycznie gromadząc informacje i pisząc raporty, które przekazywał później oficerom wywiadu aliantów*[2]. *Aby zebrać więcej danych, planował i organizował wypady na ziemię niczyją. Kilkakrotnie osobiście uczestniczył w patrolach, ryzykując życie, gdy Niemcy otwierali ogień. „Niektóre z naszych patroli przestraszyłyby cię bardziej od bajek braci Grimm", napisał kilka dni potem do nowej kochanki, Mary Welsh*[3]. *Był tak zajęty, że nie miał czasu zrobić porządku ze sprzętem, który coraz bardziej zagracał jego kwaterę. „W każdym kącie stały karabiny, na łóżku walały się byle jak rewolwery przeróżnej proweniencji. Wanna była pełna granatów ręcznych, balia – butelek brandy, pod łóżkiem zaś mieścił się tajny skład racjonowanej przez armię whiskey"*[4]. *Hemingway był więc przygotowany na wszystko, co mógł przynieść mu los.*

Poczynając od lata 1943 roku, na Kubie było coraz mniej wojny. Hemingway miał nadzieję, że zdoła być przydatny bez opuszczania wyspy. Jego pragnienie niemal się spełniło. Słyszał i widział niemieckie okręty podwodne na wodach otaczających wyspę. Wiedział, że przynajmniej jeden prawdziwy niemiecki szpieg dotarł do Hawany i przesyłał tajne meldunki do Berlina. Niemniej mimo ciężkiej pracy pisarz i jego towarzysze niewiele osiągnęli. Główny wysiłek wojenny przesunął się wyraźnie na drugą stronę Atlantyku.

Pod koniec 1942 roku siły generała Dwighta D. Eisenhowera wylądowały w Afryce Północnej i ruszyły w głąb lądu, aby połączyć się z wyczerpaną brytyjską 8. Armią. Na wiosnę 1943 roku alianci okrążyli dwieście dwadzieścia pięć tysięcy niemieckich i włoskich żołnierzy w kotle wzdłuż tunezyjskiego wybrzeża. Niemieccy dowcipnisie ochrzcili to miejsce „Tunisgradem", nawiązując do niedawnej klęski wojsk niemieckich pod radzieckim Stalingradem, gdzie nadal trwały zażarte walki. W maju generał pułkownik Hans-Jürgen von Arnim uznał, że ma dość, i poddał niegdyś dumny Afrika Korps wraz z wojskami pomocniczymi. Teraz stało się tylko kwestią czasu, kiedy alianci wylądują w Europie.

Marthy Gellhorn nigdy nie przestał pociągać odgłos dział w dalekiej Europie. Wiedziała, że Karaiby to w najlepszym razie impreza towarzysząca. „Coraz bardziej nieznośne"[5] stawało się czytanie o wojnie trwającej na kontynencie. Nie potrafiła usiedzieć w miejscu, myśleć, wieść spokojnego życia na Kubie. Pragnąc uniknąć bezczynności, podróżowała po Karaibach, ale zbierany materiał dotyczył głównie niewidocznego zagrożenia, którego wypatrywały załogi bombowców B-17 sumiennie patrolujące Karaiby, choć zwykle niemające o czym zameldować, lub spokojnego portowego miasteczka w europejskiej kolonii, gdzie mogliby działać członkowie piątej kolumny. Tymczasem doniesienia z Afryki Północnej i Europy opisywałyby epickie zmagania o przyszłość cywilizacji. Dlatego we wrześniu 1943 roku zostawiła Hemingwaya i Kubę, a miesiąc później znalazła sposób przedostania się za

Atlantyk i zostania jedną z nielicznych kobiet korespondentek wojennych na europejskim teatrze wojny.

Decyzja Gellhorn o relacjonowaniu wojny w Europie, choć stanowiła kamień milowy na drodze do jej rozwodu z Hemingwayem, sama w sobie nie była tym końcem. Słała długie, namiętne listy na Kubę, szczegółowo opisując swoje życie i pracę, namawiając Hemingwaya, by do niej dołączył[6]. Niebawem tempo działań wojennych ulegnie przyspieszeniu. Powinien przyjechać jak najszybciej. On z kolei uparcie odmawiał, nie chcąc przerwać operacji „Friendless". Nalegał, aby to Gellhorn wróciła na Kubę i dotrzymała mu towarzystwa. Martha nie zamierzała ulec naciskom męża, nie była jednak jeszcze gotowa, by pozwolić mu odejść.

Posunęła się nawet do tego, by zaangażować amerykańskich szpiegów w próbę ocalenia swojego małżeństwa. Podczas wędrówek po Europie spotkała Boba Joyce'a – dyplomatę odszczepieńca ostatnio widzianego przez nią w amerykańskiej ambasadzie w Hawanie. Teraz, porzuciwszy dotychczasowe zajęcie na rzecz szpiegostwa, stacjonował we włoskim Bari, gdzie pełnił funkcję szefa miejscowej placówki Biura Służb Strategicznych (OSS). Podobnie jak wielu innych, Joyce wstąpił do pierwszej cywilnej amerykańskiej agencji szpiegowskiej, szukając mocnych wrażeń. Miał po dziurki w nosie pracy w Departamencie Stanu oraz służby zagranicznej, gdzie życie było zbyt sztywne i skostniałe dla takiego wolnego ducha[7]. Wiedział, że pod charyzmatycznym dowództwem bohatera pierwszej wojny światowej, Williama J. Donovana, OSS zrzesza najlepszych i najbłyskotliwszych, jakich Ameryka miała do zaoferowania, a młoda agencja prowadzi szeroki wachlarz zagranicznych operacji wywiadowczych, od wykradania tajemnic wroga po uprawianie czarnej propagandy, a nawet przenikanie do grup dywersyjnych za liniami nieprzyjaciela. Joyce liczył, że ta zmiana go wyzwoli. Właśnie takiego człowieka szukała Gellhorn. Joyce wiedział, czego Hemingway dokonał na Kubie, i mógł teraz wprowadzić pisarza do OSS.

Gellhorn opisała mu sytuację, jakby chodziło o sprawę rodzinną: ona odnalazła się jako reporterka, ale Hemingway chciał, żeby wróciła do domu. Była gotowa wykonać „rozkazy swego pana i mistrza", niemniej smuciła ją myśl o rezygnacji z relacjonowania „wielkiego widowiska", jakim miało być lądowanie aliantów we Francji. Sądziła, że Hemingway snuł plany przyjazdu do Europy, ale napotkał trudności transportowe, a może i paszportowe[8].

Joyce dosłyszał zawartą w tym prośbę o pomoc i zatelegrafował od kwatery głównej OSS, sugerując, by jego przełożony Whitney Shepardson, światowiec i biznesmen będący teraz szefem Secret Intelligence (SI), rozważył złożenie propozycji Hemingwayowi. Chodziło o zwerbowanie go do SI, wydziału OSS zajmującego się klasycznym szpiegostwem, tj. kontaktami z agentami i wykradaniem tajemnic.

Pracownicy OSS drapali się w głowę z zakłopotania, gdy wiadomość krążyła po centrali. Co dokładnie mógłby Hemingway robić w raczkującej agencji wywiadowczej, zastanawiał się komandor porucznik Turner McWine, szef wywiadu w rejonie Bliskiego Wschodu. Sława pisarza i jego temperament powodowały, że miałby kłopot z dopasowaniem się do nich[9].

Miesiąc później Joyce odpowiedział na wspomniane wątpliwości w długim liście do Shepardsona. Wyliczył przymioty Hemingwaya: pisarz był autorytetem w sprawach Hiszpanii i znał więcej antyfrankistowskich Hiszpanów niż „jakikolwiek inny Amerykanin"; prowadził już operacje wywiadowcze na Kubie; z hiszpańskiej wojny domowej wyniósł wiedzę o działaniach partyzanckich i operacjach specjalnych. Joyce bronił Hemingwaya przed tradycjonalistami pokroju szefa wywiadu wojskowego, generała dywizji George'a V. Stronga, odwiecznego ciernia w boku OSS, który jawnie krytykował pisarza. Zastrzeżenia Stronga wywoływał styl życia pisarza i jego sympatia dla Republiki Hiszpańskiej, nie jego umiejętności. A jakie znaczenie mogło mieć to, że Hemingway był trzykrotnie żonaty? Joyce zakończył słowami, że Hemingway był człowiekiem „wielkiej prawości i lojalności", takim samym komunistą lub sympatykiem tej ideologii jak prezes Chase National Bank. Powtórzył również sugestię, aby Shepardson zaprosił Hemingwaya do Waszyngtonu w celu ustalenia, w jaki sposób ten ostatni mógłby być użyteczny, np. w Hiszpanii lub we Włoszech[10].

Centrala OSS wnikliwie rozpatrzyła prośbę. Shepardson zasięgnął opinii zastępców dyrektora, generała brygady Johna Magrudera i G. Edwarda Buxtona. Podobnie jak jego podkomendni, Magruder wyraził zastrzeżenia odnośnie do temperamentu Hemingwaya oraz jego lewicowych poglądów, nie wspominając o samym Joy, „niezwykle inteligentnym, ale wybuchowym osobniku, któremu by nie pomogła współpraca z [...] Hemingwayem"[11]. Ze swej strony Buxton zastanawiał się, czy Hemingway nie okazałby się bardziej przydatny w Morale Operations (MO), wydziale OSS zajmującym się czarną propagandą[12]. Teczka zgodnie z procedurą powędrowała do MO, której szefowie po dwóch dniach zakonkludowali, że Hemingway jest zbyt dużym indywidualistą nawet jak na ich nietypowe misje, zmierzające do zdemoralizowania żołnierzy wroga (np. poprzez wprowadzanie do obiegu podrobionych niemieckich znaczków przedstawiających Hitlera jako kościotrupa[13]). Nikt nie zasugerował, że czterdziestoczteroletni Hemingway nadałby się do paramilitarnego wydziału OSS, którego agenci działali za liniami nieprzyjaciela jako partyzanci, co było dokładnie tym, czym pisarz (i jego powieściowy bohater Robert Jordan) zajmował się w Hiszpanii. Czy taki rodzaj działalności nie jest odpowiedni dla znacznie młodszych mężczyzn? Koniec końców Shepardson odtelegrafował do Joyce'a w kwietniu, że OSS „postanowiło odrzucić kandydaturę Hemingwaya. Możemy się mylić, ale czujemy, że mimo niewątpliwych predyspozycji do tego rodzaju pracy, jest zbyt dużym indywidualistą, aby pracować pod wojskowym nadzorem"[14].

Czym zakończyła się próba podjęta przez Gellhorn i Joyce'a? Czy Joyce kiedykolwiek wrócił do Gellhorn, aby przekazać jej złe wieści? Jeśli Hemingway i Gellhorn rozmawiali o inicjatywie, którą podjęła, jak pisarz na nią zareagował? Dziś nie można tego rozstrzygnąć. Gellhorn i Joyce nie mieli ze sobą kontaktu od kwietnia, a cenzura czasów wojny utrudniała przekazanie jej wiadomości na piśmie. Jednak w tym czasie Gellhorn uległa namowom Hemingwaya i wróciła na Kubę na krótkie rodzinne pojednanie.

Pedantyczna Gellhorn zastała męża, który pił jeszcze więcej, a mył się jeszcze rzadziej niż zwykle. Zapuścił gęstą, szpakowatą brodę tak niechlujną, że mogłyby w niej harcować myszy. (Przynajmniej tak twierdził w gawędziarskim liście do pierwszej żony, Hadley[15]). Po kilku drinkach zasypiał na podłodze wśród stosów listów pozostawionych bez odpowiedzi. Załodze „Pilar" to nie przeszkadzało, a pięć psów i jedenaście kotów pisarza czuło się w tym bałaganie komfortowo. Scena prywatnej wojny była więc przygotowana. Hemingway opowiadał jej o okrętach podwodnych krążących w rejonie Karaibów, a Gellhorn myślała o wielkich bitwach mających nadejść w Europie. Hemingway bronił operacji „Friendless", a Gellhorn ją atakowała. W gruncie rzeczy wiedział, że Gellhorn ma rację, lecz nie chciał tego przyznać, na pewno nie przed kobietą, która nie trwała przykładnie u boku swojego mężczyzny, tylko wyjeżdżała na własne wojenne przygody. Czyniło ją to złą żoną, przedkładającą karierę nad małżeństwo[16].

Niemniej nawet kiedy się na nią wściekał, nawet gdy budził ją w środku nocy, by powiedzieć jej, jak jest obłąkana, nieodpowiedzialna i samolubna, Gellhorn nie rezygnowała z szukania pomocy u ludzi z wywiadu[17]. Podobnie jak zwróciła się do Boba Joyce'a i OSS we Włoszech, tak teraz nawiązała kontakt z innym przyjacielem, prosząc o pomoc w wywabieniu Hemingwaya z Kuby i ściągnięcia go na wojnę. Tym razem odwołała się do przyjaźni z Roaldem Dahlem, innym żołnierzem-pisarzem-szpiegiem. Był on brytyjskim pilotem myśliwskim wycofanym z czynnego lotnictwa po odniesieniu poważnych ran w katastrofie, do której doszło, gdy stracił w kokpicie przytomność na dużej wysokości. Oficjalnie miał tytuł asystenta attaché lotniczego w ambasadzie Wielkiej Brytanii w Waszyngtonie. Większość attaché to szpiedzy w mundurach, odpowiedzialni za zbieranie informacji na temat kraju gospodarza, lecz dla Dahla było to za mało, dlatego na boku pracował dla organizacji znanej jako Brytyjskie Biuro Koordynacji Bezpieczeństwa (British Security Coordination, BSC), którego misją było wpływanie na amerykańską opinię publiczną i jej przywódców. BSC pragnęło skłonić Amerykanów do popierania brytyjskich celów wojennych, co obejmowało trochę szpiegowskiej roboty, okazjonalne artykuły w prasie i dyskretną presję na odpowiednich ludzi w odpowiednim czasie[18].

Dahl rozpoczął już swą literacką karierę, pisząc zbiór opowiadań wojennych i powiastek dla dzieci, z których jedno zwróciło uwagę Walta Disneya. Imponująco wysoki, mierzący sto dziewięćdziesiąt osiem centymetrów wzrostu, w egzotycznym mundurze i z równie egzotycznym akcentem, nie mówiąc o wojennych zasługach i literackich zdolnościach, Dahl był cenionym kompanem w kręgach waszyngtońskiej socjety. W październiku 1943 roku został zaproszony na obiad do Białego Domu i pokaz filmowej adaptacji powieści *Komu bije dzwon* urządzony w sali, którą nazwał „prywatnym kinem" prezydenta. Rolę gospodyni pełniła Eleanor Roosevelt, która, jak Dahl napisał matce, „przygotowała mnóstwo koktajli". Na przyjęcie zaproszono także Gellhorn, „niezłą babkę, która używała paskudnego języka tak często jak jej mąż w swoich książkach"[19].

Kilka miesięcy później, w marcu 1944 roku, Dahl był szczęśliwy, że „w ostatnim tygodniu Marthy Hemingway [wróciła] z Włoch i [...] przywiozła mnóstwo opowieści"[20]. Nie zadzwoniła jednak do Dahla tylko po to, aby je opowiedzieć. Chciała usłyszeć, czy mógłby przewieźć Hemingwaya przez Atlantyk. Miejsca w środkach transportu było niewiele, gdyż wykorzystywano je głównie na potrzeby wojenne, lecz attaché lotniczy sprawował nadzór nad podróżami do Wielkiej Brytanii na pokładach samolotów Royal Air Force (RAF). Dahl dostrzegł okazję. Mógłby załatwić miejsce Hemingwayowi, gdyby ten zgodził się zostać akredytowanym korespondentem wojennym i opisywać wojnę z punktu widzenia RAF-u[21]. Kiedy Gellhorn przedstawiła propozycję Dahla, Hemingway pogodził się z nieuniknionym i ją przyjął. Wdzięczna reporterka wylewnie podziękowała Dahlowi za bycie „anielsko pomocnym”[22].

Hemingway przyjechał niebawem z Kuby do Nowego Jorku, nadal z bujną brodą, którą zapuścił w trakcie operacji „Friendless”. Na Manhattanie skontaktował się z redakcją magazynu „Collier's”, która uczyniła go swoim korespondentem na czas kampanii w Europie, i spotkał się z Dahlem w hotelu Gladstone. Był to pamiętny wieczór, w każdym razie dla Dahla, który pił szampana i jadł kawior z wyglądającego na bezdenny litrowego słoja w towarzystwie znanego pisarza i człowieka sprawiającego wrażenie „szurniętego trenera boksu”[23]. Przed wylotem do Londynu Hemingway uprzedził Gellhorn, że kobiety nie mają wstępu na pokład samolotów brytyjskich sił powietrznych (co nie było prawdą), zmuszając ją do przepłynięcia Atlantyku na pokładzie norweskiego frachtowca przewożącego dynamit.

Sukces Gellhorn w sprowadzeniu Hemingwaya do Wielkiej Brytanii nie przyczynił się do ocalenia ich małżeństwa. Przybywszy do Londynu, Hemingway zamieszkał w hotelu Dorchester przy Park Lane w dzielnicy Mayfair, który przypadkowo był także jej ulubionym hotelem. Stosunkowo nowy – otwarty w 1931 roku – został zbudowany ze zbrojonego betonu i był uznawany przez londyńczyków za luksusowy i odporny na bomby. Wciąż pozostawał siedzibą stałych bywalców, takich jak brytyjski pisarz Somerset Maugham, teraz jednak przyciągał też nuworyszów, którzy chcieli czuć się bezpiecznie. (Pewien żartowniś zauważył, że w wojennych warunkach było to jak kosztowna nędza na pokładzie luksusowego transatlantyku, teraz używanego do przewozu wojska; Dorchester był twierdzą, gdzie za pieniądze można było kupić bezpieczeństwo, ale nie zawsze skompensować wojenne niedostatki lub zagwarantować, że przy sąsiednim stoliku będą siedzieć odpowiedni ludzie[24]).

Chociaż pisarz nie był wcześniej w brytyjskiej stolicy, otoczyła go zadziwiająca różnorodność przyjaciół, członków rodziny i współpracowników, którzy wypełniali mu czas. Wiosną 1944 roku Londyn był jądrem alianckiego świata. Wszystko wydawało się skupiać na nadchodzącej inwazji w Europie. W samochodach lub pieszo, pojedynczo lub w grupach ulicami przetaczały się tłumy żołnierzy, marynarzy i lotników ze wszystkich stron wolnego świata. Lepsze restauracje i kluby pękały w szwach od oficerów. Dziennikarze przyjeżdżali, aby relacjonować nadciągające wielkie wydarzenie. Brat Hemingwaya, Leicester, przed którym pisarz pochwalił się operacją „Friendless", przyjechał do Londynu jako członek wojskowej ekipy filmowej. Kiedy również Gellhorn w końcu przybyła do miasta, Hemingway miał dla niej niewiele czasu. Stosunki między małżonkami jeszcze nigdy nie były tak złe. Nadal się kłócili, a on wyśmiewał ją brutalnie w obecności innych. Nie pomogło to, że w oko wpadła mu Mary Welsh, korespondentka wojenna z Minnesoty, pracująca z Leicesterem i rozmawiająca z nim nie raz o jego sławnym bracie. Welsh była drobną brunetką mierzącą metr pięćdziesiąt osiem wzrostu, o krótkich, kręconych włosach i przyjaznym uśmiechu. Inni korespondenci wojenni uważali, że prezentuje się równie korzystnie w mundurze co w swetrze, pod którym nie nosiła zwykle stanika. Chociaż wciąż była żoną australijskiego dziennikarza, szybko została kochanką Ernesta, a po rozwodzie z Gellhorn jego czwartą żoną.

W tej zbieraninie znalazło się nawet kilku szpiegów. Jeden z nich pracował dla NKWD i rozglądał się za Hemingwayem. Notatka z ich spotkania jest krótka. Stwierdza jedynie, że w czerwcu niewymieniony z nazwiska agent operacyjny spotkał się z Hemingwayem w Londynie. Skąd Sowieci wiedzieli, kiedy i gdzie go znaleźć? Czy było to dziełem przypadku, czy efektem skrupulatnych poszukiwań? A może przy okazji ostatniego spotkania w Hawanie Hemingway podsunął sowieckiemu „pracownikowi" pomysł, gdzie będzie można go znaleźć? (Dorchester tradycyjnie był popularny wśród członków piątej kolumny i wszelkiego rodzaju szpiegów[25]). Sowiecki kontakt i Hemingway mogli uzgodnić nawet jakiś plan

Korespondent wojenny z oficjalną akredytacją: legitymacja prasowa Hemingwaya wydana przez armię amerykańską w 1944 roku. *Ernest Hemingway Photo Collection, JFK Library*

nawiązania łączności, np. że pisarz pojawi się w umówionym miejscu i czasie, w umówiony dzień tygodnia.

Akta NKWD sugerują, że spotkanie było podobne do tego, które odbyło się przed wyjazdem Hemingwaya z Hawany: miało serdeczny i nierozstrzygający charakter. Rosjanin sondował dostępność i zaangażowanie pisarza, a Hemingway wydawał się zgadzać, unikając jednak konkretnych zobowiązań[26]:

> *Nasze spotkania z „Argo" [kryptonim Hemingwaya] w Londynie i Hawanie miały na celu jego poznanie i określenie przydatności do naszej pracy. [...] „Argo" nie dostarczył żadnych polit. informacji [sic], chociaż wielokrotnie wyrażał pragnienie i gotowość udzielenia nam pomocy.*

W ciągu czterech minionych lat charakter wojny z faszyzmem znacząco się zmienił. Pisarz pozostał życzliwie nastawiony do Związku Radzieckiego i Rosjan, którzy w dalszym ciągu ponosili ogromne ofiary w walce z nazistami. Teraz jednak jego własny kraj ogłosił mobilizację i zaangażował się w to, co Eisenhower miał nazwać „krucjatą w Europie". Ameryka dotrzymała obietnicy i stała się arsenałem demokracji, wysyłając na front walki masę statków, samolotów i czołgów oraz powołując pod broń miliony mężczyzn. Sam Hemingway służył już dumnie na lądzie i morzu. Wiosną 1944 roku armia amerykańska szykowała się do rzucenia Niemcom wyzwania na równinach Europy. Pojawiły się nowe interesujące amerykańskie opowieści i okazje, aby przyczynić się do wysiłku wojennego bez mieszania w to NKWD.

Hemingway nie potrzebował kolejnego wykładu Gellhorn, aby wiedzieć, że D-Day stanie się dla Ameryki punktem zwrotnym wojny w Europie. Poprosił znajomych, aby pomogli mu znaleźć się tak blisko plaż, jak to możliwe. Szóstego czerwca 1944 roku z liczącej dwanaście metrów długości barki desantowej obserwował historię tworzącą się na normandzkich wodach przybrzeżnych. Wokół i za nim rozpościerała się jedna z największych armad w dziejach: statki transportowe „z lasem bomów" i mniejsze jednostki „pokrywające całe morze" niczym niezliczone wodne robaki „płynące naprzód, do Francji"[27]. Niedaleko pancernik „Texas" pluł ogniem swych dział, wystrzeliwując pociski, zda się, wielkości małego samochodu osobowego w kierunku wzgórz górujących nad plażą oznaczoną kryptonimem „Omaha". Co zdumiewające, ostrzał przeżyło dość Niemców, aby odpowiedzieć ogniem i zamienić linię brzegową w strefę śmierci. Nieco dalej, w głębi lądu, Hemingway mógł dostrzec dwa płonące amerykańskie czołgi trafione przez wroga.

Plaża Omaha okazała się jednym z największych wyzwań, przed którymi stanęli alianci w D-Day. Podział na sektory nie utrzymał się w starciu z nieprzyjacielem. Wszędzie zapanował chaos. Większość czołgów mających wylądować na plaży zatonęła, nim osiągnęła brzeg, piechota nie potrafiła odnaleźć wyznaczonych celów, a niemiecka obrona, chroniona bunkrami i umocnieniami na wzgórzach, wytrzymała do późnego popołudnia. Około dwóch tysięcy amerykańskich żołnierzy zginęło w falach przyboju lub na skalistych plażach, jednak w ciągu pierwszych dwudziestu czterech godzin wielu ocalałych zdołało się przeformować i wedrzeć na kilometr lub dwa w głąb lądu. Stwarzając przyczółek na kontynencie, pomogli amerykańskim, kanadyjskim i brytyjskim wojskom wywalczyć drogę przez trudne tereny nadmorskie, aby w sierpniu ruszyć na wschód, w kierunku Sekwany i Paryża.

Po D-Day Hemingway wrócił do Londynu i zaczął w końcu latać na misje z RAF-em. Chociaż miał nadwagę i wystający brzuch, zdołał się jakoś wcisnąć w brytyjski mundur z oznaczeniem korespondenta wojennego na rękawie. Udało mu się nawet nałożyć kamizelkę ratunkową i maskę tlenową. Pod koniec czerwca brał udział w zwalczaniu „bomb latających" V-1, bezzałogowych rakiet, które Niemcy nazywali bronią odwetową i wystrzeliwali na angielskie miasta. Któregoś popołudnia z pokładu hawkera tempesta RAF-u obserwował, jak dywizjon amerykańskich bombowców B-25 atakuje wyrzutnie tych rakiet w miejscu zwanym Droncourt. Kilka dni później, 29 czerwca, wyruszył nad południowe wybrzeże Anglii na pokładzie mosquita, szybkiego myśliwca RAF-u o drewnianej konstrukcji, wykonującego niebezpieczną misję zestrzeliwania niemieckich rakiet podczas lotu. Pomiędzy akcjami uczył się nawigacji, nie chcąc być balastem. I tutaj pragnął być użyteczny. Wojna w powietrzu zaczęła sprawiać mu przyjemność, chciał więc przedłużyć „wspaniały" czas z RAF-em[28]. W każdym razie był skłonny zapomnieć o dawnej pogardzie dla rządu Jego Królewskiej Mości, zrodzonej w wyniku polityki brytyjskiej wobec hiszpańskiej wojny domowej.

Jednak, niezależnie od życzeń Hemingwaya, wojna lądowa stała się wkrótce znacznie ważniejsza i nadszedł czas, by opuścić bazę w Londynie. Redaktorzy „Collier's" chcieli go na ziemi, we Francji, gdzie amerykańscy żołnierze toczyli ciężkie walki, by wyprzeć Niemców z Normandii i Bretanii. W połowie lipca uzyskał akredytację jako członek korpusu prasowego armii amerykańskiej. Na kontynencie nie zamierzał rezygnować z własnych zasad wojennych, tj. chciał być użyteczny dla walczących, wyszukiwać najlepsze historie i działać na własnych warunkach. Miały one doprowadzić go do szczytowego punktu w karierze wojennego szpiega.

Po przybyciu do Francji Hemingway zaprzyjaźnił się z dowódcą 4. Dywizji Piechoty generałem Raymondem O. Bartonem, twardym i rzeczowym zawodowym żołnierzem, który nie był jednak pozbawiony poczucia humoru ani zaskorupiały w wojskowych schematach (np. tolerował przezwisko „Tubby", Gruby, nadane mu w West Point i ciągnące się za nim przez całą wojskową karierę). Barton przydzielił Hemingwayowi dżipa z szoferem – był nim zazwyczaj pochodzący z północnej części

Hemingway i jego kierowca, szeregowy Archie Pelkey, na drodze do przygody, Francja, 1944 rok.
Ernest Hemingway Photo Collection, JFK Library

stanu Nowy Jork płomiennorudy szeregowiec zwący się Archie Pelkey – i pozwolił eksplorować Normandię na własną rękę. Wyposażeni w mapy i lornetki, uzbrojeni w karabiny i granaty ręczne, przemierzali duże połacie kraju: od starych miasteczek w rodzaju Villedieu-les-Poêles (dosł. boże miasto od patelni), gdzie Hemingway spokojnie obserwował walki uliczne między niemieckimi i amerykańskimi żołnierzami, przez labirynt wiejskich traktów i bocznych dróg w okolicy Saint-Pois, gdzie ostrzał zabójczo skutecznych niemieckich osiemdziesięcioośmiomilimetrowych dział przeciwpancernych mógł kosztować ich życie, aż po magiczną wyspę pływową Mont Saint-Michel z XII-wiecznym opactwem, które z wysokości stu pięćdziesięciu metrów spoglądało dumnie na okoliczne soliny, gdzie Hemingway pojechał na kilka dni, żeby dojść do siebie po wspomnianej przygodzie[29].

Od samego początku Hemingway dzielił się zdobytymi informacjami z armią amerykańską. Barton uważał za użyteczną tylko niewielką część z nich – może to, czego Hemingway dowiedział się od Francuzów lub sam zaobserwował. Pisarz dobrze znał francuską wieś, szczególnie rejony, które przemierzył na rowerze w latach dwudziestych, kiedy mieszkał w Paryżu z pierwszą żoną i ich synem. Potrafił również dostrzec cechy ukształtowania terenu stwarzające trudności podczas walki.

Barton cierpiał na wrzody żołądka, które potęgował wojenny stres. Pewnego razu, gdy wyczerpany trudami dnia musiał się położyć, Hemingway wyciągnął się obok niego na kocu i cicho relacjonował, gdzie są Niemcy, „czy się wycofali i co znajduje się przed nimi"[30]. Kiedy w połowie sierpnia wojska aliantów zaczęły podchodzić do Paryża, Barton wiedział, że istnieje duże prawdopodobieństwo, iż 4. Dywizja weźmie udział w wyzwalaniu miasta, które pozostało drogie sercu Hemingwaya. Dlatego zlecił pisarzowi nieoficjalną misję zwiadowczą: weź dżipa, kierowcę i zobacz, co się dzieje na drodze do Paryża[31].

Hemingway zgodził się z radością. Wyruszył na wschód od wybrzeża, porzucając ciasne żywopłoty Normandii dla rozległych krajobrazów wiejskich wokół Chartres przeplecionych tu i tam grupkami drzew. Dziewiętnastego sierpnia 1944 roku natknął się na dwa samochody, którymi jechali francuscy partyzanci w koszulach rozchełstanych na piersiach, uzbrojeni w przedziwną zbieraninę broni[32]. Byli to młodzi mężczyźni z komunistycznej partyzantki Franc-Tireurs et Partisans Français (FTPF, Wolni Strzelcy i Partyzanci Francuscy), najbardziej radykalnego lewackiego skrzydła francuskiego ruchu oporu, których „często oskarżano o brak dyscypliny lub nadgorliwość"[33].

Porozumieli się od razu. Francuskim partyzantom spodobał się rosły, energiczny Amerykanin, który mówił ich językiem, i chętnie się do niego przyłączyli, a on równie chętnie wziął ich pod swe skrzydła. Nie był to oficjalny stosunek służbowy, ale coś, co rodzi się spontanicznie na polu walki. Francuzi byli tak zauroczeni Hemingwayem, że szybko zaczęli naśladować jego „rozkołysany niedźwiedzi chód [...] [i, jak on, rzucać] krótkie zdania kącikiem ust [...] w różnych językach"[34]. Amerykanin wyprosił zdobyczną broń od okolicznych zaprzyjaźnionych oddziałów i wyposażył swoich ludzi w części garderoby i ekwipunku z porzuconej amerykańskiej ciężarówki wojskowej, która utknęła w zasadzce. Wkrótce partyzanci byli całkiem dobrze ubrani i uzbrojeni, radośnie obwieszając się granatami wokół ramion i pasa[35].

Hemingway zaprowadził swój oddział do Rambouillet, które nagle zyskało na znaczeniu, bo znajdowało się przy jednej z dróg wiodących do Paryża z południowego zachodu. Niemiecki garnizon niedawno się ewakuował i pomiędzy małym miasteczkiem a siłami nieprzyjaciela nie było nikogo. Wytworzyło to próżnię, którą spróbował zapełnić Hemingway ze swymi ludźmi. Wiedział jednak instynktownie, że musi poszukać najbliższego amerykańskiego oddziału, aby przekazać, gdzie się znajduje i co widział. Dwudziestego sierpnia 1944 roku pojechał na zachód, kilkanaście kilometrów wstecz, aby zameldować się u oficera wywiadu w dowództwie 5. Dywizji, stacjonującym w okolicy wyzwolonego niedawno Chartres, miasta skupionego wokół trzeciej pod względem wielkości gotyckiej katedry Europy – z łukami przyporowymi i kwadratowymi wieżami górującymi nad starówką – i otoczonego polami pszenicy. Jednak tamtego dnia na zmysły bardziej działały leżące przy drodze wzdęte ciała niemieckich i amerykańskich żołnierzy, których nie zdążono pogrzebać.

Dotarłszy do stanowiska dowodzenia, pisarz wpadł na Davida K.E. Bruce'a, przełożonego OSS na Europę Zachodnią. Nawet w zwykłym mundurze polowym Bruce wyglądał jak przywódca, którym był – hełm tkwił prosto na głowie, bluza była czysta i zapięta, oznaki stopnia, pułkownikowskie orły, dobrze widoczne. Patrzył prosto w oczy z otwartością i zainteresowaniem, co świadczyło, że dobrze znał się na ludziach. W Chartres Bruce został (według jego własnych słów) „oczarowany" przez „patriarchalnego" Hemingwaya, ujęty jego „posiwiałą brodą [i] imponującą posturą, przypominającą Boga namalowanego przez Michała Anioła"[36]. To oczarowanie ułatwiło Hemingwayowi przekonanie pułkownika, że Rambouillet może stanowić bramę do Paryża. Wspólnie wykonali jedną z misji Bruce'a, rozpoznając siły i zamiary Niemców – głównie przy pomocy szpiegów, którzy przeniknęli na tereny kontrolowane przez wroga.

Po południu Bruce wyruszył do Rambouillet tą samą drogą, którą Hemingway przybył i wrócił z Chartres. Pułkownik przejechał skrajem gęstego starego lasu, który w czasach monarchii był terenem królewskich łowów, a następnie minął małe bajkowe château, z szarymi tynkami i okrągłymi wieżyczkami w narożnikach – wiejską rezydencję francuskich władców, w której chronili się, kiedy chcieli odetchnąć od stolicy. W centrum miasteczka Bruce odnalazł „stary, cudownie ocieniony hotel"[37].

O krok od „ekscytującej łaźni": Hemingway i pułkownik OSS David K.E. Bruce w towarzystwie członka francuskiego ruchu oporu, sierpień 1944 roku. Hemingway ma na sobie zdobyczny niemiecki pas i trzyma szklankę, przypuszczalnie napełnioną przez człowieka stojącego nieopodal z butelką w pogotowiu. *Ernest Hemingway Photo Collection, JFK Library*

Otoczony ogrodem Grand Veneur przypominał bardziej duży wiejski dom niż mały hotel. Czteropoziomowy budynek miał drewniane okiennice na licznych podwójnych drzwiach i oknach, które wraz z lukarnami łamiącymi linię dachu nadawały mu kuszący wygląd. Chociaż nazwany od królewskiego łowczego (*veneur*), Grand Veneur był otwarty dla każdego, kto mógł zapłacić za stylowy wypoczynek na wsi.

Przybywszy do hotelu, Bruce nie zawahał się pogrążyć w „ekscytującej łaźni", którą zgotowali mu Hemingway i partyzanci[38]. Zorganizowawszy centrum dowodzenia w swoim pokoju, Hemingway odwalił za Bruce'a część roboty, połączyli więc siły na kilka następnych dni. Patrole wysłane do wsi położonych między Rambouillet i Paryżem powróciły z meldunkami, że rejon jest słabo broniony, co było ważną informacją dla sił alianckich posuwających się w kierunku stolicy Francji. Hemingway zaimponował Bruce'owi jako znakomity przesłuchujący i autor meldunków, godzinami przesiewający zebrane informacje[39]. Pewnego razu francuski partyzant poprosił Hemingwaya i Bruce'a o pozwolenie opuszczenia kwatery głównej „na piętnaście minut w celu zlikwidowania cywilnego zdrajcy" – co nie było niczym niezwykłym w niespokojnych dniach pomiędzy okupacją i wyzwoleniem, gdy ruch oporu mógł wyrównywać dawne porachunki. Bruce zapisał we wspomnieniach, że wyrazili zgodę i pożyczyli mu pistolet[40].

Bruce zlecił Hemingwayowi utrzymanie porządku w Grand Veneur, co ten uczynił na własny sposób. Twierdził, że wpadł na nowy pomysł, i kazał jeńcom niemieckim zdjąć spodnie (bo podobno mężczyzna bez spodni jest mniej skłonny do ucieczki), a później zagonił ich do obierania ziemniaków, cebuli i marchwi w hotelowej kuchni. W porze obiadu hotelarze zwiększyli upokorzenie, każąc jeńcom założyć falbaniaste kaftaniki i tak czekać na swich poskromicieli[41].

Kiedy rozeszły się wieści, że wojska stacjonujące w Rambouillet szykują się do wyzwolenia Paryża, miasto szybko zrobiło się „zatłoczone niczym noworoczne przyjęcie [...] pełne dziwacznych gości", a wśród nich grupki korespondentów wojennych, którzy nie mogli pojąć, dlaczego Hemingway tu dowodzi[42]. Pisarz miał później napisać, że używał pięści do utrzymania ładu, na przykład zdzielił reportera „prosto w mordę" i wykręcił rękę spadochroniarzowi, który „straszył ludzi stenem, by dali mu szampana"[43]. Bruce, przyszły dyplomata, podzielił się wyważonym podsumowaniem tamtego dnia z pisarzem Malcolmem Cowleyem: „Ernest [...] czuł się w obowiązku, całkiem delikatnie jak na człowieka tak dużej postury, porozstawiać paru po kątach grzbietem dłoni"[44]. Jednak nawet Bruce musiał przyznać, że w Rambouillet pisarz szpieg potrafił wpaść we wściekłość, szczególnie gdy za dużo wypił[45].

Bruce przekazywał uzyskane informacje wywiadowcze zbliżającym się wojskom sprzymierzonych. Niektóre raporty trafiały do dowódców liniowych, inne, w formie depesz, do OSS – Bruce miał własną szyfrowaną radiostację i komunikator. Wraz z członkiem dowództwa ruchu oporu Bruce i Hemingway próbowali przedstawić sytuację człowiekowi mającemu wprowadzić pierwsze oddziały aliantów do Paryża. Francuski dowódca dywizji, Philippe François Marie Leclerc de Hautecloque, był oficerem z długim stażem, który walczył z Niemcami począwszy od 1939 roku. Bruce nie krył podziwu dla francuskiego arystokraty: „wysoki, szczupły, przystojny, o surowym obliczu [...] uderzająca postać"[46]. Hemingway w jednym z wojennych meldunków był mniej wielkoduszny, opowiadając, jak Leclerc, daleki od okazania wdzięczności za ich trudy, zwymyślał całą trójkę francuskimi słowami nie do powtórzenia, a następnie kazał im „spierdalać"[47]. Później jednak oficer wywiadu Leclerca zasiadł z nimi do obiadu, a Bruce szczegółowo wyłuszczył mu sytuację, zaznaczając miejsca stacjonowania niemieckich oddziałów między Rambouillet i Paryżem oraz informując o „przeszkodach, których należało się spodziewać". Wierzył, że przekazane informacje „odegrały ważną rolę podczas [...] marszu na Paryż"[48].

Bruce tak bardzo cenił wkład Hemingwaya, że zapewnił sobie jego dalszą współpracę, gdy opuścili Rambouillet. W noc poprzedzającą wyruszenie Leclerca do Paryża oficer OSS skreślił ołówkiem liścik do „Drogiego Pana Hemingwaya" na skrawku papieru w linię. On, Bruce, wyruszy rano do Paryża. Czy Hemingway mógłby „załatwić transport [...] dwunastu członkom ruchu oporu, którzy oddali im nieocenione usługi w Rambouillet?". Bruce pragnął „utrzymać ich razem, aby mogli zostać wykorzystani w pewnych celach, które mam na uwadze". Zakończył list oficjalnym pozdrowieniem: „Z wielkim poważaniem, Twój D.K.E Bruce, pułkownik, G.S.C. [Sekretariat Generalny] C.O. [oficer dowodzący] OSS, E.T.O [Europejski Teatr Działań Wojennych]"[49]. Hemingway zachował pieczołowicie tę notatkę, podobnie jak list ambasadora Bradena o jego pracy na Kubie.

Dwudziestego czwartego sierpnia Bruce i Hemingway wyruszyli w jednej z długich kolumn alianckich ciężarówek, dżipów i czołgów, które sunęły wolno przez las w kierunku Paryża. Pogoda nie pomagała – prawie cały dzień padało i w ciągu godziny od opuszczenia Rambouillet wszyscy przemokli do nitki – nie pomagały też resztki stawiających opór sił niemieckich. Więcej niż raz Hemingway i jego prywatna armia przystawali, aby się ukryć (i może odpowiedzieć ogniem), kiedy wróg ostrzelał ich z pół tuzina starannie wybranych pozycji, w tym ogniem czołgu ukrytego w lesie lub jednego z nadal groźnego osiemdziesięcioośmiomilimetrowego działa przeciwpancernego ustawionego gdzieś wyżej.

Przyszły dziennikarz stacji CBS, Andy Rooney, w owym czasie reporter gazety „Stars and Stripes", był w pobliżu, gdy doleciał go armatni wystrzał. Od razu wiedział, że nie jest to ogień swoich, wyskoczył więc z dżipa, rozejrzał się wokół i spostrzegł przydrożny murek na tyle wysoki, aby się za nim ukryć, jeśli nisko przykucnie. Za murkiem, w odległości piętnastu metrów, spostrzegł inną postać, która krzyknęła: „Zostaniemy tu jakiś czas!". Rosły mężczyzna w kanadyjskiej bluzie polowej i oficerskiej czapce ze skórzanym paskiem, który po chwili przyczołgał się do niego, okazał się Hemingwayem. Wyciągnąwszy z kieszeni skrawki papieru, wyjaśnił Rooneyowi, gdzie znajdowali się Niemcy. Chociaż Rooney odnosił się z rezerwą do metod Hemingwaya jako korespondenta wojennego, był pod wrażeniem dokładności informacji i wdzięczny za ostrzeżenie o niebezpiecznych miejscach[50].

Późnym popołudniem dwudziestego czwartego sierpnia Hemingway i Bruce dotarli do miasta od strony Sekwany, która przepływa przez centrum Paryża. Nieliczne niemieckie punkty oporu i wiwatujące tłumy powodowały, że wlekli się w ślimaczym tempie. Mimo ciągle trwającej wymiany ognia, na ulice wylegli świętujący paryżanie, obdarowując wyzwolicieli owocami i kwiatami, a przede wszystkim, alkoholem. „Nie można było", zapisał w swoim dzienniku Bruce, „odmówić przyjęcia [darów, którymi nas obsypywano] [...] Podczas tego popołudnia zgromadziliśmy piwo, cydr, białe i czerwone bordo, białego i czerwonego burgunda, rum, whiskey, koniak, armaniak i kalwados"[51]. Kombinacja tylu trunków zmogła nawet silny organizm Bruce'a, kiedy więc zapadła noc, on i Hemingway postanowili spędzić ją w pobliskim domu.

Dwudziestego piątego sierpnia obudził ich „piękny, słoneczny dzień"[52]. Około dwunastej trzydzieści, po spędzeniu przedpołudnia na dochodzeniu do siebie, mała grupa wyruszyła na wielką wycieczkę po najbardziej znanych i malowniczych miejscach Miasta Świateł. Przejechali wspaniałym bulwarem, zwanym Polami Elizejskimi, ciągnącym się od Łuku Triumfalnego do eleganckiego placu Zgody. Mimo trwającego wciąż ostrzału snajperów, sześciu francuskich weteranów trzymało wartę pod łukiem Grobu Nieznanego Żołnierza. Ich kapitan pozwolił Amerykanom wspiąć się na górę, aby mogli spojrzeć na zapierający dech w piersi widok – morze kopuł, dachów i iglic górujących nad czołgami jeżdżącymi i strzelającymi na ulicach w dole.

Późnym popołudniem Bruce i Hemingway spieszyli z powrotem wyludnionymi teraz Polami Elizejskimi do domu pod numerem 52, gdzie w rezydencji La Païva (która wzięła nazwę od dziewiętnastowiecznej kurtyzany, znanej również jako „La grande horizontale") mieściła się siedziba elitarnego Travellers Club. Klub był prawie pusty, ale zdołali odnaleźć prezesa i wypić z nim lampkę szampana. Później, po przedarciu się przez tłumy wiwatujących, pijących i całujących się Francuzów na placu Opery, schronili się w stosunkowo spokojnym Ritzu – czcigodnej placówce w samym sercu Paryża, przypominającej bardziej château niż hotel – który dla Hemingwaya był wyobrażeniem nieba („Kiedy marzę o życiu przyszłym [...] zawsze moje myśli biegną do paryskiego Ritza", napisał kiedyś[53]). Usadowili się w barze razem z partyzantami, kilkoma korespondentami i podwładnymi Bruce'a, zamawiając około pięćdziesięciu martini, przy czym znający się na rzeczy Bruce uznał je za „niezbyt dobre"[54]. Jednak obiad zjedzony przez Hemingwaya i jego nieco mniejszą świtę w hotelu tamtej nocy okazał się wyśmienity. Szef kuchni dokonał rzeczy niezwykłej z nielicznymi składnikami, jakie miał do dyspozycji – porcją mięsa zachowaną na wyjątkową okazję oraz takimi wojennymi specjałami Ritza jak bulion warzywny, ryż i krem szpinakowy – dopełniając posiłek malinami w likierze oraz winem pochodzącym z jednej z najlepszych piwnic na świecie (przetrwała nienaruszona czas okupacji i wyzwolenia). Po obiedzie biesiadujący zapisali datę na kartach menu i złożyli na nich podpisy. Karta, którą historyk wojskowości S.L.A. Marshall zabrał do domu, nosiła dopisek: „Sądzimy, że zajęliśmy Paryż"[55].

Oczywiście nie zajęli Paryża w żadnym sensie tego słowa. Jednak wedle większości relacji stanowili straż przednią, a ich raporty okazały się użyteczne, dostarczając sprawdzonych informacji na temat nieprzyjaciela i dróg prowadzących do stolicy[56]. Był to cenny wkład w wyzwolenie stolicy Francji, który przyczynił się do ocalenia wielu istnień ludzkich. Hemingway był u szczytu szpiegowskiej kariery. Wojna lądowa wespół z partyzantami odpowiadała mu bardziej od wojny na morzu, a już na pewno od wojny w powietrzu. Inne rodzaje działalności szpiegowskiej, jak kierowanie Fabryką Krętaczy lub praca dla NKWD, bladły w porównaniu z nią. Marshall – dobry sędzia wojskowego męstwa – który widywał Hemingwaya kilkakrotnie pomiędzy 23 i 25 sierpnia, zakonkludował, że pisarz odznaczał się „dzielnością seladanga i [...] był znakomitym dowódcą partyzanckim"[57]. Ze swej strony David Bruce oświadczył, że Hemingway odznaczał się rzadkim połączeniem roztropnej brawury i ostrożności potrafiącej wykorzystać [...] sprzyjające okoliczności, które raz utracone, pozostaną stracone na wieki. To naturalny przywódca i mimo dużej niezależności [...] człowiek wysoce zdyscyplinowany"[58].

Marshall i Bruce mieli słuszność. Hemingway potrafił objąć oddział stanowiący przypadkową zbieraninę, zostać jego dowódcą i przeprowadzić ludzi przez mgły wojny. Nie był jednak wyłącznie niezależnym dowódcą partyzanckim. Dbał o kontakty z regularnym wojskiem i współpracę z oficerami wywiadu w rodzaju Bruce'a. To, co kierowca Hemingwaya powiedział o radykalnych francuskich partyzantach, równie dobrze mogło się odnosić do człowieka dowodzącego nimi w sierpniu 1944 roku. Według szeregowca Pelkeya stanowili oni „dobry zespół. Najlepszy, z jakim służyłem. Żadnej [wojskowej] dyscypliny. Nie da się ukryć. Ustawiczne picie. Nie da się ukryć. Ale zespół o wielkiej waleczności", który pod odpowiednim dowództwem wykonał swoją robotę[59].

ROZDZIAŁ 10

NA FRONCIE

Ostatnie miesiące wielkiej wojny z faszyzmem

W pierwszych dniach sierpnia 1944 roku Hemingway i oficer armii amerykańskiej Charles T. Lanham stali na wzgórzu, z którego rozciągał się widok na leżące po drugiej stronie rzeki Ourthe belgijskie miasteczko Houffalize o domach pokrytych szarym i białym tynkiem, skupionych wokół miejskiego rynku. Zbliżał się kres tego, co Hemingway nazywał „wyścigiem szczurów [...] przez pofałdowany wzgórzami, porośnięty lasem kraj". Alianci niemal całkowicie wyparli Niemców z Francji, a teraz ruszali na północ i na wschód przez Belgię, w kierunku granicy z Niemcami. Amerykanie mogli być dumni z tego, czego dokonali od czerwcowego D-Day, ale wojna nie była jeszcze skończona[1]. *Tamtego dnia Hemingway i Lanham widzieli Niemców wycofujących się mostem przerzuconym przez małą rzekę, niewiele szerszą od młyńskiego strumienia, oddzielającą od siebie obie strony. Usiłując utrzymać dystans dzielący od nich Amerykanów, niemiecka artyleria ostrzeliwała drogi prowadzące do miasta. Hemingway i Lanham założyli się o to, który pierwszy dotrze do rynku. Lanham wybrał boczne trakty wiodące przez las, a Hemingway wyruszył główną szosą ze „swoimi" siłami rozlokowanymi w dwóch dżipach – w jednym jechała grupka francuskich partyzantów, w drugim on sam z szeregowym Pelkeyem za kierownicą. Zagrożenie minami pułapkami i powalone drzewa sprawiały, że posuwali się wolno, dlatego kiedy dotarli na brzeg rzeki, Lanham już tam był, ale żaden nie mógł się przedostać na drugą stronę, bo Niemcy wysadzili most.*

Dziesięć dni później dwaj mężczyźni nadal się sprawdzali. Gdy jedli posiłek na starej farmie (stek na cześć Hemingwaya), niemiecki pocisk przebił ścianę i wpadł do środka, nie eksplodując. Większość biesiadników rozpierzchła się w popłochu, lecz nieporuszony Hemingway spokojnie kroił mięso. Lanham powiedział gościowi, żeby się przesiadł w inne miejsce, a przynajmniej założył hełm, ale ten odmówił. Zaczęli się kłócić, a wtedy kolejny pocisk przebił mur, cudem również nie wybuchając. Nie chcąc dać się prześcignąć, Lanham też zdjął hełm i zaczął jeść. Inni goście – jego oficerowie – wrócili do stołu po ustaniu ostrzału. Niektórzy z nich nazwali Hemingwaya i Lanhama odważnymi, inni mówili o brawurze. Lanham rozstrzygnął sprawę: ich postępowanie było lekkomyślnym kuszeniem losu[2].

Po zdobyciu Paryża Hemingway dzielił swój czas pomiędzy stolicę Francji i front. Zamieszkał w Ritzu, razem z Mary Welsh, amerykańską korespondentką wojenną, którą wiosną poderwał w Londynie, jeszcze przed całkowitym rozpadem małżeństwa z Gellhorn. Welsh używała słowa „horyzontalnie", aby opisać sposób, w jaki odkryli na nowo przyjemności, które wcześniej poznali w Londynie[3].

Hemingway napisał, że „teraz bardzo się kochali, bez żadnego ubrania, żadnych kłamstw, żadnych tajemnic, żadnego udawania [...] w jednej tylko koszuli na osobę”[4]. W przerwach pomagali innym gościom w zniweczeniu hotelowych zapasów wytrawnego Perrier-Jouëta, aż

Mary Welsh, korespondentka wojenna i przyszła żona Hemingwaya, w mundurze wojskowym, ok. 1944 roku.
Ernest Hemingway Photo Collection, JFK Library

w końcu kelnerzy podający wino musieli sięgnąć po gorsze trunki. Kiedy Hemingway nie był z Mary, towarzyszył wojskom alianckim, spychającym armię niemiecką w głąb jej własnego kraju.

Większość czasu spędzał ze swoim ulubionym oddziałem, 22. pułkiem piechoty, wchodzącym w skład 4. Dywizji generała Bartona. Pułkiem dowodził pułkownik Charles T. Lanham, absolwent West Point, dla przyjaciół „Buck". Hemingwaya ciągnęło do tego żołnierza pisarza, jak swego czasu do Gustavo Durána, poznanego podczas hiszpańskiej wojny domowej. Lanham lubił walczyć i o tym pisać, a nawet opublikował kilka wierszy i krótkich opowiadań o żołnierce. Na zdjęciach z okresu wojny jest nieco niższy od Hemingwaya i nieporównanie chudszy. Mary Welsh opisała go jako „dziarskiego, kąśliwego i bystrego"[5]. Okulary nadawały mu wygląd myśliciela, co nie przeszkadzało mu być skutecznym w walce. „Zawsze miło jest przebywać w towarzystwie człowieka wykształconego, potrafiącego się wysłowić [i] absolutnie dzielnego [...] niewzruszony [podczas walki], inteligentny, dowcipny [...] był najlepszym kompanem na świecie"[6].

Przygody w Houffalize i na farmie powiązały ich niejako rytualnie na całe życie. Nigdy nie rozstrzygnęli, który z nich był szybszy lub dzielniejszy, ale położyli podwaliny pod przyjaźń. Zawiązana na froncie, miała przetrwać próbę czasu. Kiedy mogli się zrelaksować po dniu wypełnionym walką, pili do późna i rozmawiali. Korzystając z okazji wypytania żywej legendy literatury amerykańskiej, Lanham chciał rozmawiać o książkach i własnej twórczości. Hemingwaya znacznie bardziej interesowała odwaga na polu walki – co Lanham nazwał później „przyjmowaniem z gracją naporu gówna"[7]. Powiedział Hemingwayowi, że odwaga nie jest „czymś, o czym człowiek trzeźwy rozprawia publicznie"[8]. Mimo to pisarz, który pragnął walczyć, i wojownik, który marzył o pisaniu, uzupełniali się wzajemnie i zadzierzgnęli silną więź, jakiej Hemingway nie nawiązał z innym mężczyzną. W 1948 roku, wspominając czasy wojny, stwierdził z zadumą, że nigdy nie „miał lepszego przyjaciela niż Buck [...] nikogo też bardziej nie podziwiał"[9].

Październik przyniósł ze sobą oficjalne śledztwo w sprawie postępowania Hemingwaya w Rambouillet, czyniące niechcianą przerwę w służbie w 22. pułku i romansie z Mary. Hemingway i dowódcy o nieposzlakowanej opinii, jak David Bruce, nadal uważali, że sprawił się znakomicie w drodze na Paryż. Hemingway miał później powiedzieć, więcej niż raz, że zasłużył na medal za to, iż znalazł najlepszą drogę do stolicy Francji, niebronioną przez Niemców. Zauważył, że funkcjonariusz OSS „został odznaczony DSC [Krzyżem za Wybitną Służbę] za wykonaną przeze mnie w Rambouillet robotę i wyłożyłem na stół wszystko, aby [francuski generał Phillippe] Leclerc [...] dostał za dziesiątaka to, na co musiałby wydać przynajmniej osiem dolarów dziewięćdziesiąt pięć centów"[10]. Niemniej zamiast pochwały otrzymał zarzut postępowania niegodnego korespondenta wojennego. Został bowiem oskarżony przez jednego lub kilku reporterów, których w sierpniu porozstawiał po kątach w Grand Veneur, o to, że gromadził broń, dowodził żołnierzami i brał udział w walkach o wyzwolenie Paryża. Zarzuty te – wszystkie prawdziwe – stanowiły naruszenie przepisów Armii Stanów Zjednoczonych, stanowiących, że korespondenci wojenni „nie mogą dowodzić ani zajmować stanowisk dowódczych, które stawiałyby ich ponad personelem wojskowym, nie mogą też nosić broni"[11]. Karą za „świadome naruszenie tych [...] przepisów [...] może być umieszczenie w areszcie i deportacja lub rozprawa przed sądem polowym". Większość tych przepisów była powszechnie znana amerykańskim korespondentom wojennym, doświadczonym lub nie, lecz armia wymagała, żeby wszyscy podpisywali potwierdzenie znajomości ich w szczegółach.

W ciągu kilku tygodni oskarżenia pod adresem Hemingwaya rozeszły się na tyle szeroko, by wywołać oficjalną reakcję. W końcu dotyczyły znanej osoby, a dziennikarze wnoszący zarzuty potrafili być słyszalni. W końcu inspektor generalny (IG) 3. Armii poczuł się w obowiązku przeprowadzić śledztwo i wezwał Hemingwaya do swojej kwatery we francuskim mieście Nancy, gdzie odebrał od niego pisemne i ustne oświadczenie. Hemingway odpowiedział ponadto na szereg pytań pod przysięgą. Mówił wymijająco, unikając jawnego kłamstwa i pełnej prawdy. Jak to ujął wiele lat później: „Zaprzeczyłem wszystkiemu i [wywinąłem się] żartem, przysięgając, że nie zrobiłem nic z tego, co napełniało mnie dumą"[12].

Jednak proces go zabolał. Czym innym był brak wyrazów uznania, na które wedle swojej opinii zasłużył, a czym innym stanie się obiektem śledztwa mogącego doprowadzić do postawienia go przed sądem polowym, co byłoby hańbą dla człowieka szczycącego się odwagą na polu walki. Dochodzenie ujawniło typowe ambiwalentne uczucia Hemingwaya wobec władzy i prawa. Ostatni z jego biografów, Michael S. Reynolds, rozpatrzył to dochodzenie wojskowe w szerszym kontekście i doszedł do wniosku, że pisarz przez większość życia cierpiał na

„głęboki, niemal irracjonalny lęk przed prawem, ludźmi stojącymi na jego straży i salą sądową. [...] Mógł sobie żartować z zeznania złożonego pod przysięgą [...] ale nie było w tym niczego zabawnego", dopóki inspektor generalny nie postanowił umorzyć dochodzenia[13].

W listopadzie Hemingway wrócił do 22. pułku, walczącego teraz na głównej linii oporu wroga – pasie umocnień na granicy niemiecko-belgijskiej, nazwanego przez Niemców Linią Zygfryda. Dwudziestemu drugiemu pułkowi przypadł las Hürtgen, gdzie sieć wrogich bunkrów i umocnień była wtopiona w krajobraz złożony z gęstych borów, głębokich dolin i kanałów. Chociaż las dzieliło zaledwie kilka kilometrów od niemieckiego Aachen, trudno było go przebyć, nie wspominając o zdobyciu miasta. Niewiele tam było dróg czy choćby traktów, a te, które istniały w 1944 roku, były wąskie i źle utrzymane. Posuwając się w głąb, Hemingway natrafił na kolejne gęsto zalesione wzgórza, gdzieniegdzie z przecinkami, przez które żołnierz mógł wypatrzeć nieprzyjaciela poniżej[14]. Chłód i deszcz panujące późną jesienią 1944 roku uczyniły posuwanie się naprzód jeszcze trudniejszym.

W okresie ciężkich walk od 15 listopada do 4 grudnia, kiedy pułk stracił ponad dwa tysiące siedemset ludzi, Hemingway snuł się za Lanhamem jak cień w punkcie dowodzenia i okopach, słuchając wszystkiego i sporadycznie podsuwając jakąś radę. Któregoś dnia odwiedzili dowódcę frontowego batalionu w jego ziemiance umocnionej kłodami drewna. Major był apatyczny, Lanham więc szepnął Hemingwayowi, że musi coś z tym zrobić. Ten odparł, że nie warto, bo wyczuł od niego smród śmierci i zapewne wkrótce polegnie. Niecałe dziesięć minut później dostali meldunek, że major zginął trafiony odłamkiem szrapnela, który przebił ścianę jego ziemianki[15].

Chociaż nie był tak aktywny jak w Rambouillet, Hemingway nie wahał się przykładać ręki do pomocy w wielu kryzysowych sytuacjach. Kiedy 22 listopada niemiecka piechota zaatakowała stanowisko dowodzenia pułku, Hemingway chwycił pistolet maszynowy Thompsona i stanął do walki, pomagając odeprzeć napastników. Podczas innego kontrataku, kilka dni później, o czwartej nad ranem niemieckie czołgi i piechota zaroiły się wokół i zaczęły forsować umocnienia pułku. Dowódca batalionu, który podniósł alarm, strzelał do Niemców jedną ręką, w drugiej trzymając telefon polowy. Początkowo Hemingway i Lanham nie walczyli ramię w ramię, ale Lanham go wezwał, pospiesznie wydając rozkazy. „Zaraz tam będę, poczekaj!", natychmiast odpowiedział Hemingway. Żeby dotrzeć do Lanhama, przebiegł przecinkę, na której poległo wielu innych, i trwał u boku pułkownika do czasu, aż Amerykanie zatrzymali Niemców, nie pozostawiając im innego wyboru, jak tylko się poddać. Dla Lanhama był to kolejny punkt zwrotny w ich relacji i nigdy go nie zapomniał. Wiele lat później napisał, że spośród wszystkich rzeczy, które zapamiętał z tamtych dni, żadna nie była tak żywa jak wspomnienie owej nocy[16].

Zdaniem Lanhama i jego żołnierzy postawa Hemingwaya w lesie Hürtgen była wzorowa. Po pierwsze, był dobrym kompanem, dzielącym się swoją whiskey i opowiadającym o sprawach ważnych dla niego, a ciekawych dla innych: jak jego syn wstąpił do OSS i skoczył ze spadochronem na terytorium okupowanej Francji; jak jego niegodna uwagi żona Martha zażądała rozwodu i jakie są zwyczaje godowe afrykańskich lwów. Pokazywał nawet, jak lew otrzymuje od lwicy to, czego chce. Na dodatek, choć jego rola polegała na relacjonowaniu walk, podejmował takie samo ryzyko jak żołnierze. Wychodził za zasieki razem z atakującą piechotą i wysuwał się naprzód znacznie dalej, niż musiał. Zachowywał spokój pod ostrzałem, gotów walczyć, gdy było trzeba, i wykazywał się szóstym zmysłem (przez Niemców zwanym czuciem w koniuszkach palców), jaki mają najlepsi praktycy sztuki wojny.

Czwartego grudnia, ostatniego dnia swojego pobytu w lesie (tak jak innych żołnierzy z pułku, którzy przeżyli bitwę i zostali wycofani, bo rozpaczliwie potrzebowali odpoczynku), ten szósty zmysł Hemingwaya ocalił mu życie i uratował przyjaciół. Jechali wolno błotnistą drogą z innym korespondentem wojennym, Williamem Waltonem, ponieważ gęsta mgła podnosząca się z ziemi sprawiła, że widoczność spadła do zaledwie kilku metrów. Nagle usłyszeli rozdzierający dźwięk, który rozpoznał tylko Hemingway. „O Boże, skaczcie!", krzyknął do Waltona i ich kierowcy, Pelkeya. Wepchnął Waltona do przydrożnego rowu i przykrył go własnym ciałem. Chwilę później niemiecki myśliwiec przeszył ich dżipa serią z broni maszynowej, zawrócił i nadleciał ponownie, ostrzeliwując środek drogi i chybiając o kilka metrów mężczyzn leżących w rowie (co w przypadku myśliwca jest doprawdy niewielką odległością). Hemingway spokojnie odpiął manierkę od pasa i poczęstował Waltona wstępnie wymieszanym martini. Napój miał metaliczny posmak, ale dla Waltona był to najlepszy drink na świecie. Trzej mężczyźni podnieśli się, otrzepali ubrania i ruszyli dalej, zostawiając za sobą tlący się wrak[17].

Ostatnie wspólne „hurra" Hemingwaya i żołnierzy zabrzmiało podczas bitwy o Ardeny, która rozpoczęła się w drugiej połowie grudnia 1944 roku. Hitler rzucił niemieckie czołgi i piechotę – łącznie około trzydzieści dywizji – przeciwko słabo bronionemu odcinkowi frontu, kilkanaście kilometrów na południe od miejsca, gdzie okopał się pułk Lanhama. Kiedy rozpoczęła się ostatnia wielka bitwa na froncie zachodnim, Hemingway przebywał w Paryżu razem z Mary. Jeszcze raz zwyciężył obowiązek, zwłaszcza że Barton, dowódca dywizji, powiedział Hemingwayowi przez telefon, że szykuje się „milutki ostry show", którego nie można przegapić[18]. Hemingway czuł się w obowiązku pojechać na front i zdać z tego sprawę.

W czasie, gdy dotarł na front, niemieckie uderzenie zaczęło się załamywać, zresztą i jego apetyt na walkę też osłabł. Wojna była ekscytująca, ale wyczerpująca, szczególnie rekordowo chłodną zimą przełomu 1944 i 1945 roku, gdy temperatura w ciągu dnia nie podnosiła się powyżej minus dziesięciu stopni Celsjusza. Nawet wielki pisarz żołnierz miał granicę wytrzymałości, przyjął więc zaproszenie Lanhama i przeprowadził się do jego stanowiska dowodzenia, a później do wygodnego domu nieopodal miasta Rodenbourg w maleńkim księstwie Luksemburg. Hemingway dzielił małżeńskie łoże z innym dziennikarzem (każdy miał własny śpiwór) i pozwolił, aby zajął się nim pułkowy lekarz. Przez pewien czas gorączkował, z temperaturą sięgającą czterdziestu stopni. Nigdy nie było mu dość ciepło, nawet gdy opatulił się dwoma kożuchami z owczej skóry, cierpiał więc na ostry nieżyt dróg oddechowych. Potrzebował spokoju i antybiotycznych sulfamidów, które dał mu lekarz[19].

W styczniu 1945 roku widać już było koniec wojny w Europie, trochę jak w styczniu 1939, gdy wydawało się tylko kwestią czasu, kiedy oddziały Franco wejdą do

Madrytu. Hemingway nie musiał czekać na napisy końcowe, aby wiedzieć, jak się skończy ten film. Powinien raczej opuścić salę kinową i wracać do siebie, aby odzyskać siły i pisać. Zdawał sobie sprawę, że od wydania *Komu bije dzwon* w 1940 roku wiele nie napisał – nie otrzymywał też honorariów – z wyjątkiem tych za relacje z frontu. Brak większych dochodów sprawił, że czuł się „kompletnie spłukany”[20].

Pozornie szczęśliwy Hemingway w drodze do domu na Kubie, wiosna 1945 roku.
Copyright PAA, Ernest Hemingway Photo Collection, JFK Library

Zaczął szukać sposobu powrotu do domu, co na początku 1945 roku nie było rzeczą prostą. Dopiero w marcu zdołał zarezerwować miejsce w samolocie, który miał go przewieźć przez Atlantyk. Kiedy w końcu dotarł na Kubę, zaczął rozmyślać o latach wojny i tym, jak najlepiej je opisać na kartach książki.

W Fince Hemingway powrócił do dawnej rutyny wstawania przed świtem i pisania w samotności, jeśli nie liczyć towarzystwa psa lub kota. Kilka godzin siedział za biurkiem lub stał przy wysokim, sięgającym piersi pulpicie, zajęty pisaniem, zwykle odręcznie, czasami na maszynie. Mógł pracować nad książką lub pisać listy, co było dla niego kolejnym ćwiczeniem pisarskim. Czasami, po lunchu lub obiedzie, wracał za biurko i kreślił długie epistoły, stając się często mniej czujnym i swobodniej wyrażając myśli. Na przykład rankiem 14 kwietnia 1945 roku napisał siedem listów, a późnym popołudniem ponownie zabrał się za korespondencję[21].

Pisał listy miłosne do żon i kochanek, nawet do pierwszej żony, Hadley, oraz wesołe, czułe liściki do synów. Do wydawców i prawników kierował ostre zalecenia i miażdżył krytyków. Miał trudności z pisaniem krótkich wiadomości: jeden z listów, adresowany do dziennikarza i krytyka literackiego Malcolma Cowleya, opowiadający o wojennych przygodach, rozpoczyna się obietnicą zwięzłości i kilka razy zdaje się zmierzać ku końcowi, ale zawsze pojawia się kolejna sprawa. W końcu list zamknął się na czterech stronach maszynopisu i trzech dodatkowych kartkach skreślonych odręcznie jako postscriptum[22]. Jakby nie chciał go zakończyć. Łącznie listy Hemingwaya z tego czasu ukazują człowieka rozpaczliwie pragnącego więzi, utrzymania kontaktu z ludźmi, szczególnie z tymi, którzy byli mu bliscy.

Niemal natychmiast po rozstaniu Hemingway zaczął pisywać do Lanhama, wyznając, jak bardzo mu go brakuje. Drugiego kwietnia 1945 roku, „czując ogromną tęsknotę za pułkiem", napisał Lanhamowi, że znajduje się „w czarnej dupie", jak nazywał depresję[23]. Dodał, że nie odczuwał przygnębienia podczas walki, kiedy trwała wojna, którą trzeba było wygrać, i miał go za towarzysza. Dwanaście dni później przyznał ponownie, że „tęskni za nim i oddziałem"[24]. W listach do innych osób chwalił Lanhama dowódcę, pisarza i nade wszystko przyjaciela – „druha i partnera"[25], „najlepszego przyjaciela" – który odwzajemniał te uczucia[26]. Wspólnie doświadczyli życia i śmierci: Hemingway oświadczył Maxowi Perkinsowi, że przebywając z Buckiem, nauczył się więcej „niż przez wszystkie przeżyte wcześniej lata"[27]. Był to najwyższy komplement w ustach człowieka przywiązującego ogromną wagę do tego, aby żyć pełnią życia i czerpać z tego naukę.

Przyjaźń Hemingwaya z Lanhamem nie miała nic wspólnego ze szpiegostwem. Dla pisarza żołnierza wojna, zwłaszcza ta na lądzie, stanowiła jedno z najintensywniejszych doznań. „Wiem, że zabrzmi to podle, ale właśnie to kocham [...] najbardziej"[28]. Czuł się w swoim żywiole, gdy narażał życie, jego zmysły pracowały wówczas na pełnych obrotach i robił dobry użytek ze swych myśliwskich oraz wojskowych umiejętności. Nie było też przypadkiem, że zabijał faszystów. Hemingway był rad, że okazał się użyteczny w taki sposób. Cieszyło go także frontowe braterstwo. Wielu przyjaciół, z którymi utrzymywał kontakt do końca życia, poznał na polu walki, w Hiszpanii lat trzydziestych i we Francji roku 1944 – np. komunistycznego filmowca Ivensa, szpiega arystokratę Davida Bruce'a czy pełnego oryginalnych myśli żołnierza Lanhama. Przekazywanie sekretów i ryzykowne spotkania z agentami NKWD mogło przyspieszać puls, stanowiąc dla wielu substytut walki. W przypadku Hemingwaya jednak doświadczenie to bladło w porównaniu z prawdziwą walką, z odruchowym celnym strzałem, od którego zależało życie lub śmierć.

Nikt z NKWD nie nawiązał z nim takiej relacji jak Ivens, Bruce i Lanham. Werbownik NKWD Jacob Golos – niski Rosjanin w sfatygowanym ubraniu, przemawiający z akcentem szpiegów z filmu *Borys i Natasza* – był człowiekiem mogącym zdobyć zaufanie Hemingwaya. Golos był pełen poświęcenia i szczerze wierzył w sprawę, kiedy Hemingway był jej oddany (chociaż w jego przypadku chodziło raczej o sojusz przeciwko faszyzmowi niż ortodoksyjny, twardy marksizm-leninizm), tyle że Hemingway miał łączność z Golosem tylko przez krótki czas, w spokojnym Nowym Jorku 1940 i 1941 roku, natomiast agenci później nawiązujący z nim kontakt byli nieznanymi mu „pracownikami", którzy musieli się uwiarygadniać i spotykali się z pisarzem raz czy dwa, nie czyniąc większych postępów i mając nadzieję na lepsze rezultaty przy następnym spotkaniu. Kiedy w 1945 roku Sowieci wysłali kolejnego „funkcjonariusza" NKWD, aby spotkał się z Hemingwayem krótko po jego powrocie na Kubę, wynik znów nie był przesądzający. Z raportów sowieckich wynika jednak, że dopóki wspomniany „pracownik" nie otrzymał „naglącego wezwania do kraju", żywił nadzieję na nawiązanie relacji z „Argo"[29].

Nawet gdyby sowiecki agent i Hemingway mieli czas na wzajemne poznanie się, cele pisarza obecnie znacznie się różniły od tych, jakie mu przyświecały, kiedy zgodził się na współpracę z Rosjanami zimą przełomu 1940 i 1941 roku, gdy jego kraj stał na uboczu, a wokół płonął świat. W 1945 roku nie było już naglącej potrzeby znalezienia najlepszego sposobu walki z faszyzmem. Druga wojna światowa dobiegła końca. Japonia i Niemcy leżały dosłownie w ruinie. Wojska Wschodu i Zachodu stanęły nieufnie naprzeciw siebie na równinach Europy Środkowej wzdłuż linii demarkacyjnej przebiegającej przez Niemcy i Austrię.

ROZDZIAŁ 11

PRZYPRAWIONY O GĘSIĄ SKÓRKĘ

Ni to wojna, ni to pokój

We wrześniu, kiedy wojna w Europie i Azji wreszcie się skończyła, Buck Lanham skorzystał z otwartego zaproszenia Hemingwaya, aby „przyjechał na Kubę o dowolnej porze, w dowolny dzień, tydzień i miesiąc dowolnego roku"[1]. Pierwszy raz od lat zdjął mundur i razem z żoną Mary spędził dwa tygodnie w towarzystwie chwilowo wolnego pisarza, pijąc i rozmawiając wśród palm otaczających sadzawkę Finki, strzelając do glinianych i żywych gołębi w okolicznym Club de Cazadores i łowiąc z pokładu „Pilar" na wodach Golfsztromu[2].

W tropikalnym słońcu Lanham sprawiał wrażenie bladego i kruchego w porównaniu z opalonym i silnym Hemingwayem, który do zdjęcia wciągnął brzuch i wypiął pierś. Pewnie specjalnie dla Lanhama przepasał szorty zdobycznym niemieckim pasem z napisem „Gott mit uns" na sprzączce – tym samym, który nosił we Francji w 1944 roku. Cieszyli się swoim towarzystwem i w miarę, jak wspominali wojnę i snuli przypuszczenia na temat przyszłości, ich kumplostwo łatwo przesuwało się od wojny do czasów pokoju. Pisarz nie był jednak pewny Mary Lanham. Skacząc z tematu na temat – od walk byków po politykę światową i kwestie płci – sondowali się w długich konwersacjach. Mary nie mogła przeoczyć wrogości Hemingwaya wobec kobiet, szczególnie jego byłej żony, Marthy Gellhorn. Na dzień lub dwa przed wyjazdem Lanhamów Hemingway spędził z nimi wieczór przy prostym drewnianym stole w swojej małej, jasnej jadalni. Pod głowami jeleni i gazel – jego trofeów myśliwskich – patrzących na nich z pokrytych białym tynkiem ścian, Hemingway zaczął perorować o potrzebie współistnienia ze Związkiem Radzieckim teraz, gdy wojna dobiegła końca. Siedząca około metra od gospodarza Mary Lanham wtrąciła, że jego poglądy to „jawna polityka ustępstw"[3], przypominająca politykę Wielkiej Brytanii w 1938 roku, co na Hemingwaya podziałało jak czerwona płachta na byka, gdyż gardził brytyjskim premierem Neville'em Chamberlainem, który uległ Hitlerowi w Monachium, a wcześniej odmówił pomocy Republice Hiszpańskiej. Poczerwieniały na twarzy, skoczył na równe nogi i z płomieniem w oczach ruszył ku Mary, unosząc rękę, aby chlusnąć jej winem w twarz. Powstrzymał się w ostatniej chwili i wrócił na swoje miejsce u szczytu stołu.

Od razu ją przeprosił, lecz szkoda została wyrządzona. Mary Lanham i Hemingway nigdy nie zostali przyjaciółmi. Zdjęcie, które Ernest dał Buckowi, gdy Lanhamowie wyjeżdżali do domu, przedstawiało ich dwóch, bez Mary, we Floridicie, z wyłączną dedykacją dla „Bucka od najlepszego przyjaciela, zawsze i w każdym czasie"[4].

Wraz z ustaniem zagrożenia, które zbliżyło do siebie oba bloki, Związek Radziecki i kraje zachodnie zaczęły na nowo definiować łączące ich stosunki. Hemingway wziął udział w tym procesie, pisząc przedmowę do książki *Treasury of the Free World* (Skarb wolnego świata). Był to zbiór esejów pióra czołowych postaci o poglądach centrolewicowych opowiadających się za nowym porządkiem. W tym duchu Hemingway wezwał Amerykanów do ponownego przemyślenia swojego miejsca w świecie. Podkreślił, że Stany Zjednoczone stały się „największą potęgą" na obu półkulach, tak silną, że „gdybyśmy nie rozumieli świata i nie szanowali praw, przywilejów i obowiązków innych krajów i narodów, moglibyśmy z łatwością stać się takim samym zagrożeniem jak faszyzm". Słowa te, napisane we wrześniu 1945 roku, przypuszczalnie przed wizytą Lanhamów, rozwścieczyły niektórych patriotycznie nastawionych Amerykanów[5].

Przyjaciel na całe życie: Hemingway z Buckiem i Mary Lanhamami w Fince, wrzesień 1945 roku. Hemingway ma ten sam pas, który nosił podczas wojny w Europie w 1944 roku.
Ernest Hemingway Photo Collection, JFK Library

Mniej więcej w tym czasie szczupły młody człowiek nazywający się Igor Guzenko szykował się do porzucenia służby w radzieckiej ambasadzie w stolicy Kanady Ottawie. Szyfrant, który postanowił znaleźć na Zachodzie lepsze życie dla siebie i rodziny, postanowił dowieść dobrej woli sowieckimi szyfrogramami. Przez kilka tygodni co wieczór wynosił pod koszulą kilka tajnych depesz, ukrywając je w swoim mieszkaniu przy Somerset Street, z dala od innych Sowietów mieszkających w kanadyjskiej stolicy. W dniu 5 września uczynił decydujący krok, udając się do redakcji „Ottawa Journal", gdzie próbował wyjaśnić, co zawierają szyfrogramy. Redaktor z nocnej zmiany nie wiedział, co począć ze zdenerwowanym Rosjaninem, który stał przed nim, wykrzykując na okrągło: „To wojna! Wojna! To Rosja!"[6].

Guzenko wrócił do redakcji gazety następnego dnia z równie mizernym skutkiem, spróbował więc szczęścia w Kanadyjskiej Królewskiej Policji Konnej (RCMP), która miała własny wydział wywiadu – i też daremnie. Po południu kierowca z ambasady przyjechał na Somerset Street i kilka minut walił do drzwi, wzywając Guzenkę, żeby otworzył. Przyjaźnie nastawieni sąsiedzi wezwali policję, ale ta nie wiedziała, co zrobić. Jedna z sąsiadek, pani Elliott, zaproponowała przerażonej rodzinie Guzenki schronienie we własnym mieszkaniu. Około północy do drzwi zapukał miejscowy rezydent NKWD w asyście trzech czy czterech młodych funkcjonariuszy. Przez dziurkę od klucza Guzenko obserwował, jak forsują drzwi po drugiej stronie korytarza i włamują się do środka w poszukiwaniu szyfranta oraz tajnych dokumentów. Ktoś ponownie wezwał policję, która powstrzymała wojowniczych Rosjan.

Stało się jasne, że Guzenkowie potrzebują ochrony przed własnym rządem. Następnego ranka, dwa dni po opuszczeniu przez Igora miejsca pracy, policjant odwiózł go do kwatery głównej RCMP, gdzie rozpoczął nowe życie jako zbieg. Kiedy Kanadyjczycy zaczęli czytać wyniesione przez niego materiały, odkryli rozległą siatkę szpiegowską, którą Sowieci zorganizowali w ich kraju podczas drugiej wojny światowej. Odkryli również, że łączyła się ona z jeszcze rozleglejszą, działającą w Stanach Zjednoczonych – bardzo podobną do tej, która wywarła wpływ na życie Hemingwaya.

Na początku lutego 1946 roku fragmenty sensacyjnej historii zaczęły wypływać na światło dzienne. Kanadyjski premier Mackenzie King próbował zapobiec kolejnym przeciekom, wydając nudne oficjalne oświadczenie. Chociaż komentatorzy uznali sprawę Guzenki za początek zimnej wojny, King w dalszym ciągu uważał Sowietów za sojuszników z czasów wojny i odnosił się niechętnie do wszystkiego, co mogłoby ich urazić. Mimo to w połowie lutego redaktorzy „New York Timesa" wiedzieli dość, aby zamieścić na pierwszej stronie artykuł o zdradzie „byłego pracownika sowieckiej ambasady", w którą zamieszana była zdumiewająca liczba naukowców i urzędników, w tym członka gabinetu ministra[7]. Publikacja „Timesa" była jednym z wielu artykułów poświęconych sprawie Guzenki, mających ukazywać się aż do marca[8].

Kiedy wybuchła afera, Hemingway przebywał w Fince, intensywnie pracując nad powieścią o wojnie. Teraz oderwał się od niej, by poświęcić uwagę Guzence, i przedstawił oryginalną interpretację sprawy. Zasugerował, iż to Kanadyjczycy zastawili pułapkę na Sowietów. Napisał Lanhamowi, że chociaż „nie jest zawodowym wielbicielem Ruskich [...] kanadyjska pułapka przyprawiła go o gęsią skórkę"[9]. Działania ujawnione przez Guzenkę uznał za standardową robotę attaché wojskowego, którego zadaniem jest zbieranie wszelkiego rodzaju informacji o charakterze militarnym. Była to przesadnie uspokajająca interpretacja poczynań Sowietów, którzy agresywnie szpiegowali swoich sojuszników – werbując agentów i wykradając tajemnice zaprzyjaźnionego kraju. (Do marca Kanadyjczycy mieli aresztować trzydziestu dziewięciu ludzi podejrzanych o szpiegostwo, od fizyków atomowych po członków parlamentu). Hemingway argumentował, że Sowieci postępują tak jak wszystkie inne rządy, w tym rząd Stanów Zjednoczonych, co powoduje, że „przerażenie" Amerykanów postępowaniem Rosjan jest obłudne.

W drugiej części listu Hemingway powrócił do wcześniejszej retoryki. Amerykańskie rządy od niepamiętnych czasów wtrącały się w sprawy wewnętrzne krajów Ameryki Łacińskiej. Dlatego Stany nie mają prawa się burzyć, gdy inne mocarstwo ingeruje w sprawy wewnętrzne mniejszego kraju. Oprócz tego, ciągnął, nie było rzeczą właściwą obarczanie Sowietów winą za działania wszystkich zagranicznych komunistów. Skoro zaś Wielka Brytania i Stany Zjednoczone uparły się przy tym, to Sowieci mogą w geście samoobrony reaktywować Komintern.

Kilka tygodni później, 5 marca 1946 roku, Winston Churchill sprawił, że poglądy Hemingwaya odwróciły się o sto osiemdziesiąt stopni. Występując wspólnie z prezydentem Harrym Trumanem w małym miasteczku akademickim Fulton w stanie Missouri, Churchill wygłosił pamiętną mowę inaugurującą zimną wojnę, sygnalizując przejście od współpracy z Sowietami do sprzeciwu wobec agresji stalinowskiej[10]:

Od Szczecina nad Morzem Bałtyckim po Triest nad Adriatyckim kontynent podzieliła żelazna kurtyna. Za nią leżą stolice dawnych państw środkowej i wschodniej Europy [...] wszystkie [...] poddane [...] wpływom Sowietów [...] i [...] kontrolowane przez Moskwę. [...] Tamtejsze niewielkie partie komunistyczne [...] dążą dziś do zdobycia totalitarnej władzy...

Churchill nie omieszkał wspomnieć o „głębokiej sympatii i dobrej woli" wobec Rosji, która umocniła się podczas wojny, i podkreślić pragnienie przezwyciężenia wszelkich różnic, aby nawiązać trwałą przyjaźń. Skoro jednak Sowieci „niczego [...] nie wielbią tak bardzo jak siły", zachodni alianci muszą pozostać silni i czujni, aby się bronić, czego nie uczynili w latach trzydziestych, gdy Hitler i Mussolini zagrozili ówczesnemu ładowi.

W liście do sowieckiego wielbiciela Hemingway skomentował tę mowę stwierdzeniem, że to Churchill, a nie Stalin stanowi zagrożenie dla pokoju na świecie. Obywatele Stanów Zjednoczonych i Związku Radzieckiego na pewno by się dogadali, pisał, „gdyby mogli się wzajemnie zrozumieć zamiast powtarzać słowa Churchilla". Wówczas nic nie stanęłoby na przeszkodzie przyjaźni pomiędzy ich krajami, zakończył[11].

Dziesięć dni później ponownie pisał o Sowietach. Trzydziestego czerwca poczuł się w obowiązku wyjaśnić Lanhamowi, że jest „do nich przychylnie nastawiony, bo pamięta dawne czasy, gdy sytuacja była krytyczna". Uważał, że każdy „marny Ruski [...] ma takie samo prawo do swojej części świata" jak członek brytyjskiej elity[12]. Przypomniał Lanhamowi, że na świecie w dalszym ciągu istnieją faszystowskie reżimy, np. Franco, nie wspominając o Czang Kaj-szeku, który przewodzi „najgorszemu rodzajowi zniewolenia".

Hemingway ponownie odwołał się otwarcie do hiszpańskiej wojny domowej, kiedy to Sowieci wspierali Republikę, największą sprawę, w którą wierzył. W przeciwieństwie do nich Brytyjczycy stali z boku, dbając o własne interesy. Później, w okresie drygiej wojny światowej, Stany Zjednoczone i Związek Radziecki objęły przywództwo w walce z Niemcami i Japończykami. Oznaczało to, że owoce zwycięstwa były teraz „nasze i ich", nie zaś starych państw kolonialnych, nie wspominając o faszystowskich krajach, ciągle przecież istniejących[13]. Po wojnie, w 1948 roku, miał powiedzieć Lanhamowi, że pragnie, aby Stany Zjednoczone i Związek Radziecki podzieliły świat „w fundamentalny, realistyczny sposób"; że przyznałby Sowietom „całą Europę, którą zdołaliby zająć i utrzymać"[14]. Było to lepsze od walki o zachowanie brytyjskiego imperium lub praw kompanii naftowych.

Podobnie jak w okresie hiszpańskiej wojny domowej i zaraz po niej, Hemingway był gotów rozstrzygać wątpliwości na korzyść Sowietów. Nadal nie wypowiedział słowa krytyki pod adresem sowieckich przywódców, wciąż bagatelizował lub usprawiedliwiał czystki Stalina. W lutym sporządził odręczny szkic listu do „panny Craipeau" o Hiszpanii i komunizmie. Później napisał, że poznał „Rosjan całkiem dobrze w Hiszpanii i innych krajach" oraz że „nikt, [kogo] [...] podziwiał nie został stracony". Kluczowymi słowami były „nikt, [kogo] podziwiał". Ciągnął, że zastrzelono „wielu ludzi", których znał i „uważał za godnych tego losu". Po oświadczeniu, iż nie miał pojęcia o czystkach w Związku Radzieckim w latach trzydziestych, dodał, że czytał Koestlera – „ale, znając Koestlera, nie potrafił mu uwierzyć, chociaż [jego] książka była znakomita"[15].

Jest to niemal na pewno aluzja do wydanej w 1940 roku książki byłego komunisty Arthura Koestlera *Ciemność w południe*, która powstała jako owoc jego doświadczeń w Hiszpanii, gdy pracował dla Münzenberga. Powieść stała się bestsellerem, otwierając wielu oczy na stalinizm i czystki. Osadzona w realiach Moskwy 1938 roku, opowiada o zasłużonym bolszewiku Rubaszowie, który poświęcił życie rewolucji, a w zamian został oskarżony o zdradę jej ideałów. Rubaszow i przesłuchujący go towarzysze rozumieją, że nie ma znaczenia, czy oskarżenia są prawdziwe. Zarzuty to kwestia politycznej wygody. Starszy śledczy, dawny przyjaciel, naciska na Rubaszowa, by się przyznał, bo wtedy ocali życie. Młodszy śledczy nie jest tak subtelny. Kiedy bohater przystaje w końcu na nieuchronne i przyznaje się do winy, doznaje osobliwego wyzwolenia. Doświadczenie to doprowadza do jego przemiany. Nie wierzy już w komunizm i nie podlega partyjnej dyscyplinie, każącej aprobować każdą zmianę linii partii. Zamiast tego „staje się ponownie ludzką istotą, człowiekiem posiadającym uczucia i subiektywną wrażliwość"[16].

Książka okazała się tak celna, że partia umieściła ją na indeksie, co oznaczało, że towarzysze sowieccy mieli zakaz jej czytania, posiadania i dyskutowania o niej, nawet jeśli znajdowali się poza granicami Związku Radzieckiego[17].

Posłuszny komunista i utalentowany scenarzysta Dalton Trumbo miał się później przechwalać, jak utrudniał nakręcenie filmowej adaptacji *Ciemności w południe*[18]. Można było sfilmować dowolną liczbę opowieści o gestapo i jego ofiarach, ale filmy o NKWD były zakazane.

Procesy pokazowe, najbardziej widoczny element czystek lat trzydziestych, były dalekie od tajnych. Chociaż największa ze stalinowskich zbrodni, Gułag i miliony jego ofiar, była tajemnicą wiele lat, o procesach wiedziano po obu stronach Atlantyku. Trudno zatem przypuszczać, by Hemingway o nich nie wiedział. Przez długi czas, w 1937 roku, jego komunistyczni przyjaciele rozmawiali niemal wyłącznie o tym: „codziennie [...] słyszeli o nowych aresztowaniach, którym towarzyszyły absurdalne i przerażające oskarżenia. [...] Rosję ogarnął terror, jak fala przypływu, która topi wszystko na swej drodze"[19]. Komunistyczna prasa, którą czasami czytywał, opisywała procesy ze wszystkimi przerażająco absurdalnymi szczegółami, a wielkie amerykańskie dzienniki, leżące na stoliku przy jego łóżku, szeptały te same historie stłumionym głosem. Dla przykładu „Daily Worker" opisywał jeden z procesów jako „rozbicie gniazda faszystowskich szpiegów" i donosił, że marszałek Michaił Tuchaczewski, jeden z największych dowódców Armii Czerwonej, szpiegował dla gestapo[20]. Kilka dni później „New York Times" zamieścił na pierwszej stronie rzeczową analizę tematu, stawiając pod znakiem zapytania niedorzeczne oskarżenia wysunięte pod adresem sowieckiego dowódcy (później okazało się, że wszystkie były fałszywe)[21].

Pisząc do Lanhama w rok po liście do panny Craipeau, Hemingway wydaje się być już lepiej poinformowany. Przyjmuje do wiadomości dokonywanie i prawdziwy cel czystek – nadal jednak wspiera Stalina. Zadaje pytanie, czy stojąc w obliczu podobnych wyzwań, „Truman [okazałby się] choć odrobinę lepszy od Stalina". Do licha, on sam byłby „jeszcze gorszy". Miał nadzieję, że okazałby się bezwzględny, „gdyby posłużyło to dobru jego kraju"[22].

Dawał w ten sposób do zrozumienia, że Stalin musiał być bezwzględny, aby obronić Związek Radziecki przed takimi wrogami jak Hitler.

Hemingway nie był osamotniony w tych poglądach, bo choć zrodzona podczas wojny sympatia do Sowietów – ofiar nazistowskiej agresji, którzy stawili opór i zwyciężyli ogromnym kosztem – opadła, wciąż zachowało się współczucie dla dawnych sojuszników. W 1946 roku wiele ważnych postaci amerykańskiego życia publicznego nie było gotowych przyjąć ostrzeżenia Churchilla o żelaznej kurtynie. Nawet kiedy Truman niechętnie przyznał, że brytyjski przywódca przypuszczalnie ma rację, inni uporczywie sprzeciwiali się jego wnioskom. W gronie oponentów znaleźli się Eleanor Roosevelt i Henry Wallace, który w latach 1941–1945 był wiceprezydentem w administracji Franklina Roosevelta, a w roku 1948 stanął do rywalizacji o prezydenturę jako kandydat trzeciej strony przeciwko Trumanowi. Wallace wykorzystał niektóre z argumentów Hemingwaya: rząd amerykański musi się dogadać ze Związkiem Radzieckim, gdyż Rosjanie są w końcu takimi samym ludźmi jak my. Związek Radziecki ma uzasadnione potrzeby i aspiracje, jak każdy kraj. Gdybyśmy okazali im wrogość, odpowiedzieliby tym samym. Rok później Hemingway przyznał w charakterystyczny dla siebie sposób, iż jego poglądy są zbieżne z poglądami Wallace'a, oświadczając, że chociaż Wallace wydaje „się mylić, jest niezrównoważony, a może nawet lekko obłąkany, w wielu sprawach ma przecież rację"[23].

Problem polegał na tym, że poglądy Hemingwaya i Wallace'a były znacznie oddalone od głównego nurtu. Kiedy napięcia zimnowojenne uległy pogłębieniu, polityczne centrum w Ameryce przesunęło się gwałtownie na prawo.

Demokraci sprawowali władzę w Białym Domu i Kongresie od 1932 roku. Ich Nowy Ład zmienił kraj w sposób wcześniej niewyobrażalny, kładąc fundamenty pod coś w rodzaju państwa opiekuńczego. W listopadzie 1946 roku wahadło zaczęło się wychylać w drugą stronę. Republikanie przejęli kontrolę nad obiema izbami Kongresu, dążąc do ustalenia nowej równowagi. Ich program był całkiem jasny: przyszedł czas, aby sprzeciwić się pełzającemu socjalizmowi Roosevelta, nie wspominając o komunistach i liberałach, którzy go tolerowali.

Prezydent Truman został pchnięty na prawo przez sytuację zagraniczną i tę stworzoną w kraju przez republikanów. Sowieci kontynuowali poszerzanie strefy wpływów w rejonie środkowej, a nawet zachodniej Europy. Kiedy Wielka Brytania ogłosiła, że nie może dłużej wspierać swoich tradycyjnych sojuszników, np. Grecji, walczącej wtedy z komunistycznym powstaniem, prezydent zdecydował, iż Stany Zjednoczone przejmą to brzemię. W marcu 1947 roku oznajmił przed Kongresem, że „polityką Stanów Zjednoczonych będzie wspieranie wolnych narodów, które nie chcą się podporządkować" Moskwie i jej sojusznikom[24]. Żelazna kurtyna, która zapadła w Europie, oraz stale rosnąca grupa państw satelickich kontrolowanych przez Związek Radziecki dostarczyła wyraźnego bodźca deklaracji prezydenta: „kilka krajów [...] zostało niedawno zmuszonych do przyjęcia totalitarnego reżimu wbrew swojej woli [przez system, który] opiera się na terrorze i ucisku, kontrolowanej prasie i radiu, fałszowaniu wyborów i ograniczaniu swobód obywateli".

Polityka ta otrzymała nazwę doktryny Trumana. Kilka dni później ogłoszono program lojalności mający usunąć komunistów i ich sympatyków z rządu federalnego[25].

W takim klimacie zaczęła działać Komisja ds. Badania Działalności Antyamerykańskiej (HUAC). Powołana w 1938 roku, HUAC składała się z demokratów z Południa, często zajadłych rasistów, i konserwatywnych republikanów, wśród nich inteligentnego, agresywnego młodego reprezentanta Kalifornii, niejakiego Richarda Nixona. Zadaniem komisji było zbadanie „wywrotowej i antyamerykańskiej propagandy" finansowanej przez obce rządy w celu obalenia Republiki[26]. Komisje kongresowe powoływano zwykle w celu gromadzenia informacji, których Kongres potrzebował do działalności legislacyjnej. HUAC odeszło od tej zasady, stając się teatrem politycznym, w którym świadkom przysługiwało niewiele praw.

Do tego czasu rząd federalny miał już szczegółowy obraz sowieckiej działalności szpiegowskiej w Stanach Zjednoczonych do końca drugiej wojny światowej. Informacje pochodziły od zdrajców oraz z rozszyfrowanych wiadomości, co powodowało, że winnych trudno było postawić przed sądem. Wiele dowodów miało charakter pogłosek – tego, co jeden stary komunista powiedział o drugim – lub uważano je za zbyt tajne, by przedstawić ławie przysięgłych. Rząd jeszcze długo nie był gotów do ujawnienia ściśle tajnego programu o kryptonimie Venona, który złamał tysiące tajnych depesz krążących między placówką NKWD w Nowym Jorku i centralą w Moskwie[27]. Wiele z odszyfrowanych meldunków ujawniło szpiegów NKWD w administracji Roosevelta, lecz to na HUAC spadł ciężar dostarczenia Kongresowi i Amerykanom informacji o komunistycznej działalności wywrotowej, m.in. tego, co nazywano „sowieckimi działaniami szpiegowskimi"[28].

Komisja rozpoczęła działalność od wzięcia na celownik komunistów z Hollywood, ci bowiem poprzez swoją pracę mogli upowszechniać sowiecką propagandę. Jesienią 1947 roku przeprowadzono dochodzenie w sprawie Hansa Eislera, z pochodzenia Żyda, który uciekł z Niemiec przed prześladowaniami Hitlera i mieszkał większość czasu w Hollywood, komponując „muzykę do filmów"[29]. Pulchny i łysy, mówiący z silnym akcentem Eisler nie wyglądał i nie przemawiał jak człowiek stanowiący zagrożenie dla bezpieczeństwa narodowego. Problem Eislera wziął się z połączenia odpowiedzialności zbiorowej – jego brat był niemieckim komunistą, który zraził do siebie komisję – i własnej przeszłości. Sam Eisler faktycznie był komunistą. Choć w Hollywood nie robił niczego wywrotowego, w latach dwudziestych i trzydziestych pracował z Jorisem Ivensem, komunistą i przyjacielem Hemingwaya, oraz skomponował muzykę do komunistycznych pieśni, która brzmiała znacznie lepiej w Berlinie lub Moskwie niż w Waszyngtonie[30]:

Stajemy do walki
[...]
Kroczymy z Leninem
Do bolszewickiej pracy.

Kiedy we wrześniu Eisler zajął miejsce dla świadków, na widowni przypadkiem znajdowała się Martha Gellhorn. Zanotowała, że tego dnia na Kapitolu duża ozdobna sala Caucus Room była niemal pusta, jeśli nie liczyć garstki reporterów i fotografów, nieustannie oślepiających fleszami oszołomionego świadka[31]. Mający kiepską pamięć i z ograniczoną znajomością angielskiego Eisler stanowił łatwy łup dla oskarżyciela HUAC Roberta E. Striplinga, który przyłapał kompozytora na nieścisłościach i wysunął naciąganą tezę, że Eisler był Karolem Marksem muzyki[32]. W końcu demokratyczny kongresmen z Missisipi, John E. Rankin, wydał orzeczenie, które miało zmienić życie Eislera: ogłosił, że ten przybył do Stanów Zjednoczonych, aby „wzniecić rewolucję", kiedy „nasi chłopcy ginęli tysiącami [...] by zrzucić jarzmo Hitlera"[33].

Kilka dni później władze federalne rozpoczęły procedurę deportacji Eislera, aby ostatecznie zezwolić mu na wyjazd z własnej woli, pod warunkiem, że nigdy nie wróci. Na nowojorskim lotnisku LaGuardia, przed wejściem na pokład samolotu lecącego do Europy Wschodniej, Eisler wyraził ubolewanie w przygotowanym wcześniej oświadczeniu: „Mogłem zrozumieć, że w 1933 roku bandyci Hitlera wyznaczyli cenę za moją głowę i wypędzili z kraju. Stanowili zło tamtych czasów, byłem więc dumny, że mnie wygnano. Dzisiaj jednak jestem załamany, wydalono mnie bowiem z tego pięknego kraju w sposób absurdalny"[34].

Kolejne przesłuchania, rozpoczęte kilka tygodni później, w październiku 1947 roku, przyciągnęły znacznie większą uwagę niż przesłuchanie Eislera. Kurtyna poszła w górę i rozpoczął się „najgorętszy show w mieście", w którym miejsce nieszczęsnego kompozytora mieli zająć szefowie wytwórni filmowych, gwiazdy kina i scenarzyści[35]. Postępowania wszczęte przeciwko nim miały zepchnąć z pierwszych stron głównych amerykańskich gazet doniesienia ze świata.

Kiedy pierwszego dnia przesłuchań przewodniczący przywołał do porządku publiczność zebraną w Caucus Room, zajęte były wszystkie miejsca, a wielu widzów musiało stać w przejściach. Zapłonęły światła ośmiu lub dziewięciu kamer – tak jasno, że niektórzy kamerzyści, a nawet jeden czy dwóch świadków założyli ciemne okulary. Fajerwerki poszybowały w górę, gdy miejsce dla świadków zajęli scenarzyści, aby wyjaśnić, dlaczego pozwolili komunistom wywierać wpływ na treść amerykańskich filmów[36]. Jądro tej grupy stało się znane jako Dziesiątka z Hollywood. Każdy jej członek był komunistą lub kiedyś się za niego uważał, jak znajomi Hemingwaya, Alvah Bessie i Ring Lardner Jr. Hemingway i Bessie spotkali się na froncie w Hiszpanii, gdzie pisarz poznał także syna Lardnera, Jima, który zginął w walce i został uczczony przez Hemingwaya poruszającym peanem.

Zachowanie Dziesiątki przed Komisją dostarczyło więcej nagłówków od samych oskarżeń o działalność wywrotową. Po otrzymaniu wskazówek od CPUSA oskarżeni urządzili własny polityczny spektakl[37]. Ich narracja była równie przekonująca jak narracja komisji, ale nie mniej myląca. Spokój zakłócał głównie John Howard Lawson – kolejny znajomy Hemingwaya. Ten niski, energiczny mężczyzna o błyszczących, brązowych oczach i „ogromnym, haczykowatym nosie" wygłaszał mnóstwo „skrajnych opinii na każdy temat pod słońcem"[38]. Niektórzy zapamiętali go z powodu żarliwych wystąpień i talentu, lecz dla większości członków partii pozostał dogmatycznym stalinistą i pozbawionym poczucia humoru egzekutorem komunistycznej dyscypliny[39].

Lawson replikował z miejsca dla świadków, powołując się na konstytucję[40]:

Pan Stripling: Czy jest pan członkiem Stowarzyszenia Scenarzystów?

Pan Lawson: [...] Zadawanie w tym miejscu wszelkich pytań dotyczących członkostwa, przekonań politycznych lub przynależności...

Przewodniczący: [...] Czy był pan kiedykolwiek członkiem partii komunistycznej?

Pan Lawson: Sformułuję odpowiedź w jedyny sposób, w jaki amerykański obywatel może odpowiedzieć na pytanie, które w jawny sposób narusza jego prawa.

Przewodniczący: Czy odmawia pan udzielenia odpowiedzi?

Pan Lawson: [...] Będę kontynuować walkę o Kartę Praw, którą wy staracie się zniszczyć.

Przewodniczący polecił „wyprowadzić tego człowieka z sali" i straż Kapitolu usunęła Lawsona z miejsca dla świadków. Niektórzy spośród publiczności buczeli, inni bili brawo.

W sumie jeden producent, jeden reżyser i ośmiu scenarzystów odmówiło odpowiedzi na pytanie o przynależność do partii komunistycznej. Z tego powodu w głosowaniu Izby Reprezentantów uznano ich za winnych obrazy Kongresu przytłaczającą liczbą 346 do 17 głosów. Chociaż wielu reprezentantów obu partii nie aprobowało metody zastraszania świadków stosowanej przez Komisję, tylko garstka była skłonna tolerować widowisko, które urządził Lawson i jego towarzysze. W rezultacie Dziesiątka otrzymała kary grzywny i do roku więzienia. Kiedy wyszli na wolność, odkryli, że figurują na tzw. czarnej liście, ogłoszonej w listopadzie 1947 roku przez szefów wytwórni filmowych, którzy zobowiązali się nie zatrudniać członków Dziesiątki, jeśli nie wyrzekną się poglądów komunistycznych.

Hemingway uważnie obserwował powojenną politykę, bo wyczuwał, co dla niego oznacza. W Fince na stołach i biurkach zalegały liczne gazety i czasopisma, które łapczywie pochłaniał każdego dnia. Bibliotekę zapełniały książki o obcych krajach i sprawach wojskowych, wskazujące na szczególne zainteresowanie sowieckim szpiegostwem i FBI[41]. Tamtego roku czytał i rozmyślał o wydarzeniach mających miejsce pomiędzy wygłoszoną w Kongresie marcową mową Trumana a przesłuchaniami HUAC rozpoczętymi na jesieni. Nie oznacza to, że mu się podobały. W liście do Lanhama – w korespondencji z którym bardziej niż wobec innych ujawniał swoje poglądy na temat wojny i polityki – krytykował doktrynę Trumana, a szczególnie pogląd, że Stany Zjednoczone powinny opowiedzieć się po stronie swojej dawnej nemezis, imperium brytyjskiego, obecnie bez środków umożliwiających utrzymanie tradycyjnej strefy wpływów[42].

Badanie lojalności podobało mu się jeszcze mniej od polityki zagranicznej Trumana. Na poły żartobliwie oznajmił Lanhamowi, że program prezydenta stawia go w niebezpiecznym położeniu jako „przedwczesnego antyfaszystę"[43]. Teraz, prorokował Hemingway, „w miarę trwania obecnego polowania na czarownice", wszyscy przedwcześni antyfaszyści prawdopodobnie będą kończyć „w obozach koncentracyjnych"[44]. W podobnym tonie napisał Lanhamowi, że jeśli ich przyjaźń stanie się kiedykolwiek kłopotliwa, generał powinien czuć się „w pełni upoważniony do zadenuncjowania" pisarza. (Lanham wciąż pozostawał w służbie czynnej. Jego poglądy polityczne nie wyróżniały się niczym szczególnym, może był tylko nieco bardziej otwarty od innych oficerów, choć miał bardziej centrowe poglądy niż jego najlepszy przyjaciel.

W 1948 roku powiedział Hemingwayowi, że zwykle wolał demokratów od republikanów i nie miał nic dobrego do powiedzenia na temat Wallace'a[45]). Hemingway zażartował, że można by odnieść wrażenie, iż urobił Lanhama i jego pułk, „żeby dotrzeć do [...] tajemnic [...] [i] przekazać je Moskwie". Wiedział, że przed wojną uważano go za „niebezpiecznego czerwonego". W czasie wojny, kiedy pracował dla amerykańskiego wywiadu, miano go za „prawie godnego zaufania". Jednak, zakończył, skoro nigdy nie otrzymał żadnego oficjalnego dowodu uznania za pełnioną służbę, pewnie i tak padnie ofiarą prześladowań.

W myśleniu Hemingwaya rzeczywistość przeplata się z fantazją. Nie było obozów koncentracyjnych dla amerykańskich obywateli o lewicowych poglądach. Członkowie Dziesiątki z Hollywood poszli do więzienia, ale za prowokacyjne zachowania wobec Komisji. Zanim Ameryka przystąpiła do wojny, FBI sporządziło notatkę o lewicowych poglądach Hemingwaya. Poparcie, którego udzielił Republice Hiszpańskiej – np. Brygadzie im. Abrahama Lincolna i „Komunistycznemu Komitetowi [...] Pomocy na rzecz Hiszpańskiej Demokracji" – miało miejsce na długo wcześniej, nim stało się sprawą wartą odnotowania w aktach FBI dotyczących bezpieczeństwa wewnętrznego[46]. Po ataku na Pearl Harbor pracownicy ambasady w Hawanie poinformowali FBI, że planują wykorzystać go do prowadzenia Fabryki Krętaczy. Dopiero wtedy Biuro zainteresowało się pisarzem, który podtrzymywał jego uwagę, prowokując agentów federalnych i skarżąc się na nich Joyce'owi i Bradenowi. Wysmażył nawet czternastostronicowy elaborat krytykujący agenta specjalnego Knoblaugha za rzekome sprzyjanie faszystom, lecz dopiero gdy usiłował doprowadzić do wydalenia go z Kuby,

Hoover kazał swoim ludziom podsumować wszystko, co wiedzieli na temat pisarza[47]. W rezultacie w kwietniu 1943 roku powstało wyczerpujące dossier, zawierające wszystkie jawne i poufne informacje na temat Hemingwaya. Prowadziły one do konkluzji, że Biuro „nie posiada żadnych informacji, które wiązałyby go z partią komunistyczną lub [...] wskazywały, że jest lub był członkiem partii"[48].

W tym czasie FBI założyło już Hemingwayowi oficjalną teczkę – opatrzoną numerem 64-23312 – która pęczniała z upływem lat, kiedy pisarz trafiał na pierwsze strony gazet lub gdy pracownik przesłał raport na jego temat[49]. Liczba „64" oznaczała „różne [sprawy] zagraniczne", co było ogólną kategorią, obejmującą też Kubę. Wiele informacji w nich zawartych dotyczyło walki o wpływy na Kubie pomiędzy Fabryką Krętaczy i FBI oraz kwalifikacji Hemingwaya do pracy wywiadowczej. Inne dokumenty dawały wyraz zaniepokojeniu Biura, że Hemingway może skrytykować FBI w kolejnej książce, czego Hoover bardzo by sobie nie życzył. Kilka dokumentów to efekt uboczny innych teczek (np. tej dotyczącej weteranów Brygady Abrahama Lincolna lub pogłębionej analizy postaci Gustavo Durána, podejrzewanego o sprzyjanie komunistom), uważanych za znacznie poważniejsze od „liberalizmu" Hemingwaya.

Teczka nie zawierała materiałów kontrwywiadu dotyczących bezpieczeństwa wewnętrznego, a jej zawartość wskazuje, że FBI nie obserwowało Hemingwaya w sposób systematyczny, nie prowadziło też śledztwa ukierunkowanego na postawienie go w stan oskarżenia za przestępstwo szpiegostwa[50]. Wiele lat później, w lipcu 1955 roku, pracownik FBI miał sprawdzić zawartość teczek od 1938 i dojść do wniosku, że „FBI nie prowadziło [żadnego] śledztwa [...] w sprawie wskazanej osoby [Hemingwaya]”[51]. Biuro nigdy nie darzyło Hemingwaya szczególną sympatią ani mu nie ufało, niemniej pisarz był w błędzie, gdy już w 1942 roku twierdził, że rząd Stanów Zjednoczonych ma go na oku, nie będąc pewnym jego wiarygodności[52]. Korespondencja i rozmowy telefoniczne Hemingwaya podlegały wojennej cenzurze, jak wszystkich innych obywateli, lecz nikt nie uczynił go przedmiotem specjalnej uwagi. Nikt też nie śledził pisarza w Nowym Jorku lub Hawanie, żeby ustalić, co zamierza.

W czerwcu 1947 roku Hemingway udał się do ambasady USA w Hawanie, aby odebrać dowód uznania za wojenną służbę: amerykańską Brązową Gwiazdę. Na zdjęciu, wykonanym podczas uroczystości, ubrany jest w białą guayaberę z długim rękawem – wyszywaną kubańską bluzę, noszoną na oficjalne okazje. Pułkownik w mundurze galowym – bluzie khaki z baretkami odznaczeń i krawacie – z uroczystą miną unosi medal, by przypiąć go do guayabery, przypuszczalnie po odczytaniu przez adiutanta pochwały dla korespondenta wojennego za jego pracę we Francji po D-Day, od 20 lipca do 1 września oraz od 6 września do 6 grudnia, czyli w okresie obejmującym Rambouillet i współpracę z Davidem Bruce'em, oraz za pobyt na froncie z 22. pułkiem piechoty, po zdobyciu Paryża[53]. Pisarz otrzymał pochwałę za „obycie ze współczesną nauką wojskową” i „swobodne krążenie pod ogniem w rejonach walk”, aby dostarczyć „czytelnikom żywy opis trudności i triumfów frontowego żołnierza”.

Jednak słowa pochwały nie uczyniły go szczęśliwym. Pisarz ma wyraz twarzy człowieka, który czuje się skrępowany, jakby coś było nie tak. Przyjął odznaczenie i pochwałę, by ją oprawić w ramki lub dołączyć do osobistych papierów w Fince, a następnie niemal natychmiast napisał do Lanhama, że „sprawa z Brązową Gwiazdą jest niezwykle intrygująca". Nie znał kulis wydarzenia, nie wiedział, kto przepchnął jego odznaczenie przez system lub naszkicował tekst uzasadnienia, ale uznał, że był to „bardzo śliski kawałek pisaniny"[54]. Rzecz w tym, że Hemingway pragnął wyższego odznaczenia, odzwierciedlającego jego dokonania na polu walki (np. Krzyża za Wybitną Służbę – DSC, który, jak często powtarzał, dostał zamiast niego jeden z oficerów OSS będący w tym samym czasie co on w Rambouillet[55]). Być może myślał, że DSC ochroni go przed stygmatem przedwczesnego antyfaszysty, co to nie tylko podpisywał apele i wygłaszał mowy, lecz i posunął się do nawiązania współpracy z NKWD.

Z braku Krzyża za Wybitną Służbę życie pisarza toczyło się jak dawniej. We wrześniu pisarz oznajmił Lanhamowi, że ponownie znalazł się „w czarnej dupie [ma depresję]", a nowiny polityczne napływające z Waszyngtonu są „bardzo ponure"[56]. Mówiąc, że ma po dziurki w nosie wojny, dawał do zrozumienia, iż nadal nie aprobuje twardej linii, którą administracja Trumana obrała w stosunku do Sowietów[57].

Niecały miesiąc później pochwalił Gellhorn, która potępiła sposób, w jaki członkowie HUAC potraktowali kompozytora Eislera, w artykule opublikowanym na łamach „New Republic" z 6 października tego roku. Hemingway przeczytał ten tekst i uznał go za „dobry [...] Ona jest najlepsza, kiedy walczy o coś, w co wierzy..."[58].

W listopadzie 1947 roku zapoznał Lanhama ze swą analizą przesłuchań Dziesiątki z Hollywood. Doszedł do zdroworozsądkowego wniosku, że „rzecz cała była niegodna [...] zarówno komuniści, jak i członkowie komisji zachowali się wyjątkowo tchórzliwie”[59]. Spekulował, że musieli mieć coś na sumieniu nie dlatego, iż byli komunistami, ale że się „kurwili zamiast pisać tak dobrze, jak mogli”, tzn. tworzyli scenariusze filmowe zamiast powieści – a później zaczęli być komunistami, żeby „zbawić duszę”. Był to znany refren – Hemingway często potępiał pisarzy, którzy pojechali do Hollywood, żeby się sprzedać wytwórniom filmowym, zamiast zachować niezależność i artystyczną godność.

W następnym zdaniu Hemingway wyjaśnia, jak on by postąpił, gdyby został wezwany przed komisję. Najpierw zaprzeczyłby, że kiedykolwiek był komunistą, a następnie oświadczył, że dla niego członkowie HUAC „wyglądają na ch...ów [sic], mówiąc to wolno i wyraźnie do mikrofonu”[60]. Zakończyłby słowami, że czuje do nich „kompletną pogardę” i że jego ojciec, dziadek i pradziadek też by ją odczuwali. A poza tym w ciągu ostatnich trzydziestu lat znał tylko czterech uczciwych kongresmenów.

Komisja nigdy nie wezwała Hemingwaya do Waszyngtonu na konfrontację, chociaż HUAC miała teczkę pisarza, podobną do teczki FBI poświęconej jego osobie (część materiałów mogła trafić do komisji w wyniku regularnej współpracy obu organizacji). Były tam smakowite kąski o pomocy, której udzielił Republice Hiszpańskiej i komunistom walczącym po jej stronie. Jednak, podobnie jak agenci FBI, śledczy HUAC nie byli w stanie wykazać, że Hemingway był komunistą, a co dopiero sowieckim szpiegiem. Ten fakt w połączeniu z jego sławą przypuszczalnie zapobiegł wezwaniu pisarza przed komisję. Czym innym było zastraszanie człowieka pokroju Eislera lub pojedynek z zdeklarowanym komunistą Lawsonem, a czym innym postawienie zarzutów pisarzowi, który urósł do rangi amerykańskiej ikony[61].

Ze swej strony Dziesiątka z Hollywood nie zeszła ze sceny po cichu lewymi schodkami. Zachowanie przed Komisją kosztowało ich utratę poparcia wielu ludzi z Hollywood o umiarkowanych poglądach. Inni byli gotowi protestować w ich obronie[62]. Dramaturg Arthur Miller zaproponował wykupienie na ten cel całej kolumny w gazecie, a słynni pisarze, jak Thomas Mann, użyczali swych nazwisk na potrzeby kampanii[63]. Stary przyjaciel Hemingwaya, Archibald MacLeish, wystąpił przeciwko Komisji, zarzucając jej, że feruje quasi-legalne wyroki bez zapewnienia ofiarom ochrony prawnej, i konkludując, iż uczyniła więcej dla zniszczenia wolności „niż wszyscy komuniści na ziemi"[64].

Kilku innych starych przyjaciół robiło wszystko, żeby skłonić Hemingwaya do zabrania głosu w tej sprawie. Najbardziej wytrwale naciskał go Milton Wolff. Kiedy poznali się w Hiszpanii, Wolff był już zaprawionym w bojach weteranem, który miał objąć dowództwo Brygady Abrahama Lincolna wchodzącej w skład Brygad Międzynarodowych. Hemingwayowi spodobało się to, co zobaczył, i opisał Wolffa jako „wysokiego niczym Lincoln i chudego jak on; dzielnego i dobrego żołnierza, jak ci, którzy dowodzili pod Gettysburgiem"[65]. Podczas drugiej wojny światowej Wolff zaciągnął się do amerykańskiej armii i służył w OSS, zyskując opinię „porywczego, radykalnego oficera, będącego dzieckiem wielkiego kryzysu oraz liberałów z Brooklynu [...] [i] kłótliwego, sprawiającego kłopoty osobnika"[66]. Po wojnie Wolff kontynuował walkę z faszystowskimi reżimami pozostałymi u władzy, głównie z frankistowską Hiszpanią[67]. Był niestrudzonym organizatorem, pisarzem i mówcą, który więcej niż raz stawał na podium w hali Madison Square Garden w Nowym Jorku. Nie należał do partii komunistycznej, ale równie dobrze mógłby być jej członkiem, gdyż w wielu sprawach był po tej samej stronie co partia i regularnie konsultował się z jej przywódcami. Działalność polityczna Wolffa spowodowała, że zajął poczesne miejsce na sporządzonej przez FBI i HUAC liście wywrotowców[68].

Wolffa i Hemingwaya łączyła dziwna przyjaźń-nieprzyjaźń. W Hiszpanii zaczęli dobrze, ale dwa lata

Nigdy się nie poddawaj: weteran hiszpańskiej wojny domowej i aktywista Milton Wolff przemawia na wiecu w Nowym Jorku, rok 1946. *Abraham Lincoln Collection, Tamiment Library*

później Wolff był jednym z tych lewicowców, którzy skrytykowali Hemingwaya za to, że w *Komu bije dzwon* opisał okrucieństwa popełniane przez republikanów. Hemingway odparował, że Wolff należał do „kutasów" potrafiących dźgnąć przyjaciela w plecy[69]. Kilka dni później przeprosił, że napisał „taki ostry list" do znacznie młodszego mężczyzny. Chciał cofnąć swoje słowa i życzył Wolffowi szczęścia we wszystkich jego zamierzeniach[70]. Jedna z opowieści podaje, że Hemingway miał udzielić później Wolffowi szczodrej pożyczki. Ten natychmiast przesłał telegraficzne podziękowania, ale dodał, że nadal uważa, iż nowa powieść jest „marną książką"[71].

Latem 1946 roku Wolff pierwszy zwrócił się do Hemingwaya z prośbą o poparcie nadchodzącej dziesiątej rocznicy powstania Brygady im. Abrahama Lincolna, oferując Ernestowi „robotę prezesa"[72]. Wolff zadzwonił do niego później z zagranicy – co w 1946 roku było kosztownym przedsięwzięciem – i doznał rozczarowania, bo Hemingway ciągle zmieniał temat, woląc rozmawiać o swoim męstwie na froncie francuskim w 1944 roku[73]. Aby mieć pewność, że Wolff zrozumiał przesłanie, Hemingway przedstawił mu swoją odpowiedź w liście z 26 lipca, wysłanym pocztą: jest zbyt zajęty powieścią, żeby przewodniczyć „politycznemu zgromadzeniu", i nie podpisze listów, których sam nie napisał[74].

Poszedł jednak na kompromis i zgodził się nagrać dla Wolffa swój pean na cześć Jima Lardnera. Uczynił to na początku 1947 roku, dodając kilka słów o tym, jaki jest dumny, że znalazł się w towarzystwie innych „przedwczesnych antyfaszystów", co było określeniem, które zyskali, gdy jako pierwsi wystąpili przeciwko faszyzmowi, jadąc na wojnę w Hiszpanii[75].

Nie chciał się jednak bardziej zaangażować. W maju 1947 roku Wolff przesłał mu telegram z prośbą o udział w jednej lub dwóch uroczystościach pamiątkowych w Madison Square Garden, które miały się odbyć we wrześniu: „Chcemy obecności ludzi związanych z walką narodu hiszpańskiego. Czy nam odmówisz?”[76]. Nie zachowała się odpowiedź pisarza, niemniej Hemingway nie wziął udziału w żadnej uroczystości, a w nadchodzących latach zachowywał dystans w stosunku do polityki na kontynencie[77].

ROZDZIAŁ 12

ZIMNA WOJNA

Koniec z buńczucznymi słowami

„Siatka czerwonych wpakowana za kratki przez jasnowłosą królową". Dwudziestego pierwszego lipca 1948 roku nagłówki nowojorskich brukowców zapowiedziały wystąpienie kobiety, która ujawni wszystko, co wie o sowieckiej działalności szpiegowskiej w Stanach Zjednoczonych[1]*. Kilka dni później HUAC – Komisja ds. Badania Działalności Antyamerykańskiej – wezwała „jasnowłosą królową" do Waszyngtonu na zeznania.*

Informatorką okazała się Elizabeth Bentley, absolwentka Vassar College. Wbrew prasowym fantazjom włosy miała kasztanowe i, choć liczyła tylko czterdzieści lat, coś z matrony, z szeroko rozstawionymi oczami, wysokim czołem i rozmytą linią brody. Na przesłuchania wkładała ciemne kostiumy i bluzki z falbankami, lubiła również naszyjniki z pereł opinające szyję. Mimo przeciętnego wyglądu ta była komunistka wywarła silne wrażenie. Wydawała się obojętna zarówno na tłoczącą się publiczność, jak i na wrogość wielu wpływowych mężczyzn i kobiet oskarżonych przez nią o szpiegowanie na rzecz Rosjan. Otoczona reporterami kucającymi i stojącymi na każdym wolnym skrawku przestrzeni, „panna Bentley łypała gniewnie w stronę kamer [...] gdy rozlegał się sygnał rozpoczęcia transmisji radiowej lub telewizyjnej [...] i szła spokojnie na miejsce dla świadka, aby po złożeniu przysięgi i otarciu czoła z powodu gorąca wytwarzanego przez iluminacyjne reflektory opowiedzieć swoją historię"[2].

Liczba Amerykanów szpiegujących dla Sowietów, których wymieniła, zapierała dech w piersi, podobnie jak stanowiska, które zajmowali – od Białego Domu po Departament Skarbu, od Departamentu Stanu po Departament Sprawiedliwości, a nawet OSS, agencję wywiadu, która działała w czasie wojny. Zeznała przed komisją, że oficer OSS nazwiskiem Duncan Lee, jeden z adiutantów generała Donovana, przekazywał jej od ręki informacje umieszczane w korespondencji przychodzącej generała, z pełną świadomością, że trafią do innej poczty przychodzącej – w Moskwie.

Podczas składania zeznań Bentley robiła się niespokojna jedynie wówczas, gdy pytano ją o sowieckiego rezydenta, dla którego pracowała – i którego kochała z rozpaczliwą namiętnością. Był nim Jacob Golos, ten sam stary bolszewik, który zwerbował Hemingwaya zimą na przełomie 1940–1941 roku[3].

Elizabeth Bentley była dla Sowietów łączniczką, może nawet namiastką oficera prowadzącego. Oznaczało to, że spotykała się twarzą w twarz z amerykańskimi szpiegami w imieniu NKWD. Mieszkająca w Nowym Jorku Bentley co dwa lub trzy tygodnie jechała pociągiem do Waszyngtonu, gdzie spotykała się z informatorami w restauracjach i miejskich parkach. Nikt nie zwracał uwagi, a tym bardziej nie zapamiętywał pospolicie wyglądającej Amerykanki w średnim wieku siedzącej w boksie restauracji Martin's Tavern w Wisconsin lub kafejce przy N Street w Georgetown w towarzystwie, powiedzmy, oficera OSS lub urzędnika wyższej rangi. Po spotkaniu wkładała otrzymane tajne materiały do dużej torebki lub torby na zakupy, jeśli było ich wiele, i wiozła je do Nowego Jorku, gdzie przekazywała wszystko swojemu kontaktowi z NKWD. Od 1941 do jego śmierci w 1943 roku wszystko, co zebrała, wędrowało do Jacoba Golosa, głównej postaci sowieckiej siatki szpiegowskiej na Wschodnim Wybrzeżu.

Bentley nie tylko pracowała dla Golosa, ale i zapraszała go do swego skromnego, aczkolwiek wygodnego mieszkania przy Barrow Street 58 w dzielnicy West Village, która w 1941 roku była znacznie mniej prestiżowym adresem niż pięćdziesiąt lat później. Jedną z zalet miejskiego domu z cegły był kominek, nadający się idealnie do palenia papierów będących produktem ubocznym ich pracy. Golos był zupełnie dobrym szpiegiem, lecz nosił w kieszeniach zaszyfrowane notatki, a tajne dokumenty przechowywał w sejfie biura Intouristu – agencji turystycznej działającej przy Piątej Alei, w której on i Bentley pracowali. Dzielił się z nią niektórymi, choć nie wszystkimi, ze swoich sekretów. Chociaż żyli i pracowali razem w związku, który pewien żartowniś nazwał „grzechem burżujki i rozkoszą leninisty", zeznała, że Golos potrafił „trzymać buzię na kłódkę" i mówił jej tylko tyle, ile, jego zdaniem, musiała wiedzieć[4].

Ponieważ nie uczestniczyła w operacji zwerbowania Hemingwaya, nie musiała o nim wiedzieć i przypuszczalnie nigdy nie usłyszała jego nazwiska od Golosa. Ze swojej strony Hemingway mógł nie rozpoznać Golosa z zeznań Bentley. (Kiedy ją poznał, towarzyszący jej Golos przedstawił się jako „Timmy"). Zdjęcia Rosjanina były (i są) nieliczne, miały też upłynąć trzy lata, zanim Bentley podzieliła się wszystkimi ciepłymi wspomnieniami związanymi z niskim mężczyzną o nietypowym wyglądzie – „uderzająco błękitnych oczach" i „jasnorudych włosach"[5]. Hemingway zdawał sobie jednak sprawę, co jej zeznania oznaczały dla szerszego klimatu politycznego oraz Komisji pragnącej demaskować sowieckich szpiegów, nawet tych, którzy nigdy nie zdradzili żadnych urzędowych tajemnic.

Dwudziestego ósmego lipca, kiedy opowieści Bentley zaczęły ukazywać się w prasie, Hemingway napisał do Lanhama, że wie, iż czasy się zmieniły. „Za dawnych dni", kiedy potrzebował informacji, mógł pójść do „głównego Ruskiego", a ten dzielił się nimi „w zaufaniu"[6]. Jednak, być może pamiętając sowieckiego szpiega, który nawiązał z nim kontakt na Kubie po powrocie z Europy w 1945 roku, dodał, że „od ponad dwóch lat nie widział żadnego Ruskiego". Powodem wspomnianego stanu rzeczy było to, że Amerykanie przestali ufać komunistom. Odkąd rząd Stanów Zjednoczonych rozpoczął zimną wojnę, Hemingway unikał „nawet [utrzymywania z nimi] kontaktów towarzyskich". W usprawiedliwiającym tonie powrócił do znajomych tematów lojalności i zaufania. Stwierdził, że był jak Jim Bridger, dziewiętnastowieczny traper, który pośredniczył w kontaktach między indiańskimi plemionami i osadnikami. Rzetelność Bridgera nie budziła wątpliwości – wszyscy mu ufali, był bowiem ucieleśnieniem wiarygodności. On, Hemingway, całe życie starał się być „wiarygodny", ponieważ zależało mu na tym bardziej [...] niż na czymkolwiek innym na świecie".

W nadchodzących miesiącach Hemingway powtarzał to wielokrotnie. Napisał Lanhamowi w jednym z listów, że nadal nie wierzy w nic, oprócz walki za własny kraj, kiedykolwiek ojczyzna wezwie do broni[7]. Później podsumował to zwięźle: on, Ernest Hemingway, nigdy nie był „pieprzonym zdrajcą"[8].

W tym czasie spektakl w Waszyngtonie trwał nadal. Bentley oraz inny były komunistyczny szpieg, redaktor „Time'a" Whittaker Chambers, w dalszym ciągu wskazywali palcem tych Amerykanów, którzy szpiegowali dla Sowietów, a ci stanowczo zaprzeczali oskarżeniom, mogącym kosztować ich karierę, a nawet życie. Zastępca sekretarza skarbu Harry Dexter White, dawny znajomy Hemingwaya w tym departamencie, który odegrał pewną rolę w podróży pisarza do Chin w 1941 roku, stanął przed HUAC 13 sierpnia 1948 roku, aby zeznać, że nigdy nie był komunistą ani nawet bliski tego, by nim zostać". Wyznawane przez niego zasady „czyniły [dla niego] niemożliwym dopuszczenie się aktu nielojalności..."[9]. Podobnie jak Lawson, powołał się na Konstytucję oraz Kartę Praw. Jego credo było „wyznaniem wiary Amerykanina":

> *...wolność religii, wolność słowa, wolność myśli i wolność prasy [...] uznaję te zasady za święte. Za fundament amerykańskiego stylu życia. Za rzeczywistość, a nie jedynie słowa na papierze...*

Trzy dni później White zmarł na atak serca. Dokumenty, które wypłynęły po jego śmierci, wykazały ponad wszelką wątpliwość, że nie tylko przekazywał amerykańskie tajemnice NKWD, ale i starał się popierać sowieckie interesy w tym samym stopniu co amerykańskie, kiedy tworzył fundamenty powojennego systemu finansowego. Był agentem czynnym i agentem wpływu. Jego obroną byłoby zapewne bagatelizowanie zbrodni Stalina i twierdzenie, że przyszłość leży we współpracy Związku Radzieckiego i Stanów Zjednoczonych. Mógłby również argumentować, że nie przyjmował rozkazów od Sowietów (a przynajmniej, iż robił to sporadycznie) i współpracował z nimi na własnych zasadach[10].

Jesienią 1948 roku Hemingway miał nadal coś do powiedzenia o swoich związkach z Sowietami. Dwudziestego czwartego listopada dał do zrozumienia, że znalazł się w niepewnym położeniu z powodu „dziwnych prac", jakie wykonywał dla Republiki w okresie hiszpańskiej wojny domowej, „za które dzisiaj mógłby zostać powieszonym, chociaż nigdy nie okazał się nielojalny wobec własnego

„Czerwona królowa szpiegów", która ujawniła wszystko FBI, Kongresowi i prasie, na zdjęciu podczas składania zeznań przed HUAC w 1948 roku. *Thomas D. McAvoy Photo, Getty Images*

kraju..."[11]. Dał do zrozumienia, że niektóre z nich zostały wykonane dla Sowietów, a nie jedynie dla Republiki: „Zawsze mówiłem ci wprost o moich kontaktach z Ruskimi itd." Potem powtórzył, że nigdy nie był nielojalny, dodając, że wiedział, „co jest nielojalnością, a co nie jest". Ostatnie wydarzenia dowiodły, że „inkwizytorzy", jak ich określał – przypuszczalnie agenci FBI z racji wyznania rzymskokatolickiego, sympatyzujący z Franco oraz członkowie HUAC podążający tropem podsuniętym przez FBI – najpewniej nie zrozumieją, dlaczego postanowił walczyć z faszyzmem na własny sposób. Nie będą potrafili wniknąć pod powierzchnię wydarzeń i zrozumieć, że koniec końców był lojalnym Amerykaninem „o czystym, nieskalanym sercu". Dlatego musi zachowywać ostrożność.

Dwa dni później napisał do Lanhama ponownie, tym razem o śledztwie w sprawie obywatelskiej lojalności wszczętym wobec jego dobrego przyjaciela, aby wyrazić opinię, że w tych czasach „dla człowieka wiedzącego to i owo żadna ostrożność nie będzie przesadna"[12]. Kilka tygodni później powrócił do tego, wyjaśniając Lanhamowi, że nie chciał pisać o pewnych sprawach, bo „nie miał zaufania do wszystkich listów, telefonów i radia"[13].

Czy w swoich listach do Lanhama Hemingway pisał prawdę? Czy generał mógł uwierzyć pisarzowi na słowo? Odpowiedź – do pewnego stopnia twierdząca – jest skomplikowana. W Hiszpanii, podobnie jak we Francji 1944 roku, Hemingway mógł obejść kilka przepisów i odgrywać bardziej aktywną rolę od przypisanej korespondentowi wojennemu, ale wszystko, co robił, służyło dobrej sprawie – tj. zwalczaniu faszyzmu i zdobyciu tego, co nazywał „true gen" (w slangu RAF-u pełna prawda lub autentyczna historia). I tak było rzeczywiście, nawet jeśli poglądy polityczne Hemingwaya stawiały go na marginesie. Pisarz może nie chcieć opowiedzieć czytelnikom o pewnych sprawach, ale nie musi to oznaczać, że się czegoś wstydzi.

Hemingway pominął jednak pewien niezwykle ważny fakt – nie spotykał się z Sowietami jedynie po to, żeby zdobywać użyteczne informacje. Nie chodziło też wyłącznie, ani przede wszystkim, o Hiszpanię. Zimą przełomu 1940–1941 roku, po zakończeniu hiszpańskiej wojny domowej, zgodził się współpracować z NKWD w walce z faszyzmem i spotykał się potajemnie z sowieckimi szpiegami podczas drugiej wojny światowej. Nie miało znaczenia, że nie zamierzał być nielojalny wobec własnego kraju. Jego relacje z NKWD były czymś, czego nie zdołałby wytłumaczyć, szczególnie członkom HUAC lub FBI – organizacji, która miała go zapamiętać niekoniecznie z powodu poglądów politycznych, lecz bardziej z tego, jak obraził jej pracowników w Hawanie w 1942 i 1943 roku.

Wszystko to powodowało, że dźwigał dokuczliwy ciężar. Hemingway mógł powiedzieć Lanhamowi oraz jednej lub dwóm innym osobom o brzemieniu, jakim był jego przedwczesny antyfaszyzm, ale wewnętrzny ciężar – wynikający ze związku z NKWD – był sekretem, o którym wiedzieli tylko on i Sowieci. Nie mógł podzielić się tym z nikim innym. Co gorsza, pewnego dnia mógł pojawić się zdrajca, następny Guzenko lub Bentley, który przypadkiem będzie znać jego tajemnicę i podzieli się nią z FBI lub HUAC. Nie było mu trudno wyobrazić sobie, że FBI podsłuchiwało jego rozmowy telefoniczne lub przechwytywało listy. Że pewnego dnia stanie w Caucus Room, nękany przez członków komisji. Wyobrażał sobie, że walczy z nimi jak John Lawson i Dziesiątka z Hollywood i zostaje skazany za obrazę Kongresu, co mogłoby mu utrudnić bycie pisarzem we własnym kraju.

Pod koniec lat czterdziestych było jasne, że zwycięstwo w drugiej wojnie światowej nie przyniesie wypłaty „pokojowej dywidendy". W 1949 roku Związek Radziecki przeprowadził pierwszą próbę z bombą atomową i złamał monopol Ameryki na superbroń. Kilka miesięcy później kontynentalne Chiny dostały się pod panowanie komunistów. Władzę objęli Mao i Czou, a Czang musiał się zadowolić pobliską wyspą Tajwan. W 1950 roku stalinowska Korea Północna napadła niekomunistyczną Koreę Południową, zapoczątkowując wojnę mającą potrwać do 1953 roku. W kraju nasiliła się czerwona panika, kiedy senator z Wisconsin Joseph R. McCarthy rozpoczął wymierzone w komunistów „polowanie na czarownice", co sprawiło, że prace HUAC nabrały pozoru dokładności i profesjonalności.

Dopóki przyciągał uwagę prasy, McCarthy kierował oskarżycielski palec gdziekolwiek mu się podobało, nie przejmując się brakiem mocnych dowodów. W roku 1950 i kolejnych latach zaczął stawiać coraz bardziej sensacyjne zarzuty, prowadząc dochodzenia i przesłuchania aż do 1954 roku. W marcu 1950 wysunął oskarżenie, że „oficjalne raporty wywiadowcze" dowodzą, iż Gustavo Durán, niegdyś bliski przyjaciel Hemingwaya, był „zajadłym komunistą"[14]. Durán wynajął prawników i długimi miesiącami bronił swoich działań przed, podczas i po zakończeniu hiszpańskiej wojny domowej. Wspólni przyjaciele, jak ambasador Spruille Braden, bronili Durána pod przysięgą, a jego historia trafiła na łamy „Timesa".

Hemingway, chociaż nie znamy jego reakcji, musiał śledzić ponury przypadek Duràna[15].

W marcu 1951 roku dwoje amerykańskich komunistów, Julius i Ethel Rosenbergowie, stanęło przed sądem w Nowym Jorku z powodu roli, jaką odegrali w wykradzeniu tajemnicy broni atomowej i przekazaniu jej NKWD. Podczas procesu Elizabeth Bentley zeznała, że Jacob Golos – jej kochanek, który zwerbował Hemingwaya – spotykał się potajemnie z Juliusem. Nie był to fakt o znaczeniu kluczowym, ale wzmocnił akt oskarżenia, szczególnie gdy Bentley oświadczyła, że Komunistyczna Partia Stanów Zjednoczonych „służyła wyłącznie interesom Moskwy, niezależnie od tego, czy chodziło o propagandę, szpiegostwo czy sabotaż"[16]. W trakcie procesu Bentley sprzedała swoją opowieść magazynowi „McCall's", na którego łamach latem tego roku zaczęły się ukazywać obszerne fragmenty jej wspomnień, okraszone sensacyjnymi szczegółami jej życia z Golosem: jak „rozpoczęła podziemną robotę" z człowiekiem, którego kochała, jak zwerbował ją do „specjalnej pracy", jak „wykorzystywano ją w czerwonej siatce szpiegowskiej" i jak Golos zmarł w jej ramionach w Święto Dziękczynienia 1943 roku[17]. Jeśli Hemingway nadal czytał „McCall's", musiał rozpoznać rudowłosego sowieckiego szpiega o błękitnych oczach, który stał się gwiazdą czerwcowego wydania.

Ironia polega na tym, że zagrożenie sowieckim szpiegostwem osłabło w tym samym czasie, gdy czerwona panika osiągnęła poziom szczytowy. Dzięki takim zdrajcom jak Bentley oraz nowym możliwościom rządu USA w dziedzinie łamania sowieckich szyfrów, w Stanach było mniej Amerykanów szpiegujących dla NKWD niż w innym okresie dwóch ostatnich dekad[18]. Ławka Sowietów stała się tak krótka, że centrala w Moskwie postanowiła odnowić dawne kontakty, m.in. zainteresować się na nowo osobą Hemingwaya.

W 1948, a potem w 1950 roku pomiędzy centralą w Moskwie i *riezydienturą* w Waszyngtonie trwała ożywiona wymiana depesz dotyczących Hemingwaya, kryptonim „Argo". Ósmego czerwca 1948 roku Moskwa zapytała o niego, a następnie (pewnie dlatego, że Waszyngton nie udzielił odpowiedzi) przesłała 3 lipca 1950 roku kolejną wiadomość. „Prosimy, abyście ustalili obecne miejsce pobytu «Argo» – o którym informowaliśmy was wcześniej..."[19]. Centrala podsunęła pomysł odnowienia kontaktu, a następnie „przypomniała [Waszyngtonowi] [...] że «Argo» został zwerbowany z pobudek ideologicznych [...] przez «Sounda» [Golosa] i był jakiś czas obserwowany, ale nie został zweryfikowany do pracy operacyjnej". Moskwa zaoferowała przesłanie do Waszyngtonu otrzymanego od Hemingwaya materialnego znaku rozpoznawczego, „gdyby pojawiła się taka potrzeba"[20]. Znając jego wartość, NKWD pieczołowicie przechowywało znaczki, które Hemingway dał Golosowi w 1940 roku. Okazując jeden z nich, nieznajomy Rosjanin mógłby dowieść, że jest prawdziwym agentem NKWD.

Hemingway nie miał pojęcia, że NKWD o nim myśli, a odnowienie kontaktu z sowiecką siatką wywiadowczą było ostatnią rzeczą, jakiej pragnął. W dalszym ciągu zajmował to samo stanowisko polityczne co w 1947 i 1948 roku. Miał krytyczny stosunek do amerykańskiej polityki zagranicznej, ale powstrzymywał się przed krytykowaniem polityki Sowietów. Żywił mieszane uczucia w stosunku do wojny koreańskiej: ukłucie żalu, bo była to pierwsza amerykańska wojna od 1918 roku, w której nie brał udziału, i wiele wątpliwości dotyczących strategii oraz umiejętności toczących ją generałów. Czy wysłanie żołnierzy na wojnę lądową w Azji miało sens, skoro główne zagrożenie znajdowało się na równinach Europy? Zapewnił jednak Lanhama, że jeśli w Europie wybuchnie wojna, stanie do walki za swój kraj, może nawet jako partyzant za liniami wroga, jak Robert Jordan, bohater jednej z jego książek[21].

Trwające w kraju polowanie na komunistów trzymało go na krawędzi. W dalszym ciągu pisał Lanhamowi, że stawia na pierwszym miejscu zaufanie i lojalność – fundamentalne wartości dla mężczyzny. Utrzymywał, że jest niezwykle wyczulony na każdą rozmowę o „zdradzie, tchórzostwie i zmowie oraz dobrych cechach" je równoważących[22]. Przeszedł następnie do podziału ludzi na tych, którym można zaufać, oraz całą resztę. On i Lanham byli ponad wszelkim podejrzeniem, bo „wiele razy ryzykowali dla naszego rządu". Po drugiej stronie znajdowały się różne niebudzące zaufania grupy: komuniści, jezuici i liczni (choć nie wszyscy) agenci FBI. Na koniec wyraził żal, iż Waszyngton nie poznał się na jego wiarygodności. Chociaż podczas wojny służył bezinteresownie rządowi Stanów Zjednoczonych „w wysoce tajnym charakterze", usłyszał od wewnętrznego źródła, że cenzorzy z Miami otrzymali polecenie, aby przetrzymywać jego korespondencję dwa tygodnie, i z goryczą zauważył, iż była to marna nagroda za jego służbę.

Ryzykowanie dla takiej sprawy jak walka z faszyzmem nie wchodziło obecnie w grę. Przyjaciel Hemingwaya z czasów wojny w Hiszpanii, Milton Wolff, ciągle nagabywał pisarza o poparcie i publiczne wystąpienia.

Na wiosnę 1950 roku poprosił Hemingwaya, żeby przyjechał do Nowego Jorku i wygłosił „kilka odważnych słów" podczas wiecu (przypuszczalnie przeciwko polityce amerykańskiej wobec Hiszpanii, gdzie u władzy nadal pozostawał Franco[23]). Hemingway i tym razem nie przyjechał, zwlekając z udzieleniem odpowiedzi, aż było po wszystkim. Napisał wówczas do Wolffa, że był zbyt zajęty, aby udzielić pomocy. W dniu wiecu poprawił setki stron korekty, pracując cały dzień, do późnej nocy, by dotrzymać terminu[24]. Po zakończeniu pracy nad korektą poślizgnął się i upadł na pomoście nawigacyjnym „Pilar", uderzając o gaf – hak na duże ryby – i lądując na „masywnej klamrze". W rezultacie doznał kolejnego wstrząsu mózgu „z gwiazdkami", miał krwotok jasnej krwi tętniczej i zranił się w plecy, które natychmiast zaczęły puchnąć. Zapewnił Wolffa, że obecnie czuje się lepiej i pragnie, aby ten wiedział, iż jest nadal gotów pomóc każdemu z Hiszpanii, kto jest w tarapatach. Wspomniał o lekarzu Brygady Lincolna, Eddiem Barskym, który trafił do więzienia za odmowę złożenia zeznań przed HUAC. Jednak on, Hemingway, już ma własne zdanie w sprawie dalszego wspierania „wielkich naciskaczy", jak nazywał ludzi mających własne środki i niepotrzebujących jego pomocy. W każdym razie, dodał, Wolff i jego towarzysze sami się o to prosili: „Wy, chłopcy, w pewnym sensie to kupiliście". Najęli się na twardzieli, a potem narzekali, gdy wrogowie z prawej strony im oddali[25].

Wolff nigdy nie zapomniał, jak rozwścieczyły go słowa o napraszaniu się o kłopoty[26]. Musiał powstrzymać gniew, kiedy mu odpisał. Wiec okazał się sukcesem, ale ruch byłby znacznie silniejszy, gdyby Hemingway udzielił mu wsparcia. Słowa pisarza się „liczyły, zdołałyby skłonić wielu zagubionych, zastraszanych i pytających, «po co to wszystko»"[27]. Jednak „ty nie przyjechałeś i nie zabrałeś głosu. Cholernie źle się stało". Była jeszcze jedna rzecz, o której Wolff pragnął powiedzieć Hemingwayowi: młody radykał zawsze rozumie ryzyko związane z zaangażowaniem. Nie skarży się, że ponosi konsekwencje swoich decyzji. „Nie myśl, że krzyczymy, bo dostaliśmy to, cośmy «kupili»". Podnieśli wrzawę, bo to, co ich spotykało, było początkiem dalszego przesuwania się Ameryki na prawo.

Kiedy dziesięć lat później Wolff ponownie przejrzał listy, przypomniał sobie różnicę pomiędzy Hemingwayem podczas wojny w Hiszpanii „bez reszty oddanym sprawie" a człowiekiem trzymającym się na dystans w 1950 roku, kalkulując, czy im pomóc. Zmiana ta spowodowała, że Wolff „gorzko zapłakał"[28]. Nie wiedział, że Hemingway nadal zgadzał się z nim w wielu kwestiach, których tamten bronił. Pisarz nie zmienił poglądów w sprawie Franco i żałował, iż politycy pokroju polującego na czerwonych McCarthy'ego uprzykrzali życie takim dobrym ludziom jak Wolff. McCarthy nie był amerykańskim Franco, ale zrobił wystarczająco wiele złego.

Dzień po napisaniu listu do Wolffa Hemingway postanowił ściągnąć sobie na głowę trochę kłopotów. Napisał na maszynie i podpisał list do senatora McCarthy'ego, a następnie dodał postscriptum i podpisał się ponownie[29]. List jest chaotyczny i obraźliwy, miejscami pozbawiony sensu. Jednak jego istota jest jasna. Hemingway zaczyna od zakwestionowania odwagi i wojennych zasług McCarthy'ego. „Niektórzy z nas oglądali dzielne czyny i je liczyli, liczyli także McCarthych. Wiele ich było [dzielnych czynów], ale ty nie dokonałeś żadnego [z nich]...". Następnie napisał McCarthy'emu, że jest „gównem" i chętnie zobaczy go na Kubie, aby rozstrzygnęli spór przy użyciu pięści. McCarthy powinien stoczyć z nim walkę, ale woli używać „wezwań [sądowych]", ponieważ nie „ma ikry, by walczyć [choćby] z królikiem".

Przypuszczalnie Hemingway nie wysłał tego listu, bo podpisany znajduje się nadal w jego prywatnych papierach[30]. Być może powstrzymało go przekonanie, że ważniejsze dla niego jest pisanie książek niż bycie aktywistą, który mógłby zostać wciągnięty na czarną listę i pozbawiony możliwości publikacji. W 1948 roku powiedział swojemu wydawcy Charlesowi Scribnerowi, aby się nie martwił, że jego utwory „mogą zostać uznane za wywrotowe". Może przysiąc „w każdym czasie", że nie jest i nigdy nie był komunistą[31]. Trzy lata później, w 1951 roku, wyjaśnił A.E. Hotchnerowi, szczupłemu, żarliwemu młodemu pisarzowi i redaktorowi, który pojawił się w jego życiu w 1948 roku, że są to skomplikowane sprawy. Musiał być nie tylko wolny od komunistycznego piętna, ale i unikać pisania czegokolwiek, co mogłoby sprawiać wrażenie wywrotowego. Jego antyfaszystowska sztuka pochodząca z okresu jego pobytu w Madrycie, *Piąta kolumna*, była teraz uważana za „wywrotową"[32], niemniej kiedy ją napisał, nie uchodziła za taką. Nie chciał zostać „telewizyjną osobistością", wyjaśniającą pod przymusem „jakiejś komisji", która mu nie uwierzy, że kocha swój kraj i jest gotów nadal za niego walczyć „przeciwko wszystkim wrogom, zawsze i wszędzie". Lepiej wykorzysta swój czas, pisząc powieści, niż występując przed komisjami.

W latach pięćdziesiątych Hemingway przynajmniej dwukrotnie odrzucał prośby teatrów o zgodę na wystawienie *Piątej kolumny*[33]. Jego hołd złożony hiszpańskiemu komunistycznemu kontrwywiadowcy, broniącemu Republiki Hiszpańskiej przed faszystowskimi szpiegami, był niewątpliwie dziełem przedwczesnego antyfaszysty, napisanym w ostrzeliwanym hotelu Florida. Na dodatek *Piąta kolumna* była sztuką o szpiegowaniu. Jeśli chciał się trzymać z daleka od komunistów, rzeczą podwójnie ważną było unikanie komunistycznych szpiegów. W 1950 roku Hemingway wiedział lepiej od innych, że wyjaśnienie tego, co robił w Hiszpanii – nie wspominając o kontaktach z NKWD w latach czterdziestych – nie byłoby łatwe. Poza tym, gdyby próbował tłumaczyć się przed komisją, mógłby zostać poproszony o podanie nazwisk komunistów i ich sympatyków, ludzi takich jak Milton Wolff i Joris Ivens. Jak powiedział później przyjacielowi Peterowi Viertelowi, nie ma czasu na „kapowanie", jak ludzie z Hollywood, którzy donosili na dawnych przyjaciół[34]. Być może właśnie z tego powodu nie odpowiedział na apel Arthura Koestlera, aby wystąpił przeciwko prześladowaniu artystów w Europie Wschodniej[35].

Książka, którą Hemingway wydał w 1950 roku, z pewnością nie była wywrotowa. Rozgrywająca się w Wenecji powieść *Za rzekę, w cień drzew* opowiada o ostatnich godzinach życia oficera armii amerykańskiej. Richard Cantwell czuje się zmęczony i jest gotowy umrzeć. Stanowi przeciwieństwo energicznego Roberta Jordana z *Komu bije dzwon* walczącego, by uwolnić świat od faszyzmu. Cantwell wydaje się raczej połączeniem Bucka Lanhama i Hemingwaya po zakończeniu bitwy o Ardeny w 1945 roku. Mimo to Cantwell jest gotów wypełnić swój obowiązek. To oddany zawodowy żołnierz, walczący z wrogami kraju najlepiej, jak potrafi – niezależnie od osobistych odczuć i tego, kim jest nieprzyjaciel. W pewnym momencie książkowy pułkownik przemawia jak Hemingway w rozmowie z Mary Lanham w 1945 roku. Cantwell powiada, że Rosjanie „są naszym potencjalnym wrogiem, dlatego jako żołnierz jestem gotów z nimi walczyć, chociaż bardzo ich lubię. Nigdy nie widziałem wspanialszych ludzi, którzy byliby bardziej podobni do nas”[36].

Hemingway miał nadzieję, że powieść *Za rzekę, w cień drzew* spotka się z podobnym przyjęciem jak jego poprzednia książka, ale recenzje były mieszane. Za typową można uznać opinię zamieszczoną w „Saturday Review of Literature”, że powieść stanowi „syntezę wszystkiego, co złe w jego [Hemingwaya] poprzedniej powieści [...] [i] stawia pod znakiem zapytania przyszłość pisarza”[37]. Alfred Kazin z „New Yorkera” był zasmucony, że „taki dobry i uczciwy pisarz” zamienił się w „karykaturę samego siebie”. Magazyn „Time” utrzymywał, że Hemingway, wcześniej ogłoszony czempionem, przekroczył pięćdziesiątkę i „goni resztkami sił”[38].

Rozwścieczony Hemingway naszkicował odpowiedź na kartkach kalendarza „Warner's Calendar of Medical History” z 1939 roku, podobnego do tego, którego użył w 1941 i 1942 jako dziennika pokładowego podczas operacji „Friendless”. Prosi w niej redaktora „New Yorkera”, aby powiedział „panu Alfredowi KAZIMOWI (czy KAZINOWI) [...] że może sobie wsadzić (WSADZIĆ) swoją recenzję w DUPĘ”, i zaoferował się dostarczyć smarowidła. Szkic zawiera niedokończone zdanie zaczynające się słowami: „Nie jest rzeczą niegodną walczyć o własny kraj”, jakby walka za kraj załatwiała sprawę, równoważąc różne grzechy, od lichego pisarstwa po radykalne poglądy[39].

Odnotowując ukazanie się powieści *Za rzekę, w cień drzew*, sowieccy szpiedzy w Waszyngtonie zebrali szereg wycinków recenzji prasowych, które tak rozjuszyły Hemingwaya, i przesłali je do Moskwy na początku października 1950 roku – przypuszczalnie w celu uaktualnienia teczki „Argo"/Hemingwaya. Jeśli przeczytali książkę, nie zwrócili uwagi na fragment, gdzie Cantwell/Hemingway wyznaje, jak bardzo lubi Rosjan. Zamiast tego powiadomili Moskwę, że „pisarz podobno przystał do [obozu] trockistów" i „atakował [...] Związek Radziecki w artykułach i broszurach"[40].

Żadne z tych twierdzeń nie było choćby w przybliżeniu prawdziwe. Od czasu, gdy w 1940 roku egzekutor NKWD zamordował Trockiego w Meksyku, trockiści istnieli głównie w wyobraźni zbiorowej NKWD, a określenie to stało się ogólną etykietką wrogów reżimu (podobnie jak słowo „komunista" dla wielu ówczesnych Amerykanów). Nazwanie Hemingwaya trockistą było jednym ze sposobów ostudzenia na zawsze zainteresowania pisarzem. Jeśli ktokolwiek w NKWD myślał o Hemingwayu po 1950 roku, nigdzie tego nie odnotowano. Nie ma dowodów, że NKWD rozważało kolejne próby nawiązania kontaktu z Hemingwayem ani by spotkał on innego sowieckiego szpiega z krwi i kości[41]. Jednak o wspomnieniach pisarza szpiega z Hiszpanii NKWD i FBI miały nigdy nie zapomnieć.

ROZDZIAŁ 13

BEZ POLA MANEWRU

Podstarzały antyfaszysta na Kubie i w Ketchum

Wiosną 1958 roku, mimo złej pogody, Hemingway zabrał Mary na ryby w rejonie północnego wybrzeża Kuby. Już samo w sobie było to czymś niezwykłym, zwykle bowiem trzymał „Pilar" na kotwicy, kiedy morze było wzburzone. Mary była jeszcze bardziej zdumiona, gdy ujrzała jak Gregorio Fuentes, który opiekował się łodzią, nabija na haki nieświeżą przynętę – nadpsute ryby nie przyciągnęłyby poważniejszej zdobyczy i każdy poważny wędkarz zwyczajnie by je wyrzucił. Mimo to, kiedy rozmieścił pływaki i łódź wyglądała na gotową do ruszenia na łowy, Hemingway wyprowadził „Pilar" na otwarte morze, około piętnaście kilometrów od brzegu, tak że nie było widać lądu[1]*. Poprosił wówczas Mary, aby przejęła ster, podczas gdy on i Gregorio zajmą się pewną „drobną sprawą".*

Patrzyła, jak schodzą do kabiny i otwierają szuflady, a następnie „przewracają koje do góry nogami", wyciągając różnego rodzaju karabiny, strzelby, obrzyny, granaty ręczne, tajemniczo wyglądające kanistry i pasy amunicyjne – zabójczy ładunek, na którym spała w błogiej niewiedzy podczas tylu rejsów. Teraz wszystko trafiło do morza. Było tego tyle, że wyrzucenie wszystkiego za burtę zajęło im dobre pół godziny.

Hemingway nie wyjaśnił Mary, skąd pochodziła broń ani dlaczego została ukryta na „Pilar". Gregorio utrzymywał później, że pisarz pozwolił mu ukryć na łodzi „broń dla ruchu rewolucyjnego"[2]*. Czy dwaj mężczyźni pozbywali się dowodów udzielania pomocy Castro? Hemingway powiedział Mary, że tajny skład pochodził „z tego, co pozostało z dawnych czasów", po 1942 roku, i że broń nie była obecnie nikomu potrzebna*[3]*. Kiedy wyraziła przypuszczenie, że taka duża zbrojownia musiała być warta przynajmniej „parę kawałków", odparł mgliście: „To mój wkład w rewolucję", dodając: „Być może ocaliliśmy kilka istnień ludzkich"*[4]*. Czy chodziło mu o to, że pomagał finansować ruch Castro lub zdobywać dla niego uzbrojenie? Albo że nie chciał, by broń wpadła w ręce szabrowników, jeśli prawo i porządek runą? Nie wiemy, bo zamiast wyjaśnić sprawę, człowiek, który uwielbiał intrygi i któregoś dnia napisał, że jego związek z rewolucją był „niezwykle skomplikowany", wymógł na Mary złożenie przysięgi, że zachowa wszystko w tajemnicy i nigdy nie powróci do tego tematu*[5]*.*

Powieść *Za rzekę, w cień drzew* nie zawierała wywrotowych treści, ale następna książka Hemingwaya była od nich wolna w stopniu jeszcze większym, w ogóle nie poruszając zagadnień polityki i wojny. Odniosła także wielki sukces. *Stary człowiek i morze* to opowiadanie o ubogim kubańskim rybaku imieniem Santiago toczącym walkę o przetrwanie. Po czterdziestu ośmiu dniach spędzonych w jednoosobowej łodzi na łowieniu bez żadnego sukcesu, chwyta marlina i walczy z nim przez trzy dni. W końcu pokonuje wielką rybę i wyrusza do domu, lecz mającą poprawić mu byt zdobycz pożerają po drodze rekiny. Kiedy dopływa do portu, ma jedynie szkielet na dowód swego zwycięstwa. Nie to jednak jest rzeczą najważniejszą. Santiago/Hemingway wypowiada do czytelnika słynne słowa: „człowieka można zniszczyć, ale nie pokonać"*. Santiago stoczył dobrą walkę i wytrwał, okazując prawdziwą klasę. Odniósł duchowe zwycięstwo.

Nieliczni krytycy kręcili nosami na przypowieść, uznając ją za „pustą" oraz „ckliwą i setnymetalną"[6], ale tym razem książka okazała się prawdziwą łowczynią nagród, w 1953 roku dając Hemingwayowi Pulitzera w dziedzinie literatury. Rok później pisarz otrzymał literacką Nagrodę Nobla za całokształt twórczości, ale w oficjalnej pochwale wymieniono *Starego człowieka i morze*. Od wielu lat Hemingway pragnął tych nagród równie mocno jak Krzyża za Wybitną Służbę. Nieco ponad dziesięć lat wcześniej był bliski otrzymania nagrody Pulitzera, ale przewodniczący komisji, konserwatywny Nicholas Murray Butler, zgłosił weto, uznając *Komu bije dzwon* za książkę zbyt ordynarną. W kolejnych latach pisarz z niezadowoleniem obserwował, jak jego rywale, często prawie nieznani w Ameryce Północnej, dostają Nobla. W 1953 roku nagrodę przyznano Winstonowi Churchillowi za jego książki i mowy. Hemingway musiał zgrzytać zębami, kiedy stary brytyjski imperialista odbierał wyróżnienie... w dziedzinie literatury! Teraz jednak członkowie komitetu noblowskiego uhonorowali zawodowego pisarza za

* Ernest Hemingway, *Stary człowiek i morze*, przekł. Br. Zieliński, Warszawa 2007.

„mistrzowskie opanowanie sztuki narracji, którego dowiódł niedawno w opowiadaniu *Stary człowiek i morze,* oraz za wpływ, jaki wywarł na współczesną literaturę"[7].

Najbardziej prestiżowa nagroda literacka z łatwością zagłuszyła wszystkich krytyków, niewierzących i rywali, na równi żywych i umarłych. Przyjaciele z całego świata składali mu gratulacje. Hemingway zachował wiele listów, które napływały do Finki. Szwedzka aktorka Ingrid Bergman napisała, że „może [Szwedzi] nie są wcale tacy głupi", skoro dali nagrodę Hemingwayowi, i zakończyła słowami: „Z wyrazami miłości, Maria i Ingrid". (Ingrid grała rolę ko-

Czas zaczyna zbierać żniwo. Hemingway przed pojawieniem się *Starego człowieka i morza* na półkach księgarń.
Lee Samuels Photo, NY Public Library

chanki Roberta Jordana w filmowej ekranizacji *Komu bije dzwon*). Przyjaciel pisarza, Bill Allen, chwalił Hemingwaya za ukazanie ludziom „znaczenia prawdy". Wielki reżyser filmowy John Huston, barwna postać i oryginał, przesłał wiadomość złożoną z trzech słów: „Wielki, Papa, Wielki!"[8].

Jednak Hemingway nie czuł się wielki. Nie pojechał do Sztokholmu, aby odebrać nagrodę, przesyłając tylko mowę zawierającą mroczną refleksję nad dorobkiem swojego życia. Zaczął słowami „pisarstwo oznacza w najlepszym razie życie w samotności"[9]. Pisarz „zyskuje na znaczeniu, wyrzekając się samotności, ale wówczas jego praca ulega często pogorszeniu". Zawsze jednak powinien dążyć do stworzenia „czegoś nowego lub dokonania tego, co innym się nie udało".

Hemingway nie przesadzał, informując komitet noblowski, że nie może przybyć na uroczystość wręczenia nagród z powodu stanu zdrowia. Często ulegał wypadkom. Incydent na „Pilar" w 1950 roku, o którym wspomniał Wolffowi, był bardziej poważny, niż go opisał, w dodatku nastąpił po dwóch innych wstrząsach mózgu doznanych przez pisarza od czasu drugiej wojny światowej. W styczniu 1954 roku w ciągu dwudziestu czterech godzin przeżył dwa wypadki lotnicze w Afryce. Najpierw samolot wyczarterowany na lot widokowy wylądował w gęstych zaroślach niedaleko Wodospadu Murchisona w Ugandzie i Hemingway doznał lekkiego wstrząsu mózgu. Później samolot ratunkowy, który przyleciał po niego i Mary, z niewyjaśnionych powodów rozbił się i spłonął podczas startu. Próbując się ratować, Hemingway dosłownie wywalił drzwi głową, znacznie pogłębiając wcześniejsze obrażenia. Badanie kontrolne przeprowadzone w marcu wykazało, że był nadal daleki od wyzdrowienia. Powiedział Hotchnerowi, będącemu już wówczas przyjacielem rodziny, że „doszło do stłuczenia nerek – opadnięcia jelit – uszkodzenia wątroby – poważnego wstrząsu mózgu – poparzenia nóg, brzucha, prawego przedramienia, lewej dłoni, głowy i warg [...] [oraz] przemieszczenia kości prawego ramienia i barku”[10].

Hemingway nigdy nie odzyskał pełni zdrowia. Przyjaciele i biografowie uważają, że rok 1954 wyznacza początek nieodwracalnego upadku, który przyspieszyły różnorakie kontuzje, a później pogłębiły rozmaite dolegliwości i głęboka depresja[11]. Obawa, że straci zdolność pisania, przyprawiła go o kilka bezsennych nocy. Podobnie jak inny lęk, o którym wspomniał na przełomie lat czterdziestych i pięćdziesiątych: że dopadnie go antyfaszystowska przeszłość i FBI przyjdzie po niego, chociaż był teraz laureatem Nagrody Nobla.

Przynajmniej do 1957 roku Kuba była mu spokojną przystanią. Po trudach podróży coraz sławniejszy pisarz mógł powrócić do Finki z jej bezpieczną rutyną, która dawniej wzmacniała jego ciało i umysł. Rano pisał, stojąc przy oknie w sypialni i spoglądając na wzgórza porośnięte bujną roślinnością, a po lunchu przepływał pół mili w basenie lub wypływał „Pilar” na wody Golfsztromu, aby ciągnąć linkę z hakiem na marlina. Jeśli pogoda była zła lub ryba nie brała, pozostawał mu klub strzelecki lub walki kogutów w sąsiedniej wiosce. Wieczorami mógł przesiadywać ze starymi kubańskimi przyjaciółmi, którzy wpadali do niego niemal codziennie, lub zabawiać przyjezdnych Amerykanów w La Floridzie w centrum Hawany. Lokal miał teraz klimatyzację i popiersie najsłynniejszego klienta umieszczone we wnęce jednej ze ścian. Wydarzenia w Waszyngtonie i Nowym Jorku działy się daleko, za wodą. Jednak Hemingway nie zawsze mógł się odciąć od kubańskiej polityki, a ta w miarę upływu dekady zaczęła się domagać coraz większej uwagi.

W marcu 1952 roku były sierżant armii kubańskiej, Fulgencio Batista, objął władzę, ogłaszając wprowadzenie

Tamta dekada – jak widoczna na zdjęciu para – miała dobre i złe chwile. W jednej z dobrych chwil Hemingway i Mary pozują do zdjęcia przed Finką.
Ernest Hemingway Photo Collection, JFK Library

„zdyscyplinowanej demokracji". Określenie to stanowiło fasadę kleptokracji, której celem było wzbogacenie Batisty i jego kompanów oraz ugłaskanie zagranicznych inwestorów. Stany Zjednoczone były dobrym sojusznikiem i głównym partnerem handlowym. Na Kubie działało wiele amerykańskich firm. Mafia prowadziła kasyna i hotele, czyniące Hawanę atrakcyjnym – gdyż egzotycznym – celem podróży w oczach amerykańskich turystów. Powodowało to, że Batista stał się naturalnym obiektem ataku dla lewicowców o różnych demokratycznych i antyimperialistycznych dążeniach. Grupki opozycjonistów szybko wzięły na celownik jego reżim.

Kiedy Batista umacniał władzę, dwudziestopięcioletni Fidel Castro zaczynał stawać się przywódcą, z jakim należało się liczyć. Ten radykalny prawnik próbował sił w różnych rodzajach działalności. W 1947 roku wziął udział w nieudanej próbie obalenia Rafaela Trujillo, prawicowego dyktatora pobliskiej Republiki Dominikańskiej. Chociaż Hemingway i Castro mieli się spotkać dopiero w 1960 roku, pisarz popierał misję na Dominikanie, oferując radę i, być może, pieniądze jej organizatorom. Napisał Lanhamowi, że chciałby zrobić więcej, ale jest zbyt zajęty opieką nad poważnie chorym synem Patrickiem[12].

Castro ubiegał się o urząd na Kubie pod hasłami populistycznymi, przygotował nawet zarzuty prawne pod adresem reżimu, lecz w końcu uznał, że jedyną drogą obalenia Batisty jest walka zbrojna. Doprowadziło to do słynnego ataku na koszary Moncada w Santiago w 1953 roku, który okazał się błędem taktycznym, niemniej przydał Castro aury tajemniczości. Podczas procesu oświadczył, że pewnego dnia historia uniewinni go od fałszywych zarzutów, co wkrótce stało się jego wojennym zawołaniem.

Batista więził Castro do 1955 roku, kiedy popełnił fatalny błąd, uznając, że rywal nie stanowi już zagrożenia, i wypuścił go na wolność. Castro uciekł do Meksyku, gdzie zaczął planować następne posunięcie. Pod koniec 1956 roku wraz z niewielką grupą bojowników wylądował na kubańskim wybrzeżu w używanej amerykańskiej łodzi motorowej o nazwie „Granma" (pieszczotliwie Babcia) i wyruszył ku surowym, dalekim górom Sierra Maestra w prowincji Oriente, setki mil na południowy wschód od Hawany. Urządził tam kwaterę główną i zorganizował Ruch 26 Lipca, nazwany tak od dnia, w którym on i jego ludzie przypuścili atak na koszary Moncada.

Po początkowych niepowodzeniach, niemal kosztujących go życie, Castro wzmocnił siły, zdobywając broń i amunicję, gdzie się dało, tu atakując z zasadzki kolumnę nieprzyjaciela, tam zajmując i na krótko utrzymując miasto. Jego strategia polegała na unikaniu walk pozy-

Reporter i redaktor „New York Timesa", Herbert L. Matthews, przyjaciel i powiernik Hemingwaya na dwóch kontynentach, tworzył nagłówki gazet, obserwując Castro. *NY World Telegram and Sun Collection, Library of Congress*

cyjnych i podrywaniu zaufania do rządu. Batista zaś pakował się w te pułapki, rzucając do drobnych potyczek regularną armię i generalnie reagując z przesadną siłą. Używał lotnictwa do bombardowania rzekomych obozów partyzanckich w dżungli i próbował otoczyć buntowników na wzgórzach, wysyłając w doliny ciężarówki pełne żołnierzy. Wprowadził cenzurę prasy, co spowodowało, że w kraju szerzyły się wszelkiego rodzaju plotki, włącznie z tą, że Castro nie żyje, o czym doniósł „New York Times" z 3 grudnia 1956 roku. Herbert L. Matthews, dawny korespondent zagraniczny, pracujący obecnie w redakcji gazety na Times Square, wyczuł, że ani Castro, ani jego ruch nie są martwi, i skłonił redaktora naczelnego, aby pozwolił mu polecieć na Kubę i osobiście to sprawdzić[13].

Przyjaźń Matthewsa i Hemingwaya zaczęła się w Hiszpanii i nigdy nie osłabła. Wspólnie wyruszali do walki z hotelu Florida. Joe North z „New Masses" uznał wysokiego, szczupłego mężczyznę o wysokim czole za typowego obojętnego reportera, który nie był zaangażowany w taki sposób jak Hemingway. W maju 1938 roku, przy wraku samochodu na górskiej drodze w południowej Hiszpanii, North ujrzał dwie kompletnie różne postacie: Hemingwaya, który wyskoczył z samochodu, gotów ratować ludzkie życie, i Matthewsa, który wyciągnął notes, a następnie wszedł pomiędzy rannych, szukając kogoś, z kim mógłby przeprowadzić wywiad[14].

Okazało się, że North błędnie ocenił Matthewsa, starającego się zrobić dla Republiki wszystko, co mógł, tylko w nieco inny sposób. Reporter wniósł cały wkład w rewolucję pisaniem, ale był nie mniej oddany od swojego bardziej znanego przyjaciela. „Dopóki istniała nadzieja, wyolbrzymiałem to", napisał w końcowej fazie wojny.

„Przypuszczam, że walczyłem zacieklej od żołnierzy – przynajmniej na papierze”[15]. Podobnie jak Hemingway, Matthews głęboko przeżył klęskę republikanów. Wydarzenie to pozostawiło nigdy niezagojone rany i wywarło wpływ na jego pracę w kolejnych dekadach.

Po wojnie Matthews napisał szereg książek o Hiszpanii, które zyskały aprobatę Hemingwaya. Na obwolucie jednej z nich pisarz zamieścił entuzjastyczną recenzję: Matthews był dla niego „najuczciwszym, najzdolniejszym i najodważniejszym współczesnym korespondentem wojennym”[16]. Nie był jedynie kolegą. Wspólne doświadczenia w Hiszpanii doprowadziły do powstania czegoś, co Matthews nazwał „więzią silniejszą od hartowanej stali”. Podczas pierwszej wizyty w Fince, w 1952 roku, odkrył on, że źródłem „najlepszych informacji” na temat lokalnej polityki jest Hemingway. W nadchodzących latach prosił więc często przyjaciela o pomoc w zrozumieniu wydarzeń na Kubie[17].

Kiedy pięćdziesięciosiedmioletni Matthews wylądował w Hawanie w lutym 1957 roku, szukał kolejnej ciekawej historii, dalszego ciągu opowieści o Hiszpanii, tylko z lepszym zakończeniem[18]. Chodził po stolicy i rozmawiał z czołowymi ekspatriantami oraz kilkoma dobrze ustawionymi Kubańczykami, a następnie został przeszmuglowany w góry Sierra Maestra. Było to niebezpieczne przedsięwzięcie, ponieważ wojska rządowe otaczały tamten rejon i Matthews musiał przejechać przez kilka blokad drogowych. Jednak odwaga się opłaciła, gdy na leśną polanę, na której czekał, wkroczył wysoki, charyzmatyczny Fidel z „błyszczącymi oczami” i „rozwichrzoną brodą”.

Reporter dał się zauroczyć Castro i jego wizji. Palili wielkie cygara, a Matthews słuchał, jak tamten przedstawia mu swoje polityczne cele, podkreślając umiłowanie demokracji i pomijając związki z komunistami, ale nie kryjąc wrogiego stosunku do imperializmu. Matthews wiedział, że zdobył sensacyjny materiał. „Jestem pierwszy!", zapisał w notatkach ze spotkania, nie kryjąc radości. Kiedy wrócił ze wzgórz, jego żona Nancie ujrzała go „wyczerpanego i brudnego", niemniej „triumfującego i podekscytowanego"[19].

W jedną z ostatnich nocy na Kubie, przypuszczalnie 18 lutego, Matthews i Nancie pojechali do Finki na obiad ze starym przyjacielem[20]. Dołączył do nich inny stary druh – lekarz rodzinny Hemingwaya, José Luis Herrera, neurochirurg, opisany jako „delikatny, niski mężczyzna [...] o pięknych dłoniach muzyka" – który miał wiele wspólnego z dwoma Amerykanami[21]. W rzeczywistości ten drobny, łysiejący pan w masywnych czarnych okularach na nosie wcale nie był delikatny. Jako weteran hiszpańskiej wojny domowej wielokrotnie narażał życie i pracę dla Republiki. Po zakończeniu walk wrócił do domu na Kubę, gdzie praktykował medycynę i płacił składki członkowskie Komunistycznej Partii Kuby. W czasach studenckich on i jego sąsiad Fidel Castro nawiązali przyjaźń mającą przetrwać całe życie. W latach pięćdziesiątych Herrera informował Hemingwaya o Castro i jego ruchu[22].

Podczas obiadu tamtego wieczoru Matthews ledwie mógł się opanować. Nie ukrywał swojej niezwykłej przygody w górach. Ponownie miał okazję coś zmienić swoim pisaniem – jak z Hemingwayem w Hiszpanii. Jednak tym razem ludzie, którzy mieli słuszność, mogli zwyciężyć. Kilka lat później Herrera przekazał sowieckiemu historykowi, co Matthews powiedział Hemingwayowi owej nocy[23]. Po pierwsze, reporter potwierdził, że Castro żyje i kontynuuje walkę ze swojej kryjówki w górach. Następnie zaczął go wychwalać za wielką determinację i sprawowanie silnej kontroli nad ruchem. Oczytany i dobrze poinformowany Castro stanowił poważne wyzwanie dla reżimu Batisty. Matthews oświadczył również, że poglądy polityczne Castro są „bardzo liberalne" i „lewicowe"[24].

Matthews napisał później, że otrzymał „cenną zachętę" od Hemingwaya, „który cały czas stał u jego boku". Wsparcie pisarza zostało docenione, tym bardziej że doniesienia Matthewsa o Castro powodowały często, że „był kompletnie osamotniony w gronie redaktorów i dziennikarzy prasowych ze Stanów Zjednoczonych"[25]. W ten sposób pisarz pomógł reporterowi ukształtować jego wyobrażenia na temat Ruchu 26 Lipca, zanim jeszcze Matthews przyłożył pióro do kartki i napisał cokolwiek o Castro.

Hemingway nie poznał jeszcze Castro osobiście, a jedynie słyszał o nim od wspólnych znajomych, jak Herrera[26]. Teraz poznał pełną prawdę od doświadczonego i zaufanego reportera wpływowej gazety. To, co Matthews powiedział o Castro, musiało podbić serce człowieka z takim poświęceniem walczącego z faszyzmem podczas hiszpańskiej wojny domowej: charyzmatyczny przywódca stawił czoła prawicowemu dyktatorowi, którym Matthews i Hemingway pogardzali. Castro był lewicowcem i wrogiem imperializmu, ale nie komunistą; wiele jego opinii politycznych pokrywało się z opiniami wypowiadanymi przez Hemingwaya w ciągu ostatnich lat. Prowadził również wojnę partyzancką, tak fascynującą Hemingwaya w latach trzydziestych i czterdziestych.

Hemingway nie mógł wiedzieć, że ten szacunek jest odwzajemniony. Castro nie tyle przeczytał, co wręcz przestudiował powieść *Komu bije dzwon*. Miał później powiedzieć: „zabraliśmy [...] [tę książkę] w góry i uczyliśmy się z niej wojny partyzanckiej"[27]. Gdy tylko stało się to możliwe, Matthews wrócił do Nowego Jorku razem z Nancie, skrywającą jego notatki w pasie wyszczuplającym, aby przenieść je przez kontrolę na lotnisku w Hawanie, i przygotował serię artykułów, z których pierwszy zamieszczono nad zgięciem pierwszej kolumny niedzielnego wydania „Timesa". Podtytuł głosił: „Castro żyje i w dalszym ciągu toczy walkę w górach"[28]. Drugi artykuł pomniejszał rolę komunistów w opozycji przeciwko Batiście, trzeci zaś, będący przeciwieństwem poprzedniego, przepowiadał,

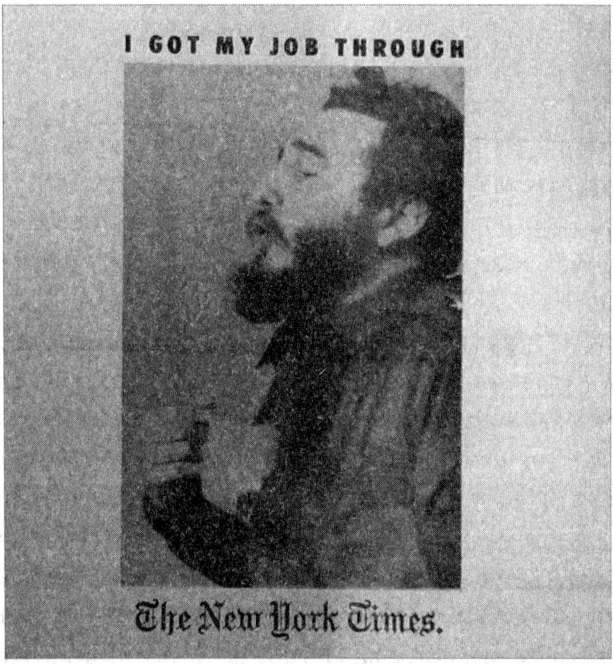

„Dostałem robotę przy żłobie". Tymi słowami jeden z czytelników „New York Timesa" skwitował doniesienia Matthewsa, gdy Castro ukazał swoje prawdziwe oblicze.
Herbert L. Matthews Papers, Columbia University

że celem Castro nie jest jedynie usunięcie Batisty, ale doprowadzenie do głębokich zmian społecznych.

Bezpośredni wpływ artykułów okazał się ogromny, a wstrząsy wtórne były odczuwalne „w następnych miesiącach i latach", pozostawiając trwały ślad w historii[29]. Artykuły Matthewsa zmieniły wizerunek Castro „z gorącogłowego nieudacznika na szlachetnego awanturnika o wzniosłych ideałach", czyniąc go „czołową postacią kubańskiej opozycji"[30]. W ciągu jednej nocy reporter stał się bohaterem Kubańczyków walczących z Batistą oraz wielu Amerykanów o lewicowych zapatrywaniach. Milton Wolff, żołnierz antyfaszysta przedzierzgnięty w działacza politycznego, który utrzymywał kontakt z Matthewsem i Hemingwayem, nie był osamotniony, gdy napisał temu pierwszemu, że jego artykuły „obudziły długo tłumione pragnienia ponownego wyruszenia do walki o coś godnego"[31]. Także Wolff instynktownie wychwycił cechy wspólne Hiszpanii lat trzydziestych i Kuby lat pięćdziesiątych.

W 1957 roku Castro wykorzystał przewagę, którą dał mu Matthews. Jako urodzony spec od propagandy, połączył otaczającą jego postać aurę tajemniczości z odpowiednią dawką realizmu, aby jego ruch wydał się silniejszy, niż był. Punktowe ataki, często z użyciem małych bomb, nie wyrządzały większych szkód, ale powodowały, że rząd i jego zwolennicy balansowali na krawędzi wytrzymałości. Liczba osób porzucających obóz Batisty rosła. Rząd w dalszym ciągu reagował mocnymi, arbitralnymi posunięciami, stosując tortury i zabójstwa polityczne na masową skalę. Często cenę płacili niewinni: żołnierze Batisty zaczęli zabijać nieszczęśników mieszkających w pobliżu miejsca, gdzie zaatakowali rebelianci, a później wystawiali okaleczone ciała ofiar na widok publiczny jako przestrogę dla pozostałych.

Hemingway poczuł ciężką rękę Batisty w połowie sierpnia. Wczesnym rankiem psy zaczęły szczekać[32]. René Villarreal, zarządca Hemingwaya, po sposobie ujadania rozpoznał, że nie witają przyjaciela przybywającego do Finki[33]. Intruzi okazali się oddziałem ośmiu czy dziewięciu członków gwardii terytorialnej, ubranych w mundury

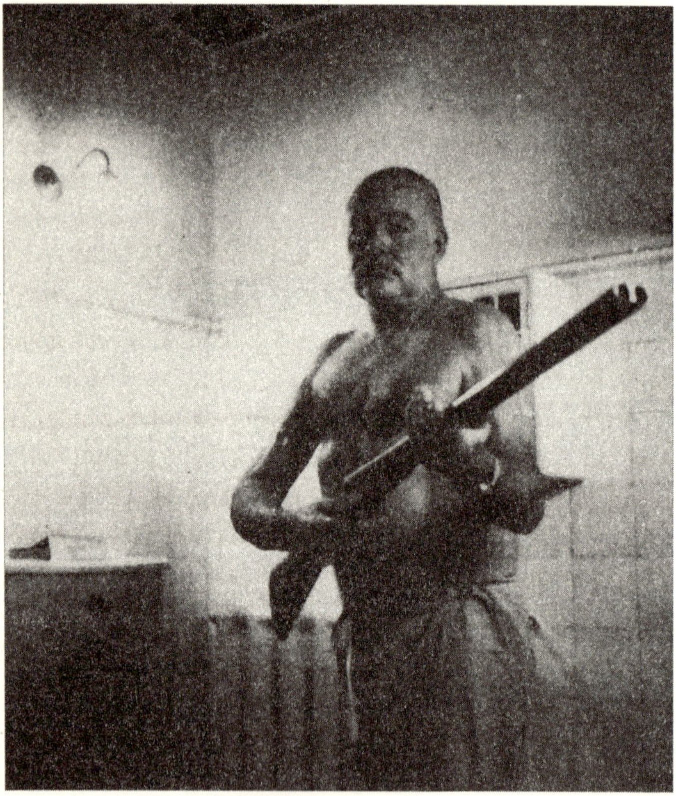

W złej, nocnej porze: Hemingway pełniący straż w Fince. *Ernest Hemingway Photo Collection, JFK Library*

khaki i uzbrojonych w karabiny. Cuchnęli alkoholem. Hemingway uchylił drzwi i spytał, czego chcą. Dowodzący nimi sierżant oznajmił, że szukają „pewnego opozycjonisty". Hemingway odparł, że na terenie jego posiadłości nie ma żadnych rewolucjonistów, i kazał im się wynosić. Po chwili wahania odeszli, nie dokonując przeszukania. Następnego ranka Machakos, jeden z ulubionych psów pisarza, został znaleziony martwy obok schodów prowadzących do kuchni, z łbem roztrzaskanym przypuszczalnie kolbą karabinu. Hemingway natychmiast udał się na miejscowy posterunek gwardii, aby zażądać wyjaśnień. Jak było do przewidzenia, sierżant zaprzeczył, iż jego ludzie zabili zwierzę. Tydzień później, 22 sierpnia 1957 roku, Hemingway opisał ten incydent na łamach „New York Timesa", dzieląc się z czytelnikami gorzką stroną życia na Kubie[34].

Dlaczego Hemingway stał się celem? Doktor Herrera uważał, że lokalne władze były zaniepokojone licznymi spotkaniami odbywającymi się u Ernesta i samochodami pełnymi Kubańczyków przejeżdżającymi przez ciche miasteczko San Francisco de Paula w drodze do Finki. Wielu gości Amerykanina miało lewicowe poglądy. (Jako komunista Herrera nie należał do typowych przyjaciół Hemingwaya, ulubieni rewolucjoniści pisarza byli bowiem – jak on – bardziej niezależni). Herrera powiedział, że spotkania miały charakter polityczny jedynie w tym sensie, iż każdy „komentował aktualną sytuację [polityczną] [...] która była wszędzie tematem dnia"[35]. Lekarz twierdził, że Hemingway wyświetlał filmy, które wypożyczał z amerykańskiej ambasady, a później siadał z gośćmi przy stole i rozmawiali. Raz, gdy Herrera bawił w ich towarzystwie, gwardia terytorialna nawet to uznała za zbyt groźne.

Żołnierze weszli na teren posiadłości i doprowadzili do konfrontacji z Hemingwayem, ten zaś wytłumaczył im spokojnie, że nie mają się czego obawiać – bo jedyną nielegalną działalnością, jakiej się dopuszczają, jest picie whiskey[36].

Wydarzenia te stanowiły nieprzyjemne przypomnienie, że sytuacja pisarza na Kubie jest niepewna. Musiał balansować na krawędzi i trzymać Batistę na dystans, ale nie rozdrażniać reżimu, by nie narazić się na deportację. Jednocześnie sympatyzował z rebeliantami i udzielał dyskretnej pomocy ludziom, którym ufał – przekazując Herrerze pieniądze dla ruchu lub pomagając miejscowym rewolucjonistom w zakupie i ukrywaniu broni. Nie chciał się jednak zbytnio afiszować z poglądami politycznymi. Nie zapomniał nauki płynącej z bycia przedwczesnym antyfaszystą.

W 1958 roku wspomniana lekcja stała się tematem ożywionej dyskusji, gdy magazyn „Esquire" chciał wznowić trzy krótkie opowiadania napisane przez Hemingwaya w okresie hiszpańskiej wojny domowej: *Denuncjację*, *Noc przed bitwą* oraz *Motyl i czołg*. Tematyka i język opowiadań odzwierciedlały antyfaszystowski klimat lat trzydziestych, kontrastujący z antykomunistyczną atmosferą lat pięćdziesiątych. (*Denuncjacja* opowiada o wydaniu znajomego w ręce funkcjonariuszy tajnej policji, a *Noc przed bitwą* przedstawia polityczną argumentację Amerykanina walczącego po stronie Republiki). Hemingway zadzwonił z Kuby do Alfreda Rice'a, swojego prawnika w Nowym Jorku, i polecił mu, aby zakazał ich ponownej publikacji, bo „Esquire" (pierwotny wydawca) zakupił prawo tylko do jednego wydania[37]. Podkreślił również, że nie chce, aby Rice sprzeciwiał się wznowieniu, argumentując, że robi to „z przyczyn politycznych”[38].

Jako prawnik, który nigdy nie uchylał się od walki – jeden z biografów Hemingwaya nazwał go „skrajnie niegrzecznym i agresywnym” – Rice podjął kroki z początkiem sierpnia, składając pozew w Nowojorskim Sądzie Stanowym, aby powstrzymać „Esquire'a” przed publikacją[39]. Argumentował w nim, że działania magazynu wyrządzą „niepowetowaną szkodę powodowi”[40], twierdził też, że „upływ czasu może wywierać korzystny lub niekorzystny wpływ na utwory literackie. [...] Przykładem jest zmiana stosunku obywateli [...] do Rosji”, naszego sojusznika z czasów wojny, a obecnie, „być może, naszego największego wroga”. Celowo lub nie, Rice powtórzył jak echo to, co Hemingway powiedział Hotchnerowi w 1951 roku, że po wybuchu zimnej wojny *Piąta kolumna* stała się „wywrotową” sztuką[41].

Kiedy reporter „Timesa” zwrócił się do niego o komentarz, Hemingway gniewnie odparł, że Rice go zaskoczył. Wywrzeszczał coś o człowieku, którego nazwał później „przebiegłym zdziercą”, „wkładającym te słowa w jego usta”[42]. Pisarz zdystansował się od Rice'a, twierdząc, iż on sam zrezygnowałby z wniesienia pozwu. „Stwierdzenia te padły z ust mojego prawnika [...] przed chwilą do niego zadzwoniłem i wysłałem go w diabły”[43]. Szczególnie rozgniewała go sugestia, że to lęk skłonił go do zakazania „Esquire'owi” ponownej publikacji opowiadań. „Jeśli sądzicie, że się martwiłem, iż ktoś doczyta się politycznych treści [w] moich opowiadaniach, jesteście w błędzie”. Dwa tygodnie później napisał do reportera „Timesa” z podziękowaniem za właściwe przedstawienie historii „wrobienia go” i jej upowszechnienie[44]. Gdyby nie on, jedyną wersją byłaby historia Rice'a, która została wysłana „na cały świat" przez agencję Associated Press, wywołując w czytelnikach wrażenie, że on, Hemingway, jest „renegatem, szuka poklasku lub jedno i drugie".

Nie wszyscy uwierzyli Hemingwayowi na słowo. Gazeta „Wall Street Journal", która zabrała głos dzień po ukazaniu się artykułu w „Timesie", nie była dla niego tak wyrozumiała. Ósmego sierpnia zamieściła zjadliwą parodię zatytułowaną „Stary człowiek i honorarium"[45]:

Pisarz walczył z honorem w wielu wojnach i nie troszczył się o to, co ludzie pomyślą o jego poglądach politycznych. [...] Nie jest prawdą, że martwi się zmianą stosunku opinii publicznej do Rosji w obecnych czasach. Autor nie przejmuje się takimi sprawami.

Najbliższy prawdy mógł być jednak „Journal". Listy, które Hemingway pisywał do przyjaciół w latach pięćdziesiątych, ukazują człowieka wyczulonego na amerykańską opinię publiczną. Z jeszcze bardziej praktycznych powodów przejmował się tym, co o jego zapatrywaniach myślały władze na Kubie.

Tamtej wiosny i lata trwające na wyspie walki między Batistą i Castro zmuszały wszystkich do ustawicznej ostrożności. Kiedy Castro wezwał do strajku generalnego, Batista zezwolił obywatelom strzelać do strajkujących. W mieście krążyły plotki, że Castro odpowiedział na to poleceniem mordowania tych przywódców zbuntowanych, którzy nie przystąpią do strajku. Skutek był taki, że obywatele zaczęli unikać miejsc publicznych. Nawet w dużych sklepach, takich jak Woolworth, Mary zastawała jedynie garstkę kupujących[46]. Hemingway martwił się ostatnimi porwaniami Amerykanów – „najnowszym [...] sportem ludzi Castro. Sławny ekspatriant żartował ponuro, że w Dzień Niepodległości Castro będzie gościł więcej Amerykanów niż ambasador USA i że on, Hemingway, zadzwonił do ambasady, aby spytać, kiedy Castro zacznie porywać agentów FBI[47]. W rozmowie z Mary zauważył, iż jest całkiem możliwe, że do Finki przyjdą rabusie, „gdy nie będzie już prawa"[48]. Czy terytorialna gwardia wróci, żeby przeprowadzić rewizję, jeśli ktoś lub coś zwróci uwagę na jego poglądy polityczne[49]? Przypuszczalnie z obu tych przyczyn podjął środki ostrożności i pozbył się broni oraz amunicji ukrytej na „Pilar", zatrzymując w domu jedynie kilka sztuk[50].

Kiedy życie na Kubie stało się uciążliwe, Mary i Hemingway postanowili spędzić jesień i zimę w stanie Idaho. Zatęsknili za szerokimi przestrzeniami amerykańskiego Zachodu, a poza tym uznali, że czasowa zmiana klimatu dobrze im zrobi[51]. W sierpniu znaleźli w Ketchum dom do wynajęcia, a w październiku się wprowadzili. Jednak Hemingway nigdy nie przestał myśleć o Kubie. Śledził rozwój wydarzeń na wyspie, gdzie przemoc nie słabła i nie było widać szczęśliwego zakończenia. W listopadzie miał wszystkich po dziurki w nosie. „Nikt nie ma racji – obie strony dopuszczają się potworności – sytuacja nie jest dobra, zabójstwa są na porządku dziennym", napisał do syna Patricka. „Może trzeba będzie opuścić to miejsce. Przyszłość nie przedstawia się zbyt różowo..."[52].

Kilka tygodni później wydarzyło się coś niesłychanego. Kiedy pasmo zwycięstw rebeliantów z końca lata i jesieni 1958 roku pogłębiło demoralizację kubańskiej armii i policji, Batista doszedł do wniosku, że zwycięstwo Castro jest nieuchronne, i postanowił ratować skórę, zanim będzie za późno. Pierwszego stycznia 1959 roku, we wczesnych godzinach porannych, on i jego kompani wyładowali łupami kilka samolotów DC-4 i odlecieli w kierunku Republiki Dominikańskiej. O świcie Kuba nie miała rządu, a w Hawanie zapanowało bezprawie. Władzę przejął czasami radosny, czasami rozwścieczony tłum, który,

Fidel Castro i Camilo Cienfuegos wkraczający triumfalnie do Hawany 8 stycznia 1959 roku kilka dni po tym, jak Fulgencio Batista uciekł z kraju.
Fot. Luis Korda

przy odgłosach sporadycznych strzałów, wpadał do hoteli turystycznych w centrum miasta i niszczył kasyna gry. Przebywający setki kilometrów dalej (na drugim końcu wyspy), Castro wygłosił przez radio apel o spokój i ruszył do stolicy, jadąc na czołgu wraz z tuzinem usadowionych na pancerzu towarzyszy. Entuzjastyczne tłumy spowalniały go na autostradzie biegnącej wzdłuż środka wyspy. Kiedy w końcu dotarł do Hawany, radość przypominała amerykańskiemu reporterowi Johnowi H. Thompsonowi wyzwolenie Paryża w 1944 roku[53]. Jednak Castro nie zamierzał powracać do *status quo ante*, stanu przed zmianami – planował zmienić na zawsze kubańskie społeczeństwo[54]. „Zaczęła się rewolucja", ogłosił.

Wydawało się, że walka i towarzysząca jej niepewność odeszły w przeszłość. Ci, którzy jak Hemingway sprzeciwiali się Batiście i popierali Castro, mogli teraz z nadzieją patrzeć w przyszłość.

Agencje prasowe wytropiły Hemingwaya w Idaho i zaczęły go nękać prośbami o komentarz. Mary widziała, co skreślił na odwrocie karty pocztowej, zanim udzielił komukolwiek wywiadu: „Wierzę w historyczną nieuchronność rewolucji kubańskiej. Wierzę również w jej długofalowe cele"[55]. Kiedy reporterzy „Timesa" zadzwonili do niego podczas Rose Bowl Game – meczu pucharowego futbolu amerykańskiego – Mary usłyszała, jak Hemingway mówi, iż jest „zachwycony" wiadomościami z Kuby. Natychmiast go ofuknęła, że jeszcze za wcześnie na przewidzenie obrotu wydarzeń. Castro mógł zacząć formować plutony egzekucyjne. Hemingway zaoponował, ale lata pięćdziesiąte sprawiły, że stał się bardziej ostrożny, zatelefonował więc do „Timesa" z prośbą, aby zmienili „zachwycony" na „pełen nadziei"[56].

Prywatnie był bardziej optymistyczny w kwestii rewolucji. Siódmego stycznia 1959 roku, w liście do włoskiego przyjaciela Gianfranco Ivancicha radował się z wyjazdu Batisty, żałując, iż nie mogli zobaczyć, jak ucieka z kraju: „Sic transit hijo de puta"[57] (Tak przemija skurwysyn). Dwa tygodnie później był szczęśliwy, mogąc zawiadomić przyjaciela z wydawnictwa Scribner's: „nasza sytuacja na Kubie jest [nadal] w porządku" – w Fince nie wydarzyło się nic złego, a niektórzy z jego przyjaciół objęli już stanowiska w rządzie[58]. Na początku lutego, w drugim liście do Gianfranco, był jeszcze bardziej optymistyczny, ogłaszając, że „wszystkie wiadomości z Kuby [są] dobre"[59]. Nowy rząd czekają trudności, bo na wyspie zainwestowało osiemset amerykańskich firm, dlatego Stany Zjednoczone zrobią „wszystko", aby obalić Castro. Niemniej jego ludzie mieli „pierwszy raz duże szanse", życzył zatem Castro wszystkiego najlepszego.

Poglądy Hemingwaya nie uległy zmianie, gdy okazało się, że Mary miała rację w sprawie plutonów egzekucyjnych. Niemal od pierwszego dnia rewolucjoniści zaczęli rozstrzeliwać wrogów. Cytując słowa jednego z dobrze poinformowanych, „w tamtych styczniowych dniach wszyscy mówili o egzekucjach [...] przestępców wojennych", głównie byłych funkcjonariuszy policji i żołnierzy armii Batisty[60]. Kilka dni po ucieczce dyktatora Raúl, brat Castro, kazał rozstrzelać około siedemdziesięciu więźniów w Santiago. W ciągu dwóch tygodni rząd rozpoczął nieco bardziej formalne postępowania sądowe w Hawanie. Dwudziestego trzeciego stycznia Ruby Phillips, korespondentka „Timesa" (podpisująca się R. Hart Phillips, żeby czytelnicy brali na poważnie jej artykuły), doniosła o pierwszym procesie pokazowym oficerów Batisty, prowadzonym przed tłumem osiemnastu tysięcy rozentuzjazmowanych widzów zgromadzonych na Stadionie Narodowym[61].

Dla tych, co nie subskrybowali „Timesa", przebieg procesu zarejestrowały różne agencje informacyjne. W kinach Stanów Zjednoczonych i Wielkiej Brytanii można było obejrzeć półtoraminutowy film pokazujący wypełniony tłumami stadion. Pierwszy oskarżony, major Jesus Sosa Blanco, stał spokojny i uśmiechnięty przed trzema brodatymi sędziami w mundurach polowych. Dwunastoletni bosy chłopak, wyraźnie wcześniej pouczony, wskazał Sosę Blanco jako tego, który zamordował jego ojca. Kiedy chłopak zeznawał, tłum skandował: „Zabić go! Zabić go!"[62].

Hemingway bronił procesów w wywiadzie udzielonym na początku marca felietoniście z Seattle nazwiskiem Emmett Watson[63]. Pierwszy raz spotkali się w sobotnią noc w Duchin Room, wygodnym barze w Sun Valley, którego ciemne boazerie i czerwony wystrój przyciągały Hemingwaya od czasu, gdy w latach trzydziestych zaczął przyjeżdżać do Idaho. Watson, będący wtedy na urlopie, siedział przy stole z innymi dziennikarzami, kiedy Hemingway podszedł i przysiadł się do nich. Watson okazał się dziennikarzem tego typu, który Hemingway lubił najbardziej: oryginał z charakterem, dawny zawodnik bejsbolu, a podczas wojny robotnik w stoczni. Nie zaszkodziło, że mieli wspólnych znajomych i że ten wypalający trzy paczki papierosów dziennie facet wiedział to i owo o whiskey. Trzydziestominutowa rozmowa była swobodna i przyjacielska, aczkolwiek nienadająca się do przytoczenia.

Dwa dni później, wczesnym popołudniem, Watson ponownie wpadł na Hemingwaya na ulicy w Sun Valley[64].

Hemingway po całym dniu pracy chciał się odprężyć. Czy Watson wstąpi z nim do Rama, innego lokalu w okolicy? Znalazłszy się ponownie w znajomym otoczeniu (choć tym razem wystrój sali był europejsko-alpejski), Hemingway zgodził się porozmawiać przy włączonym magnetofonie o Castro i Kubie, dostarczając uradowanemu Watsonowi sensacyjnego materiału odmawianego dotąd wszystkim innym. Przez godzinę, sącząc szkocką z limonką, pisarz ekspatriant opowiadał „z przejęciem o kraju, który kocha"[65].

Rozpoczął od wyrażenia opinii, że na Kubie dokonała się prawdziwa rewolucja, a nie jedynie zmiana warty. Procesy pokazowe były koniecznym elementem rewolucyjnych przemian. Reagując na głosy protestu, które rozległy się po pierwszej fali egzekucji, rząd zorganizował procesy publiczne, ale wciąż był krytykowany[66]:

> *Ludzie za granicą zaczęli krzyczeć „Cyrk!", rząd jednak musiał to zrobić, by pokazać, że zachowuje kontrolę, wpoić ludziom respekt dla prawa i porządku. [...] Gdyby rząd nie rozstrzelał tych przestępców, i tak zostaliby zabici [...] z zemsty [...] A to byłoby złe, bardzo złe.*

Powtarzając słowa Castro, Hemingway stwierdził, że ma nadzieję, iż kara śmierci zostanie zniesiona, kiedy obecna fala procesów i egzekucji dobiegnie końca. Jednak ogólnie rzecz biorąc, przyszłość malowała się w jasnych barwach. Rewolucja cieszyła się poparciem mieszkańców Kuby. (Jedynym zmartwieniem Hemingwaya – poprosił Watsona, aby te słowa nie ukazały się drukiem – było to, że Castro okaże się zbyt słaby, aby narzucić nowy ład kubańskiemu społeczeństwu[67]). Kuba była „wspaniałym miejscem do życia", niecierpliwie więc wyglądał powrotu na wyspę.

Kiedy 29 marca 1959 roku Mary i Hemingway wylądowali na lotnisku międzynarodowym w Hawanie, powitała ich duża grupa przyjaciół z San Francisco de Paula, miasteczka położonego w sąsiedztwie Finki. Dotarłszy do domu, z ulgą stwierdzili, że ich „wspaniała posiadłość znajduje się w doskonałym stanie"[68]. Następnego dnia zachwycony Hemingway podyktował list do syna Jacka, powtarzając to, co powiedział Watsonowi: „To prawdziwa rewolucja, na którą mieliśmy nadzieję w Hiszpanii"[69].

Nowa szansa pobudziła go, gdy wrócił do domu. Gdziekolwiek spojrzał, ludzie cieszyli się nową wolnością. Kuba wrzała od liberalnego ferworu; czułeś, że znajdujesz się we własnej rewolucji", dokonanej dla Kuby, a nie tylko antyamerykańskiej czy prosowieckiej[70]. Hemingway chłonął wszystko łapczywie: słuchał radia trzy razy dziennie, czytał każdą gazetę, która wpadła mu w ręce, i słuchał (być może nawet z przyjemnością) mów Castro – ciągnących się w nieskończoność, bo choć dotyczyły polityki, zawierały dygresje na niemal każdy temat[71].

Wiele dni później, na początku kwietnia, Hemingway spędził kilka godzin w La Floridzie, pijąc koktajl daiquiri w wersji „papa doble" (z podwójną porcją rumu) w towarzystwie amerykańskiego dramaturga Tennessee Williamsa oraz brytyjskiego filmowca i krytyka teatralnego Kennetha Tynana, który przyjechał do miasta na zlecenie magazynu „Holiday". Tynan zapamiętał, że tamtego dnia wentylator tłoczył powietrze tak mocno, iż prawie uniemożliwiał zapalenie papierosa. Williamsowi (ubranemu w jachtową marynarkę ze srebrnymi guzikami) i Hemingwayowi (w białym T-shircie i bejsbolówce) nie udało się znaleźć wspólnego języka, ale Tynan uznał, że gospodarz znajduje się w „świetnej formie"[72]. W pewnym momencie podszedł do nich zaprzyjaźniony dziennikarz, by zaprosić Tynana na nocną egzekucję pod gołym niebem, mającą odbyć się w twierdzy Morro, rozległym starym forcie hiszpańskim, nadal strzegącym wejścia do portu. Tynan jako przeciwnik kary śmierci odmówił, ale Williams chciał przyjąć zaproszenie. Powiedział, że złożenie świadectwa jest obowiązkiem pisarza. Kiedy Tynan spytał później Hemingwaya, co o tym sądzi, otrzymał tajemniczo brzmiącą odpowiedź: „Pewne odmowy są nam wciąż dozwolone". Niemniej zaraz dodał, że Castro przeprowadził „dobrą, uczciwą rewolucję"[73].

Niebawem Tynan i Williams stwierdzili, że spóźnią się na wywiad z Castro, i pospieszyli do Pałacu Prezydenckiego, którego kutych żelaznych bram strzegli teraz chłopcy w oliwkowozielonych mundurach polowych[74]. Castro zawiesił posiedzenie gabinetu, aby poświęcić czas dwom zagranicznym pisarzom. Wyszli pod należytym wrażeniem. Castro powrócił do tematu dnia: jego pierwszej, na pół oficjalnej wizyty w Stanach Zjednoczonych. Przyjął zaproszenie do wygłoszenia mowy na forum Amerykańskiego Stowarzyszenia Redaktorów Gazet w Waszyngtonie. Wizyta miała być okazją do obrony rewolucyjnej sprawiedliwości i, być może, położyć fundamenty pod dobre stosunki kubańsko-amerykańskie.

Kiedy Hemingway usłyszał o zaproszeniu Castro do Stanów Zjednoczonych, zaproponował, że spotka się z kubańskim przywódcą i przygotuje go na pytania amerykańskich reporterów i polityków. Wiadomość przekazał za pośrednictwem przyjaciela, doktora Herrery, który nadal kilka razy w miesiącu przychodził na obiad do Finki[75]. Castro nie przyjął propozycji, lecz przysłał jednego ze swych ludzi, aby wysłuchał, co Hemingway ma do powiedzenia.

Późną nocą Herrera przywiózł do Finki hawańskiego dziennikarza nazwiskiem Euclides Vázquez Candela[76], a Hemingway powitał ich w drzwiach z pistoletem w kieszeni, świadczącym, że czasy wciąż były niespokojne. Vázquez Candela, żarliwy wróg imperializmu, nie był pewny, czego się spodziewać ze strony sławnego *Yanqui*, ale Hemingway nie tylko szybko go obłaskawił, lecz wręcz oczarował[77].

Pisarz usadowił gości na wyściełanych krzesłach w piętnastometrowej długości salonie Finki, pośród licznych książek, trofeów myśliwskich i światowej klasy dzieł sztuki. W tle rozbrzmiewała z cicha muzyka klasyczna. Pili schłodzone włoskie białe wino i przegryzali orzeszkami. Hemingway wyciągnął przygotowane notatki i zaczął wyjaśniać, jak działa amerykańska prasa, kogo należy się wystrzegać i jakie są bieżące tematy. Dał do zrozumienia, że jeśli Castro dobrze się zaprezentuje, dostanie od Stanów Zjednoczonych wszystko, czego zechce. Wspomniał również o potrzebie wytłumaczenia „wyroków sądowych na jawnych zdrajców", mając na myśli publiczne procesy i egzekucje oraz kwestię wpływu komunistów. Na koniec, odprowadzając gości do samochodu, poprosił Vázqueza Candela, by przekazał brodaczowi w Hawanie jego zapewnienie o płynącym z głębi serca poparciu dla rewolucji[78].

Podróż kubańskiego przywódcy okazała się spektakularnym sukcesem w dziedzinie public relations[79]. Trzydziestotrzyletni rewolucjonista z bujną brodą, w wygniecionym mundurze polowym, sprawiał wrażenie niezwykle autentycznego. Castro wiedział, jak oczarować tłumy, i przemawiał „chropowatym, lecz jasnym" językiem, który ktoś określił mianem „fidelenglish"[80]. Będąc w Stanach Zjednoczonych, rozmawiał z każdym, kto do niego podszedł, i spokojnie odpowiadał na większość pytań. Unikając antyimperialistycznej retoryki, zręcznie uchylał się od odpowiedzi na pytania o komunistów w jego ruchu. Podczas przemówienia, wygłoszonego z estrady w Central Parku, elokwentnie, choć mętnie przedstawił główne wartości cenione przez niego w polityce: humanizm i demokrację. Jedyny dysonans pojawił się podczas spotkań z urzędnikami pokroju wiceprezydenta Richarda Nixona, kiedy ten zaczął go pouczać o niebezpieczeństwach komunizmu[81].

Kolejnym ważnym wydarzeniem 1959 roku była dla Hemingwaya letnia podróż do Hiszpanii[82], gdzie pisarz i jego całkiem pokaźna świta oglądali walki byków, o których miał napisać dla magazynu „Life". W lipcu świętował swoje sześćdziesiąte urodziny w La Consuli, okazałej willi w Maladze na Costa del Sol, należącej do zamożnego amerykańskiego ekspatrianta Nathana „Billa" Davisa będącego *aficionado* (wielbicielem) walk byków[83]. Ogrody rezydencji przypominały Hemingwayom Finkę, choć duży biały dom zbudowany w latach trzydziestych XIX wieku dla pewnego dyplomaty był znacznie bardziej wyszukany, z wysokimi sufitami i eleganckimi balkonami opasującymi oba piętra.

Na zaproszenie Mary z dala przybyli starzy przyjaciele i członkowie rodziny, aby wziąć udział w ciągnącym się całymi dniami przedstawieniu. Wśród gości byli ludzie sławni i prawie sławni: Buck Lanham i David K.E. Bruce, wówczas ambasador, nie wspominając o słynnym matadorze Antonio Ordóñezie i jego wielbicielach. Przybyli nawet dwaj indyjscy maharadżowie: jeden z Cooch Behar, drugi z Jaipuru. Z Ketchum przyjechał osobisty lekarz i dobry przyjaciel pisarza, doktor George Saviers z żoną Pat. Uroczystościom przyprawionym nutą melancholii towarzyszyły tańce i muzyka, fajerwerki, prezenty i toasty, np. wzniesiony przez Davida Bruce'a na cześć „serdeczności, człowieczeństwa i szczodrości"[84] pisarza. Goście musieli jednak znosić wybuchy Hemingwaya, który na nich naskakiwał (nawet na swojego najlepszego przyjaciela Lanhama). Mary z trudem znosiła okrutne, bezsensowne rzeczy, które publicznie wygadywał pod jej adresem, oraz adorowanie znacznie młodszych kobiet, które uparł się zaprosić na przyjęcie.

Trzy miesiące po melodramacie w Maladze Hemingway pojechał do Nowego Jorku, a następnie wrócił na Kubę, gdzie wciąż panowała rewolucyjna sprawiedliwość. Na lotnisku powitał go znowu wielki tłum. Tym razem nie byli to jedynie przyjaciele i sąsiedzi, ale i reporterzy, domagający się oświadczenia. Hemingway powiedział, że nie daje wiary oszczerstwom wypisywanym o rewolucji „w zagranicznej prasie" i nadal wspiera nowy rząd kubański[85]. Według kubańskiej agencji prasowej Prensa Latina „pisarz miał nadzieję, że Kubańczycy nie będą go uważać za *Yanqui* [...] ale za Kubańczyka", a następnie chwycił i ucałował rąbek kubańskiej flagi[86]. Zrobił to tak szybko, że fotoreporterzy nie zdążyli uchwycić gestu i poprosili, aby go powtórzył. Hemingway odparł z uśmiechem, że jest pisarzem, a nie aktorem, i ruszył dalej. Do domu eskortowało go blisko dwadzieścia samochodów pełnych sympatyków. Amerykańska ambasada w Hawanie opisała ten incydent w komunikacie dyplomatycznym, dodając „wyłącznie dla celów służbowych", że było to bardzo „niefortunne" wydarzenie, bo jako znana postać Hemingway „zajął stanowisko wyrażające (1) zdecydowaną krytykę własnego rządu i rodaków bądź (2) popisał się rażącą nieznajomością sytuacji panującej na Kubie od pierwszego stycznia"[87].

W styczniu 1960 roku, po krótkim pobycie w Idaho, Hemingway i Mary wrócili do Finki[88]. Jego stary przyjaciel, reporter „Timesa" Herbert Matthews, uznał to za „świadomy gest" wyrażający poparcie dla rewolucji, udzielone przez artystę będącego bohaterem ludu kubańskiego[89]. Dwunastego stycznia Hemingway napisał Lanhamowi, że nadal wierzy w „historyczną nieuchronność [...] rewolucji"[90]. Spoglądał „daleko", wypatrując dnia, kiedy Castro będzie mógł zmienić na lepsze kubańskie społeczeństwo. Z tego powodu krótkoterminowe, „codzienne" dramaty mniej go zajmowały. Z drugiej strony nie można było ignorować wielkich transparentów z napisem „Cuba Si, Yanquis No!" (Kuba tak, Jankesi nie!), porozwieszanych w całym mieście i rozgłośni radiowej, która dzień w dzień atakowała Stany Zjednoczone, cynicznego „wroga publicznego numer jeden"[91]. Można było odnieść wrażenie, że Castro przeczytał antyutopijną powieść *Rok 1984* George'a Orwella i spodobały mu się fragmenty o totalitarnej „nowomowie".

Dzięki przychylnemu stosunkowi do pisarza, Matthews został przywitany jeszcze milej, gdy przyszedł na lunch do Finki na początku lub w połowie marca. Hemingway „był tak uradowany jego przybyciem [...] że ożywiona rozmowa ciągnęła się do popołudnia"[92]. Coraz bardziej izolowany reporter, wówczas znajdujący się poza głównym nurtem amerykańskiej prasy, był nadal optymistycznie nastawiony do Castro, zwracając uwagę, że realizuje on swoje plany w dziedzinie ochrony zdrowia, edukacji i dobrobytu oraz że cieszy się poparciem 75 procent obywateli. Przewidywane przez niego problemy miały związek nie tyle z tym, co Castro robił w kraju, ile jak był postrzegany i traktowany przez Stany Zjednoczone. Hemingway, który pouczył asystenta Castro, jak postępować z przedstawicielami amerykańskiej prasy, nie mógł się z nim nie zgodzić[93].

Zwycięzca bierze wszystko: Castro i Hemingway podczas zawodów wędkarskich w maju 1960 roku.
Copyright Bettmann, Corbis Images

W maju 1960 roku Hemingway i Castro spotkali się pierwszy i być może jedyny raz[94]. Okazji dostarczyły doroczne zawody wędkarskie pod patronatem Hemingwaya, gdzie Castro, ponoć w zgodzie z zasadami regulaminu, złapał największą rybę i odebrał główną nagrodę. Kiedy Hemingway wręczał mu trofeum, duży srebrny puchar, dwaj mężczyźni rozmawiali kilka minut. Castro wyznał wtedy pisarzowi, jak bardzo podziwiał jego powieść *Komu bije dzwon* i jak wiele się z niej nauczył[95]. Oficjalny fotograf uwiecznił tę chwilę serią zdjęć, na których widać, jak stoją blisko siebie i gawędzą. Castro niemal zdominował fotografię, nieco wyższy od Hemingwaya, w prostym zielonym mundurze i z gęstą czupryną. Pisarz, uszczęśliwiony i zainteresowany, wygląda jak stary kruchy człowiek o rzadkich siwych włosach i postrzępionej brodzie. Na lewej dłoni ma plaster z opatrunkiem.

Następnego ranka posłaniec dostarczył zestaw odbitek do Finki. Hemingway skreślił na jednej z nich dedykację „Doktorowi Fidelowi Castro w dowód przyjaźni". Castro przez lata trzymał to zdjęcie oprawione na ścianie swojego gabinetu obok zdjęcia ojca[96]. Jeśli chodzi o Hemingwaya, wybrał zdjęcie, które najbardziej lubił, i po wstawieniu w ramki umieścił na stole w Fince razem z pamiątkami innych ważnych wydarzeń[97].

Zawody wędkarskie mogły być najważniejszym wydarzeniem w stosunkach kubańsko-amerykańskich 1960 roku. Podobnie jak Matthews, Hemingway miał nadzieję, że Stany Zjednoczone rozstrzygną wątpliwości na korzyść Kuby. Kompromisu wypatrywano bardziej w Waszyngtonie niż w Hawanie, ale gdy Castro podniósł stawkę, prezydent Dwight D. Eisenhower ją podwoił. W maju Stany Zjednoczone ograniczyły programy pomocowe. Z gruntu apolityczny René Villarreal, zarządca Finki, usłyszał wybuch gniewu wywołany tym posunięciem: Hemingway użył „całego repertuaru" przekleństw, potępiając Eisenhowera i oświadczając, że jego decyzja ujawniła „dyktatorskie oblicze Stanów Zjednoczonych"[98]. Mary wyraziła odmienne zdanie, rozeszli się zatem po gniewnej rozmowie, by spędzić noc w oddzielnych sypialniach.

Jeszcze gorsza była sprawa kontyngentu cukrowego, który gwarantował korzystną sprzedaż głównego kubańskiego towaru eksportowego w Stanach Zjednoczonych. Hemingway miał nadzieję („na Boga"), że Stany Zjednoczone nie ograniczą kwoty cukrowej. „To doprowadziłoby do rozdarcia, podarowało Kubę w prezencie Rosjanom"[99]. Niestety, 4 lipca – wybrana data nie była przypadkowa – Castro zorganizował wielki antyamerykański wiec w centrum Hawany, a dwa dni później Eisenhower zmniejszył kontyngent. Tego ranka pisarz słuchał radia co pół godziny, poczynając od szóstej rano, jakby miał nadzieję, że z upływem czasu wiadomości ulegną poprawie[100].

Hemingway wiedział, że był to punkt zwrotny. Wiedziała o tym również ambasada w Hawanie, która obywatelom amerykańskim przebywającym na Kubie zaczęła doradzać powrót do kraju.

Ambasador osobiście dostarczył wiadomość Hemingwayowi. Wysoki, arystokratycznie wyglądający Bonsal – kolejny absolwent Yale, tak staromodny, że w swoich wspomnieniach nazywał żonę „panią Philipową W. Bonsal" – był długoletnim, zawsze dostępnym przyjacielem pisarza. Przed objęciem posady w Departamencie Stanu pracował w International Telephone & Telegraph Company w Hawanie. Hemingway zachował miłe wspomnienia z ich wyjazdu do hiszpańskiej Salamanki w latach trzydziestych[101]. Bonsal odnowił ich przyjaźń, gdy został ambasadorem na Kubie, krótko po objęciu władzy przez Castro w 1959 roku. Wiosną i latem 1960 roku był regularnym gościem na obiadach wydawanych w Fince.

Valerie Danby-Smith, młoda irlandzka sekretarka Hemingwaya, uczestnicząc w jednym z tych obiadów, usłyszała, jak Bonsal przekazuje pisarzowi „ważną, ale nieoficjalną" wiadomość z Waszyngtonu[102]. Dotyczyła ona sprawy poruszanej przez Waszyngton w depeszy radiowej przesłanej ambasadzie w listopadzie 1959 roku, gdzie wyrażano zaniepokojenie sytuacją sławnego ekspatrianta, który wypowiadał się życzliwie na temat rewolucji[103]. Stosunki między obydwoma krajami w dalszym ciągu się pogarszały. Castro wydawał się robić wszystko, aby zrazić do siebie rząd Stanów Zjednoczonych, toteż amerykańscy urzędnicy byli niespokojni, wiedząc, że Hemingway nadal przebywa na Kubie. Czy nie mógłby zamieszkać w innym miejscu i opowiedzieć się przeciwko reżimowi kubańskiemu? Hemingway zaprotestował: Finka była jego domem, a Kubańczycy przyjaciółmi i członkami rodziny. Powiedział Bonsalowi, że zajmuje się pisaniem, a nie polityką. Oprócz tego wielokrotnie dowiódł swego oddania krajowi. Nikt nigdy nie kwestionował jego lojalności wobec Stanów Zjednoczonych[104].

Bonsal nie ustąpił. Dyplomatycznie, ale stanowczo powtórzył, że chociaż rozumie punkt widzenia Hemingwaya, inni członkowie amerykańskich władz go nie pojmują. „Jeśli pisarz nie jest gotowy, aby zająć stanowisko jako osoba publiczna, może ponieść konsekwencje"[105]. Danby-Smith usłyszała, że Bonsal użył słowa „zdrajca". Zapamiętała również, że ambasador przyszedł na obiad w następnym tygodniu i ponownie oświadczył Hemingwayowi, że „będzie musiał dokonać wyboru między ojczyzną a domem”[106]. Tamtego wieczoru sytuacja była napięta, rozmowa zaś starych przyjaciół wymuszona. Valerie miała wrażenie, że dostrzegła łzy w oczach Hemingwaya.

Bonsal dotknął czułej struny, zmuszając go do wyboru między ojczyzną i domem, żonglując słowem „zdrajca” przed amerykańską znakomitością. Hemingway od dziesiątek lat zmagał się z kwestią lojalności – od hiszpańskiej wojny domowej przez pamiętny dzień w Nowym Jorku, gdy zgodził się zostać sowieckim szpiegiem, okres czerwonej paniki przełomu lat czterdziestych i pięćdziesiątych, aż po rok 1951, kiedy w liście do Bucka Lanhama stwierdził z naciskiem, że on, Hemingway, „nigdy nie był pieprzonym zdrajcą”. W rozmowie z Bonsalem użył tych samych słów, które wypowiedział wcześniej wobec Lanhama, a później Hotchnera podczas rozmowy o tej kłopotliwej kwestii.

Nie chodziło tylko o to, że Hemingway miał na Kubie bliskich przyjaciół ani że mieszkał w Fince dłużej niż gdziekolwiek indziej. Szło o coś więcej. Przeniósł na kubańską rewolucję swoje niespełnione nadzieje wobec Republiki Hiszpańskiej. To, co wydarzyło się w okresie od 1936 do 1939 roku, ukształtowało sposób jego myślenia w latach 1952–1960. Republika była sprawą, która określiła jego życie. Wspieranie Castro stanowiło odpowiednik walki z Franco i Hitlerem w Hiszpanii. Na Kubie nie trudził się tak ciężko jak w Hiszpanii, ale był daleki od bezczynności, niezależnie od tego, co mówił przyjaciołom lub prasie o kubańskiej polityce. Teraz, gdy istniały spore szanse, że jego nadzieje się spełnią, ambasador jego kraju żądał, by na zawsze odwrócił się od Kuby. Nic dziwnego, że Valerie dostrzegła łzy w jego oczach.

Wiadomość od Bonsala zdawała się mieć tym większą wagę, że ambasador był przyjacielem i człowiekiem umiarkowanym, który bez powodzenia próbował znaleźć wspólny język z coraz bardziej dyktatorskim Castro[107]. Hemingway musiał przyznać, że argument Bonsala nie był niedorzeczny. Antyamerykańska retoryka Castro stała się przesadna – groził Amerykanom i amerykańskiej własności na wyspie. Nie miało znaczenia, że w jego mowach pojawiło się czasem dobre słowo o „Amerykanach takich [...] jak Hemingway", ludziach będących przyjaciółmi rewolucji[108]. Rewolucja nigdy nie przejęłaby ich własności[109]. Zdaniem mieszkającego i pracującego na Kubie sowieckiego historyka Castro cytował nawet Hemingwayowską obronę rewolucyjnej sprawiedliwości[110].

Dowody uznania ze strony Castro postawiły Hemingwaya w niezręcznej sytuacji. Zwierzył się Hotchnerowi, teraz swojemu stałemu kompanowi, będącemu przy okazji kimś w rodzaju darmowego sekretarza, że prywatnie Castro mu nie przeszkadza, kubański przywódca zaś przypuszczalnie pozwoliłby Hemingwayom mieszkać w spokoju w Fince. Sławny pisarz wiedział, że jest dobrą reklamą dla reżimu. Jednak, niezależnie od tego, jak wielką sympatią darzył Fidela lub jakie nadzieje wiązał z kubańską rewolucją mającą naprawić błędy Republiki Hiszpańskiej, nie chciał być wyjątkiem chwalonym przez Castro. Kiedy Hotchner spytał, co go najbardziej niepokoi, odparł, że nie może przestać się martwić, gdy „wyrzucają" innych Amerykanów i „oczerniają [...] jego ojczyznę"[111].

Wydarzenia z lata 1960 roku prawdopodobnie przyspieszyły upadek mający swój początek kilka lat wcześniej.

Hotchner zauważył, że Hemingway tracił siły – mający zawsze posturę boksera mężczyzna mocno zeszczuplał, a jego niegdyś potężne ramiona wyglądały, „jakby zostały ociosane przez niezręcznego cieślę"[112]. Pisarz uskarżał się na nerki i słabnący wzrok. Najgorsze było to, że pisanie przychodziło mu teraz z większym trudem niż kiedyś. Rękopis o walkach byków, zamówiony przez magazyn „Life", całkowicie wymknął mu się spod kontroli[113]. Choć redakcja prosiła o zaledwie czterdzieści stron, przystąpił do gorączkowej pracy i napisał sześćset osiemdziesiąt osiem, a później nie mógł się zdecydować na usunięcie czegokolwiek. Poprosił Hotchnera, żeby przyleciał z Nowego Jorku na Kubę, aby mu pomóc – a później sprzeciwiał się jego zmianom redakcyjnym z powodów, które dla młodszego pisarza nie miały sensu.

Dwudziestego piątego lipca Hemingway, Mary i Valerie wsiedli na prom płynący z Hawany do Key West. Nie podjęli jeszcze ostatecznej decyzji w sprawie wyjazdu z Kuby na stałe. Wręcz przeciwnie, zamierzali wrócić na wyspę za kilka miesięcy, bo zostawili w Fince wiele cennych przedmiotów i zatrzymali cały personel[114]. Hemingway zadbał o to, by jego wyjazd odbył się dyskretnie. Nie chciał zwracać na siebie uwagi, jak to uczynił w listopadzie. Co najważniejsze, nie chciał, aby ktokolwiek pomyślał, że jego wyjazd jest deklaracją sprzeciwu wobec Castro, którego w dalszym ciągu popierał[115].

Na początku i na końcu podróży Hemingway był wyraźnie spięty, obawiając się formalności celnych i imigracyjnych. Mary słyszała, jak mruczy pod nosem o „poważnych konsekwencjach łamania prawa"[116].

Z Key West Hemingway poleciał, już samotnie, do Nowego Jorku, a stamtąd do Europy, gdzie spędził sierpień i wrzesień. Jego przyjaciele z Hiszpanii byli wstrząśnięci, widząc, jak bardzo się postarzał w ciągu ostatniego roku. Opierając się na świadectwach naocznych świadków, pierwszy biograf Hemingwaya Carlos Baker miał tak podsumować to, co powiedzieli mu kilka lat po tym spotkaniu: wszyscy widywali pisarza w „rozmaitych nastrojach, ale żaden nie był taki jak obecny [...] z objawami skrajnego załamania nerwowego, takimi jak strach,

Zamyślony Hemingway czyta list w La Consuli. *Mary Hemingway Photo, Ernest Hemingway Photo Collection, JFK Library*

poczucie osamotnienia, znudzenie, wątpliwości dotyczące motywów postępowania innych, bezsenność, poczucie winy, wyrzuty sumienia i utrata pamięci”[117].

Piętnastego sierpnia Hemingway napisał do Mary, że obawia się „kompletnego fizycznego i nerwowego załamania w wyniku ciężkiego przepracowania”[118]. Był to jeden z wielu przykładów wołania o pomoc kierowanego do niej w ciągu tego miesiąca.

Mary i wierny Hotchner robili, co mogli, aby wspierać Hemingwaya w okresach załamania, które powróciły w kolejnym roku. Zaalarmowany wiadomościami z Hiszpanii, Hotchner poleciał do Europy, aby dotrzymać pisarzowi towarzystwa, a 8 października przywiózł go do Nowego Jorku, gdzie zajęła się nim Mary. Później oboje zawieźli Hemingwaya pociągiem do Ketchum. Na miejscu Hotchner i Mary zrozumieli, że mimo całej miłości, jaką do niego czuli, sami nie zdołają pomóc Ernestowi. Zwrócili się więc do psychiatry z Nowego Jorku, a później, za jego radą, do lekarzy z kliniki Mayo w Rochester, w stanie Minnesota. Aby uniknąć rozgłosu, władze kliniki doradziły zarejestrowanie pisarza pod innym nazwiskiem. Hemingway został przyjęty na oddział zamknięty St. Mary's Hospital, będącego filią kliniki Mayo, gdzie jako „George Saviers” (nazwisko jego lekarza z Ketchum), miał przebywać od 30 listopada 1960 do 22 stycznia 1961 roku.

Jako główną dolegliwość zdiagnozowano depresję pogłębioną przez paranoję. Psychiatra Hemingwaya, doktor Howard Rome, był zwolennikiem terapii z użyciem elektrowstrząsów, którą w owym czasie często stosowano w poważnych przypadkach[119]. Niezależnie od tego, kto podpisał zgodę – Hemingway czy Mary – pisarz nie miał wielkiego wyboru, szczególnie po konsultacjach przeprowadzonych przez doktora Rome i jego kolegów. Podczas zabiegów lekarze podawali pisarzowi środki uspokajające, przypinali go pasami do stołu i umieszczali mu elektrody na skroniach, aby przepuścić prąd przez mózg. Choć jedenaście do piętnastu takich zabiegów pozornie złagodziło depresję, Hemingway był przekonany, że lekarze wyczyścili mu pamięć, co rzeczywiście było częstym skutkiem ubocznym stosowania elektrowstrząsów. Martwiło to pisarza zawsze obywającego się bez robienia notatek. Zwierzył się Hotchnerowi, że pamięć jest miejscem, w którym ulokował swój kapitał. Gdy ją utraci, wyleci z interesu[120].

Jednak urojenia nie zniknęły[121]. Niektóre miały związek z faktami – np. notatki z podróży przez kraj, z Key West do Idaho, w listopadzie 1959 roku, kiedy pisarz notował ilość zakupionych galonów benzyny, przejechanych kilometrów, czasy przejazdu i pokonane odległości. Inne były kompletnymi omamami. Hemingway martwił się na przykład obsesyjnie o amerykańską wizę Valerie Danby-Smith (pozwalającą na ponowny wjazd do Stanów Zjednoczonych i podjęcie studiów w Nowym Jorku), co doprowadziło do urojenia, że amerykański Urząd ds. Imigracji i Naturalizacji prowadzi śledztwo w jego sprawie, bo finansował pobyt Valerie.

Inne urojenia dotyczyły FBI. Uważał, że Biuro śledziło go od powrotu z Europy w październiku 1960 roku. Podejrzewał o bycie agentem każdego mężczyznę, który nie nosił dżinsów i kowbojskich butów, przekonany, że agenci FBI zawsze ubierają się tak, jakby szli do pracy w centrali, tzn. w czarne garnitury i białe koszule. W listopadzie, kiedy on i Hotchner przejeżdżali obok banku w Ketchum, gdzie mimo zamknięcia paliły się światła, pisarz uznał z absolutną pewnością, że to agenci federalni przeglądają jego dokumenty bankowe w poszukiwaniu dowodów jakiegoś nieujawnionego przez niego przestępstwa. Wyobrażał sobie również, że umieścili podsłuch w jego szpitalnym pokoju i samochodach, którymi się poruszał. Gdy Hotchner odwiedził go w Rochester, w Minnesocie, Hemingway nie pozwolił mu mówić, dopóki nie wyszli na zewnątrz. Kiedy Hotchner spytał, dlaczego FBI miałoby się nim interesować, ten odrzekł, iż powodem są jego „podejrzane książki", równie niepewni przyjaciele i miejsce, gdzie mieszkał – „wśród kubańskich komunistów"[122]. W święta Bożego Narodzenia Mary zauważyła, że choć nie upierał się już, że w łazience siedzi agent specjalny z magnetofonem, to nadal oczekiwał FBI, które przyjedzie po niego i zabierze go na przesłuchanie[123].

Martwił się nawet tym, że FBI przeprowadzi śledztwo, aby ustalić, dlaczego zarejestrował się w klinice Mayo pod zmienionym nazwiskiem. Na początku nowego roku lekarz Hemingwaya uczynił niezwykły krok, zwracając się do biura okręgowego FBI w Minneapolis o „wyrażenie zgody" na powiedzenie Hemingwayowi, że FBI nie obchodzi to, iż posługiwał się fałszywym nazwiskiem[124]. Meldunek agentów okręgowych, przesłany do Waszyngtonu 13 stycznia 1961 roku, stwierdza, że prośba lekarza była dla nich kompletnym zaskoczeniem. Wiadomość przekazano otwartym tekstem, bez priorytetu – czyli odmiennie od informacji związanych ze śledztwem w sprawie bezpieczeństwa wewnętrznego. Pole, w którym zwykle umieszczano numer teczki, pozostało puste, data stempla zaś sugeruje, że urzędnik w Waszyngtonie przystawił go jedenaście dni później. A biuro okręgowe w Minneapolis dołączyłoby wszak numer teczki, gdyby pracowało nad „sprawą Hemingwaya".

Przekonani, że nie wywoła to żadnych niebezpiecznych reperkusji, agenci z Minneapolis oświadczyli doktorowi Rome'owi, iż „nie mają nic przeciwko" jego zamierzeniom[125]. Ten przekazał wiadomość Hemingwayowi, niemniej paranoja pisarza na punkcie rządu nie ustąpiła. W połowie stycznia napisał do Lanhama złowieszcze słowa, że „pełna prawda" (o jego poglądach na amerykańską politykę, lojalność i Sowietów), którą się z nim podzielił na przestrzeni lat, jest wystarczająca, by posłać go „na szubienicę"[126].

Pomimo stanu, w jakim się znajdował, Hemingway nie przestał myśleć o Kubie, na początku 1961 roku zajmującej nadal poczesne miejsce w codziennych wiadomościach. Drugiego stycznia Matthews zanotował, że Hemingway skarżył się na sytuację panującą na wyspie. Ubolewał z powodu „ekscesów, związków z komunizmem oraz przesadnie antyamerykańskiego charakteru rewolucji"[127]. Mimo to czuł, że „w kubańskiej rewolucji [...] jest coś cennego, czego nie wolno zmarnować". Administracja Eisenhowera była najwyraźniej innego zdania, bo następnego dnia zerwała stosunki dyplomatyczne z Kubą. Niepewna sytuacja doskwierała Hemingwayowi. Szesnastego napisał Lanhamowi, że on i Mary mogą „stracić wszystko na Kubie", ale nie jest to jeszcze przesądzone[128]. Zasugerował, że Sowieci mogą interweniować w jego sprawie. O tym jednak „nie powinien pisać w liście, prosi więc, żeby [Lanham] zachował to w tajemnicy, jak inne sprawy, o których pamiętamy, choć o nich nie piszemy"[129].

W pierwszych miesiącach roku wśród kubańskich emigrantów i amerykańskich dziennikarzy pojawiły się plotki, że prezydenci Eisenhower i Kennedy (który objął urząd 20 stycznia 1961 roku) planują podjęcie działań przeciwko Castro. Dwudziestego lutego Matthews, zmartwiony, że pisarz nie mógł się zapoznać z jego poprzednim listem (na kopii w prywatnym archiwum dziennikarza widnieje odręczna notatka: „Był wówczas zbyt chory, aby go przeczytać. HLM"), napisał do niego ponownie. Był „zasmucony rozwojem sytuacji na Kubie", a przypuszczał, że Hemingway i Mary są zasmuceni jeszcze bardziej. Mimo to miał nadzieję, że CIA nie stłumi rewolucji – ponownie użył słowa „cennej". Nawet gdyby operacja CIA się powiodła, „byłoby to uleczenie pacjenta przez jego uśmiercenie"[130].

Niemniej wstrzymanie operacji „Zapata" (planu obalenia Castro opracowanego rok wcześniej przez administrację Eisenhowera) było wówczas prawie niemożliwe. Siedemnastego kwietnia 1961 roku, we wczesnych godzinach rannych, grupa uzbrojonych i wyszkolonych przez CIA uchodźców kubańskich wylądowała na południowym wybrzeżu Kuby. O jedenastej rano tego samego dnia kubański przedstawiciel w ONZ oświadczył: „Kuba została dziś rano napadnięta przez najemników [...] [uzbrojonych] przez [...] Stany Zjednoczone"[131]. Napastnicy, oddział liczący około tysiąca czterystu ludzi, walczyli dzielnie, ale zostali zmiażdżeni przez siły szybko zmobilizowane przez Castro do odparcia inwazji, której oczekiwał od jakiegoś czasu. Dwudziestego kwietnia Castro za pośrednictwem kubańskiego radia ogłosił zwycięstwo[132]. Następnego dnia „Times" przedrukował jego deklarację.

Przez tydzień gazety w całych Stanach opisywały przebieg tzw. inwazji w Zatoce Świń „na całych kolumnach, z nagłówkami wybitymi w sposób zarezerwowany zwykle dla wyborów prezydenckich i narodowych katastrof"[133]. Hemingway i Mary słuchali o tym w wiadomościach radiowych i telewizyjnych. Mary wspominała, że oboje byli „przerażeni" wyborem miejsca desantu – bagnistego terenu nadającego się bardziej do polowań na kaczki, niż do ruchów wojsk. Poza tym napisała jedynie: „nasze prywatne sprawy odsunęły na bok zmartwienia związane z daleką porażką"[134].

Jakie zmartwienia miała na myśli? Czy to, że Stany Zjednoczone wybrały złe miejsce lądowania? Albo że Castro miał zbyt duże poparcie wśród Kubańczyków (Mary i Matthews szacowali je na 75 procent), aby operacja się powiodła? Lanham sądził, że zna jedną z odpowiedzi. Trzy tygodnie później napisał Hemingwayowi, że on, Buck, wyobraża sobie, jak bolesne dla „starego, mającego nieraz przetrzepaną skórę wojaka" pokroju Ernesta musiało być przeczytanie „o tej monumentalnej głupocie". Dodał, że Castro okazał się, niestety, gorszy niż Batista[135].

Lanham przeczuwał, że Hemingwayowi nie przypadnie do gustu żaden wynik. Trudno byłoby mu przyjąć zwycięstwo sił inwazyjnych popieranych przez Stany Zjednoczone, bo krytykował je za to, że postępują jak dziewiętnastowieczne „mocarstwo" i są postrzegane jako zły sąsiad w Ameryce Łacińskiej. Pojawiłoby się również niebezpieczeństwo powrotu do czasów Batisty. Niestety, zwycięstwo Castro było niewiele lepsze, gdyż mógł on teraz stać się jeszcze bardziej antyamerykański, a choć Hemingway kochał Kubę, koniec końców nie wystąpiłby przeciwko własnemu krajowi. Przed podobnym wyborem stanął w Hiszpanii, a później podczas drugiej wojny światowej i pełnego goryczy pokoju, który nastał po jej zakończeniu. Być może przypomniał sobie bolesne ostrzeżenie Bonsala o zdradzie.

Choć Mary dała do zrozumienia, że prywatne zmagania Hemingwaya zepchnęły na drugi plan jego emocje związane z inwazją, zbieżność czasowa wskazuje, iż te dwie sprawy mogły być ze sobą związane[136]. We wtorek, drugiego dnia inwazji, Hemingway skreślił list do swojego wydawcy, informując go, że bez powodzenia próbował zredagować wspomnienia z pobytu w Paryżu w latach dwudziestych (później opublikowane jako *Ruchome święto*). Od powrotu z Minnesoty wszelkie próby jedynie pogarszały sytuację[137]. Nie była to skarga pod wpływem chwili, ale przyznanie się do porażki. Po prostu nie potrafił już wykonywać pracy, a przecież ta utrzymywała go przy życiu. „Daleka porażka" w Zatoce Świń była kolejną klęską, niemal tak bolesną jak pierwsza. Wiedział, że nie będzie mógł wrócić do domu, przechadzać się pod drzewem puchowca rosnącym przed frontowymi drzwiami Finki, wypływać „Pilar" z zatoki, mijając po drodze stary hiszpański fort lub popołudniami popijać z przyjaciółmi papa doble we Floridicie. Wiedział, że nie będzie mógł wspierać rewolucji, pozostającej dla niego, mimo wszystkich braków, cennym zwycięstwem nad prawicą. Był to dla niego koniec dawnego, drogiego snu, który zaczął się w Hiszpanii.

Nie było łatwego sposobu ukojenia żadnej z tych bolączek. Kiedy w piątkowy ranek 21 kwietnia Mary zeszła na dół, zastała Hemingwaya w salonie z ulubioną dubeltówką w dłoni i dwoma nabojami leżącymi na parapecie w zasięgu ręki[138]. Przez dramatyczne półtorej godziny opowiadała mu cicho o rzeczach, które mogli jeszcze zrobić – pojechać do Meksyku, ponownie odwiedzić Paryż, może nawet wybrać się do Afryki na kolejne safari.

Kiedy przyjechał ich dobry przyjaciel, lekarz rodzinny Saviers, aby zmierzyć Hemingwayowi ciśnienie, wspólnie zdołali go namówić do odłożenia broni. Zawieźli pisarza do miejscowego szpitala, a później niezwłocznie załatwili lot do kliniki Mayo i kolejną ponurą rundę terapii z użyciem elektrowstrząsów na zamkniętym oddziale. Po drodze Hemingway podjął przynajmniej dwie próby popełnienia samobójstwa. Na lotnisku Casper w Wyoming próbował wejść pod wirujące śmigło samolotu.

Pod koniec czerwca lekarz pisarza w Mayo zdecydował, że pacjent może wrócić do domu[139]. Mary przeczuwała prawdę, podejrzewała, że mąż wyprowadził w pole psychiatrów, skłaniając ich, by go wypisali. W dalszym ciągu jednak wysyłał sygnały, że planuje popełnić samobójstwo, np. napisał list do René Villarreala, kubańskiego „syna", który opiekował się Finką. Hemingway wyznawał w nim, że prawie „skończyło mu się paliwo", jest cieniem samego siebie, zredukowanym do wagi półśredniej, nie ma „nawet woli czytania", chociaż kochał to „ponad wszystko". „Pisanie", dodaje, „stało się jeszcze trudniejsze"[140]. Poprosił René, aby zaopiekował się jego kotami i psami oraz „ukochaną Finką", zapewniając go, że niezależnie od tego, co się wydarzy, Papa nigdy o nim nie zapomni.

Pomimo złych przeczuć Mary i George Brown, bokser z Nowego Jorku, który był wieloletnim przyjacielem Hemingwaya, zabrali go z kliniki i zawieźli do Ketchum, docierając tam 30 czerwca.

W słoneczny ciepły sobotni ranek, 1 lipca, Hemingway skłonił Browna, aby poszedł z nim na długi spacer w stronę łagodnych wzgórz rozciągających się na północ od domu, co było pewnym wyzwaniem dla nowojorczyka zmuszonego przebyć tę drogę w miejskim obuwiu. Później pojechali do miasta, żeby odwiedzić starych przyjaciół. Zastali doktora Saviersa w szpitalnym gabinecie, ale nie znaleźli myśliwego Dona Andersona w jego miejscu pracy w Sun Valley. Chuck Atkinson, inny miłośnik przebywania na świeżym powietrzu, przechodził obok domu pisarza przed zachodem słońca i wstąpił na godzinkę, aby pogadać z Hemingwayem na frontowej werandzie[141]. Mary miała powiedzieć Lanhamowi, że Ernest ponownie przeczytał ostatni list nadesłany przez emerytowanego generała[142], który Buck napisał, żeby podzielić się nowinami dotyczącymi ich wspólnych przyjaciół i powiedzieć Ernestowi, jak się martwi swoim starym towarzyszem broni i jak bardzo pragnie, żeby przyjaciel wydobrzał i poczuł się lepiej[143].

Wieczorem Hemingway zaprosił Browna i Mary na obiad do restauracji Christiania w centrum miasta, gdzie zajęli narożny stolik, skąd można było obserwować innych gości. Gdy jedli, Hemingway spojrzał w kierunku sąsiedniego stolika i spytał kelnerkę o siedzących przy nim mężczyzn. Odpowiedziała, że według niej wyglądają na handlowców z pobliskiego miasteczka Twin Falls.

„W sobotę?", zdziwił się Hemingway. Kiedy kelnerka wzruszyła ramionami, wyjaśnił szeptem: „Oni są z FBI"[144].

Wczesnym rankiem następnego dnia Mary obudził odgłos przypominający trzaśnięcie dwóch szuflad, jednej po drugiej. Zeszła, żeby sprawdzić, co się stało, i znalazła Hemingwaya martwego w holu salonu, tam gdzie w kwietniu odebrała mu broń. Wstał przed wszystkimi, cicho zszedł na dół i jedną z dubeltówek uśmiercił to, co pozostało z wielkiego amerykańskiego pisarza, który tak mocno walczył o to, w co wierzył.

EPILOG

Podliczenie ukrytych kosztów

Kiedy wieść o śmierci Hemingwaya się rozeszła, pojawiły się najróżniejsze spekulacje[1]. Samobójstwo pisarza nie miało sensu dla nikogo z wyjątkiem garstki wtajemniczonych, szczególnie gdy Mary oświadczyła, że doszło do wypadku, gdy Hemingway czyścił jedną ze swoich strzelb. Hemingway przez całe życie miał do czynienia z bronią. Jak to możliwe, żeby człowiek obyty z tyloma niebezpieczeństwami, walczący na frontach trzech wojen, zmarł w wyniku przypadkowego postrzelenia we własnym domu? Emmett Watson, dziennikarz z Seattle, który wyprzedził rywali, zdobywając sensacyjny materiał na temat Hemingwaya i Castro, postawił sobie za cel wyświetlenie sprawy.

Kiedy dotarł do Ketchum, odniósł wrażenie, że „przybyli tam wszyscy ludzie pióra na świecie", aby napisać relację z pogrzebu. Połączywszy siły z innym reporterem, zaczął przemierzać boczne uliczki Ketchum niczym ktoś spacerujący w rodzinnym mieście. Unikając wpływowych obywateli, przeprowadzał wywiady ze wszystkimi: „od barmanów po [...] kumpli od polowań, służące, kelnerki i jego maszynistkę", aby dotrzeć do prawdy[2]. Artykuł zatytułowany „Hemingway zginął śmiercią samobójczą", zamieszczony w numerze „Seattle Post-Intelligencer" z 7 lipca zawierał szczegóły rozstrzygające wszystkie spory[3].

Watson nie był jednak w stanie wyjaśnić, dlaczego człowiek wzywający innych do wytrwania – jednym z jego ulubionych powiedzeń było *il faut d'abord durer*, po pierwsze, wytrwać – odebrał sobie życie.

Liczni przyjaciele i czytelnicy zaczęli badać fakty, które mogłyby pomóc w zrozumieniu zagadki śmierci Hemingwaya. Czy powodem samobójstwa była nieuleczalna choroba, np. rzadka dolegliwość w rodzaju hemochromatozy? A może chodziło o niezagojoną dawną ranę wojenną? Może pojawiły się problemy z Mary lub kryzys finansowy? Jak utrata Finki przyczyniła się do tej decyzji?

Wraz z upływem czasu pojawił się konsensus: żaden pojedynczy czynnik nie skłonił do samobójstwa tego niezwykle utalentowanego człowieka[4]. Sprawa wydawała się bardziej skomplikowana i frustrująca. Depresja – Hemingway nazywał ten stan „czarną dupą" – często mu doskwierała, pogłębiając się wraz z upływem czasu. Alkohol, początkowo prosta przyjemność, zamienił się w problem wywołujący demony. Starość przyszła po niego wcześnie – i z całą siłą – przyspieszona przez szereg wypadków, którym uległ, poczynając od lat dwudziestych. Rewolucja kubańska początkowo podniosła go na duchu, ale w końcu okazała się kolejnym przygnębiającym problemem, ponieważ w 1961 roku nadzieje na powrót do dawnego życia na Kubie lub ponowne ujrzenie ukochanej Finki stały się nikłe.

Nie był nawet w stanie ocalić wspomnień, wypełniających wcześniej jego umysł, dając im nowe życie w krótkich opowiadaniach i powieściach. Terapia elektrowstrząsowa zastosowana w klinice Mayo spowodowała, że umysł pisarza stał się mglisty, pozbawiony jasności, z której był znany. Wątpił, aby bez wspomnień zdołał jeszcze cokolwiek napisać.

W 2011 roku, w pięćdziesiątą rocznicę śmierci pisarza, A.E. Hotchner na nowo otworzył spór wokół śmierci Hemingwaya. Ten znacznie młodszy, a mimo to bliski przyjaciel, będący świadkiem wydarzeń mających miejsce w ostatnich miesiącach życia pisarza, wysnuł kolejną teorię: „Hemingway został zaszczuty przez federalnych"[5]. Po omówieniu powszechnie znanych wyjaśnień, Hotchner skupił się na depresji i paranoi, w latach pięćdziesiątych będących nieodłącznym elementem życia pisarza. Napisał o biografach, którzy uznali obsesję Hemingwaya na punkcie FBI za urojenia, a później o teczce, którą FBI ujawniło w latach osiemdziesiątych w odpowiedzi na ustawę o swobodzie dostępu do informacji.

Zdaniem Hotchnera z odtajnionej teczki wynikało, że Hemingway nie mylił się co do Biura. Przyznaje, że pierwsze notatki są datowane w 1942 roku i dotyczą Fabryki Krętaczy oraz polowania na faszystów na Kubie. Niemniej według Hotchnera FBI nie zapomniało o Hemingwayu, gdy wojna dobiegła końca: „W następnych latach agenci pisali raporty na jego temat i podsłuchiwali rozmowy telefoniczne. Inwigilacja trwała przez cały pobyt pisarza na oddziale zamkniętym szpitala St. Mary"[6]. W końcu FBI mogło zainstalować podsłuch w telefonie znajdującym się obok jego pokoju. Hotchner sformułował wniosek, iż Hemingway przeczuwał, że jest obserwowany, co „w dużym stopniu przyczyniło się do jego cierpień i samobójstwa"[7].

Dziś wydaje się jasne, że Hotchner znacznie lepiej rozumiał stan umysłu Hemingwaya niż zamiary FBI. Dokładna analiza teczki Hemingwaya dowodzi, że pisarz nigdy nie znajdował się pod obserwacją[8]. FBI nie zrobiło pierwszego kroku: wszystko zaczęło się od decyzji ambasadora, aby wykorzystać Hemingwaya do założenia amatorskiego biura kontrwywiadu. Ambasada przedstawiła plan, a Biuro na to zareagowało, Hoover natomiast zapytał o przeszłość pisarza, chcąc za wszelką cenę uniknąć przykrych niespodzianek mogących skompromitować organizację, którą stworzył na własne podobieństwo.

Biuro kontynuowało zbieranie informacji na temat Hemingwaya (w dziwnych odstępach czasu, kiedy ich drogi ponownie się krzyżowały), czasami czerpiąc je od samego pisarza, czasami od innych instytucji rządowych, jak Departament Stanu. Kilka notatek sporządzono na podstawie doniesień prasowych. Jeden lub dwa raporty pochodzą od tajnych informatorów, którzy spotykali się z Hemingwayem na gruncie towarzyskim i potajemnie przekazywali swoje wrażenia ludziom Hoovera. Niektóre z meldunków zmartwiły dyrektora, lękającego się, że Hemingway może napisać książkę przedstawiającą w złym świetle jego i agentów federalnych. Nie podejrzewał go jednak o popełnienie żadnych przestępstw, a Biuro nie wszczęło oficjalnego dochodzenia w sprawie jego działalności. Agenci federalni nie podsłuchiwali jego rozmów telefonicznych, nie otwierali listów ani go nie śledzili. W 1961 roku to lekarz powiadomił federalnych o przypadku swojego pacjenta, a nie na odwrót[9].

Biuro stało zawsze na stanowisku, że Hemingway nie jest komunistą, a jedynie zagorzałym antyfaszystą. Nawet po jego śmierci Mary chciała się upewnić, czy sytuacja nie uległa zmianie. W 1964 roku, kiedy poczta kubańska nosiła się z zamiarem wydrukowania pamiątkowego znaczka z Hemingwayem, Mary poprosiła dziennikarza

Quentina Reynoldsa o przekazanie wiadomości Hooverowi. Chciała, aby szef FBI wiedział, że nikt z rodziny nie wyraził zgody na ten druk ani nie popierał rewolucji kubańskiej. Hemingway cenił Castro za usunięcie prawicowego dyktatora Batisty, ale „nie znał go dobrze. Mary [powiedziała], że poznał Castro na imprezie dla wędkarzy i rozmawiał z nim pięć minut. Kropka”[10]. Hoover przyjął to do wiadomości, a następnie sporządził i podpisał notatkę, która trafiła do teczki jako ostatnie znane słowo, jakie wypowiedział w tej sprawie: „Dobrze znałem Hemingwaya, dlatego wątpię, aby miał jakieś komunistyczne sympatie. Był szorstkim, twardym facetem, zawsze występującym w obronie słabszych”[11].

Niezależnie od tego, jak FBI postrzegało Hemingwaya, Hotchner miał rację, mówiąc, że pisarz niepokoił się Biurem. Hoover i jego agenci wiedzieli niewiele o dawnej „wywrotowej” działalności pisarza i dosłownie nic o jego spotkaniach z NKWD. Nie nękali Hemingwaya do śmierci. Jednak on sam nigdy nie zdołał zapomnieć o tym, co zrobił dla sprawy, na której mu zależało – szczególnie pod sztandarem antyfaszyzmu i popierając Castro – i lękał się, że w wyniku tych działań znajdzie się wkrótce na radarze FBI. Jego obsesyjne lęki, że jest inwigilowany przez agencje rządowe, pogłębiły depresję i doprowadziły do pogorszenia toczącej go choroby. Nie mógł odpocząć, „wiedząc”, że agenci federalni przyjdą go aresztować za przestępstwa nie do końca będące tylko dziełem jego wyobraźni.

Jako wieczny buntownik odnosił się z niechęcią do władzy, którą reprezentowali. Tak samo jak opowiadał się po stronie słabszych, sprzeciwiał się każdemu, kto (według niego) był narzędziem ucisku. Od 1937 roku do końca swoich dni z całych sił występował przeciwko faszyzmowi, szczególnie jego zjadliwym europejskim odmianom. Był to najgorszy rodzaj władzy, nie tylko gnębiącej słabych, ale i tłamszącej sztukę. Wojujący pisarz atakował niepodzielających jego poglądów amerykańskich i brytyjskich polityków i dostrzegał ślady faszyzmu w takich amerykańskich instytucjach jak FBI i HUAC. Na Kubie z entuzjazmem popierał rewolucjonistów walczących z istniejącym porządkiem, ponownie odkrywając, że rząd jego kraju ma inne cele niż on.

Najbardziej nie lubił, gdy władze wtrącały się w jego prywatne życie. Począwszy od 1942 roku, ten z natury skryty człowiek lękał się, że jest obiektem inwigilacji. Sprzeciwił się, gdy uznał, że FBI sabotuje jego robotę w Fabryce Krętaczy, i był rozgniewany, kiedy usłyszał, że wojenni cenzorzy z Miami czytali jego korespondencję. W 1944 roku z najwyższym trudem udzielił odpowiedzi inspektorowi generalnemu armii przesłuchującemu go w sprawie zarzutu, że w Rambouillet występował bardziej jako żołnierz niż reporter. Nie cierpiał tego, że musi kłamać wbrew faktom wskazującym, iż walczył, zamiast być jedynie biernym obserwatorem.

We wczesnym okresie zimnej wojny tak bardzo martwił się tym, co rząd dla niego przygotował, że dwa razy pomyślał, zanim coś napisał lub opublikował. Człowiek, który w latach trzydziestych „uczciwie i nieugięcie" ukazywał „twarde oblicze wieku", w latach pięćdziesiątych zaczął cenzurować samego siebie[12].

Utrzymywał, że rząd go obserwuje jako niepewnego „przedwczesnego antyfaszystę". Nigdy nie wspomniał o lepszym powodzie, dla którego władze mogłyby go inwigilować: o tym, że jako przedwczesny antyfaszysta nawiązał współpracę z NKWD. Nie miało znaczenia to, że nigdy tak naprawdę nie szpiegował dla Sowietów. W okresie makkartyzmu wielu dobrych ludzi zaciągnięto przed różne komisje ze znacznie błahszych powodów. Martwienie się, że jego tajemnica zniszczy mu karierę, nie było pozbawione podstaw.

W mowie przesłanej do komitetu noblowskiego napisał, że pisarstwo oznacza życie w samotności. Powinien dodać, że tajemnice potrafią uczynić życie pisarza jeszcze bardziej samotnym. Mógł ulżyć swoim ciężarom, dzieląc się nimi, ale niemal na pewno tego nie zrobił. W listach do Lanhama był bliski wyznania całej prawdy człowiekowi, do którego miał największe zaufanie, ale znacznie mniej zdradził Gellhorn, Mary czy Hotchnerowi. Na pewno nie ujawnił niczego rządowi federalnemu lub opinii publicznej. Koszt odizolowania się – ukrycia wybuchowego sekretu – był ogromny. Zmartwienie przerodziło się w obsesję i urojenia.

Czy ten rozdział biografii Hemingwaya mógłby zakończyć się inaczej? Wielu byłych komunistów, jak jego znajomy Koestler otwarcie odwróciło się plecami do „boga, który ich zawiódł"[13]. Niejeden Amerykanin szpiegujący dla NKWD udał się do najbliższego biura FBI i przekazał agentom wszystko, co wiedział, a następnie wystąpił przeciwko towarzyszowi Stalinowi. Dla niektórych był to oczyszczający, dobry sposób ukrycia się w środku przed zimnem. Jednak Hemingway nie potrafił się wyrzec komunizmu, bo komunistą nie był. Nie wiedział również, jak przedstawić skomplikowaną historię swoich stosunków z NKWD w sposób mający sens dla człowieka pragnącego słuchać. Oprócz tego jego natura utrudniała odwrócenie się od dawnych sprzymierzeńców. Gardził „kapusiami" i „zdrajcami".

Ambasador Bonsal podsunął mu wyjście latem 1960 roku: wrócić do Stanów i wystąpić otwarcie przeciwko ekscesom Castro. To pojednałoby go z Ameryką. Jednak był to wybór prawie niemożliwy. Hemingway nie odwrócił się od rewolucji kubańskiej. Żywił nadzieję co do niej dłużej niż inni Amerykanie i nie umiał się zmusić do potępienia przywódcy partyzantów, który nosił w plecaku *Komu bije dzwon* i obalił prawicowego dyktatora.

Podczas ich ostatniego spotkania w Fince Hemingway nie ujawnił wiele Bonsalowi. Powiedział kilka słów o swoim umiłowaniu Ameryki i przywiązaniu do Kuby. Chociaż rozumiał, o czym mówi ambasador, nie zamierzał porzucić własnych zasad, bo to one pozwoliły mu stworzyć pionierskie dzieła literackie. Niemal w pojedynkę zmienił sposób, w jaki Amerykanie postrzegali świat, pisząc o tym, co widzieli i czuli.

Życie według własnych zasad pozwalało mu podejmować ryzyko, które nie ograniczało się do pisania. W latach 1937–1960 był głęboko zaangażowany w bieżącą politykę, najpierw w Republice Hiszpańskiej, później z Sowietami, a na koniec po stronie własnego kraju w latach drugiej wojny światowej. Chociaż po rozpoczęciu zimnej wojny ograniczył swoją działalność polityczną w Ameryce, w latach pięćdziesiątych trudno go uznać za biernego obserwatora wydarzeń na Kubie.

Od pamiętnego dnia 1935 roku, kiedy ujrzał ciała weteranów leżące na plaży Florydy, zaangażowany politycznie Hemingway był niemal tak samo aktywny jak Hemingway artysta. Zwykle pracował samodzielnie i robił to, co uważał za konieczne, chwytając nadarzającą się okazję, jak wtedy, gdy w 1940 roku poznał werbownika NKWD, Golosa. Sądził, że zdoła prowadzić własną politykę zagraniczną. Jak inni wpływowi ludzie dający się zwerbować, wierzył, że zdoła zapanować nad swoją relacją z sowieckimi – i amerykańskimi – agencjami wywiadowczymi. Miał tylko częściowo rację. Co zaskakujące, pomogło mu to, że nie był takim ekspertem, za jakiego się uważał. Ten skończony profesjonalista w dziedzinie literatury, w polityce i intrydze był uzdolnionym, ale przesadnie pewnym siebie amatorem. Dopiero gdy było za późno, zatrzymał się i zastanowił nad ceną, którą pewnego dnia będzie musiał zapłacić ze swoje sekretne przygody.

PODZIĘKOWANIA

Kiedy w 1954 roku Hemingway otrzymał literacką Nagrodę Nobla, przypomniał, że pisarz wiedzie samotne życie, czasami tylko „łagodzone" przez przynależność do związku pisarzy. W jego przypadku było to szczególnie prawdziwe. Hemingway korzystał tak intensywnie ze swojej wyobraźni i umiejętności władania słowem, że znaczna część życia zawodowego rozgrywała się dosłownie w jego głowie. Jeśli jednak ktoś nie jest geniuszem, pozostaje mu literatura faktu, lecz choć nadal jest to zajęcie samotnicze, wymagające przesiadywania na krześle w odosobnieniu, wcześniej trzeba przecież dotrzeć do faktów, udać się w określone miejsca, aby je ustalić, no i oczywiście skorzystać z pomocy zespołu naukowców, archiwistów, bibliotekarzy, redaktorów i innych badaczy, nie wspominając o agentach literackich i przyjaciołach. W podróży prowadzącej mnie do powstania tej książki towarzyszyło mi wiele osób, którym z radością podziękuję. Zacznę od Marka Bradleya, wieloletniego przyjaciela i podobnie jak ja historyka. Miałem szczęście należeć do zespołu jego współpracowników redakcyjnych, gdy pisał książkę o Duncanie Lee, potomku Roberta E. Lee, który szpiegował dla Sowietów. Dzięki temu doświadczeniu wszedłem w temat i poznałem proces powstawania książki. Toni Hiley, dyrektor Muzeum CIA, cierpliwie znosił moją obecność i zachęcał do prowadzenia badań, kiedy je rozpoczynałem. Jestem przekonany, że na tej planecie nie ma dyrektora bardziej skorego do współpracy. Jill R. Hughes z Editor's Mark udzielił mi wielkiej pomocy w nadaniu kształtu pierwszym sześciu rozdziałom, które wykorzystałem do sprzedaży projektu książki.

W 2012 roku, podczas pierwszego spotkania z członkami Hemingway Society w Petoskey w stanie Michigan, Jean Jespersen Bartholomew i ja wzięliśmy udział w panelu, na którym przedstawiłem swoje pierwsze, wstępne odkrycia. Nawiązaliśmy rozmowę, a później wymienialiśmy się mailami, by zakończyć na literackiej współpracy. Szybko odkryłem, że Jean to znakomita specjalistka. Jako długoletnia badaczka życia Hemingwaya i miłośniczka twórczości pisarza, stała się dla mnie niezastąpioną przyjaciółką, czytelniczką i redaktorką – kimś, kogo nazwałem „JMax", by nawiązać do związku łączącego Hemingwaya z Maxem Perkinsem.

Również inni badacze wyrazili chęć korespondowania i udostępniania materiałów źródłowych: Daniel Robinson był łaskaw przesłać mi kopie dokumentów ujawnione w ramach ustawy o swobodzie dostępu do informacji FOIA, których nie mógł odnaleźć żaden z pracowników rządowych; Hans Schoots wymieniał uwagi na temat Jorisa Ivensa; Jeffrey Meyers podzielił się rezultatami swoich badań dotyczących prawnika Hemingwaya; Joel Christenson opowiedział mi historię ambasady amerykańskiej w Hawanie. Kenneth W. Rendell, założyciel Muzeum II Wojny Światowej w Bostonie, przesłał kopie ważnych listów znajdujących się w jego prywatnych zbiorach. John Haynes z Biblioteki Kongresu udostępnił mi dokumenty źródłowe do książki *Spies* (Szpiedzy), swojej przełomowej pracy o działalności sowieckiej siatki szpiegowskiej w Ameryce, i wskazał zbiory dokumentów mogących mieć związek z postacią Hemingwaya. William Davis z Archiwum Krajowego był niezrównanym przewodnikiem po dokumentach komisji HUAC. Dobry przyjaciel Hayden Peake służył mi cały czas jako bezcenne źródło w badaniach nad historią wywiadu.

„Tabardierzy", pisarze spotykający się przy okrągłym stole w waszyngtońskim lokalu Tabard Inn, przez dwa lata przynosili mi ulgę w pisarskiej samotności. Czytaliśmy i krytykowaliśmy swoje prace, wymienialiśmy się uwagami i komentarzami, udzielaliśmy wsparcia. Z całego serca dziękuję Carol Meyers, Danielle Polen i Kimberly Wilson. Służyły mi pomocą w przygnębiającym okresie poszukiwania agenta literackiego – kiedy nie potrafiłem zwrócić na siebie tyle uwagi, by zostać nawet odrzuconym. Danielle zasugerowała, żebym zwrócił się do RossYoon, firmy z Dystryktu Kolumbii, która przygarnęła mnie niczym rodzina. Andrew Simon przyjął rękopis, Anna Sproul-Latimer nawiązała relację, a Howard Yoon zabrał mnie w długą podróż. Howard jest dla pisarza terapeutą, trenerem, sprzedawcą, redaktorem i nauczycielem. Dwaj inni przyjaciele, Richard Bangs i Anthony Vinci, wysłuchiwali cierpliwie, jakież to nowe pasjonujące zmiany mam zamiar nanieść w manuskrypcie i byli łaskawi udostępnić mi swoje kontakty.

Zostałem także pobłogosławiony cudownymi przyjaciółmi, którzy przeczytali i przedstawili uwagi do całego rękopisu lub jego fragmentów, wskazując wiele rzeczy, które przeoczyłem lub mogłem zrobić lepiej: Tommy Sancton, Paul Nevin, Samuel Cooper-Wall, Bill Foster, Ann Todd i moja siostra Mary Jane Miltner. Kiedy przez ponad rok Sam i ja dzieliliśmy biuro, zawsze był gotów służyć mi za powiernika i mądrego doradcę. Ann urządziła ze mną burzę mózgów, żeby wymyślić tytuł. Wyjątkowy ekspatriant-pisarz-redaktor Abby Rasminsky pomagał mi w pracy nad ostatnią, najtrudniejszą częścią książki – wstępem.

Rezultat trudów wylądował na biurku redaktora naczelnego Petera Hubbarda z wydawnictwa William Morrow, któremu pozostanę dozgonnie wdzięczny za cierpliwe i profesjonalne przeprowadzenie rękopisu przez proces wydawniczy. Dzięki jego pewnej ręce i staranności zastępcy redaktora Nicka Amphletta oraz redaktora technicznego

Davida Palmera i adiustatora Toma Pitoniaka powstała znacznie lepsza książka. Gena Lanzi i Sharyn Rosenblum, dyrektorka działu relacji z mediami, entuzjastycznie wspierały to przedsięwzięcie od czasu, kiedy się poznaliśmy.

Pod koniec 2015 roku przyjaciółka Kristie Miller zaprosiła mnie na spotkanie Washington Biography Group – gromadki niezwykle utalentowanych i wspierających się ludzi, od których wiele się nauczyłem. To samo mogę powiedzieć o profesorce Sandrze Aistars i jej studentach z George Mason University Law School, którzy prowadzą „klinikę" dla pisarzy. Inną grupą wsparcia było CoworkCafé z Arlington w stanie Wirginia, gdzie spędziłem wiele godzin, szlifując rękopis w komfortowych warunkach.

Personel JFK Library, w którym znajduje się kolekcja Hemingwayowska, był mi niezmiennie pomocny. Już pierwszego dnia Hannah German zaoferowała, że oprowadzi mnie po Hemingway Research Room (pomieszczeniu urządzonym na podobieństwo salonu pisarza na Kubie) i pokaże pamiątki po nim – co sprawiło, że rozpocząłem badania we właściwym punkcie. Podczas kolejnych wizyt członkowie personelu cierpliwie wysłuchiwali moich teorii podczas popołudniowych rozmów i zwracali uwagę na konkretne materiały źródłowe. Dzięki Stephenowi Plotkinowi, Michaelowi Desmondowi, Laurie Austin, Jessice Green i Connorowi Andersonowi moja praca stała się łatwiejsza.

Mary Ellen Cortellini, przemierzająca Internet w poszukiwaniu smakowitych kąsków, do których ja sam nigdy bym nie dotarł, stała się dla mnie nieocenioną pomocnicą w pracy badawczej. Równie niepokonana w tropieniu i cyklicznym dostarczaniu osobliwych informacji na temat formacji Marine Corps była Annette Amerman z Marine Corps History Division. Mój dobry przyjaciel Nick Welch był uprzejmy sprawdzić różne tropy w londyńskich National Archives, podobnie jak Katie i Peggy Lindsey z Virginia Historical Society w Richmond. Inny stary przyjaciel, doktor Samuel Yelin

Zabicky, pomógł mi zweryfikować fakty dotyczące miasta Meksyk w 1942 roku.

Okazałbym się niedbały, gdybym nie wspomniał o wielu badaczach spuścizny Hemingwaya, na których pracy się opierałem. Pierwszy z jego biografów, profesor Carlos Baker z Princeton, stworzył podwaliny dla pozostałych skrupulatnymi badaniami przeprowadzonymi w czasie, gdy wspomnienia związane z osobą pisarza były jeszcze świeże. Jeśli chodzi o biografów późniejszych od Bakera, za szczególnie cenne uważam prace Jeffreya Meyera i Michaela Reynoldsa (okazało się niestety, że nie jesteśmy spokrewnieni). Podczas pracy zawsze miałem pod ręką precyzyjną chronologię wydarzeń z życia Hemingwaya autorstwa Brewstera Chamberlina. Niemal codziennie sprawdzałem informacje źródłowe w „Hemingway Review", przed którego autorami chylę czoło.

Towarzystwo Hemingwaya dostarczyło mi dużego wsparcia badawczego, przez Internet oraz osobiście, za co jestem ogromnie wdzięczny. Pracownicy International Center of Photography, a szczególnie Susan Carlson, ułatwili mi dotarcie do wspaniałych starych zdjęć. Nie mniej pomocny okazał się Doug Miller, administrator Pan Am Foundation. Korespondowanie z Dougiem o czasach chwały sztandarowej amerykańskiej linii lotniczej dostarczyło mi prawdziwej radości.

Jako były pracownik piszący o sprawach związanych z wywiadem, musiałem przedłożyć rękopis do wglądu CIA, aby sprawdzono, czy nie zawiera informacji tajnych. Chciałbym podziękować członkom Publications Review Board za stały kontakt w trakcie wspomnianego procesu. Członkowie komisji poprosili mnie o zamieszczenie następującego standardowego wyjaśnienia:

„Utwór [książka] nie zawiera informacji ujawnionych oficjalnie przez CIA. Sposób przedstawienia faktów, opinie i analizy są dziełem autora i nie odzwierciedlają oficjalnego stanowiska lub poglądów CIA ani innych agencji rządu Stanów Zjednoczonych. Żaden element treści utworu nie powinien być odczytywany jako potwierdzenie lub sugestia, że rząd USA autoryzuje przedstawione tu informacje lub że CIA podziela poglądy autora. Materiał przejrzano wyłącznie pod kątem informacji tajnych".

Na koniec pozostawiłem front domowy. Żadna książka poświęcona Hemingwayowi nie byłaby kompletna bez dodania kilku słów o tym, co pisanie czyni z autora, który mu się oddaje, i o przejściowym obłędzie występującym w trakcie pracy. Uchylam kapelusza i pokornie skłaniam głowę przed moją żoną, Becky, tak pogodnie znoszącą cały ten proces twórczy.

Jeszcze jedno: za wszelkie błędy w przedstawieniu faktów lub ich interpretacji biorę wyłączną odpowiedzialność.

PRZYPISY

WPROWADZENIE

[1] Krążenie teczek OSS po Waszyngtonie – pomiędzy OSS, CIA i NARA – opisano znakomicie w artykule zatytułowanym „Records of the Office of Strategic Services (Record Group 226), About the Records". Zob. archives.gov (lipiec 2016).

[2] John Earl Haynes, Harvey Klehr, Aleksander Vassiliev, *Spies: The Rise and Fall of the KGB in America* (Yale University Press, New Haven, CT, 2009).

ROZDZIAŁ 1: PRZEBUDZENIE. GDY MORZE PRZENICOWAŁO LĄD

[1] Anders Österling, cytat z mowy wygłoszonej podczas uroczystości wręczenia Hemingwayowi Nagrody Nobla w dziedzinie literatury, http://www.nobelpri1ze.org/nobel_prizes/literature/laureates/1954/press.html (październik 2015).

[2] Carlos Baker (red.), *Ernest Hemingway: Selected Letters: 1917–1961* (Scribner's, Nowy Jork 1979), ss. 420–421 i n.

[3] Elizabetha Levin, „In Their Time: The Riddle Behind the Epistolary Friendship Between Ernest Hemingway and Ivan Kashkin", „Hemingway Review" 32, nr 2 (2013), ss. 95–108.

[4] Iwan Kaszkin do Ernesta Hemingwaya (EH), 25 lipca 1935 roku, w korespondencji przychodzącej, Ernest Hemingway Collection, JFK Presidential Library, Boston.

[5] List EH do Iwana Kaszkina, 19 sierpnia 1935 roku, w: Baker (red.), *Selected Letters*, s. 417.

[6] W liście do Maxa Perkinsa z 19 kwietnia 1936 roku Hemingway wyraził radość z powodu swojej popularności w Związku Radzieckim. Matthew J. Bruccoli (red.), *The Only Thing That Counts: The Ernest Hemingway–Maxwell Perkins Correspondence* (Scribner's, Nowy Jork 1996), s. 242. EH chwali Kaszkina

w liście do Konstantina Siemionowa z 20 czerwca 1946 roku (Baker (red.), *Selected Letters*, ss. 607–609).

[7] List EH do Iwana Kaszkina, 19 sierpnia 1935 roku, w: Baker (red.), *Selected Letters*, ss. 418–419.

[8] David Sanders, „Ernest Hemingway's Spanish Civil War Experience", „American Quarterly" 12, nr 2 (1960), s. 136, zawiera omówienie tych kwestii. Bernice Kert, *The Hemingway Women* (Norton, Nowy Jork 1983), s. 273. Interesująca dyskusja na temat krytycznego przyjęcia *Zielonych wzgórz Afryki*. Opowiadanie *Przeprawa* (One Trip Across) zostało opublikowane po raz pierwszy na łamach „Cosmopolitan" w 1934 roku.

[9] „Time", 26 kwietnia 1926 roku.

[10] Cyt. za: James R. Mellow, *Hemingway: A Life without Consequences* (Houghton Mifflin, Boston 1992), ss. 473–474.

[11] Joseph North, *No Men Are Strangers* (International, Nowy Jork 1968), s. 110.

[12] Daniel Aaron, *Writers on the Left* (Avon, Nowy Jork 1961), ss. 172–173, zawiera interesujący opis tamtych czasów.

[13] Opracowanie anonimowe, „History of Sloppy Joe's", www.sloppyjoes.com (październik 2015).

[14] Phil Scott, *Hemingway's Hurricane* (McGraw-Hill, Nowy Jork 2006), ss. 2–3.

[15] List Johna Dos Passosa do Stewarta Mitchella, 27 marca 1935 roku, w: Townsend Luddington (red.), *The 14th Chronicle: Letters and Diaries of John Dos Passos* (Gambit, Nowy Jork 1973), s. 469.

[16] EH, *The Green Hills of Africa* (Zielone wzgórza Afryki) (Scribner's, Nowy Jork 1935), s. 191.

[17] List EH do Maxwella Perkinsa, 7 września 1935 roku, w: Baker (red.), *Selected Letters*, ss. 421–422.

[18] *Ibid.* Zob. też: Bruccoli (red.), *The Only Thing That Counts*, ss. 226–227.

[19] List EH do Maxwella Perkinsa, 7 września 1935 roku.

[20] Omówiona w: Kenneth S. Lynn, *Hemingway* (Harvard University Press, Cambridge, MA, 1995), s. 454.

[21] Aaron, *Writers on the Left*, s. 325.

[22] *Ibid.* Carlos Baker, *Ernest Hemingway: A Life Story* (Scribner's, Nowy Jork 1969), ss. 615 i n.

[23] Malcolm Cowley, *The Dream of the Golden Mountains: Remembering the 1930s* (1964; reprint, Penguin, Nowy Jork 1981), s. 292.

[24] Baker, *Hemingway*, s. 279.

[25] „New Masses", 17 września 1935 roku, ss. 3, 9–10. Hemingway utrzymywał później, że redaktorzy zmienili jego tytuł na nieco mniej prowokacyjny „Kto zabił weteranów?", Baker, *Hemingway*, ss. 615 i n. Ponieważ pisarz użył słowa „zamordował" w liście do Perkinsa, artykuł zaś utrzymany był w agresywnym tonie, trudno winić redaktorów, że przekroczyli swoje uprawnienia. W 1937 roku Hemingway był na tyle zadowolony z artykułu, aby rozważyć umieszczenie go w antologii swoich utworów, i miał napisać do Perkinsa, iż chce, aby znalazł się w książce. Bruccoli (red.), *The Only Thing That Counts*, ss. 250–251.

[26] „New Masses", 17 września 1935 roku, s. 10.

[27] „Catastrophe: After the Storm", „Time", 23 września 1935 roku, s. 23.

[28] Ernest Hemingway, „Who Killed Vets in Florida? Asks Hemingway", „Daily Worker", 13 września 1935 roku.

[29] Mellow, *Hemingway*, s. 482.

[30] Edward P. Gazur, *Alexander Orlov: The FBI's KGB General* (Carroll & Graf, Nowy Jork 2001): „Hemingway nie był postacią anonimową dla KGB [NKWD] i Sekcji Informacji, bo znali już jego przeszłość. [...] Hemingway napisał artykuł dla ultralewicowego periodyku «New Masses»...".

[31] Ich przypadki i wiele podobnych opisano w książce Haynesa i in., *Spies*, ss. 196–245.

[32] Zob. omówienie tematu w książce: Daniel Kowalski, *Stalin and the Spanish Civil War* (Columbia University Press, Nowy Jork 2004), s. 2.

[33] Gazur, *Alexander Orlov*, s. 124. W pojedynkę, polegając na własnej pamięci i nie mogąc wskazać dokumentów źródłowych, Orłow i Gazur nie są najbardziej przekonującymi świadkami przeszłości. Gazur twierdzi, że sporządził obszerne notatki ze swojej rozmowy z Orłowem (które pojawiły się wiele lat po opisywanych wydarzeniach) i wykorzystał je do napisania książki. Kiedy jednak zestawimy jego świadectwo z innymi wspomnieniami, wydarzeniami i dokumentami, Gazur zyskuje na wiarygodności. W tym konkretnym przypadku – czy

w 1935 roku NKWD lub Komintern (lub obie instytucje) zwróciły uwagę na pisarza – należy wziąć pod uwagę konkluzję Stephena Kocha, że Komintern „wiedział o nich [Hemingwayu i Dos Passosie] obu" już w połowie lat dwudziestych. Koch nie może poprzeć tej hipotezy dokumentami, ale dowody poszlakowe, które analizuje (szczególnie zażyłość łącząca pisarzy w Paryżu i ich związki z Sowietami) uzasadniają tezę Gazura. Stephen Koch, *Double Lives: Spies and Writers in the Secret Soviet War of Ideas against the West* (Free Press, Nowy Jork 1994), ss. 213–214. Więcej informacji na ten temat w przypisach do rozdziału 2, gdzie omawiam dokumenty Gazura i Orłowa.

[34] Gazur, *Alexander Orlov*, s. 124. Twierdzenie, że NKWD śledziło zagraniczną prasę, jest zgodne z innymi raportami. „Wydział kadr, złowroga gałąź Kominternu [...] przechowuje teczki z informacjami na temat czołowych komunistów" i koordynuje swoje działania z NKWD. Na jesieni 1940 roku wspomniany wydział odnotował, że antystalinowska książka Gustava Reglera była „szczególnie ważna", bo zawierała przedmowę Hemingwaya. Hugh Eakin, „Stalin's Reading List", „New York Times", 17 kwietnia 2005 roku, F19. NKWD zakupiło później egzemplarz książki *Komu bije dzwon* do swojej teczki Hemingwaya, który podjął już wówczas współpracę z Sowietami. Zob. rozdział 5.

ROZDZIAŁ 2: PISARZ I KOMISARZ. NA WOJNĘ W HISZPANII

[1] Hans Schoots, *Living Dangerously: A Biography of Joris Ivens* (Amsterdam University Press, Amsterdam 2000), s. 127. Hemingway pozostawił barwny opis ostrzelania przez myśliwca w artykule z lipca 1938 roku: Kiedy nieprzyjacielski samolot zaczyna ostrzeliwać twój samochód, „skręcasz gwałtownie na pobocze i wyskakujesz na drogę. Kładziesz się na ziemi [...] czując suchość w ustach". Ernest Hemingway, „«I Saw Murder Done in Spain» – Hemingway's Lost Report", „Chicago Tribune", 29 listopada 1982 roku.

[2] Zob. dyskusja na temat roli Sowietów w Hiszpanii, Ronald Radosh, Mary R. Habeck, Grigory Sevostianov (red.), *Spain Betrayed: The Soviet Union in the Spanish Civil War* (Yale, New Haven, CT–Londyn 2001), oraz Kowalski, *Stalin and the*

Spanish Civil War. Najlepszą ogólną biografią Orłowa jest książka Johna Costello i Olega Tsareva, *Deadly Illusions: The KGB Orlov Dossier* (Crown Books, Nowy Jork 1993).

[3] Znakomity portret Piątki z Cambridge zob. Philip Knightley, *The Master Spy: The Story of Kim Philby* (Knopf, Nowy Jork 1989).

[4] Jason Gurney, *Crusade in Spain* (Faber & Faber, Londyn 1974), s. 183.

[5] Jeden z głównych zabójców NKWD w Hiszpanii był odpowiedzialny za „zbudowanie [...] tajnego krematorium, dzięki któremu NKWD mogło pozbywać się ciał ofiar". Christopher Andrew, Vasili Mitrokhin, *The Sword and the Shield* (Basic Books, Nowy Jork 2001), s. 74. Autorzy cytują więcej niż jedno źródło tej zdumiewającej historii.

[6] Radosh i in., *Spain Betrayed*, ss. xxiii–xxiii.

[7] Gazur, *Alexander Orlov*, ss. 123–124.

[8] Uwaga skreślona przez J. Bella 24 lutego 1937 roku na marginesie podania EH o paszport (z tą samą datą), ujawnionego autorowi tej książki na mocy ustawy o swobodzie dostępu do informacji (FOIA). Cyt. też w: Daniel Robinson, „«My True Occupation Is That of a Writer»: Hemingway's Passport Correspondence", „Hemingway Review" 24, nr 2 (2005), ss. 87–94. Zob. też list Hemingwaya do Perkinsa, 28 października 1938 roku, w: Baker (red.), *Selected Letters*, ss. 473–475. Hemingway wspomina, że zaproponowano mu „dowództwo" niewymienionego z nazwy francuskiego oddziału, ale był zmuszony odrzucić ofertę z powodu kontraktu, który podpisał z Jackiem Wheelerem z NANA, oraz obietnicy danej Pauline, że nie będzie walczyć na kolejnej wojnie.

[9] Josephine Herbst, *The Starched Blue Sky of Spain* (HarperCollins, Nowy Jork 1991), s. 150.

[10] *Ibid.*

[11] Zob.: A.E. Hotchner, *Papa Hemingway* (Random House, Nowy Jork 1966), s. 197, w transkrypcji wywiadu Hemingwaya położono nacisk na Republikę: „...widziałem ludzi piszących własną konstytucję. To ostatnia republika, którą ustanowiono w Europie. Wierzę w nią".

[12] List EH do Maxwella Perkinsa, 15 grudnia 1937 roku, w: Baker (red.), *Selected Letters*, s. 455.

[13] *Ibid.*, s. 456.

[14] List EH do rodziny Pfeifferów, 9 lutego 1937 roku, w: Baker (red.), *Selected Letters*, s. 457.

[15] List EH do Archibalda MacLeisha, 28 czerwca [roku nie podano, kontekst wskazuje na ok. 1933], pudło 10, MacLeish Papers, Library of Congress (LoC), Waszyngton, DC.

[16] List Archibalda MacLeisha do Whittakera Chambersa, 18 marca 1941 roku, pudło 10, MacLeish Papers, LoC.

[17] http://library.sc.edu/spcoll/amlit/hemingway/images/spainflames.jpg (udostępnione w grudniu 2013).

[18] Schoots, *Living Dangerously*, s. 71. Ivens był członkiem Partii Komunistycznej Holandii co najmniej od 1931 do 1936 roku. W pewnych okresach jego członkostwo mogło wygasnąć, ale poglądy polityczne nie uległy zmianie.

[19] Cowley, *The Dream of the Golden Mountain*, s. 233.

[20] Ronald Radosh, Allis Radosh, *Red Star over Hollywood* (Encounter Books, San Francisco 2005), ss. 1–2; Arthur Koestler, *Invisible Writing: The Second Volume of an Autobiography, 1932–1940* (Stein & Day, Nowy Jork 1984), ss. 251, 381. Również książka Kocha, *Double Lives*, opisuje życie i działalność Münzenberga.

[21] Koestler, *Invisible Writing*, ss. 251, 381.

[22] Schoots, *Living Dangerously*, ss. 47–48.

[23] Scott Donaldson, Archibald MacLeish, *An American Life* (Houghton Mifflin, Boston–Nowy Jork 1992), s. 264.

[24] Termin ukuty przez biografa Hemingwaya, Bakera. Baker, *Hemingway*, s. 307. Historyk William B. Watson idzie jeszcze dalej, pisząc, że Ivens pełnił wobec Hemingwaya mniej lub bardziej rolę „oficera prowadzącego", zawodowego agenta wywiadu kierującego działaniami szpiega. Chociaż zaczerpnąłem tę analizę od Watsona i do pewnego stopnia na niej polegam, myślę, że nieco przesadza. Hemingway z pewnością pozostawał pod wpływem Ivensa i innych komunistów, ale nigdy nie znajdował się pod taką kontrolą, jaką sprawowałby nad nim oficer prowadzący. Co więcej, Ivens był propagandzistą, a nie szpiegiem. William B. Watson, „Joris Ivens and the Communists: Bringing Hemingway Into the Spanish Civil War", „Hemingway Review" 18, nr 2 (jesień 1990).

[25] Teczki te są dostępne w zasobach INCOMKA, projekt na terminalu European Reading Room, Communist International Archives, LoC, dostęp w październiku 2013 roku.

[26] Opisane w: Koestler, *Invisible Writing*, s. 387 i n.

[27] Historię Wertheim można znaleźć w: Peter Wyden, *The Passionate War: The Narrative History of the Spanish Civil War* (Simon & Schuster, Nowy Jork 1983), s. 405. Źródłem Wydena jest wywiad z Tuchman. Należy zauważyć, że Hemingway znał lub słyszał o Katzu i utrzymywał, iż go nie lubi. Gustav Regler, *The Owl of Minerva* (Farrar, Straus, Nowy Jork 1960), s. 357.

[28] Barbara W. Tuchman, *Practicing History* (Knopf, Nowy Jork 1981), s. 6.

[29] James D. Brasch, Joseph Sigman, *Hemingway's Library: A Composite Record* (JFK Library Electronic Edition, Boston 2000), s. 372.

[30] Watson, „Joris Ivens", s. 13.

[31] *Ibid.*, s. 12.

[32] *Ibid.* Bardziej ogólnie w: Schoots, *Living Dangerously*, ss. 123–124.

[33] Ilya Ehrenburg, *Memoirs: 1921–1941* (World, Cleveland–New York 1963), s. 383.

[34] Watson, „Joris Ivens", s. 13.

[35] List Jorisa Ivensa do EH, 26 kwietnia 1937 roku, w korespondencji przychodzącej, Ernest Hemingway Collection, JFK Library.

[36] Niedatowany fragment (ok. czerwca 1937) notatki Ivensa do Hemingwaya rozpoczynający się słowami: „Hannah przy maszynie, dla Jorisa" w korespondencji przychodzącej, Ernest Hemingway Collection, JFK Library. Zob. też: Baker, *Hemingway*, s. 313.

[37] Denis Brian, *The True Gen* (Grove, Nowy Jork 1988), s. 111. Watson sugeruje, że dzięki Ivensowi większość ludzi, których Hemingway poznał podczas podróży do Hiszpanii, była komunistami. To trafna hipoteza. Przez większość życia Hemingway stykał się z ludźmi należącymi do różnych warstw społecznych. Ivens zachował dziennik z planu zdjęciowego, z którego wynika, że podczas pierwszej wizyty w Hiszpanii pisarz spędzał dużo czasu z członkami ekipy. Dziennik nie obejmuje jednak całego rozkładu zajęć Hemingwaya, nawet podczas tej wizyty.

Nie zachował się żaden osobisty dziennik lub kalendarz, który dostarczyłby informacji na temat szczegółowych poczynań Hemingwaya. Brak dowodów powoduje, że trudno też podpisać się pod hipotezami zawartymi w książce Stephena Kocha, *The Breaking Point: Hemingway, Dos Passos, and the Murder of José Robles* (Counterpoint, Nowy Jork 2005), który sugeruje, że komuniści sprawowali jeszcze ściślejszą kontrolę i manipulowali Hemingwayem w Hiszpanii. Według Kocha Hemingway był „użytecznym idiotą", tj. na wpół świadomym współpracownikiem, wykonującym polecenia Kominternu. W swojej książce Koch bada zawiły spór o rolę, którą Hemingway i Herbst odegrali w przekazaniu Dos Passosowi wiadomości o śmierci Roblesa.

[38] Luddington (red.), *14th Chronicle*, s. 527.

[39] Koch, *Two Lives*, ss. 254–255.

[40] Luddington (red.), *14th Chronicle*, s. 528.

[41] *Ibid.*

[42] Herbst, *Starched Blue Sky*, ss. 150–151.

[43] Schoots, *Living Dangerously*, s. 127.

[44] List Jorisa Ivensa do EH, 26 kwietnia 1937 roku.

[45] Cyt. za: Virginia S. Carr, *Dos Passos: A Life* (Doubleday, Nowy Jork 1984), s. 368. Zob. też: Herbst, *Starched Blue Sky*, s. 154.

[46] Carr, *Dos Passos*, s. 372, opisuje scenę na dworcu kolejowym i cytuje wiele źródeł. Brewster Chamberlin, *The Hemingway Log* (University Press of Kansas, Lawrence 2015), s. 185, umieszcza ostateczną konfrontację 11 maja. Czerpałem również z wiadomości na temat warunków żeglugi i pogody w paryskich wydaniach „New York Herald Tribune" z 10, 11, 12 i 13 maja 1937 roku, które zawierają wzmianki o działaniach Hemingwaya w Paryżu podczas tej wizyty i donoszą, że on sam planował wypłynąć 13 maja z Normandii do Stanów Zjednoczonych na pokładzie liniowca.

[47] Luddington (red.), *14th Chronicle*, s. 496. Odczytuję uwagę Hemingwaya (o krytykach, którzy ukrzyżują Dos Passosa za to, że występuje przeciwko Republice) jako zarzut, że przesuwa się na prawo, oddalając się od ortodoksyjnego lewicowego stanowiska, które zajmowali.

[48] *Ibid.*, s. 496.

[49] Schoots, *Living Dangerously*, s. 138.

[50] Tekst depeszy za: Paul Preston, *We Saw Spain Die* (Constable, Londyn 2009), s. 106.

[51] List EH do Johna Dos Passosa (ok. 26 marca 1938), opublikowany w: Baker (red.), *Selected Letters*, ss. 463–464.

[52] Artykuł cytowany w: Alex Vernon, *Hemingway's Second War: Bearing Witness to the Spanish Civil War* (University of Iowa Press, Ames 2011), s. 165; uwaga skierowana do MacLeisha pochodzi z listu EH do Archibalda MacLeisha, 25 grudnia 1943 roku, pudło 10, MacLeish Papers, LoC.

[53] Hotchner, *Papa Hemingway*, ss. 132–133.

[54] List EH do Archibalda MacLeisha, 5 października 1952 roku, pudło 10, MacLeish Papers, LoC.

[55] Adam Hochschild, *Spain in Our Hearts: Americans in the Spanish Civil War, 1936–1939* (Houghton Mifflin, Nowy Jork 2016). W rozdziale 4 znajduje się barwny opis politycznego i społecznego klimatu panującego w ówczesnej Barcelonie.

[56] Hugh Thomas, *The Spanish Civil War*, przejrzane przez autora (Modern Library, Nowy Jork 2001), ss. 639 oraz 680–686. Constancia de la Mora, *In Place of Splendor* (Nowy Jork Harcourt, Brace, 1939), s. 327, przedstawia republikańską linię partyjną. Radosh i in., *Spain Betrayed*, ss. 171–178 zawierają cenną analizę roli, którą Sowieci odegrali w kryzysie.

[57] Thomas, *Spanish Civil War*, s. 631.

[58] Osobisty udział Orłowa w aferze Nina został omówiony *ibid.*, s. 684, oraz dokładnie przeanalizowany w: Costello, Tsarev, *Deadly Illusions*, szczególnie na ss. 287–291. Wiele lat później, kiedy wypłynęły oskarżenia związane z rolą, jaką miał odegrać, Orłow przedstawił swojemu odpowiednikowi z FBI naciąganą wersję sfabrykowanej historii. Podkreślał również, że on sam nie miał nic wspólnego ze śmiercią Nina. Gazur, *Alexander Orlov*, ss. 340–346.

[59] Hemingway wspomina o Ninie w liście do Dos Passosa z 26 marca 1938 roku. Baker (red.), *Selected Letters*, ss. 463–464.

[60] Chamberlin, *The Hemingway Log*, s. 187; Schoots, *Living Dangerously*, s. 129.

[61] „Writers Hear Browder at Congress", „Daily Worker", 5 czerwca 1935 roku; „The Writers' Congress an Outstanding Event", „Daily Worker", 4 czerwca 1935 roku.

[62] *Ibid.*, s. 130.

[63] Joseph Freeman, „Death in the Morning", 11 lipca 1961 roku, s. 65, w: Freeman Papers, Hoover Institution, Stanford University. Tekst jest szkicem długiego artykułu Freemana, który pamięta, jak poszedł szukać Hemingwaya tamtego wieczoru, chodząc od baru do baru, dopóki go nie znalazł.

[64] Alvah Bessie, *Men in Battle* (Chandler & Sharp, Nowy Jork 1975), s. 113. Książka wydana po raz pierwszy w 1939 roku.

[65] Pełny tekst mowy ukazał się na łamach „New Masses" 22 czerwca 1937 roku i zawierał atak Hemingwaya na faszystowskie wojska mordujące ludność cywilną podczas zmasowanych bombardowań.

[66] Baker, *Hemingway*, s. 314. Zob. też: Amanda Vail, *Hotel Florida* (Farrar, Strauss, Nowy Jork 2014), ss. 202–203.

[67] List Maxa Perkinsa do EH, 17 czerwca 1937 roku, w: Bruccoli (red.), *The Only Thing That Matters*, s. 251.

[68] „New Masses", 22 czerwca 1937 roku.

[69] List EH do Ralpha M. Ingersolla, 18 lipca 1938 roku, pudło 10, MacLeish Papers, LoC.

[70] Niedatowany fragment (czerwiec 1937) notatki Ivensa dla Hemingwaya rozpoczynający się słowami „Hannah przy maszynie, dla Jorisa", Incoming Correspondence, Ernest Hemingway Collection, JFK Library. Zob. też: Baker, *Hemingway*, s. 313.

[71] List Marthy Gellhorn do Eleanor Roosevelt, 8 lipca 1937 roku, w: Caroline Moorehead (red.), *Selected Letters of Martha Gellhorn* (Henry Holt, Nowy Jork 2006), s. 55.

[72] List EH do pani Paulowej Pfeiffer, 2 sierpnia 1937 roku, w: Baker (red.), *Selected Letters*, ss. 459–461.

[73] *Ibid.*

[74] Cyt. za: Schoots, *Living Dangerously*, s. 130 z dokumentów źródłowych. Dominic Tierney, *FDR and the Spanish Civil War* (Duke University Press, Durham, NC, 2007), s. 34. Tierney umieszcza tę wizytę w szerszym kontekście polityki Franklina Delano Roosevelta. Początkowo neutralny, Roosevelt ostatecznie opowiedział się po stronie tych, którzy dostrzegali potrzebę przeciwstawienia się niemieckiej i włoskiej interwencji w Hiszpanii.

[75] Eleanor Roosevelt, „My Day", „Atlanta Constitution", 12 lipca 1937 roku. W datowanym nagłówku Eleanor Roosevelt umieściła piątek 9 lipca, ale artykuł ukazał się na łamach „Constitution" dopiero w następnym tygodniu.

[76] List Gellhorn do Eleanor Roosevelt, 8 lipca 1937 roku.

[77] W liście do Ralpha Ingersolla z 27 lipca 1938 roku Hemingway wspomina, że zapłacił za bilet Pauline, aby mogła pojechać na wybrzeże i pokazać film. Pudło 10, MacLeish Papers, LoC.

[78] Rick Setlowe, „Hemingway and Hollywood: For Whom the Camera Rolled", „Los Angeles Times", 14 października 1979 roku.

[79] Schoots, *Living Dangerously*, s. 131.

[80] Cyt. za: Marion Merriman, Warren Lerude, *American Commander in Spain: Robert Hale Merriman and the Abraham Lincoln Brigade* (University of Nevada Press, Reno 1986), ss. 201–202.

[81] Baker, *Hemingway*, s. 316.

[82] Vernon, *Hemingway's Second War*, ss. 117, 130.

[83] Schoots, *Living Dangerously*, s. 136. Jego źródłem był wywiad z Gellhorn.

[84] *Ibid*, s. 136.

ROZDZIAŁ 3: POWRÓT DO HISZPANII. UTRZYMAĆ KURS

[1] Historia ta została wnikliwie zbadana i opowiedziana przez profesora Watsona z MIT. William B. Watson, „Investigating Hemingway: The Story", „North Dakota Quarterly" 59, nr 1 (zima 1991), ss. 36–68; „Investigating Hemingway: The Trip", „North Dakota Quarterly" 59, nr 3 (lato 1991), ss. 79–95; oraz „Investigating Hemingway: The Novel", „North Dakota Quarterly" 60, nr 1 (zima 1992), ss. 1–39. Zob. też: Vernon, „North Dakota Quarterly", ss. 169–170. Źródłem pierwotnym jest Alexander Szurek, *The Shattered Dream* (East European Monographs, Boulder, CO, 1989), szczególnie ss. 143–151. Cytując dziennik Gellhorn, Hochschild w *Spain in Our Hearts*, ss. 254–255, umieszcza pierwszą wizytę w Alfambrze we wrześniu.

[2] List Jorisa Ivensa do EH, 28 stycznia 1938 roku, w korespondencji przychodzącej, Ernest Hemingway Collection, JFK Library.

[3] Zob.: Hans Kohn, „Yesterday's Landmarks", „New York Times", 20 marca 1960 roku. Przychylna recenzja wspomnień Reglera pióra znanego historyka stanowi dobre wprowadzenie do życia i dzieła tego pisarza.

[4] Regler, *Owl of Minerva*, ss. 203, 291.

[5] *Ibid.*, s. 263.

[6] „First-Hand Picture of Conflict in Spain Given by Volunteer Here", „Washington Post", 18 marca 1938 roku.

[7] Regler, *Owl of Minerva*, s. 295.

[8] Gurney, *Crusade in Spain*, ss. 54, 183–184, zawiera opis Marty'ego będący dziełem angielskiego żołnierza, naocznego świadka wydarzeń.

[9] Regler, *Owl of Minerva*, s. 292.

[10] *Ibid.*

[11] *Ibid.*

[12] Gazur, *Alexander Orlov*, ss. 126–128, opowiada o pierwszym spotkaniu Hemingwaya z Orłowem.

[13] *Ibid.*, s. 129. Sowieci nie mogli tego nie zauważyć: „New Masses" opublikowały wersję tej mowy 22 czerwca 1937 roku.

[14] Gazur, *Alexander Orlov*, s. 129.

[15] Mary-Kay Wilmers, *The Eitingons: A Twentieth-Century Story* (Londyn: Faber & Faber, 2010), s. 275. Wilmers dostarcza pełny opis Eitingona, mającego zaplanować zabójstwo Trockiego w 1940 roku. Człowiek, który zamordował Trockiego był Hiszpanem zwerbowanym przez NKWD podczas hiszpańskiej wojny domowej.

[16] Gazur, *Alexander Orlov*, ss. 130–131.

[17] *Ibid.*, ss. 131, 140.

[18] Dan Bessie (red.), *Alvah Bessie's Spanish Civil War Notebooks* (University Press of Kentucky, Lexington 2002), s. 133.

[19] Cytat pochodzi z pierwszej strony 23 rozdziału oryginalnego rękopisu książki Gazura *Alexander Orlov*, w: Edward P. Gazur Papers, Georgetown University Library Special Collections, miejscami różniącego się od wersji, która wyszła drukiem. Jeśli chodzi o Hemingwaya jako „prawdziwie wierzącego", znana pisarka Marjorie K. Rawlings zamieściła podobną uwagę w liście do ich wspólnego redaktora, Maxa Perkinsa, 23 kwietnia 1938 roku: nie mogła „mieć wątpliwości" w stosunku do pracy Hemingwaya, zważywszy na jego „obecne gwałtowne i stronnicze usposobienie". Teczka Rawlings, pudło 11, Carlos Baker Papers, Princeton University Library (PUL). Orłow chciał podkreślić antyfaszystowskie nastawienie Hemingwaya, nie zaś jego komunistyczne sympatie. Co jednak miał na myśli,

pisząc o „prawdziwie wierzącym"? Orłow władał biegle angielskim, spędziwszy ponad trzydzieści lat w Stanach Zjednoczonych (od 1938 do 1971 roku), wiedział, co mówi, kiedy nazwał Hemingwaya „prawdziwie wierzącym". Wprowadzony przez „dokera i filozofa" Erica Hofera, termin ten stał się modny w Stanach Zjednoczonych w latach pięćdziesiątych, szczególnie wśród ludzi znających się na polityce, a do tej kategorii Orłow z pewnością się zaliczał. Czytał mnóstwo książek o polityce, szczególnie jeśli miały coś wspólnego z komunizmem, był też uważnym czytelnikiem „New York Timesa", którego felietoniści znali to określenie. (Świadectwem pasji czytelniczej Orłowa są liczne wycinki prasowe zachowane wśród dokumentów, jakie pozostawił. Zob.: Alexander Orlov Papers, NARA II, College Park, MD). Przypuszczalnie czytał o Hoferze, mógł nawet znać książkę pod tym samym tytułem przed rozmową z Gazurem o Hemingwayu. U Hofera termin ten oznacza człowieka, który nagina swoją osobowość dla potrzeb ruchu politycznego (np. komunizmu i faszyzmu lub antykomunizmu i antyfaszyzmu) w stopniu tak dużym, że uczucia zajmują miejsce rozumu.

[20] Gazur, *Alexander Orlov*, s. 138. Skupienie uwagi na Hemingwayu wydaje się nieszczere. Orłow pomija problematyczną rolę Sowietów, którzy najpierw udzielali pomocy Republice, następnie prowadzili rozłamową tajną wojnę przeciwko skrajnej lewicy, by na koniec wstrzymać materialne wsparcie.

[21] Brian, *True Gen*, s. 121; Baker, *Hemingway*, s. 335.

[22] Brian, *True Gen*, s. 121.

[23] Preston, *We Saw Spain Die*, s. 371.

[24] North, *No Men are Strangers*, s. 169.

[25] Vernon, *Hemingway's Second War*, s. 39.

[26] List Bowersa do sekretarza stanu, 2 kwietnia 1938 roku, w US Department of State, *Foreign Relations of the United States*, t. 1 (US Government Printing Office, Waszyngton, DC, 1938), s. 279.

[27] Bessie, *Men in Battle*, ss. 113–116. Zob. też: Dan Bessie (red.), *Civil War Notebooks*, s. 25, oraz Vernon, *Hemingway's Second War*, s. 44, które potwierdzają, że wspomnienia Bessiego są zgodne z relacjami Hemingwaya.

[28] Przedrukowane w: Ernest Hemingway, „«I Saw Murder Done in Spain» – Hemingway's Lost Report", „Chicago Tribune",

29 listopada 1982 roku. Historię powstania artykułu można znaleźć w: William B. Watson, „A Surprise from the Archives", „Chicago Tribune", 29 listopada 1982 roku. Język jest podobny do tego, którego Hemingway użył w swojej mowie wygłoszonej w Carnegie Hall w czerwcu 1937 roku.

[29] Analizę zaczerpnąłem z: David Sanders, „Ernest Hemingway's Spanish Civil War Experience", „American Quarterly" 12, nr 2 (1960), szczególnie ss. 139–140. Wybór jego artykułów zamieszczono w: Ernest Hemingway, „Hemingway Reports Spain", „New Republic", 94, nr 1221 (27 kwietnia 1938 roku), oraz 95, nr 1227 (8 czerwca 1938 roku); zob. też: Ernest Hemingway, *By-Line: Ernest Hemingway* (Simon & Schuster, Nowy Jork 1967).

[30] Vernon, *North Dakota Quarterly*, s. 39. Vernon analizuje wojenne doniesienia Hemingwaya.

[31] Lynn, *Hemingway*, s. 453.

[32] Ernest Hemingway, *The Fifth Column* (Piąta kolumna) (Simon & Schuster, Nowy Jork 1969). Sztuka została wystawiona na Broadwayu w 1940 roku.

[33] List EH do Ady MacLeish, 5 października 1952 roku, w: Hemingway Correspondence, 1938–1958, pudło 10, MacLeish Papers, LoC.

[34] W.H. Auden, „Spain 1937", przytoczony i omówiony w: Thomas, *The Spanish Civil War*, s. 333.

[35] Ernest Hemingway, „On the American Dead in Spain", w: Ernest Hemingway i in., *Somebody Had to Do Something: A Memorial to James Phillips Lardner* (James Lardner Memorial Fund, Los Angeles 1939). Była to broszura pamiątkowa. Większość artykułów Hemingwaya została przedrukowana w piśmie „New Masses", numer z 14 lutego 1939 roku.

[36] De la Mora, *In Place of Splendor*, s. 373. Thomas, *Spanish Civil War*, ss. 830–831, opisuje wycofanie cudzoziemskich żołnierzy.

[37] List Marthy Gellhorn do Davida Gurewitscha [1950?], w: Moorehead (red.), *Selected Letters*, s. 222.

[38] *Ibid.*, s. 222.

[39] *Ibid.* Zob. też: Chamberlin, *The Hemingway Log*, s. 205, oraz Moorehead, Gellhorn, s. 153.

[40] Cyt. w: Regler, *Owl of Minerva*, s. 298.

[41] Ehrenburg, *Memoirs*, s. 387.

ROZDZIAŁ 4: DZWON BIJE REPUBLICE. HEMINGWAY SKŁADA ŚWIADECTWO

[1] De la Mora, *In Place of Splendor*, s. 387.

[2] Szurek, *The Shattered Dream*, ss. 276–277.

[3] List EH do pani Paulowej Pfeiffer, 6 lutego 1939 roku, w: Baker (red.), *Selected Letters*, ss. 475–478.

[4] *Ibid.*

[5] List EH do Maxa Perkinsa, 7 lutego 1939 roku, w: Baker (red.), *Selected Letters*, ss. 478–479.

[6] List EH do pani Paulowej Pfeiffer, 6 lutego 1939 roku.

[7] List EH do Maxa Perkinsa, 7 lutego 1939 roku.

[8] Thomas, *Spanish Civil War*, ss. 893–901, zawiera analizę ostatniego rozdziału wojny oraz jej następstw.

[9] List Marthy Gellhorn do Charlesa Colebaugha, 22 października 1938 roku, w: Moorehead (red.), *Selected Letters*, ss. 67–70.

[10] List EH do Iwana Kaszkina, 23 marca 1939 roku, w: Baker (red.), *Selected Letters*, ss. 480–481.

[11] List EH do Maxa Perkinsa, 7 lutego 1939 roku.

[12] Dostępne w różnych wydaniach, m.in. Ernest Hemingway, *The Fifth Column and Four Stories of the Spanish Civil War* (Nowy Jork, Simon & Schuster, 1969).

[13] Wspomniana umowa jest znana także jako pakt Hitler–Stalin bądź pakt Ribbentrop–Mołotow.

[14] Aaron, *Writers on the Left*, s. 376. Podobnie w: Granville Hicks, *Where We Came Out* (Viking, Nowy Jork 1954), ss. 49, 70–71 i 80.

[15] Regler, *Owl of Minerva*, ss. 353–354.

[16] List Jaya Allena do Archibalda MacLeisha, 24 marca 1940 roku: „Ernest zdeponował w Paryżu pieniądze, aby mieć na bilet". Pudło 1, Archibald MacLeish Papers, LoC. Nie miało znaczenia, że Regler miał duży dorobek jako antyfaszysta, nie pomogło również to, iż był komunistą, dzięki czemu znalazł się na różnych listach podejrzanych, m.in. British Security Service, która odnotowała, że Hemingway udzielił finansowego wsparcia potencjalnemu wywrotowcowi. Dr Gustav Regler, Personal File, KV 2/3506, Records of the Security Service, National Archives, Kew, Anglia.

[17] Regler, *Owl of Minerva*, s. 316.

[18] Gustav Regler, *The Great Crusade* (Longman, Green, Nowy Jork 1940), s. 187. Jak na ironię, książka została przełożona z niemieckiego przez Whittakera Chambersa, który jak Regler był rozczarowany dawnym komunistą i miał odegrać ważną rolę w śledztwie dotyczącym sowieckiej siatki szpiegowskiej w Ameryce. Wszystko wskazuje, że Chambers i Regler więcej się nie spotkali.

[19] *Ibid.*, ss. vii–xi. Zob. też: Regler, *Owl of Minerva*, ss. 310–311.

[20] Zob.: Robert Conquest, *The Great Terror: A Reassessment* (Oxford University Press, Nowy Jork 2008), ss. 209, 409–12, gdzie Conquest opisuje losy członków Brygad Międzynarodowych. Zob. też: Thomas, *Spanish Civil War*, s. 926: „Służba w Brygadach Międzynarodowych była uważana za równie złą jak udział w rosyjskiej interwencji przeciwko bolszewikom w 1919 roku".

[21] Ernest Hemingway, wstęp do książki Reglera, *Great Crusade*, s. ix. Sformułowanie użyte w oryginalnej niemieckiej wersji książki jest bardziej dosadne: „kiedy Związek Radziecki utracił resztkę zaufania do krajów demokratycznych" („als die Sowjetunion jedes Vertrauen in die Demokratien verloren hatte"). Gustav Regler, *Das grosse Beispiel*, 1940; przedruk Kiepenhauer & Witsch, Kolonia, Niemcy b.d.w., ss. 13–14.

[22] Hemingway nie był osamotniony w tej opinii. Dociekliwy profesor Granville Hicks napisał, iż Monachium było dla wielu wielką zdradą, pokazując Stalinowi, że nie może polegać na Anglii ani Francji i „musi zająć się Hitlerem na własny sposób". Hicks, *Where We Came Out*, s. 81.

[23] Regler, *Owl of Minerva*, s. 357.

[24] *Ibid.*

[25] *Ibid.*, s. 296.

[26] List Marthy Gellhorn do Clary Spiegel, 17 maja 1940 roku, w teczce Spiegel, pudło 12, Carlos Baker Papers, PUL.

[27] List Marthy Gellhorn do Hortensji Flexner i Wyncie King, 17 maja 1940 roku, w: Moorehead (red.), *Selected Letters*, s. 90.

[28] List EH do Maxa Perkinsa, 8 grudnia 1939 roku, w: Baker (red.), *Selected Letters*, s. 498.

[29] List EH do Maxa Perkinsa, prawdopodobnie 1 maja 1940 roku, w: Baker (red.), *Selected Letters*, s. 505.

[30] „Writer's Influence", „Time", 24 czerwca 1940 roku, s. 92. Zob. też: Donaldson, *MacLeish: An American Life*, ss. 334–335.

[31] List EH do Maxa Perkinsa, 13 lipca 1940 roku, w: Baker (red.), *Selected Letters*, s. 506.

[32] Omówione w liście EH do Charlesa Scribnera, 15 sierpnia 1940 roku, w: Baker (red.), *Selected Letters*, ss. 507–510.

[33] Hotchner, *Papa Hemingway*, s. 131. Hotchner opowiada o tym, co usłyszał od Hemingwaya.

[34] List EH do Iwana Kaszkina, 23 marca 1939 roku, w: Baker (red.), *Selected Letters*, ss. 480–481.

[35] Edmund Wilson, „Return of Ernest Hemingway", przedrukowany w: *Literary Essays and Reviews of the 1930s & 40s* (Literary Classics, Nowy Jork 2007), s. 885.

[36] Julio Álvarez del Vayo, *Give Me Combat: The Memoirs of Julio Álvarez del Vayo* (Little, Brown, Boston 1973), s. 188.

[37] Alvah Bessie, „Review of «For Whom the Bell Tolls»", „New Masses", 5 listopada 1940 roku, ss. 25–29.

[38] *Ibid.* Zob. też: Cecil B. Eby, *Comrades and Commissars: The Lincoln Battalion in the Spanish Civil War* (Pennsylvania State University Press, University Park 2007), ss. 434–435.

[39] Bessie, „Review", ss. 28–29.

[40] Brian, *True Gen*, ss. 122–125.

[41] Schoots, *Living Dangerously*, s. 140.

[42] Regler, *Dokumente und Analysen*, s. 51. Regler i Gustavo Durán, wszechstronnie uzdolniony dowódca oddziału republikańskiego, zastanawiali się, czy należy wspominać o uchybieniach Republiki. Durán powiedział: „Możemy zmusić ludzi sprawujących władzę, aby [...] w przyszłości byli przywódcami, jedynie przez mówienie [...] prawdy także o nas".

[43] Regler, *Owl of Minerva*, s. 293.

[44] List EH do Maxa Perkinsa, 8 grudnia 1939 roku, w: Baker (red.), *Selected Letters*, ss. 498–499.

[45] Regler, *Owl of Minerva*, s. 293.

ROZDZIAŁ 5: TAJNA TECZKA: NKWD ROZDAJE KARTY

[1] Robert van Gelder, „Ernest Hemingway Talks of Work and War", „New York Times", 11 sierpnia 1940 roku. Bliski przyjaciel Hemingwaya, Arnold Gingrich, w podobny sposób skomentował jego niemal maniakalnie entuzjastyczne zachowanie, gdy

ukończył swoją powieść. Arnold Gingrich, *Nothing but People: The Early Days at Esquire* (Crown, Nowy Jork 1971), s. 247.

[2] List EH do Maxa Perkinsa, 13 lipca 1940 roku, w: Baker (red.), *Selected Letters*, s. 506.

[3] List EH do Johna Hemingwaya, 15 października 1942 roku, w korespondencji wychodzącej, Ernest Hemingway Collection, JFK Library.

[4] List EH do Charlesa Scribnera, 21 października 1940 roku, w: Baker (red.), *Selected Letters*, ss. 519–520.

[5] Listy Marthy Gellhorn do Hortensji Flexner, 30 października 1940 roku, w: Moorehead (red.), *Selected Letters*, ss. 103–106. Napisała, że „droga do Birmy jest zamknięta, bo «Collier's» wysłał jakąś inną dziewczynę". *Ibid.*, na ss. 106–107, zawarty jest redakcyjny komentarz na temat tego, co się później stało.

[6] Protokół spotkania „Re Debt Limit", 27 stycznia 1941 roku, Diaries of Henry Morgenthau Jr., ser. 1: Morgenthau Diaries, t. 351, ss. 239–260, Franklin D. Roosevelt Presidential Library, Hyde Park, NY.

[7] *Ibid.* Zob. też: Peter Moreira, *Hemingway on the China Front: His WWII Spy Mission with Martha Gellhorn* (Potomac Books, Waszyngton, DC, 2007), ss. 14–20. Moreira odkrył interesujące fakty dotyczące tej podróży i udziału White'a. Nie uzasadnił jednak przekonująco tezy, że Hemingway pojechał do Chin z misją szpiegowską i że wzmocniła ona jego fascynację wywiadem, która ujawniła się podczas wojny. Bardziej szczegółowo analizuję tę kwestię w rozdziale 6.

[8] List EH do Henry'ego Morgenthau Jr., 30 lipca 1941 roku, w korespondencji wychodzącej, Ernest Hemingway Collection, JFK Library. Przedruk w: Moreira, *Hemingway on the China Front*, ss. 201–208.

[9] Zob. Michael Warner, *The Office of Strategic Services: America's First Intelligence Agency* (CIA, Waszyngton, DC, 2000), s. 3.

[10] Stanowisko Hemingwaya można wywnioskować z jego listu do Henry'ego Morgenthau Jr. z 30 lipca 1941 roku.

[11] List EH do Hadleya Mowrera, 26 grudnia 1940 roku, w: Baker (red.), *Selected Letters*, ss. 520–521. Następny list Hemingwaya, wysłany z Nowego Jorku, nosi datę 26 stycznia 1941. *Ibid.*, s. 521. Był tego niemal pewny, gdy rozmawiał

w Nowym Jorku z Harrym Dexterem Whitem 26 lub 27 stycznia. Moreira, *Hemingway on the China Front*, ss. 16, 214 i n.

[12] Golos został opisany w wielu książkach, m.in. w: Haynes i in., *Spies*, szczególnie ss. 496–500; Lauren Kessler, *Clever Girl: Elizabeth Bentley, the Spy Who Ushered in the McCarthy Era* (Perennial, Nowy Jork 2003); Elizabeth Bentley, *Out of Bondage* (Ivy, Nowy Jork 1988), szczególnie ss. 65–73; oraz Herbert Romerstein, Eric Breindel, *The Venona Secrets: Exposing Soviet Espionage and America's Traitors* (Regnery, Waszyngton, DC, 2000), ss. 145–150.

[13] Słowa skreślone na skrawku papieru, datowane 20 listopada 1928 roku, w archiwum FBI pod hasłem: „Osobiste dokumenty Jacoba Golosa", 13 października 1948 roku, w teczce nr 65-14603, t. 146, Silvermaster Files, http://education-research.org/PDFs/Silvermaster146.pdf (z lutego 2014). Prywatne zapiski Golosa ilustrują jego zainteresowania i styl życia.

[14] Alexander Vassiliev, „White Notebook", ss. 123, 129, w: Vassiliev Papers, LoC. Istnieje wiele wersji tych dokumentów: odręczne zapiski w języku rosyjskim, rosyjski maszynopis oraz angielski przekład. Odręczne zapiski po rosyjsku są transkrypcją Wasiljewa tajnych teczek NKWD/KGB z okresu 1993–1995. Moje cytaty pochodzą z angielskiego przekładu i odnoszą się do jego numeracji stron (w prawym górnym rogu każdej kartki), nie zaś do numerów stron w tekście Wasiljewa. Dokumenty te pojawiają się również w Internecie. Zob.: „Vassiliev Notebooks", digitalarchive.wilsoncenter.org (wejście w październiku 2015), gdzie wyjaśnia się ich pochodzenie. Haynes i in., *Spies*, szczegółowo analizuje pochodzenie i treść dokumentów.

[15] Zob. Kessler, *Clever Girl*, ss. 55–89, gdzie opisano wspomniany proces.

[16] Gazur, *Alexander Orlov*, ss. 124–129.

[17] Alexander Vassiliev, „Operations in the U.S. in 1941–45", bez daty i numeracji stron, w: „Summary Narratives", Alexander Vassiliev Papers, LoC. Wasiljew przygotował streszczenie, dzięki któremu oficerowie rosyjskiego KGB mogli zweryfikować informacje przeznaczone do przekazania zachodnim historykom, aby ci napisali dzieje wywiadu i podzielili się ustaleniami ze swoimi rosyjskimi odpowiednikami (piszę o tym w dalszej części rozdziału). Kathryn S. Olmstead, *Red Spy Queen:*

A Biography of Elizabeth Bentley (University of North Carolina Press, Chapel Hill 2002), ss. 23–26 opisuje sposób, w jaki Golos zabierał się do zwerbowania szpiega.

[18] Hugh Eakin, „Stalin's Reading List", „New York Times", 17 kwietnia 2005 roku, F19. Podsumowanie teczki Hemingwaya przechowywanej w archiwum KGB, sporządzone w czerwcu 1948 roku, przedstawia wszystko, co Moskwa wiedziała na jego temat. Materiał przedrukowany niemal słowo w słowo w Haynes i in., *Spies*, s. 154. W transkrypcji Wasiljewa tytuł oryginalny „Report on «Argo»", 8 czerwca 1948 roku, w: Vassiliev, *Black Notebook*, s. 89.

[19] Bentley, *Out of Bondage*, ss.107–108.

[20] Przedrukowane w: Matthew J. Bruccoli (red.), *Hemingway and the Mechanism of Fame* (University of South Carolina Press, Columbia 2006), s. 72.

[21] List Douglasa M. Jacobsa do Carlosa Bakera, 5 marca 1964, w teczce „1940", pudło 19, Baker Papers, PUL. Jacobs był świadkiem ich ponownego spotkania.

[22] Haynes i in., *Spies*, s. 153.

[23] Eleanor Langer, *Josephine Herbst* (Northeastern University Press, Boston 1994), s. 269.

[24] List Jorisa Ivensa do EH, 10 stycznia [1939 roku], w korespondencji przychodzącej, Museo Ernest Hemingway, Ernest Hemingway Collection, JFK Library.

[25] „Raport na temat «Argo»", 8 czerwca 1948 roku, w: Vassiliev, *Black Notebook*, s. 89.

[26] Haynes i in., *Spies*, ss. 145–146. Rozdział *Spies* poświęcony „dziennikarzom szpiegom" to nieco bardziej szczegółowa analiza tego tematu z opisem, w jaki sposób NKWD wykorzystywało niektórych amerykańskich dziennikarzy do zbierania informacji i występowania w roli łącznika pomiędzy oficerami NKWD i szpiegami. Dziennikarze mogli również pisywać artykuły przychylne sowieckiej polityce. Nie wydaje się jednak, aby w tym czasie było to głównym powodem szukania przychylnie nastawionych amerykańskich dziennikarzy.

[27] *Ibid*., ss. 153, 574 i n. Oryginał w: Vassiliev, *White Notebook #1*, s. 29. Hemingway przyjechał do Nowego Jorku 23 stycznia 1941 roku i zanocował w hotelu Lombardy. Zob. list EH do Miltona Wolffa, 23 stycznia 1941 roku, pudło, Milton Wolff Papers, Tamiment Library, New York University.

[28] Trudności, na jakie Hemingway i Gellhorn natrafili podczas przygotowań do podróży, są zwykle tłumaczone brakiem miejsc lub koi na statku, którym chcieli popłynąć. Z drugiej strony przyczyną komplikacji mogło być planowanie podróży do Chin przez Związek Radziecki. Moreira, *Hemingway on the China Front*, ss. 13–14, omawia ich plany podróży.

[29] Vassiliev, „Operations in the U.S."; oryginalna notatka przesłana z Moskwy do Nowego Jorku znajduje się w: Vassiliev, *Black Notebook*, s. 90.

[30] Vassiliev, „Operations in the U.S.".

[31] Teczka FBI dotycząca Hemingwaya jest dostępna pod adresem vault.fbi.gov/ernest-millerhemingway (wejście w lutym 2014).

[32] Historia ta została opowiedziana w dwóch miejscach: Haynes i in., *Spies*, ss. ix–xx oraz xxvii–liii. Pierwsze stanowi wstęp pióra Haynesa i Klehra; drugie to wprowadzenie do: Vassiliev, „How I Came to Write My Notebooks, Discover Alger Hiss, and Lose to His Lawyer".

[33] Streszczenia Wasiljewa zostały wykorzystane (mniej lub bardziej zgodnie z intencją SWR) do napisania książki Allena Weinsteina i Alexandra Vassilieva, *The Haunted Wood* (Modern Library, Nowy Jork 1999). Zawiera ona mniej szczegółów i nazwisk niż Haynes i in., *Spies*, książka oparta na roboczych notatkach Wasiljewa. *The Haunted Wood* wspomina przelotnie o Hemingwayu, ale nie traktuje go jak szpiega NKWD.

[34] Costello, Tsarev, *Deadly Illusions*.

[35] Haynes i in., *Spies*, s. xlii.

[36] Moje analizy podążają za argumentacją przedstawioną *ibid*., ss. ix–xx.

[37] Zob. rozdział 12.

[38] Gellhorn nie wspomina o tym w opublikowanych materiałach, niczego to jednak nie dowodzi. Nie byłem w stanie przejrzeć zapisków Marthy Gellhorn w Gottlieb Archival Research Center, Boston University, aby znaleźć jakieś wskazówki w tej kwestii. Archiwiści wyjaśnili mi, że jej papiery zostaną udostępnione w 2023 roku, dwadzieścia pięć lat po jej śmierci (chociaż niektórym pisarzom umożliwiono ich przejrzenie).

[39] List EH do Ady MacLeish, niedatowany, w: Hemingway Correspondence 1938–1958, MacLeish Papers, LoC. Kontekst

sugeruje, że Hemingway napisał list w grudniu 1940 lub styczniu 1941 roku.

[40] W 1948 roku dałby pewnie do zrozumienia, że utrzymywał potajemne kontakty z Sowietami, ale je kontrolował; że mógłby pójść do „najważniejszych Ruskich" i poprosić o dowolne informacje, a Rosjanie przekazaliby mu je w pełnym zaufaniu. List EH do Charlesa T. Lanhama, 28 lipca 1948 roku, pudło 1, Lanham-Hemingway Papers, PUL. Zob. dyskusję w rozdziale 12.

[41] Brudnopis telegramu do „Waltera" z adnotacją „1940", w korespondencji wychodzącej, Ernest Hemingway Collection, JFK Library. W 1948 roku porównałby swoje kontakty z Sowietami do kontaktów trapera Jima Bridgera z Indianami na Dzikim Zachodzie. List EH do Charlesa T. Lanhama, 28 lipca 1948 roku, pudło 1, Lanham-Hemingway Papers, PUL. Zob. dyskusja w rozdziale 12.

[42] Ustawa FARA obowiązuje do dziś. Zob. www.fara.gov (wejście 21 lutego 2014). Mniej prawdopodobne wydaje się naruszenie tzw. ustawy Smitha z 1940 roku, która czyni przestępstwem wzywanie do obalenia siłą rządu Stanów Zjednoczonych, co znajdowało się w programie amerykańskiej partii komunistycznej, dopóki Stany Zjednoczone nie przystąpiły do drugiej wojny światowej.

[43] „Pan Hemingway pokazał pani Shipley umowę na relacjonowanie przebiegu wojny w Hiszpanii" i zapewnił ją, że ma zamiar dotrzymać umowy. Uwaga J. Bella, datowana 24 lutego 1937 roku, skreślona na marginesie podania EH o paszport z tego samego dnia. Udostępnione autorowi przez Departament Stanu na podstawie FOIA. Po wojnie Hemingway miał powiedzieć, że rząd uznał go za niewiarygodnego, bo był „przedwczesnym antyfaszystą". Zob. rozdziały 11–12.

[44] Ernest Hemingway, „Old Newsman Writes: A Letter from Cuba", grudzień 1943 roku, w: White (red.), *By-Line*, ss. 179–185.

ROZDZIAŁ 6: SZPIEGOWAĆ ALBO NIE SZPIEGOWAĆ. CHINY I ZMĘCZENIE WOJNĄ

[1] Znakomity opis Czungcingu w czasach wojny pochodzi z książki Theodora H. White'a, *In Search of History: A Personal Adventure* (Harper & Row, Nowy Jork 1978), ss. 67–70, szczególnie s. 69.

[2] Martha Gellhorn, *Travels with Myself and Another* (Penguin, Nowy Jork 2001), ss. 51–52.

[3] *Ibid.*, s. 52.

[4] *Ibid.*, s. 10.

[5] *Ibid.*, s. 11.

[6] *Ibid.*, s. 12.

[7] List EH do Marthy Gellhorn, niedatowany, z adnotacją „po 16 maja 1941 roku", w korespondencji wychodzącej, Ernest Hemingway Collection, JFK Presidential Library.

[8] Cyt. za: Bruccoli (red.), *Hemingway and the Mechanism of Fame*, s. 138.

[9] Gellhorn, *Travels*, s. 30.

[10] *Ibid.*, s. 14.

[11] White (red.), *By-Line*, s. 306. Nawet wiecznie posępna amerykańska komunistka Agnes Smedley musiała przyznać, że w 1941 roku Hongkong był miejscem, w którym cudzoziemiec mógł się zrelaksować i napić, zapominając o bezpośrednim zagrożeniu. Agnes Smedley, *China Correspondent* (Pandora, Londyn–Boston 1984), s. 360.

[12] List EH do Bernarda Peytona, 5 kwietnia 1947 roku, w teczce Peytona, pudło 11, Carlos Baker Papers, PUL, wymienia składniki drinka i sugeruje, że przyczynił się on do upadku kolonii w równym stopniu co armia japońska. Smedley, *China Correspondent*, s. 361, opisuje te niewiarygodne historie.

[13] Smedley, *China Correspondent*, s. 361.

[14] White (red.), *By-Line*, s. 305.

[15] *Ibid.*, s. 319.

[16] Baker, *Hemingway*, s. 364. Dla użytku publicznego pisał, że Hongkong jest „dobrze broniony", nawet jeśli może ucierpieć wskutek odcięcia dostaw żywności. White (red.), *By-Line*, s. 305.

[17] Moreira, *Hemingway on the China Front*, s. 135.

[18] White (red.), *By-Line*, s. 316.

[19] Moreira, *Hemingway on the China Front*, ss. 210–211. Gellhorn, *Travels*, s. 48, pisze o nieoczekiwanym pobycie trwającym „kilka tygodni". Zob. też: White (red.), *By-Line*, s. 308.

[20] Gellhorn, *Travels*, s. 49. Innym „generalissimo", którego znał Hemingway, był oczywiście Franco.

[21] *Ibid.*, s. 51.

[22] *Ibid.*

[23] *Ibid.*, ss. 52–53.

[24] List EH do Henry'ego Morgenthau Jr., 30 lipca 1941 roku, w korespondencji wychodzącej, Ernest Hemingway Collection, JFK Presidential Library. Przedrukowane w: Moreira, *Hemingway on the China Front*, ss. 201–208. Jeden z chińskich tłumaczy Hemingwaya powiedział, że Amerykanin chwalił Czou jako „człowieka o szerokich horyzontach intelektualnych i wrażliwości dyplomatycznej", chociaż „nadmiernie podkreślał udział komunistów w [...] wojnie". Kaimei Zheng, „Hemingway in China", „North Dakota Quarterly" 70, nr 4 (2003), ss. 184–185.

[25] „Report on «Argo»", 8 czerwca 1948 roku, w: Vassiliev, *Black Notebook*, s. 89.

[26] Anna Wong, Europejka, która zorganizowała spotkanie, napisała w swoich wspomnieniach, że trwało ono godzinę i zostało zdominowane przez Hemingwaya, a nie Czou, co wydaje się mało prawdopodobne. Moreira, *Hemingway on the China Front*, s. 130. Hemingway świetnie odnajdywał się w roli profesjonalnego dziennikarza, uważnie słuchającego swojego informatora.

[27] White (red.), *By-Line*, s. 307.

[28] Cyt. za: Moreira, *Hemingway on the China Front*, s. 207.

[29] White (red.), *By-Line*, s. 317. Hemingway nie wyjaśnił, gdzie i w jakich okolicznościach poznał wspomnianego oficera.

[30] Zob. David L. Charney, „True Psychology of the Insider Spy", „Intelligencer" 18, nr 1 (jesień–zima 2010), ss. 47–54, gdzie omówiono psychologiczną stronę działalności szpiegowskiej.

[31] „The True Gen", w brytyjskim slangu wojskowym „pełna prawda", „wiadomość z pierwszej ręki" lub „cała prawda".

[32] List EH do Archibalda MacLeisha, 5 października 1952 roku, Hemingway Correspondence, lata 1938–1958, pudło 10, MacLeish Papers, LoC. Hemingway starał się wyjaśnić naciski, którym był poddawany, i opisać, jak trudno było sobie z nimi poradzić. Gellhorn napisała podobnie w liście z 23 sierpnia 1940 roku: „to wielkie wyzwanie, jeśli w jednym roku ukazuje się twoja książka, otrzymujesz rozwód i postanawiasz kupić dom. [...] Jestem przekonana, że [Ernest] jest równie wyczerpany jak ja". List Marthy Gellhorn do Charlesa Scribnera, teczka Gellhorn, pudło 778, Scribner's Sons Archive, PUL.

[33] List EH do Ady MacLeish, 5 października 1952 roku, w: Hemingway Correspondence 1938–1958, pudło 10, MacLeish Papers, LoC.

[34] List EH do Maxa Perkinsa, 29 kwietnia 1941 roku, w: Baker (red.), *Selected Letters*, ss. 522–523.

[35] Baker, *Hemingway*, s. 364.

[36] William J. Lederer do Carlosa Bakera, 11 maja 1966 roku, w teczce „Podróż na Daleki Wschód", pudło 19, Carlos Baker Papers, PUL.

[37] List EH do Marthy Gellhorn, niedatowany, opatrzony adnotacją „po 16 maja 1941 roku", w korespondencji wychodzącej, Ernest Hemingway Collection, JFK Library. Zob. też: Baker, *Hemingway*, ss. 364–365.

[38] List EH do Marthy Gellhorn, niedatowany, opatrzony adnotacją „po 16 maja 1941 roku".

[39] List EH do Henry'ego Morgenthau Jr., 30 lipca 1941 roku.

[40] White (red.), *By-Line*, ss. 303–314.

[41] List EH do Henry'ego Morgenthau Jr., 30 lipca 1941 roku. Nawiązanie do poprzedniego spotkania w Waszyngtonie, kiedy „rozmawiali", sugeruje, że było ono stosunkowo krótkie. Wcześniej Hemingway wyraził szacunek i życzył Morgenthau powodzenia „w tych trudnych czasach", co sugeruje, że pragnął sprawić przyjemność politykowi. List Harry'ego Dextera White'a do Henry'ego Morgenthaua Jr., „Hemingway's and Bond's comments on Chinese transportation", 29 maja 1941 roku, Morgenthau Diaries, FDR Library. Departament Skarbu poprosił Hemingwaya, aby przyjrzał się chińskim połączeniom transportowym, na co pisarz przystał z niewielkim entuzjazmem i zlecił to zadanie urzędnikowi Pan Am nazwiskiem H.L. Bond. List Bonda do Carlosa Bakera, 15 kwietnia 1966 roku, w teczce „Podróż na Daleki Wschód", pudło 19, Carlos Baker Papers, PUL.

[42] List H.L. Bonda do Carlosa Bakera, 15 kwietnia 1966 roku, sugeruje inny temat rozmowy i gotowość Hemingwaya do wykonania zadań.

[43] List EH do Henry'ego Morgenthau Jr., 30 lipca 1941 roku. Dwa tygodnie później White podsumował treść tego listu. List Harry'ego Dextera White'a do Henry'ego Morgenthau Jr., „Digest of Mr. Hemingway's Letter on China", 14 sierpnia 1941 roku, Morgenthau Diaries, FDR Library.

[44] List EH do Henry'ego Morgenthau Jr., 30 lipca 1941 roku.

[45] Haynes i in., *Spies*, s. 258. To źródło zawiera znakomite podsumowanie dowodów szpiegowskiej działalności White'a na rzecz Sowietów (ss. 258–262). R. Bruce Craig, *Treasonable Doubt: The Harry Dexter White Spy Case* (University Press of Kansas, Lawrence 2004) rozstrzyga wątpliwości na korzyść White'a.

[46] John H. Wheelock (red.), *Editor to Author: The Letters of Maxwell E. Perkins* (Scribner's, Nowy Jork 1950) zawiera listy do Thomasona datujące się od 1927 roku. W styczniu 1940 roku Perkins poznał Sweenya, „człowieka, który wyglądał dokładnie tak, jak powinien" (s. 153).

[47] Baker, *Hemingway*, s. 365. Thomason pracował dla Wywiadu Marynarki od lata 1940 do marca 1943 roku, odpowiadając głównie za Amerykę Południową. „Record of Thomason, John W. Jr.", Officer Qualification Record, Marine Corps History Division, Quantico, VA; Martha Anne Turner, *The World of John W. Thomason, USMC* (Eakin Press, Austin, TX, 1984), s. 311.

[48] Gellhorn, *Travels*, s. 53.

[49] List Johna W. Thomasona do Maxwella Perkinsa, 3 lub 4 czerwca 1941 roku, w teczce „1941", pudło 19, Carlos Baker Papers.

ROZDZIAŁ 7: FABRYKA KRĘTACZY. TAJNA WOJNA NA LĄDZIE

[1] Leddy powiadomił Waszyngton o uwadze Hemingwaya na temat „amerykańskiego gestapo". Pismo attaché prawnego do dyrektora, 8 października 1942 roku, przedrukowane w Thomas Fensch, *Behind Islands in the Stream: Hemingway, Cuba, the FBI, and the Crook Factory* (iUniverse, Nowy Jork 2009), ss. 13–16. Te same dokumenty są dostępne na internetowej stronie FBI vault.fbi.gov/ernest-miller-hemingway (wejście w lipcu 2014). Joyce opisał nocne spotkanie w swoich nieopublikowanych wspomnieniach. Nie wymienił Guesta ani Leddy'ego, ale jego relacja nie pozostawia wątpliwości, o kogo chodzi. Robert Joyce Memoirs w Robert Joyce Papers (MS 1901), pudło 1, teczka 5, s. 50, Yale University Library (YUL).

[2] Hemingway opisał Golfsztrom i życie na Kubie w kilku reportażach, m.in. „Marlin off the Morro: A Cuban Letter", „Esquire", jesień 1933; „Out in the Stream: A Cuban Letter",

„Esquire", sierpień 1934, oraz „On the Blue Water: A Gulf Stream Letter", „Esquire", kwiecień 1936. Wszystkie artykuły przedrukowano w: White (red.), *By-Line*, s. 3.

[3] Spruille Braden, *Diplomats and Demagogues: The Memoirs of Spruille Braden* (Arlington House, New Rochelle, NY, 1971), s. 285.

[4] List Bradena do George'a Messersmitha, 20 lutego 1945 roku, Diplomatic Correspondence for 1945, Spruille Braden Papers, Rare Books and Manuscript Library (RBML), Columbia University, Nowy Jork.

[5] List Hemingwaya do Prudencio de Pereda, 14 sierpnia 1941 roku, w: Baker (red.), *Selected Letters*, s. 526.

[6] Zob. Constantine Pleshakov, *Stalin's Folly* (Houghton Mifflin, Boston 2005), ss. 86–87.

[7] Winston S. Churchill, *The Second World War* (Houghton Mifflin, Nowy Jork 1959), t. 1, s. 159. Skrócona wersja wspomnień Churchilla.

[8] Zob. David M. Glantz, Jonathan House, *When Titans Clashed: How the Red Army Stopped Hitler* (University Press of Kansas, Lawrence 1995), szczególnie ss. 53, 292.

[9] Zob. omówienie w: Mark A. Bradley, *A Very Principled Boy* (Basic Books, Nowy Jork 2014), ss. 124–125. Dla porównania podczas drugiej wojny światowej zginęło 407 000 amerykańskich żołnierzy.

[10] Joseph Freeman, nieopatrzony tytułem esej poświęcony napaści Niemiec na Związek Radziecki, sierpień 1941 roku, teczka 4, pudło 111, Joseph Freeman Papers, Hoover Institution, Stanford University.

[11] Centrala w Moskwie do placówki w Nowym Jorku, 27 listopada 1941 roku. Cyt. za: Vassiliev, *White Notebook*, s. 30.

[12] Joyce Papers, pudło 1, teczka 5, s. 55, YUL. Joyce nie napisał, kiedy Hemingway pokazał mu telegram, ale musiało do tego dojść, gdy obaj przyjechali, by spędzić lato na Kubie – od lata 1941 do połowy 1943 roku.

[13] Zob. jego pochwałę *ibid.*, ss. 55–56, oraz w liście EH do Konstantina Simonowa, 20 czerwca 1946 roku, w: Baker (red.), *Selected Letters*, s. 607.

[14] List EH do Maxwella Perkinsa, 11 grudnia 1941 roku, w: Baker (red.), *Selected Letters*, s. 531.

[15] *Ibid.*

[16] List EH do Charlesa Scribnera, 12 grudnia 1941 roku, w: Baker (red.), *Selected Letters*, ss. 432–433. Martha skreśliła następny list do Scribnera na papeterii motelu. List Marthy Gellhorn do Charlesa Scribnera, 13 grudnia 1941 roku, w teczce Gellhorn, „Ernest Hemingway Related Correspondence", pudło 778, Scribner's Sons Archive, PUL.

[17] List Marthy Gellhorn i EH do „Billa" Davisa, 5 marca 1942 roku, Gellhorn Personal Papers, Ernest Hemingway Collection, JFK Library. W Meksyku walki byków organizowano od XVI wieku; w mieście Meksyk odbywają się do dziś.

[18] Regler, *Owl of Minerva*, ss. 356–357.

[19] *Ibid.*, s. 357. Regler dodał, że Hemingway nie ufał „tylko jednemu ze swych potwarców, człowiekowi, który [...] [miał zostać] powieszony przez własną partię w Pradze w 1953 roku". To intrygująca wzmianka na temat Otto Katza, agenta Kominternu, który w okresie hiszpańskiej wojny domowej pracował dla Williego Münzenberga i starał się zwerbować Barbarę Wertheim (przyszłą Barbarę Tuchman). Gdzie mogły się skrzyżować drogi Hemingwaya i Katza i dlaczego Hemingway mu nie ufał?

[20] Regler, *Owl of Minerva*, s. 357. Jeden z badaczy Hemingwaya wskazuje, że ten wybuch gniewu przypomina inny, który towarzyszył próbie poruszenia tej sprawy z Dos Passosem w 1937 roku. Chamberlin, *The Hemingway Log*, s. 185.

[21] Regler, *Owl of Minerva*, s. 357.

[22] List EH do „panny Craipeau", 13 lutego 1947 roku, w korespondencji wychodzącej, Hemingway Collection, JFK Library. „Panna Craipeau" nie została bliżej opisana. Z listu Hemingwaya wynika, że przesłała mu artykuł i książkę o Związku Radzieckim, o których pisarz się wypowiada. Craipeau mogła być spokrewniona z Yvanem Craipeau, francuskim trockistą, który był autorem książek o Związku Radzieckim. Zob. np. pochodzący z 1937 roku artykuł Yvana Craipeau „The Fourth International and the Russian Counterrevolution", w: E. Haberkern, Arthur Lipow (red.), *Neither Capitalism nor Socialism: Theories of Bureaucratic Collectivism* (Center for Socialist History, Alameda, CA, 2008), ss. 25–39.

[23] List Marthy Gellhorn do Charlesa Colebaugha, 17 lipca 1941 roku, w: Moorehead (red.), *Selected Letters*, ss. 112–113.

[24] *Ibid.*

[25] Ross E. Rowell, „Attaché Report", 25 września 1939 roku, pudło 27, regał 370, rząd 15, przegroda 29, półka 4, US Navy Records (RG 38), NARA II, College Park, MD.

[26] List J. Edgara Hoovera do Adolfa Berlego, 29 lipca 1942 roku, pudło 239, regał 370, rząd 14, przegroda 19, półka 1, RG 38.

[27] Hayne D. Boyden, Intelligence Report, 6 sierpnia 1940 roku, pudło 27, regał 370, rząd 15, przegroda 29, półka 4, RG 38. Gellhorn opisała wspomniany incydent w liście: „Ten człowiek [nazista] udawał okropnie ważnego, dopóki E go nie wyzwał i nie uszło z niego powietrze". List Marthy Gellhorn do Charlesa Scribnera, lato 1940 roku, pudło 778, Scribner's Sons Archive, PUL.

[28] Joyce Papers, pudło 1, teczka 5, s. 45, YUL.

[29] *Ibid.*, s. 46.

[30] *Ibid.* Joyce i jego szef, ambasador Braden, sądzili, że Hemingway jest odpowiednim człowiekiem, którego można wykorzystać w celu osłabienia entuzjazmu dla sowieckiej propagandy w Ameryce Południowej. Joyce wspomina o tym w korespondencji z Hemingwayem. List Joyce'a do Hemingwaya, niedatowany (przypuszczalnie lato 1942 roku), w korespondencji przychodzącej, Ernest Hemingway Collection, JFK Library. Zob. też: Braden, *Diplomats and Demagogues*, ss. 302–303.

[31] Carlos Baker, „Information from Robert Joyce", 17 listopada 1963 roku, w teczce „1942", pudło 19, Carlos Baker Papers, PUL.

[32] Ellis O. Briggs, *Proud Servant: Memoirs of a Career Ambassador* (Kent State University Press, Kent, OH, 1998), s. 174.

[33] Braden, *Diplomats and Demagogues*, s. 283.

[34] *Ibid.*

[35] Pismo attaché prawnego do dyrektora, 8 października 1942 roku, przedrukowane w Fensch, *Behind Islands in the Stream*, ss. 13–16.

[36] Joyce Papers, pudło 1, teczka 1, s. 50, YUL.

[37] Braden, *Diplomats and Demagogues*, s. 283.

[38] Pismo attaché prawnego do dyrektora, 8 października 1942 roku.

[39] Joyce Papers, pudło 1, teczka 5, ss. 47–48, YUL. R-42 to przypuszczalnie Winston Guest, wierny członek kubańskiej świty Hemingwaya.

[40] *Ibid.*

[41] Joyce Papers, pudło 1, teczka 5, s. 54, YUL.

[42] D.M. Ladd, „Memorandum for the Director RE: Ernest Hemingway", 27 kwietnia 1943 roku, przedrukowane w: Fensch, *Behind Islands in the Stream*, s. 30.

[43] Braden do L. Duggana, 20 listopada 1942 roku, teczka nr 852.01, Department of State Records (RG 59), NARA II, College Park, MD. Zob. też list Bradena do Hemingwaya, 7 marca 1944 roku, Spruille Braden Papers, RBML, Columbia University: „Tajne działania wywiadowcze, które podjąłeś [...] miały dla nas najwyższą wartość [...] pomagając w ocenie rozwoju sytuacji, który potrafiłeś zinterpretować dzięki swojemu wyjątkowemu wykształceniu, doświadczeniu i zdolnościom".

[44] Pismo attaché prawnego do dyrektora, 8 października 1942 roku, przedrukowane w: Fensch, *Behind Islands in the Stream*, ss. 13–16.

[45] D.M. Ladd, „Memorandum for the Director RE: Ernest Hemingway", 17 grudnia 1942 roku, przedrukowane w: Fensch, *Behind Islands in the Stream*, ss. 21–23.

[46] *Ibid.*, oraz Leddy, „Memorandum", 13 czerwca 1943 roku, przedrukowane w: Fensch, *Behind Islands in the Stream*, s. 50.

[47] Joyce Papers, pudło 1, teczka 5, s. 50, YUL.

[48] *Ibid.*, s. 50. Hemingway wyraził podobny pogląd w liście do brata pochodzącym z tego okresu, dając młodzieńcowi wykład na temat różnicy między szpiegostwem a dziennikarską robotą. List EH do Leicestera Hemingwaya, 28 czerwca 1941 roku, w: Leicester Hemingway, *My Brother, Ernest Hemingway* (Pineapple Press, Sarasota, FL, 1996), ss. 300–301.

[49] J. Edgar Hoover, „RE: Ernest Hemingway", 17 grudnia 1942 roku, przedrukowane w: Fensch, *Behind Islands in the Stream*, s. 25.

[50] C.H. Carson, „Memorandum for Mr. Ladd Re: Intelligence Activities of Ernest Hemingway in Cuba", 13 czerwca 1943 roku, oraz J. Edgar Hoover, „Memorandum for Mr. Tamm [and] Mr. Ladd", 19 grudnia 1942 roku, obydwa przedrukowane w: Fensch, *Behind Islands in the Stream*, ss. 27, 57.

[51] J. Edgar Hoover, „Memorandum for Mr. Tamm [and] Mr. Ladd", 19 grudnia 1942 roku. W piśmie z 1943 roku Hoover nakazuje podwładnym „przesłanie notatki na temat Ernesta Hemingwaya", co potwierdza jego osobiste zainteresowanie

autorem. Pismo z biura dyrektora, niedatowane, sporządzone przypuszczalnie w lutym lub marcu 1943 roku, vault.fbi.gov/ernest-miller-hemingway (wejście w lipcu 2014). Polecenie Hoovera było przypuszczalnie reakcją na kampanię Hemingwaya skierowaną przeciwko agentowi specjalnemu FBI nazwiskiem Edward Knoblaugh, podjętą na początku tego roku. Hemingway próbował skłonić ambasadora Bradena, żeby odesłał Knoblaugha do domu, w długiej, szczegółowej notatce o jego rzekomych faszystowskich sympatiach w okresie hiszpańskiej wojny domowej. List EH do Spruille'a Bradena, 10 lutego 1943 roku, w korespondencji wychodzącej, Ernest Hemingway Collection, JFK Library. Ambasador początkowo wyraził zgodę i choć później się wycofał, Hemingway zdążył się pochwalić swoim chwilowym sukcesem. Baker, *Hemingway*, ss. 380–381; Fensch, *Behind Islands in the Stream*, s. 60.

[52] Joyce Papers, pudło 1, teczka 5, ss. 54–55, YUL.

[53] Pismo attaché prawnego do dyrektora, 9 października 1942 roku, przedrukowane w: Fensch, *Behind Islands in the Stream*, ss. 17–18.

[54] Cyt. za: C.H. Carson, „Memorandum for Mr. Ladd Re: Intelligence Activities of Ernest Hemingway in Cuba", 13 czerwca 1943 roku, przedrukowane w: Fensch, *Behind Islands in the Stream*, s. 51.

[55] Jej szwagier, Michael Straight, został później zdemaskowany jako jedyny Amerykanin należący do siatki szpiegowskiej NKWD działającej na Uniwersytecie Cambridge, zob. koniec rozdziału 8. W operacji tej odegrał pewną rolę szef sowieckiej siatki szpiegowskiej Orłow.

[56] Joyce Papers, pudło 1, teczka 5, s. 54, YUL. Pismo attaché prawnego do dyrektora, 9 października 1942 roku, przedrukowane w: Fensch, *Behind Islands in the Stream*, ss. 17–18, podaje, że ambasador wstawił się za pisarzem w Waszyngtonie i uzyskał zgodę na skorzystanie z usług Durána „w celu udzielenia pomocy panu Hemingwayowi".

[57] Joyce Papers, pudło 1, teczka 5, ss. 54–55, YUL.

[58] Baker, „Information from Robert Joyce", 17 listopada 1963 roku.

[59] Joyce Papers, pudło 1, teczka 5, s. 55, YUL. Według FBI „organizacja Hemingwaya została rozwiązana, a jej działalność

ustała z dniem 1 kwietnia 1943 roku". Pismo attaché prawnego do dyrektora, 21 kwietnia 1943 roku, przedrukowane w: Fensch, *Behind Islands in the Stream*, s. 28.

ROZDZIAŁ 8: „PILAR" I WOJNA NA MORZU. TAJNY AGENT RZĄDU STANÓW ZJEDNOCZONYCH

[1] Dziennik pokładowy „Pilar" w: „Other Material", Ernest Hemingway Collection, JFK Library. Przedrukowane w: Terry Mort, *The Hemingway Patrols* (Scribner, Nowy Jork 2009), ss. 185–188.

[2] Gregory H. Hemingway, *Papa: A Personal Memoir* (Houghton Mifflin, Boston 1976), s. 88. Gregory utrzymuje, że tego dnia był na „Pilar", ale przypuszczalnie jest to pogłoska. Skrupulatny badacz chronologii tego dnia umieszcza go w Key West. Chamberlin, *The Hemingway Log*, s. 240.

[3] List EH do Lillian Ross, 3 czerwca 1950 roku, teczka 1942 roku, pudło 19, Carlos Baker Papers, PUL.

[4] Zob. EH, „First Poem to Mary in London", Nicholas Gerogiannis (red.), *Ernest Hemingway, 88 Poems* (Harcourt, Brace, Jovanovich, Nowy Jork 1979), s. 104.

[5] Dziennik pokładowy „Pilar".

[6] List EH do Charlesa T. Lanhama (CTL), 5 stycznia 1949 roku, pudło 1, Lanham–Hemingway Papers, PUL.

[7] Paul Hendrickson, *Hemingway's Boat: Everything He Loved in Life, and Lost* (Knopf, Nowy Jork 2011), s. 9.

[8] *Ibid.*, s. 74.

[9] Zob. rozdział 1.

[10] List EH do Leicestera Hemingwaya, 28 czerwca 1941 roku, przedrukowane w: Leicester Hemingway, *My Brother, Ernest Hemingway*, ss. 300–301.

[11] Ernest Hemingway (red.), *Men at War: The Best War Stories of All Time* (Crown, Nowy Jork 1942). Baker, *Hemingway*, s. 371, opisuje, jak Crown zwrócił się z prośbą, aby Hemingway popracował nad książką, i jak ten planował „opierać się głównie na doświadczeniu edytorskim i wojskowym" swoich przyjaciół, Perkinsa, Thomasona i Sweeny'ego.

[12] EH (red.), *Men at War*, s. xi.

[13] *Ibid.*, xxiii. W swoich wspomnieniach Smedley poświęciła kilka ustępów spotkaniu z Hemingwayem. Zob. rozdział 6;

nieco ogólniej w: Ruth Price, *The Lives of Agnes Smedley* (Oxford University Press, Oxford 2005).

[14] EH (red.), *Men at War*, s. xx.

[15] *Ibid.*, s. xxvii.

[16] List EH do Malcolma Cowleya, 9 kwietnia 1948 roku, w korespondencji wychodzącej, Ernest Hemingway Collection, JFK Library.

[17] Braden, *Diplomats and Demagogues*, ss. 283–284.

[18] List EH do Alfreda Rice'a, 15 grudnia 1948 roku, w: Baker (red.), *Selected Letters*, ss. 654–656.

[19] Gregory Hemingway, *Papa*, s. 70.

[20] List EH do Malcolma Cowleya, 28 czerwca 1948 roku, w korespondencji wychodzącej, Ernest Hemingway Collection, JFK Library.

[21] Leicester Hemingway, *My Brother, Ernest Hemingway*, s. 223. Nie zdołałem ustalić, jakie zadanie wywiadowcze zlecono Jenkinsonowi. Przypuszczalnie chodziło o współpracę z wywiadem marynarki brytyjskiej. Ernest Hemingway mógł poznać Jenkinsona, kiedy Anglik odwiedził Key West w 1937 roku. Jenkinson znał również Jorisa Ivensa. Poznał go w Chinach, gdzie w 1938 roku pisał reportaże dla londyńskiego „Daily Sketch", i zaczął korespondować z Hemingwayem w sprawie sytuacji na Dalekim Wschodzie. Zob. Chamberlin, *The Hemingway Log*, s. 202.

[22] Sir Anthony Jenkinson, *America Came My Way* (Arthur Barker, Londyn 1936) i *Where Seldom a Gun Is Heard* (Arthur Barker, Londyn 1937).

[23] List EH do Charlesa T. Lanhama, 15 listopada 1948 roku, pudło 1, Lanham-Hemingway Papers, PUL.

[24] Leicester Hemingway, *My Brother, Ernest Hemingway*, s. 223.

[25] *Ibid.*

[26] List Leicestera Hemingwaya do EH, 19 marca 1940 roku, w: Norberto Fuentes, *Hemingway in Cuba* (Lyle Stuart, Secaucus, NJ, 1984), ss. 316–318.

[27] Leicester Hemingway, *My Brother, Ernest Hemingway*, s. 223.

[28] Zob. list EH do Anthony'ego Jenkinsona, 1 maja 1940 roku, w: Fuentes, *Hemingway in Cuba*, ss. 318–319.

[29] Leicester Hemingway, Anthony Jenkinson, „A Caribbean Snoop Cruise", „Reader's Digest" 37 (1940), s. 128.

[30] *Ibid.*

[31] T.J. Wilkinson do Williama J. Donovana, 24 marca 1942 roku, w teczce Leicestera Hemingwaya, COI/OSS Central Files, hasło 92, OSS Records (RG 226), NARA II.

[32] List EH do Grace Hemingway, lipiec [niedatowany] 1940 roku, w: Leicester Hemingway, *My Brother, Ernest Hemingway*, s. 297. Hemingway nie wyrażał się przychylnie o Leicesterze tylko dlatego, że pisał do jego matki. Chwalił jego pracę także w powojennym liście do najlepszego przyjaciela. Zob. list EH do Charlesa Lanhama, 25 listopada 1948 roku, w: Lanham--Hemingway Papers, PUL.

[33] Zob. rozdział 7.

[34] Zob. Ross E. Rowell, „Attaché Report", 27 stycznia 1940 roku, w: „Monograph Type Documents", pudło 27, regał 370, rząd 15, regał 29, rząd 4, Office of Naval Intelligence Files, RG 38, NARA II.

[35] Homer H. Hickam Jr., *Torpedo Junction: U-Boat War off America's East Coast, 1942* (Naval Institute Press, Annapolis, MD, 1996), ss. 159, 291.

[36] List George'a S. Messersmitha do Laurence'a Duggana, 30 stycznia 1942 roku, DoS Designator 837.24, pudło 4649, Department of State Files (RG 59), NARA II. Messersmith był poprzednikiem Bradena. W podobnej wiadomości sprzed dwóch miesięcy wspomniano o zatopieniu statku u wybrzeży Kuby. List Ellisa O. Briggsa do Philipa W. Bonsala, 27 marca 1942 roku, DoS Designator 800.20237, pudło 3220, DoS Files, NARA II.

[37] List EH do Leicestera Hemingwaya, 28 czerwca 1941 roku, w: Leicester Hemingway, *My Brother, Ernest Hemingway*, s. 300.

[38] *Ibid.*, s. 224.

[39] List EH do Leicestera Hemingwaya, 28 czerwca 1941 roku.

[40] Braden, *Diplomats and Demagogues*, s. 283. Braden sugeruje, że rozmowa miała miejsce po zakończeniu działalności Fabryki Krętaczy. W rzeczywistości obydwie operacje mogły zazębiać się czasowo.

[41] *Ibid.*, ss. 283–284.

[42] *Ibid.*

[43] EH, „Notes 1935–1944", niedatowany, w „Other Material", Ernest Hemingway Collection, JFK Library.

[44] Ellis Briggs, *Shots Heard Round the World: An Ambassador's Hunting Adventures on Four Continents* (Viking, Nowy Jork 1957), ss. 55–60. W 1942 roku Briggs był najwyższym rangą oficerem w ambasadzie i brał udział w konsultacjach. Zob. też anonimowy list do EH, 9 listopada 1942 roku, w: „Caribbean Submarine War", World War II, Ernest Hemingway Collection, JFK Library, gdzie pojawia się aluzja do „twojej rozmowy [z Thomasonem] w Hawanie". Po wojnie Hemingway korespondował z Malcolmem Cowleyem w sprawie operacji „Friendless". Zob. list EH do Malcolma Cowleya z 9 kwietnia 1948 i 28 czerwca 1948 roku, w korespondencji wychodzącej, Ernest Hemingway Collection, JFK Library.

[45] Briggs, *Shots Heard Round the World*, ss. 58–59.

[46] List EH do Malcolma Cowleya, 9 kwietnia 1948 roku.

[47] List EH do Roberta Joyce'a, 9 listopada 1942 roku, w korespondencji wychodzącej, Ernest Hemingway Collection, JFK Library. Zob. też list EH do Dona Saxona, 13 stycznia 1949 roku, pudło 11, Carlos Baker Papers, PUL. „Cucu" lub „Cuckoo" – obie wersje pojawiają się w listach Hemingwaya – mogło być nieformalnym, ale stałym sygnałem wywoławczym Boydena jako pilota morskiego.

[48] Briggs, *Shots Heard Round the World*, ss. 59–60. W mailu od Historical Reference Branch Marine Corps History Division z 18 sierpnia 2014 roku otrzymałem podstawowe informacje na temat służby Saxona.

[49] Hayne D. Boyden do wszystkich zainteresowanych, 18 maja 1943 roku, w korespondencji przychodzącej, Museo EH Collection, Ernest Hemingway Collection, JFK Library.

[50] List EH do Hayne'a D. Boydena, 2 listopada 1942 roku, w korespondencji wychodzącej, Ernest Hemingway Collection, JFK Library.

[51] List EH do Malcolma Cowleya, 28 czerwca 1948 roku.

[52] *Ibid.*

[53] Biuro attaché prawnego do dyrektora FBI, 21 września 1943 roku, w: Fensch, *Behind Islands in the Stream*, ss. 87–89. W teczce pojawia się jedynie wzmianka o „tajnym informatorze... nr 396", co sugeruje chęć ukrycia jego tożsamości

przed osobami postronnymi. Z sobie tylko znanych powodów Hemingway zwracał uwagę na to, o czym mówił „396", i nie poruszył w jego obecności żadnego kontrowersyjnego tematu.

[54] List Marthy Gellhorn do EH, 26 czerwca 1943 roku, w: Moorehead (red.), *Selected Letters*, s. 145.

[55] Baker, *Hemingway*, s. 381.

[56] List EH do Malcolma Cowleya, 28 czerwca 1948 roku.

[57] Wpis z 10 grudnia 1942 roku, WWII War Diaries, Caribbean Sea Frontier, od kwietnia 1942 do grudnia 1943 roku, Records of the Office of CNO, RG 38, NARA II. Michael Reynolds, *Hemingway: The Final Years* (Norton, Nowy Jork 1999), ss. 72–81, cytuje podobne wiadomości i szczegółowo opisuje operację „Friendless".

[58] List Spruille'a Bradena do EH, 7 marca 1944 roku, w „Catalogued Correspondence", Spruille Braden Papers RBML, Columbia University. Po wojnie Hemingway wspominał, że oddał list na przechowanie swojemu prawnikowi. List EH do Alfreda Rice'a, 15 grudnia 1948 roku, w: Baker (red.), *Selected Letters*, s. 655.

[59] List EH do Spruille'a Bradena, 21 marca 1944 roku, w „Catalogued Correspondence", Spruille Braden Papers, RBML, Columbia University.

[60] List EH do MacLeisha, ok. 5 maja 1943 roku, w: Baker (red.), *Selected Letters*, ss. 544–546. Kilka miesięcy później napisał Maxowi Perkinsowi: „nie zamieniłbym [swojej] obecnej roboty na żadną inną". List EH do Maxwella Perkinsa, 2 sierpnia 1943 roku, w *ibid.*, ss. 547–548.

[61] Leicester Hemingway, *My Brother, Ernest Hemingway*, ss. 229–230.

[62] *Ibid.*, s. 230.

[63] W streszczeniu teczki z 1948 roku (Vassiliev Papers) czytamy: „We wrześniu 1943 roku, kiedy «Argo» przebywał w Hawanie, gdzie ma willę, skontaktował się z nim nasz człowiek, jednak przed jego wyjazdem do Europy spotkali się tylko dwukrotnie". Vassiliev, *Black Notebook*, s. 89.

[64] Zob. jego wojenne uwagi na temat Sowietów w Joyce Papers, pudło 1, teczka 5, ss. 55–56, YUL.

[65] Michael Straight, *After Long Silence* (Norton, Nowy Jork 1983), ss. 129–130.

[66] *Ibid.*

[67] Vassiliev, *Black Notebook*, s. 89.

ROZDZIAŁ 9: W DRODZE DO PARYŻA. DZIELNY NICZYM DZIKI BAWÓŁ

[1] Nelson Lankford (red.), *OSS Against the Reich: The World War II Diaries of Colonel David K.E. Bruce* (Kent State University Press, Kent, OH, 1991), s. 160; załącznik do listu Davida Bruce'a do EH, 12 czerwca 1955 roku, w korespondencji przychodzącej, Ernest Hemingway Collection, JFK Library. Zob. też: Robert Fuller, „Hemingway at Rambouillet", „Hemingway Review" 33, nr 2 (wiosna 2014), ss. 68–70.

[2] Lankford (red.), *OSS Against the Reich*, s. 160.

[3] List EH do Mary Welsh (MW), 27 sierpnia 1944 roku, w: Baker (red.), *Selected Letters*, s. 564.

[4] List Davida Bruce'a do EH, 12 czerwca 1955 roku.

[5] List Marthy Gellhorn do Clary Spiegel, 4 marca 1942 roku, w teczce Spiegel, pudło 12, Carlos Baker Papers, PUL.

[6] Moorehead (red.), *Selected Letters*, ss. 149–60.

[7] Joyce opisuje swoje odejście ze służby dyplomatycznej w Joyce Papers, pudło 1, teczka 6, s. 1, YUL. Jego teczka osobowa w OSS zawiera również materiały mające związek z aplikacją oraz służbą w OSS. Teczka osobowa Roberta P. Joyce'a, OSS Files, NARA II.

[8] List Joyce'a do Shepardsona, 16 marca 1944 roku, udostępniony przez CIA na podstawie ustawy o swobodzie dostępu do informacji (FOIA). List zawiera aluzje do poprzedniego pisma Joyce'a do Shepardsona z 9 lutego 1944 roku, które nie znalazło się w zbiorze. Dokumenty zostały później przeniesione do NARA w College Park, Maryland, gdzie nie zdołałem ich odnaleźć. Uzyskałem ten materiał (udostępniony na mocy FOIA) w lutym 1983 roku, dzięki uprzejmości badacza Daniela Robinsona.

[9] List McBaine'a do Shepardsona, 14 lutego 1944 roku, ujawnione materiały CIA (FOIA).

[10] List Joyce'a do Shepardsona, 16 marca 1944 roku, ujawnione materiały CIA (FOIA).

[11] List Magrudera do Shepardsona, 6 kwietnia 1944 roku, ujawnione materiały CIA (FOIA).

[12] *Ibid.* Notatka Buxtona zgadza się z treścią pisma Magrudera do Shepardsona.

[13] List Bigelowa do Shepardsona, 21 kwietnia 1944 roku, ujawnione materiały CIA (FOIA).

[14] List Shepardsona do Joyce'a, 1 maja 1944 roku, „METO Pouch Review" (od lutego do 27 maja 1944 roku), pudło 53, notatka 99, teczki OSS, NARA II. Podsumowanie różnych meldunków napływających z terenu nie zawiera innych wiadomości odnoszących się do Hemingwaya.

[15] Baker, *Hemingway*, s. 385.

[16] Moorehead, *Gellhorn*, s. 212.

[17] Kert, *The Hemingway Women*, ss. 391–392.

[18] Jennet Conant, *The Irregulars: Roald Dahl and the British Spy Ring in Wartime Washington* (Simon & Schuster, Nowy Jork 2008), zawiera opis jego pracy.

[19] List Roalda Dahla do „Drogiej Mamy", 19 października 1943 roku, Roald Dahl Museum and Story Centre (RDMSC), Buckinghamshire, Anglia.

[20] List Roalda Dahla do „Drogiej Mamy", 21 marca 1944 roku, RDMSC.

[21] Brudnopis listu Roalda Dahla do niewymienionego z nazwiska adresata (przypuszczalnie Carlosa Bakera), 28 lipca 1965 roku, RDMSC.

[22] Listy Marthy Gellhorn do Eleanory Roosevelt, 28 kwietnia 1944 roku, w: Moorehead (red.), *Selected Letters*, ss. 160–161.

[23] Brudnopis listu Roalda Dahla do niewymienionego z nazwiska adresata (przypuszczalnie Carlosa Bakera), 28 lipca 1965 roku, RDMSC. Bokserem był George Brown. Baker, *Hemingway*, s. 386.

[24] Matthew Sweet, *The West End Front* (Faber & Faber, Londyn 2011), s. 91.

[25] Zob. *ibid.*, szczególnie ss. 82–92.

[26] Vassiliev, *Black Notebook*, s. 89. Cyt. za: Haynes i in., *Spies*, s. 154.

[27] EH, „Voyage to Victory", w: White (red.), *By-Line*, ss. 340–341.

[28] List EH do Charlesa Poore'a, 16 marca 1953 roku, pudło 11, Carlos Baker Papers, PUL; List EH do Konstantina Siemionowa, 20 czerwca 1946 roku, w: Baker (red.), *Selected Letters*, ss. 607–609.

[29] H.R. Stoneback, „Hemingway's Happiest Summer – «The Wildest, Most Beautiful, Wonderful Time Ever», or, The Liberation of France and Hemingway", „North Dakota Quarterly" 64,

nr 3 (lato 1997 roku), ss. 184–220, jest świetnym przykładem literatury faktu i dobrej prozy. Opierałem się również na książce Reynoldsa, *Hemingway: The Final Years*, szczególnie ss. 101–109.

[30] Cyt. za: Baker, *Hemingway*, s. 404.

[31] List EH do Charlesa Poore'a, 16 marca 1953 roku, w teczce Poore'a, Carlos Baker Papers, PUL.

[32] EH, „Battle for Paris", w: White (red.), *By-Line*, s. 365. Innym dobrym źródłem jest list EH do MW, 27 sierpnia 1944 roku, w korespondencji wychodzącej, Ernest Hemingway Collection, JFK Library.

[33] Richard Harris Smith, *OSS: The Secret History of America's First Intelligence Agency* (University of California Press, Berkeley 1981), s. 191.

[34] Robert Capa, *Slightly Out of Focus* (Random House, Nowy Jork 1999), s. 179.

[35] List Davida Bruce'a do EH, 12 czerwca 1955 roku, w korespondencji przychodzącej, Ernest Hemingway Collection, JFK Library. Bruce dołączył maszynopis listu do pamiątek z Rambouillet, które przygotował dla „pisarza", być może Denisa Briana lub Malcolma Cowleya.

[36] Cyt. za: Nelson Lankford, *The Last American Aristocrat: The Biography of Ambassador David K.E. Bruce* (Little, Brown, Boston 1996), s. 155. Zob. też: Lankford (red.), *OSS Against the Reich*, s. 160.

[37] S.L.A. Marshall, *Bringing Up the Rear* (Presidio Press, San Francisco 1979), s. 101. Książka zawiera reprint artykułu o roku 1944, który ukazał się w 1961.

[38] Lankford (red.), *OSS Against the Reich*, s. 160.

[39] List Davida Bruce'a do Carlosa Bakera, 13 grudnia 1965 roku, w David Bruce Papers, Virginia Historical Society, Richmond.

[40] Lankford (red.), *OSS Against the Reich*, s. 166.

[41] Miles Copeland, *The Game Player* (Aurum Press, Londyn 1989), s. 55. Copeland był oficerem OSS, który dotarł do hotelu około 21 sierpnia. Nieco inną wersję Hemingwaya można znaleźć w: EH, „Battle for Paris", w: White (red.), *By-Line*, s. 369.

[42] List EH do CTL, 8 listopada 1948 roku, w Lanham-Hemingway Papers, PUL.

[43] *Ibid.*

[44] List Davida Bruce'a do EH, 12 czerwca 1955 roku.

[45] List Davida Bruce'a do Carlosa Bakera, 23 listopada 1965 roku, w David Bruce Papers, Virginia Historical Society, Richmond. „Czasami [...] widywałem go w napadzie szału, szczególnie gdy za dużo wypił".

[46] Lankford (red.), *OSS Against the Reich*, s. 168.

[47] EH, „How We Came to Paris", w: White (red.), *By-Line*, s. 374.

[48] List Davida Bruce'a do EH, 12 czerwca 1955 roku; Lankford (red.), *OSS Against Reich*, s. 169. Zob. też list EH do Charlesa Poore'a, 16 marca 1953 roku, w którym pojawia się wzmianka, że znalazł dwie drogi prowadzące do Paryża, „gdzie będziesz musiał tylko dwukrotnie podjąć walkę". Teczka Poore'a, pudło 11, Carlos Baker Papers, PUL.

[49] List Davida Bruce'a do EH, 23 sierpnia 1944 roku, w korespondencji przychodzącej, Ernest Hemingway Collection, JFK Library.

[50] Andy Rooney, *My War* (PublicAffairs, Nowy Jork 2000), s. 205.

[51] Lankford (red.), *OSS Against the Reich*, s. 171. Źródłem jest dziennik Bruce'a z czasów wojny.

[52] *Ibid.*, ss. 172–173. Bruce nie wspomina, czy Hemingway też wspiął się na łuk, ale z jego dziennika i innych źródeł wynika, że pisarz był z nim przed i po wspinaczce.

[53] Cyt. za: A.E. Hotchner, *Hemingway and His World* (Vendome Press, Nowy Jork–Paryż 1989), s. 162.

[54] Lankford (red.), *OSS Against the Reich*, s. 174.

[55] Marshall, *Bringing Up the Rear*, s. 95. Iris Carpenter, *No Woman's World* (Houghton Mifflin, Boston 1946), s. 113, opisuje biesiadowanie u Ritza po wyzwoleniu. Mary Welsh Hemingway (MWH) robi to samo w: *How It Was* (Ballantine, Nowy Jork 1977), s. 144.

[56] Znakomite omówienie można znaleźć w artykule Fullera, „Hemingway at Rambouillet", ss. 66–80.

[57] Marshall, *Bringing Up the Rear*, s. 101. Chodzi o seladanga, dzikiego bawoła występującego na obszarze Azji.

[58] List Davida Bruce'a do EH, 12 czerwca 1955 roku.

[59] EH, „Battle for Paris", s. 383.

ROZDZIAŁ 10: NA FRONCIE. OSTATNIE MIESIĄCE WIELKIEJ WOJNY Z FASZYZMEM

[1] EH, „War in the Siegfried Line", w: White (red.), *By-Line*, s. 392.

[2] Reynolds, *Hemingway: The Final Years*, ss. 111–112, zawiera znakomity opis tych historii.

[3] MWH, *How It Was*, s. 143.

[4] List EH do MW, 11 września 1944 roku, w: Baker (red.), *Selected Letters*, s. 506.

[5] MWH, *How It Was*, s. 184.

[6] List EH do Helen Kirkpatrick, 12 listopada 1948 roku, w: Baker (red.), *Selected Letters*, s. 652.

[7] Jacob A. Stein, „General Buck Lanham, Ernest Hemingway, and That Woman in Venice", „Washington Lawyer", styczeń 2003.

[8] *Ibid.*

[9] List EH do Helen Kirkpatrick, 12 listopada 1948 roku, w: Baker (red.), *Selected Letters*, s. 652.

[10] List EH do Raymonda O. Bartona, 9 czerwca 1948 roku, w: Baker (red.), *Selected Letters*, s. 640. Zob. też: Reynolds, *Hemingway: The Final Years*, s. 222, nawiązuje do twierdzenia Hemingwaya, że był trzykrotnie rekomendowany do odznaczenia Krzyżem za Wybitną Służbę.

[11] Departament Wojny, FM 30–26: Przepisy dotyczące korespondentów wojennych towarzyszących oddziałom armii amerykańskiej na froncie (War Department, Waszyngton, DC, 1942), s. 2.

[12] Cyt. za: Reynolds, *Hemingway: The Final Years*, s. 116.

[13] *Ibid.*

[14] List EH do MW, 13 września 1944 roku, w: Baker (red.), *Selected Letters*, s. 568.

[15] Baker, *Hemingway*, s. 434.

[16] *Ibid.*, s. 438. Po wojnie Lanham pisał o tym wydarzeniu w listach do Hemingwaya. List CTL do EH, 6 listopada 1954 i 9 marca 1960 roku, w korespondencji przychodzącej, Ernest Hemingway Collection, JFK Library.

[17] Różne wersje tego incydentu: Reynolds, *Hemingway: The Final Years*, s. 123; Stoneback, „Hemingway's Happiest Summer", s. 204; oraz Baker, *Hemingway*, s. 438. Stoneback i Baker opierają się na relacji naocznego świadka, Waltona.

[18] Baker, *Hemingway*, s. 439.

[19] *Ibid.*, ss. 439–440.

[20] List EH do Alfreda Rice'a, 15 grudnia 1948 roku, w: Baker (red.), *Selected Letters*, s. 656.

[21] List EH do MW, 14 kwietnia 1945 roku, w: Baker (red.), *Selected Letters*, s. 584.

[22] List EH do Malcolma Cowleya, 9 i 13 kwietnia 1948 roku, w korespondencji wychodzącej, Hemingway Research Collection, JFK Library.

[23] List EH do CTL, 2 kwietnia 1945 roku, w: Baker (red.), *Selected Letters*, ss. 578–581. Depresja Hemingwaya mogła być pokłosiem dramatycznych doświadczeń wojennych w 1944 roku. W innym liście do Lanhama opisał typowe objawy stresu pourazowego: budzi się w domu i nie wie, gdzie jest, wyrywa Mary ze snu, aby oznajmić jej, że „tego pieprzonego domu" nie da się obronić, muszą więc z niego zaraz uciekać. List EH do CTL, 5 stycznia 1949 roku, pudło 1, Lanham-Hemingway Papers, PUL.

[24] List EH do CTL, 14 kwietnia 1945 roku, pudło 1, Lanham-Hemingway Papers, PUL.

[25] List EH do Maxwella Perkinsa, 23 lipca 1945 roku, w: Baker (red.), *Selected Letters*, ss. 593–595.

[26] List EH do Konstantina Siemionowa, w: Baker (red.), *Selected Letters*, s. 608. W 1946 roku Lanham miał napisać, że Hemingway był jednym z dwóch ludzi na świecie, którzy go rozumieli, i że jedynym sposobem, w jaki mógł się zrelaksować, „wyjąwszy cudzołóstwo", było napisanie listu do pisarza. List CTL do EH, 15 lipca 1946 roku, w korespondencji przychodzącej, Ernest Hemingway Collection, JFK Library.

[27] List EH do Maxwella Perkinsa, 23 lipca 1945 roku, w: Baker (red.), *Selected Letters*, s. 594.

[28] List EH do CTL, 23 maja 1953 roku, pudło 1, Lanham-Hemingway Papers, PUL. W tym fragmencie napisał Lanhamowi o miłości „do nauki i unikania szkopów".

[29] Vassiliev, *Black Notebook*, s. 89; cyt. za: Haynes i in., *Spies*, s. 154.

ROZDZIAŁ 11: PRZYPRAWIONY O GĘSIĄ SKÓRKĘ. NI TO WOJNA, NI POKÓJ

[1] List Mary Lanham do EH, 10 października 1945 roku, w korespondencji przychodzącej, Ernest Hemingway Collection, JFK Library.

[2] Wizyta Lanhama rozpoczęła się 22 września. Zob. list EH do MW, 28 września 1945 roku, w: Baker (red.), *Selected Letters*, ss. 601–603.

[3] List Mary Lanham do Carlosa Bakera, 1 czerwca 1964 roku, teczka 1945, pudło 20, Baker Papers, PUL. Wspomniane materiały mogą być jedynym źródłem tej historii.

[4] Zdjęcia w pudle 1, Lanham-Hemingway Correspondence, PUL.

[5] Cyt. za: Bruccoli (red.), *Hemingway and the Mechanism of Fame*, s. 90.

[6] Relacja wg: Amy Knight, *How the Cold War Began: The Igor Gouzenko Affair and the Hunt for Soviet Spies* (Carroll & Graf, Nowy Jork 2005), szczeg. ss. 32–35.

[7] P.J. Philip, „Soviet Embassy Ex-Aide Gave Tip On Leak of Canada's Science Data", „New York Times", 19 lutego 1946 roku.

[8] Zob. Walter Isaacson, Evan Thomas, *The Wise Men* (Touchstone, Nowy Jork 1986), s. 357.

[9] List EH do CTL, 21 lutego 1946 roku, pudło 1, Lanham-Hemingway Papers, PUL.

[10] Pełny tekst mowy można znaleźć w Winston S. Churchill, „Mr. Churchill's Address Calling for United Effort for World Peace", „New York Times", 6 marca 1946 roku.

[11] List EH do Konstantina Siemionowa, 20 czerwca 1946 roku, w: Baker (red.), *Selected Letters*, ss. 607–609.

[12] List EH do CTL, 30 czerwca 1946 roku, pudło 1, Lanham-Hemingway Papers, PUL.

[13] *Ibid.*

[14] List EH do CTL, 17 stycznia 1948 roku, pudło 1, Lanham-Hemingway Papers, PUL.

[15] List Hemingwaya do „panny Craipeau", 13 lutego 1947 roku, korespondencja wychodząca, Ernest Hemingway Collection, JFK Library. Niewymieniona z nazwiska panna Craipeau najwyraźniej wysłała pisarzowi książkę i artykuł o Związku Radzieckim, być może prosząc go o opinię. Zob. dyskusję w rozdziale 7.

[16] Harold Strauss, „The Riddle of Moscow's Trials", „New York Times", 25 maja 1941 roku. Recenzja powieści *Ciemność w południe.*

[17] Edward Dmytryk, *Odd Man Out: A Memoir of the Hollywood Ten* (Southern Illinois University Press, Carbondale 1996), ss. 14–15.

[18] Kenneth L. Billingsley, „Hollywood's Missing Movies: Why American Films Have Ignored Life Under Communism", „Reason", czerwiec 2000, oraz Billingsley, *Hollywood Party: How Communism Seduced the American Film Industry in the 1930s and 1940s* (Forum, Roseville, CA, 2000).

[19] Koestler, *Invisible Writing*, s. 451. Koestler i Hemingway mieli wielu wspólnych przyjaciół.

[20] „Smashing of Fascist Spy Nest", „Daily Worker", 16 czerwca 1937 roku.

[21] Harold Denny, „Many Doubts Rise in Russia on Guilt of Eight Generals", „New York Times", 25 czerwca 1937 roku. Obecnie nie ma żadnych wątpliwości, że jedyną winą Tuchaczewskiego było to, iż był znakomitym dowódcą, który pewnego dnia mógł przyćmić Stalina. W latach trzydziestych i czterdziestych najbardziej popularne były trzy interpretacje czystek. Podczas wojny niektórzy Amerykanie – np. były ambasador Stanów Zjednoczonych w Związku Radzieckim, William Davis – twierdzili, że oskarżeni byli winni, a Stalin rozprawiał się z prawdziwymi wrogami. Inna hipoteza głosiła, że procesy pokazowe miały taki charakter, na jaki wskazuje ich nazwa, ale Stany Zjednoczone nie mogły lub nie powinny ingerować w tej sprawie. Zwolennicy trzeciego sposobu podejścia stawali po stronie Churchilla i potępiali dyktatora, którego krwawe ekscesy dorównywały zbrodniom Hitlera. Zob. omówienie w Ronald Radosh i Allis Radosh, *Red Star over Hollywood* (Encounter Books, San Francisco 2005), ss. 94–95.

[22] List EH do CTL, 17 stycznia 1948 roku, pudło 1, Lanham-Hemingway Papers, PUL.

[23] *Ibid.* Ogólne tło opisano m.in. w Joseph P. Lash, *Eleanor: The Years Alone* (Norton, Nowy Jork 1972), ss. 82–89, wspominając o liberałach nastawionych w pewnym stopniu przychylnie do Sowietów. Kiedy Wallace przestał dostrzegać przestępstwa Sowietów, nawet Eleanor niechętnie odwróciła się od niego.

[24] Robert J. Donovan, *Conflict and Crisis: The Presidency of Harry S. Truman, 1945–1948* (Norton, Nowy Jork 1971), s. 284.

[25] Istnieje wiele analiz tego okresu. Za szczególnie pomocne uznaję: Bradley, *A Very Principled Boy*; Sam Tannenhaus, *Whittaker Chambers: A Biography* (Random House, Nowy Jork 1997); Walter Goodman, *The Committee: The Extraordinary Career of the House Committee on Un-American Activities* (Farrar, Straus, Nowy Jork 1968).

[26] Eric Bentley (red.), *Thirty Years of Treason: Excerpts from Hearings Before the House Committee on Un-American Activities 1938–1968* (Thunder's Mouth Press, Nowy Jork 1971), s. 57. Sympatycy nazistów stanowili główny cel przedwojennej działalności komisji.

[27] Miało to nastąpić w 1996 roku. Zob.: National Security Agency and Central Intelligence Agency, *Venona: Soviet Espionage and the American Response, 1939–1957* (NSA i CIA, Waszyngton, DC, 1996).

[28] US House of Representatives, *This Is Your House Committee on Un-American Activities* (US Government Printing Office, Waszyngton, DC, 1954), s. 17.

[29] Goodman, *The Committee*, s. 204.

[30] Bentley (red.), *Thirty Years of Treason*, ss. 84, 91–92.

[31] Martha Gellhorn, „Cry Shame", „New Republic", 6 października 1947 roku.

[32] Bentley (red.), *Thirty Years of Treason*, s. 86.

[33] *Ibid.*, s. 106.

[34] Hanns Eisler, „Statement on Leaving the USA", 27 marca 1948 roku, dostępne na stronie www.eislermusic.com (wejście 9 czerwca 2015).

[35] Dmytryk, *Odd Man Out*, s. 39.

[36] John Sbardellati, *J. Edgar Hoover Goes to the Movies: The FBI and the Origins of Hollywood's Cold War* (Cornell University Press, Ithaca, NY, 2012), szczególnie ss. 197–208, znakomita analiza lęku przed komunistyczną działalnością wywrotową oraz kryteriów stosowanych w odniesieniu do filmów, które w większości nie wyróżniały się niczym szczególnym. Zob. też: Billingsley, „Hollywood's Missing Movies" i *Hollywood Party*, szczególnie s. 282. Amerykańska partia komunistyczna chciała wpływać na treść amerykańskich filmów za pośrednictwem

swoich członków, takich jak Dziesiątka z Hollywood. W pewnym sensie odnieśli sukces, choć nie taki, o jakim myśleli członkowie Komisji. Z kilkoma wyjątkami w Hollywood nie powstały filmy gloryfikujące komunizm lub Związek Radziecki, lecz Dziesiątce z Hollywood udało się nie dopuścić do nakręcenia rzetelnych filmów o Leninie lub Stalinie oraz o zbrodniach przeciwko ludzkości, których się dopuścili. W latach 1941–2015 nakręcono wiele obrazów o Trzeciej Rzeszy, ukazując potworną wizję świata Hitlera, niemniej – po części dzięki Dziesiątce – nie powstały prawie żadne filmy o Stalinie i jego morderczej paranoi, mało lub wcale o plagach głodu, które spowodował, czystkach przeprowadzonych na jego rozkaz lub archipelagu obozów koncentracyjnych założonych na Syberii.

[37] Zob. Gerald Horne, *The Final Victim of the Blacklist: John Howard Lawson, Dean of the Hollywood Ten* (University of California Press, Berkeley 2006), s. 195.

[38] *Ibid.*, szczeg. ss. 35–36.

[39] *Ibid.* oraz Dmytryk, *Odd Man Out*, s. 21.

[40] Bentley (red.), *Thirty Years of Treason*, ss. 154, 158–159.

[41] James D. Brasch, Joseph Sigman, *Hemingway's Library: A Composite Record* (JFK Library Electronic Edition, Boston 2000). Autorzy skatalogowali książki Hemingwaya według tematu: książki na temat szpiegostwa znajdują się na stronie 403; agencji OSS na stronie 423; Rosji i Związku Radzieckiego na stronie 429; tajnych służb na stronie 430 oraz FBI na stronie 435. Na liście figurują przynajmniej dwie książki poświęcone sprawie Algera Hissa, słynnego szpiega zdemaskowanego przez Bentley i Chambersa. Książka Bentley nie została wyszczególniona, ale głośne wspomnienia Chambersa, *Witness*, znajdowały się na półce w Fince.

[42] List EH do CTL, 28 marca 1947 roku, pudło 1, Lanham-Hemingway Papers, PUL. Podobne słowa miał wygłosić 15 kwietnia 1948 roku, potwierdzając, że nie lubił wielu elementów polityki Trumana i Forrestala. List EH do CTL, 15 kwietnia 1948 roku, w: Baker (red.), *Selected Letters*, s. 634.

[43] W swoich wspomnieniach Edward Dmytryk, należący do Dziesiątki z Hollywood, wyjaśnia, że formuła ta była stosowana przed, podczas i jeszcze długo po wojnie jako „jeden z probierzy lojalności. [...] Zgodnie z nią każdy, kto był [...] przeciwko

[...] Włochom Mussoliniego lub Niemcom Hitlera [po Pearl Harbor], był w porządku. [...] Jednak każdy, kto występował przeciwko nim przed 7 grudnia 1941 roku, był uznawany za ekstremistę i niebezpiecznego lewaka, bo wtedy tylko komuniści walczyli z faszyzmem". Dmytryk, *Odd Man Out*, s. 3.

[44] List EH do CTL, 28 marca 1947 roku.

[45] Zob. np. listy CTL do EH, (1) 19 czerwca 1946 roku i (2) 13 stycznia 1948 roku, w korespondencji przychodzącej, Ernest Hemingway Collection, JFK Library, gdzie (1) Lanham wykreśla granicę tolerancji Sowietom i (2) mówi o swoich preferencjach politycznych. Uwzględniając czas potrzebny, by list dotarł na miejsce, korespondencja EH–CTL często sprawia wrażenie pozbawionej ciągłości, jakby ich pisma dosłownie i w przenośni mijały się w trakcie doręczenia.

[46] Zob. FBI, „North American Spanish Aid Committee, An Internal Security Case", 12 marca 1941 roku, teczka 100-HQ--7058, pudło 1176, FBI Records (RG 65), NARA II.

[47] Zob. „Memo from the Office of the Director", niedatowana, w: vault.fbi.gov/ernest-miller-hemingway (wejście w lipcu 2014). Notatkę sporządzono po wpisie z grudnia 1942 roku, przed wpisem z kwietnia 1943. Pismo zawiera dodatkową adnotację „4/27/43 memo Dir", stanowiącą nawiązanie do notatki sporządzonej w odpowiedzi na prośbę Hoovera.

[48] D.M. Ladd, „Memorandum for the Director Re: Ernest Hemingway", 27 kwietnia 1943 roku, vault.fbi.gov/ernest-miller-hemingway (wejście w lipcu 2014), przedruk w: Fensch, *Behind Islands in the Stream*, ss. 30–31.

[49] Teczka jest dostępna w całości na stronie internetowej FBI: vault.fbi.gov/ernest-miller-hemingway (wejście w sierpniu 2015). W miarę odtajniania dokumentów lub ich fragmentów FBI dodaje niekiedy nowe elementy do materiałów umieszczonych na stronie, co sprawia, że są lepszym źródłem od książki Fenscha *Behind Islands in the Stream*, w której zamieszczono przedruk większości dokumentów dostępnych w 2009 roku. Teczka o numerze 64-23312 wydaje się w całości poświęcona Hemingwayowi. Zob. Gerald K. Haines, David A. Langbart, *Unlocking the Files of the FBI: A Guide to Its Records and Classification System* (Scholarly Resources, Wilmington, DE, 1993), szczeg. s. 63, gdzie wyjaśniono znaczenie kategorii „64"

i stwierdzono, że zawiera „teczkę Ernesta Hemingwaya". Nie ma dowodów, że FBI założyło pisarzowi inne teczki. Zaufajcie mi, sprawdzałem i prosiłem o ich znalezienie wiele razy!

[50] Inny punkt widzenia przedstawiono w: Jeffrey Meyers, *Hemingway: Life into Art* (Cooper Square, Nowy Jork 2000), s. 109, oraz w analizie zamieszczonej w epilogu do tej książki.

[51] Notatka na temat „Ernesta Hemingwaya", 20 lipca 1955 roku, vault.fbi.gov/ernest-miller-hemingway (wejście w sierpniu 2015), przedruk w: Fensch, *Behind Islands in the Stream*, ss. 96–98. Gdyby agenci FBI prowadzili dochodzenie w sprawie Hemingwaya i próbowali udowodnić, że popełnił przestępstwo, plik nosiłby także inny numer. Poza tym zgromadzony materiał byłby znacznie obszerniejszy. Na przykład, teczka FBI na temat Jorisa Ivensa liczy 650 stron. Schoots, *Living Dangerously*, s. 169. Wiele lat później Hoover wyznał podwładnym, że nie sądził, aby Hemingway miał skłonności komunistyczne. Notatka skreślona charakterem pisma Hoovera na marginesie listu Quentina Reynoldsa do J. Edgara Hoovera, 6 stycznia 1964 roku, vault.fbi.gov/ernest-miller-hemingway (wejście w sierpniu 2015). Ujmując rzecz wprost: FBI uważało pisarza za przejściową dolegliwość (szczególnie w 1942 i 1943 roku na Kubie), ale nie uważało go za komunistę, a tym bardziej za komunistycznego szpiega. Zob. też dyskusję w epilogu.

[52] List EH do CTL, 5 stycznia 1949 roku, pudło 1, Lanham-Hemingway Papers, PUL: Hemingway powiedział Lanhamowi, że od 1942 do 1944 roku jego źródłem był „dzieciak z cenzury".

[53] „Citation for Bronze Star Medal", niedatowane, w teczce „II wojna światowa", Other Material, Ernest Hemingway Collection, JFK Library.

[54] List EH do CTL, 1 lipca 1947 roku, pudło 1, Lanham-Hemingway Papers, PUL.

[55] *Ibid.* Hemingway określił później swoją Brązową Gwiazdę mianem „najcenniejszej blachy, jaką mogli odznaczyć cywila". List EH do Alfreda Rice'a, 15 grudnia 1948 roku, w: Baker (red.), *Selected Letters*, s. 656.

[56] List EH do CTL, 3 września 1947 roku, pudło 1, Lanham-Hemingway Papers, PUL. Latem 1947 roku George Kennan opublikował swój głośny artykuł o potrzebie „amerykańskiej

polityki wobec Związku Radzieckiego, [która byłaby] długofalowa i cierpliwa, ale stanowcza i czujna, powstrzymująca ekspansywne zapędy Rosjan", oraz o przedyskutowaniu w Kongresie pomocy gospodarczej dla krajów Europy Zachodniej w ramach Planu Marshalla.

[57] List EH do CTL, 15 kwietnia 1948 roku, w: Baker (red.), *Selected Letters*, s. 634.

[58] List EH do Charlesa Scribnera, 29 października 1947 roku, w: Baker (red.), *Selected Letters*, s. 630.

[59] Zapis stenograficzny stosowany przez Hemingwaya na oznaczenie „gównianych bzdetów", jego ulubionego rzeczownika i przymiotnika. List EH do CTL, 27 listopada 1947 roku, pudło 1, Lanham-Hemingway Papers, PUL.

[60] *Ibid.* Hemingway użył podobnego określenia w liście do Charlesa Scribnera, 22 lipca 1949 roku, w: Baker (red.), *Selected Letters*, s. 659.

[61] Zob. notatki na temat Hemingwaya w Individual Name Files, pudło 131 oraz Master Name Index, pudło 291, Un-American Activities Committee, Records of the House of Representatives (RG 233), NARA, Waszyngton, DC. Komisja HUAC rozpoczynała dochodzenie po otrzymaniu tropu – np. doniesienia prasowego, zawiadomienia zatroskanego obywatela lub informacji od innej agendy rządowej. Jeśli trop wydawał się obiecujący, zlecali przeprowadzenie dochodzenia jednemu lub większej liczbie swoich dwunastu śledczych. Do ich grona należało kilku byłych agentów specjalnych Secret Service i FBI, którzy mogli wykorzystać kontakty zdobyte w trakcie swojej kariery zawodowej. Po zgromadzeniu wystarczającej ilości informacji śledczy przedstawiali wyniki pracy przewodniczącemu, który naradzał się z członkami Komisji i podejmował decyzję w sprawie rozpoczęcia oficjalnego przesłuchania. Proces opisano w US House of Representatives, *This Is Your House Committee on Un-American Activities.*

[62] Radosh, Radosh, *Red Star over Hollywood*, ss. 203, 205, 216.

[63] *Ibid.*, s. 216.

[64] Cyt. za: Donaldson, *Archibald MacLeish*, s. 398. Później miał występować przeciwko McCarthy'emu. *Ibid.*, ss. 426–429.

[65] Cyt. za: Peter N. Carroll, *The Odyssey of the Abraham Lincoln Brigade: Americans in the Spanish Civil War* (Stanford University Press, Stanford, CA, 1994), s. 73.

[66] John A. Kneip, „Evaluation of Milton Wolff" [na druku 2725, niedatowane, ok. 1945 roku], Wolff Personnel File, OSS Records, NARA II.

[67] W 1953 roku Stany Zjednoczone i Hiszpania podpisały umowę, na mocy której kraje stały się sojusznikami w walce ze Związkiem Radzieckim. Franco rządził do swojej śmierci w 1975 roku.

[68] Carroll, *The Odyssey of the Abraham Lincoln Brigade*, ss. 279–290, znakomity opis powojennej działalności Wolffa.

[69] List EH do Miltona Wolffa, styczeń 1941 roku [niedatowany], przedrukowany w: Baker, *Hemingway*, s. 357.

[70] List EH do Miltona Wolffa, 23 stycznia 1941 roku, pudło 1, Milton Wolff Papers, Tamiment Library, New York University.

[71] Peter Viertel, *Dangerous Friends: At Large with Huston and Hemingway in the 1950s* (Doubleday, Nowy Jork 1992), s. 11. Viertel twierdził, że usłyszał tę historię od samego Hemingwaya.

[72] List EH do Miltona Wolffa, 26 lipca 1946 roku. Kopia listu udostępniona przez prywatnego kolekcjonera. Po wojnie określenie „brygada" zastąpiono słowem „batalion", używanym pierwotnie na oznaczenie oddziału.

[73] Hemingway wspomina o tym spotkaniu w liście do Wolffa. *Ibid.* Wolff nawiązuje do niego w liście do Carlosa Bakera. List MW do Carlosa Bakera, 9 marca 1964 roku, pudło 13, Carlos Baker Papers, PUL.

[74] List EH do Miltona Wolffa, 26 lipca 1946 roku.

[75] Irving Fajans, taśmy z nagraniami Hemingwaya, luty 1947 roku, teczka „1947", pudło 20, Carlos Baker Papers, PUL. Zob. też opis transakcji dokonany przez Wolffa w: Milton Wolff, „We Met in Spain", „American Dialogue" 1, nr 2 (październik–listopad 1964), ss. 8–9.

[76] List Miltona Wolffa do EH, 27 maja 1947 roku, w: „Other Material", Museo Ernest Hemingway, Ernest Hemingway Collection, JFK Library.

[77] Chamberlin, *The Hemingway Log*, ss. 264–265, umieszcza Hemingwaya w innym miejscu we wrześniu 1947 roku.

ROZDZIAŁ 12: ZIMNA WOJNA. KONIEC Z BUŃCZUCZNYMI SŁOWAMI

[1] Cyt. za: Kessler, *Clever Girl*, s. 159.

[2] C.P. Trussell, „Woman Links Spies to U.S. War Offices and White House", „New York Times", 31 lipca 1948 roku.

[3] Golos i Bentley nawiązali znajomość w 1938 roku. Bentley podjęła pracę łączniczki w lipcu 1941 roku.

[4] US House of Representatives, *Hearings before the Committee on Un-American Activities (Second Session, 1948)* (Superintendent of Documents, Waszyngton, DC, 1948), sekcja 526. Zob. też: Kessler, *Clever Girl*, ss. 63–64.

[5] Elizabeth Bentley, *Out of Bondage* (Devin-Adair, Nowy Jork 1951), s. 65. Książkę opublikowano w odcinkach na łamach magazynu „McCall's" w maju, czerwcu i lipcu 1951 roku.

[6] List EH do CTL, 28 lipca 1948 roku, pudło 1, Lanham-Hemingway Papers, PUL. Później napisał, że rozmawiał z wyższym urzędnikiem sowieckim w Hiszpanii, który chciał mu wyjaśnić, „jak to wszystko działa", aby mógł informować odpowiednie osoby. List EH do Bernarda Berensona, 14 października 1952 roku, w: Baker (red.), *Selected Letters*, s. 789.

[7] List EH do CTL, 27 listopada 1948 roku, pudło 1, Lanham-Hemingway Papers, PUL.

[8] List EH do CTL, 8 stycznia 1951 roku, pudło 1, Lanham-Hemingway Papers, PUL.

[9] Craig, *Treasonable Doubt*, s. 276.

[10] Ben Steil, „Red White: Why a Founding Father of Postwar Capitalism Spied for the Soviets", „Foreign Affairs", marzec–kwiecień 2013, zawiera znakomite podsumowanie sprawy White'a, które pod wieloma względami przemawia do mnie silniej od książki Craiga *Treasonable Doubt*. Książka oparta na enkawudowskich teczkach Wasiljewa prowadzi do tego samego wniosku, co książka Steila. Zob. Haynes i in., *Spies*, ss. 258–262, gdzie zawarta jest konkluzja, że „dowody są przytłaczające [...] White pomagał sowieckiemu wywiadowi wojskowemu w latach trzydziestych, współpracował z KGB od 1943 do 1945 roku oraz dopuścił się krzywoprzysięstwa w oświadczeniu złożonym w Senacie".

[11] List EH do CTL, 24 listopada 1948 roku, pudło 1, Lanham-Hemingway Papers, PUL.

[12] List EH do CTL, 26 listopada 1948 roku, pudło 1, Lanham-Hemingway Papers, PUL.

[13] List EH do CTL, 22 grudnia 1948 roku, pudło 1, Lanham-Hemingway Papers, PUL.

[14] „McCarthy's Charge Is Denied by Duran", „New York Times", 15 marca 1950 roku. Tym razem w twierdzeniach McCarthy'ego kryła się szczypta prawdy. Durán nie był nigdy w żadnej sprawie fanatykiem, ale darzył sympatią komunistów i przez krótki czas był szefem wywiadu wojskowego Republiki Hiszpańskiej znajdującego się pod silną kontrolą NKWD. Nie pomogło mu także to, że Michael Straight, szwagier jego żony, był sowieckim szpiegiem.

[15] *Ibid.* Braden przytacza tę samą historię w swojej obronie Durána.

[16] Cyt. za: Kessler, *Clever Girl*, s. 211.

[17] Elizabeth Bentley, „I Joined the Underground with the Man I Loved", „McCall's", czerwiec 1951; Elizabeth Bentley, „How I Was Used by the Red Spy Ring", „McCall's", lipiec 1951, oraz Elizabeth Bentley, „I Met Tragedy and Disillusion", „McCall's", sierpień 1951. W tym samym roku jej wspomnienia ukazały się w formie książkowej. Bentley, *Out of Bondage*.

[18] Zob. np. Haynes i in., *Spies*, s. 543.

[19] „Operational Letter", 3 lipca 1950 roku, w: Vassiliev, *Black Notebook*, s. 95.

[20] *Ibid.* Wiele lat później badacz Wasiljew znalazł w tajnym archiwum NKWD inną „listę agentów, z którymi placówka w Waszyngtonie miała odnowić kontakt w latach 1948–50, [m.in.] z «Argo»", określonym jako „znany dziennikarz zwerbowany w 1941 roku", który jednak „nie przekazał żadnych wartościowych informacji". Vassiliev, *Black Notebook*, ss. 81, 83.

[21] List EH do CTL, 8 stycznia 1951 roku, pudło 1, Lanham-Hemingway Papers, PUL; Hotchner, *Papa Hemingway*, s. 69.

[22] List EH do CTL, 5 stycznia 1949 roku, pudło 1, Lanham-Hemingway Papers, PUL.

[23] List Miltona Wolffa do EH, 8 sierpnia 1950 roku, w korespondencji przychodzącej, Ernest Hemingway Collection, JFK Library. Polityka Stanów Zjednoczonych przesuwała się w kierunku współpracy z Franco przeciwko Sowietom. Reakcję Wolffa opisano w: Carroll, *The Odyssey of Abraham Lincoln*

Brigade, s. 293; Peter N. Carroll, James D. Fernandez, *Facing Fascism: New York and the Spanish Civil War* (NYU Press, Nowy Jork 2007), ss. 180–181.

[24] List EH do Miltona Wolffa, 7 maja 1950 roku, w: Milton Wolff Papers, Tamiment Library, NYU. Wypadek tak zapadł mu w pamięć, że opisał go także Hotchnerowi. Hotchner, *Papa Hemingway*, s. 68.

[25] List EH do Wolffa, 7 maja 1950 roku, zawiera interesujący przykład pomocy udzielanej przez pisarza pojedynczym weteranom, np. Evanowi Shipmanowi, który napisał Hemingwayowi w 1950 roku, że znalazł się na „bardzo osamotnionej" pozycji politycznej z powodu służby w Hiszpanii. Kiedy Shipman zachorował pod koniec roku, Hemingway zajął się nim na Kubie. Zob. Sean O'Rourke, *Grace Under Pressure: The Life of Evan Shipman* (Harvardwood, Boston 2010), rozdz. 11.

[26] Milton Wolff, „We Met in Spain", „American Dialog" 1, nr 2 (październik–listopad 1964).

[27] List Miltona Wolffa do EH, 8 sierpnia 1950 roku.

[28] Wolff, „We Met in Spain".

[29] List EH do Josepha McCarthy'ego, 8 maja 1950 roku, w: Baker (red.), *Selected Letters*, s. 693. Nie był to jedyny gniewny list, który Hemingway naszkicował i, przypuszczalnie, nie wysłał w 1950 roku. Zob. Chamberlin, *The Hemingway Log*, s. 279.

[30] Baker (red.), *Selected Letters*, s. 693.

[31] List EH do Charlesa Scribnera Jr., 29 czerwca 1948 roku, w: Baker (red.), *Selected Letters*, s. 641.

[32] List EH do A.E. Hotchnera, 25 marca 1951 roku, w: Albert J. DeFazio III (red.), *„Dear Papa, Dear Hotch": The Correspondence of Ernest Hemingway and A.E. Hotchner* (University of Missouri Press, Columbia 2005), s. 119. Naukowiec Richard K. Sanderson używa podobnej argumentacji we wstępie do książki *Men at War*, analizując powojenne poprawki wprowadzone przez Hemingwaya, dostosowane do zmienionego klimatu politycznego. „Cold War Revisions of Hemingway's *Men at War*", „Hemingway Review" 20, nr 1 (jesień 2000): ss. 29–60.

[33] Zob. list Alfreda Rice'a do Vojtecha Strnada, 28 sierpnia 1957 roku, pudło 4, Hemingway Legal Files, New York Public Library.

[34] Viertel, *Dangerous Friends*, s. 252.

[35] Koestler podjął tę inicjatywę w 1950 roku. Michael Scammell, *Koestler* (Random House, Nowy Jork 2009), ss. 372, 639 i n.

[36] EH, *Across the River and Into the Trees* (Za rzekę, w cień drzew) (Scribner, Nowy Jork 1950), s. 70.

[37] Recenzję „The Saturday Review" i Kazina cyt. za: Hendrickson, *Hemingway's Boat*, ss. 331–335.

[38] „Books: On the Ropes", „Time", 11 września 1950 roku.

[39] Cyt. za: Hendrickson, *Hemingway's Boat*, ss. 334–335. Hendrickson przypuszczalnie jako pierwszy opublikował szkic listu Hemingwaya. Zob. też Chamberlin, *The Hemingway Log*, s. 279.

[40] Waszyngton do centrali w Moskwie, 1 października 1950 roku, w: Vassiliev, *Black Notebook*, s. 96. Wiadomość zawiera intrygującą informację, że Hemingway utrzymywał nadal „przyjacielskie relacje" z Joem Northem – pracującym wówczas dla „Daily Workera" – dziennikarzem, który skłonił go do napisania artykułu o huraganie z 1935 roku dla „New Masses" i mógł przedstawić Hemingwaya Golosowi.

[41] Vassiliev, *Black Notebook*, s. 81, nawiązuje do listy opatrzonej datą 23 grudnia 1949 roku, opisującej Hemingwaya jako znaną postać zwerbowaną na agenta w 1941 roku, z zaznaczeniem, że nie przekazała ona żadnych wartościowych informacji. Hemingway był jednym z agentów, z którymi wówczas „nie odnowiono" jeszcze „kontaktu". Podobna wzmianka pojawia się na s. 83 tego samego materiału źródłowego.

ROZDZIAŁ 13: BEZ POLA MANEWRU. PODSTARZAŁY ANTYFASZYSTA NA KUBIE I W KETCHUM

[1] MWH, *How It Was*, s. 569. Jej wspomnienia stanowią główne źródło do tego rozdziału.

[2] Fuentes, *Hemingway in Cuba*, s. 273. Broń mogła pochodzić z innego okresu, np. z drugiej wojny światowej, a Hemingway przechował ją, bo był tzw. zbieraczem (wszelkich rupieci) lub nie chciał zamykać przed sobą żadnej możliwości. Przypuszczalnie pozbywał się tego arsenału po napięciach, do których doszło po rzekomym wsparciu, jakiego udzielił uczestnikom wyprawy przeciwko Trujillo w 1947 roku.

[3] MWH, *How It Was*, s. 569.

[4] *Ibid.* Gregorio powiedział Fuentesowi, że Hemingway od wielu lat wspierał Castro. Fuentes, *Hemingway in Cuba*, s. 273.

[5] Cyt. za: Larry Grimes, Bickford Sylvester (red.), *Hemingway, Cuba, and the Cuban Works* (The Kent State University Press, Kent, OH, 2014), s. 29.

[6] Zob. Clancy Sigal, *Hemingway Lives! (Why Reading Ernest Hemingway Matters Today)* (OR Books, Nowy Jork–Londyn 2013), rozdz. 13.

[7] Anders Österling, fragment mowy wygłoszonej podczas uroczystości wręczenia nagrody w dziedzinie literatury.

[8] „2013 Materials" z Museo Ernest Hemingway, Ernest Hemingway Collection, JFK Library. W skład komitetu noblowskiego wchodzą Szwedzi i Norwegowie.

[9] EH, „Nobel Prize Acceptance Speech", mowa przedrukowana w: Matthew J. Bruccoli (red.), *Conversations with Ernest Hemingway* (University Press of Mississippi, Jackson, MS–Londyn 1986), s. 196.

[10] Cyt. za: Chamberlin, *The Hemingway Log*, s. 293.

[11] Zob. Reynolds, *Hemingway: The Final Years*, szczeg. s. 280.

[12] List EH do CTL, 24 października 1947 roku, pudło 1, Lanham-Hemingway Papers, PUL. Choć utrzymywał, że udzielił spiskowcom jedynie rady, martwił się możliwymi reperkusjami na tyle mocno, by na kilka dni uciec do Miami, dopóki nie stało się jasne, że kubański rząd nie zamierza go przesłuchać w sprawie roli, którą odegrał. Chamberlin, *The Hemingway Log*, s. 266. Wywiady ze znajomymi Hemingwaya przeprowadzone na Kubie przez Jurija Paporova do książki *Hemingway en Cuba* (Siglo Veintiuno Editores, m. Meksyk–Madryt 1993), ss. 87–105, wskazują, że rola pisarza wykraczała daleko poza zwykłe udzielanie rad i wskazówek. Fuentes, *Hemingway in Cuba*, ss. 253–254, cytuje słowa Herrery, że Hemingway „przekazał trochę pieniędzy [...] na sprawę".

[13] Anthony DePalma, *The Man Who Invented Fidel: Castro, Cuba, and Herbert L. Matthews of the New York Times* (Public Affairs, Nowy Jork 2006); Herbert L. Matthews, *The Cuban Story* (George Braziller, Nowy Jork 1961).

[14] Zob. rozdział 3.

[15] Cyt. za: DePalma, *The Man Who Invented Fidel*, s. 60.

[16] Cyt. za: Bruccoli (red.), *Hemingway and the Mechanism of Fame*, s. 60.

[17] List HLM do Carlosa Bakera, 15 listopada 1961 roku, pudło 22, Carlos Baker Papers, PUL. Zob. też: DePalma, *The Man*

Who Invented Fidel, s. 65; Chamberlin, *The Hemingway Log*, s. 287; Matthews, *The Cuban Story*, s. 299.

[18] Matthews, *The Cuban Story*, ss. 15–45, opisuje przygodę Matthewsa podobnie jak DePalma, *The Man Who Invented Fidel*, ss. 79–92. Cytaty znajdują się na ss. 80 i 81 oraz w jednym ze zdjęć przedstawiających odręczne notatki Matthewsa.

[19] DePalma, *The Man Who Invented Fidel*, s. 80; Nancie Matthews, „Journey to Sierra Maestra: Wife's Version", „Times Talk" 10, nr 7 (marzec 1957).

[20] Matthews, *The Cuban Story*, s. 44. Zob. też: DePalma, *The Man Who Invented Fidel*, s. 91.

[21] Cyt. za: Hunter S. Thompson, „What Lured Hemingway to Ketchum?", „National Observer", 25 maja 1964 roku.

[22] Fuentes, *Hemingway in Cuba*, s. 272. James D. Brasch, „Hemingway's Doctor: José Luis Herrera Sotolongo Remembers Ernest Hemingway", „Journal of Modern Literature" 13, nr 2 (lipiec 1986), ss. 185–210 zawierają portret Herrery.

[23] Paporov, *Hemingway en Cuba*, ss. 390–391; Fuentes, *Hemingway in Cuba*, s. 270. Paporov i kubański badacz Norberto Fuentes przytaczają wprost słowa Herrery. Książki mają podobne tytuły i w pewnym stopniu się pokrywają, chociaż nie są identyczne w treści.

[24] Paporov, *Hemingway en Cuba*, s. 391.

[25] Matthews, *The Cuban Story*, s. 299.

[26] Fuentes, *Hemingway in Cuba*, s. 272, cytuje świadectwo Herrery.

[27] Cyt. za: Kenneth Tynan, *Right & Left* (Longman, Londyn 1967), s. 336. Tynan przeprowadził wywiad z Castro w 1959 roku. Kubański przywódca utrzymywał, że przeczytał *Komu bije dzwon* co najmniej cztery razy. Fidel Castro, Ignacio Ramonet, *Fidel Castro: My Life: A Spoken Autobiography* (Scribner, Nowy Jork 2008), s. 209.

[28] DePalma, *The Man Who Invented Fidel*, s. 99; Herbert L. Matthews, „Castro Is Still Alive and Still Fighting in the Mountains", „New York Times", 24 lutego 1957 roku.

[29] DePalma, *The Man Who Invented Fidel*, s. 109.

[30] *Ibid.*, s. 109.

[31] List Miltona Wolffa do Herberta L. Matthewsa, 4 kwietnia 1957 roku, pudło 1, Matthews Papers, RBML, Columbia

University. Cztery dni później Matthews odpowiedział: „Rozumiem, że chcesz coś zrobić, zanim staniesz się całkiem zniedołężniały, bo sam to przeżywałem i nadal przeżywam [...]". List Matthewsa do Wolffa, 10 kwietnia 1957 roku, pudło 1, Matthews Papers.

[32] Najlepszym źródłem tej historii, opartym na informacjach pochodzących od samego Hemingwaya, jest artykuł „Hemingway Dog Slain", „New York Times", 22 sierpnia 1957 roku.

[33] René Villarreal, Raúl Villarreal, *Hemingway's Cuban Son: Reflections on the Writer by His Longtime Majordomo* (Kent State University Press, Kent, OH, 2009), s. 123.

[34] „Hemingway Dog Slain". Innym źródłem tej opowieści jest MWH, *How It Was*, s. 566, gdzie czytamy: „w nocy ktoś zastrzelił naszego psa, Machakosa". Machakos to nazwa miasta w Kenii, w którym mieszkał przyjaciel Hemingwaya, słynny myśliwy Philip Percival.

[35] Fuentes, *Hemingway in Cuba*, s. 62.

[36] *Ibid.*, s. 62.

[37] List EH do CTL, 18 września 1958 roku, pudło 1, Lanham-Hemingway Papers, PUL.

[38] List EH do Layhmonda Robinsona, 23 sierpnia 1958 roku, w korespondencji wychodzącej, Ernest Hemingway Collection, JFK Library. Maszynowy szkic z odręcznymi poprawkami Hemingwaya. Hemingway napisał także do Hotchnera, utrzymując, że Rice zrobił „dokładnie to, czego mu zabroniłem", i przypisał „całe to gówno" swojemu klientowi. List EH do A.E. Hotchnera, 26 sierpnia 1958 roku, w: DeFazio (red.), *Dear Papa, Dear Hotch*, s. 232.

[39] Jeffrey Meyers, „The Hemingways: An American Tragedy", „Virginia Quarterly Review", wiosna 1999, s. 273. Meyers analizuje zmienną relację łączącą Hemingwaya i Rice'a.

[40] „Hemingway Would Bar Reprints", „Washington Post and Times Herald", 6 sierpnia 1958 roku.

[41] List EH do A.E. Hotchnera, 25 marca 1951 roku, w: De Fazio (red.), *Dear Papa, Dear Hotch*, s. 119.

[42] Opis Rice'a zawarty w liście EH do CTL, 18 września 1958 roku, w: Lanham-Hemingway Papers, PUL. Opis rozmowy z reporterem pochodzi z artykułu Layhmonda Robinsona „Hemingway Says He Will Drop Suit, Asserts That Political

Fear Did Not Spur Attempt to Bar Reprint of Stories", „New York Times", 7 sierpnia 1958 roku. Rice uważał, że „Esquire" miał prawo ponownie wydrukować opowiadania. Zob. list Alfreda Rice'a do EH, 30 lipca 1958 roku, w korespondencji przychodzącej, Ernest Hemingway Collection, JFK Library. Najwyraźniej właśnie z tego powodu postanowił użyć argumentu politycznego, który Hemingway przedstawił mu podczas rozmowy telefonicznej. Zob. Meyers, *Hemingway*, s. 516, gdzie znajduje się nieco inna wersja tej historii. Twierdzenie Hemingwaya, że Rice go zaskoczył, jest tylko częściowo mylące, bo prawnik przesłał mu zwięzły telegram po złożeniu dokumentów w sądzie. Rice dodał, że rozprawa miała się odbyć pięć dni później. List Alfreda Rice'a do EH, 1 sierpnia 1958 roku, w korespondencji przychodzącej, Ernest Hemingway Collection, JFK Library.

[43] Robinson, „Hemingway Says He Will Drop Suit".

[44] List EH do Layhmonda Robinsona, 23 sierpnia 1958 roku.

[45] „The Old Man and the Fee", „Wall Street Journal", 8 sierpnia 1958 roku, oraz wzmianka w Arnold Gingrich, „Scott, Ernest, and Whoever", „Esquire", grudzień 1966, s. 324. Gingrich i Hemingway przyjaźnili się od lat, ale po tej scysji Hemingway więcej się do niego nie odezwał. Zob. też: „Hemingway's Suit", „Washington Star", 11 sierpnia 1958 roku: historie te są odzwierciedleniem „jego uczuć z tamtego okresu, ale choć [dzisiaj] nadal je podziela, żałuje, iż nie napisał tego inaczej", w „sposób gwarantujący, że nigdy nie powrócą, by go prześladować".

[46] MWH, *How It Was*, s. 568.

[47] List EH do Williama D. Horne'a i jego żony, 1 lipca 1958 roku, w: Baker (red.), *Selected Letters*, s. 884. Matthews potępiał tę praktykę w swoich artykułach. Zob. Herbert L. Matthews, „Castro's Kidnapping Shows War Is Still On; But Methods He Uses Have Cost Him Support of Friends in US", „New York Times", 6 lipca 1958 roku.

[48] MWH, *How It Was*, ss. 569, 571.

[49] Moja interpretacja jest oparta na okolicznościach ówczesnych zadań. Podobnego zdania są inni badacze, np. Michael Reynolds. Zob. Reynolds, *Hemingway: The Final Years*, s. 312, i Chamberlin, *The Hemingway Log*, s. 307.

[50] MWH, *How It Was*, s. 569.

[51] *Ibid.*, ss. 572–573.

[52] List EH do Patricka Hemingwaya, 24 listopada 1958 roku, w: Baker (red.), *Selected Letters*, s. 888. Słowa „obie strony dopuszczają się potworności" odzwierciedlają jego odczucia związane z politycznymi uprowadzeniami dokonywanymi przez ludzi Castro.

[53] Jules Dubois, *Fidel Castro: Rebel, Liberator, or Dictator* (Bobbs-Merrill, Nowy Jork 1959), s. 363.

[54] DePalma, *The Man Who Invented Fidel*, ss. 141–143, zawiera barwny opis tamtych wydarzeń, na podstawie których wysnułem to przypuszczenie.

[55] MWH, *How It Was*, s. 579. Hemingway użył tych samych sformułowań w liście do Lanhama z 1960 roku. Zob. list EH do CTL, 12 stycznia 1960 roku, w: Baker (red.), *Selected Letters*, s. 899.

[56] MWH, *How It Was*, s. 579. Nie jest jasne, czy „Times" użył tego cytatu. Moje drobiazgowe poszukiwania nie dały – niestety – rezultatu.

[57] List EH do Gianfranco Ivancicha, 7 stycznia 1959 roku, w: Baker (red.), *Selected Letters*, s. 890. Gra słów nawiązująca do łacińskiego „sic transit gloria mundi" – „tak przemija chwała tego świata". „Hijo de puta" można przetłumaczyć jako „skurwysyn".

[58] List EH do L.H. Brague'a Jr., 24 stycznia 1959 roku, w: Baker (red.), *Selected Letters*, ss. 891–892. Podobnie w: John Crosby, „Peppery Radio Station Puts Zip into News", „Washington Post and Times Herald", 9 lutego 1959 roku. Crosby pisze, że na początku lutego „[Hemingway] siedział w domu, pilnując własnych spraw i słuchając nowojorskiej rozgłośni niezależnej WNEW, gdy prowadzący przerwał program, żeby nadać wywiad z Ernestem Hemingwayem, pisarzem, a niekiedy też rewolucjonistą. Zapytano go, co sądzi o rewolucji na Kubie [...] a on odrzekł, że jest bardzo rad z jej powodu...".

[59] List EH do Gianfranco Ivancicha, 2 lutego 1959 roku, w korespondencji wychodzącej, Ernest Hemingway Collection, JFK Library.

[60] Carlos Franqui, *Family Portrait with Fidel* (Vintage, Nowy Jork 1985), s. 17.

[61] R. Hart Philips, „Cuban Show Trial of Batista Aides Opens in Stadium", „New York Times", 23 stycznia 1959 roku.

[62] Zob. „Havana-Trials Make Roman Holiday", 2 lutego 1959 roku (kod filmu 1567.21), archiwum British Pathé (wejście na youtube.com w lipcu 2015 i wrześniu 2016 roku).

[63] Fred Brack, „Emmett Watson Reminisces", „Seattle Post--Intelligencer", 21 października 1981 roku; Emmett Watson, *My Life in Print* (Lesser Seattle, Seattle 1993), ss. 66–68.

[64] Watson, *My Life in Print*, ss. 68–69. Watson szczegółowo opisuje okoliczności spotkania: nie robił notatek podczas rozmowy, ale zapisał wszystko na maszynie zaraz po jej zakończeniu; zaproponował Hemingwayowi, że pokaże mu swoje notatki (ale ten odmówił ich przejrzenia); usłyszał od wspólnego znajomego, że Hemingwayowi spodobał się jego felieton i „poczuł ulgę", gdy okazało się, iż Watson wiernie przytoczył jego słowa.

[65] *Ibid.*, s. 70.

[66] Emmett Watson, „Hemingway on Cuba and Castro", „Seattle Post-Intelligencer", 9 marca 1959, przedruk w: Watson, *My Life in Print*, ss. 69–74. Agencje prasowe rozpowszechniły tę historię, która ukazała się w gazetach na całym świecie, czasami w nieco skróconej formie. Zob. Emmett Watson, „Hemingway Defends Cuban Trials", „Milwaukee Sentinel", 11 marca 1959 roku. Wcześniejsze rozważania Hemingwaya na temat rewolucyjnej sprawiedliwości (z upływem czasu stały się one tylko trochę bardziej konserwatywne) można znaleźć w liście EH do „Miss Craipeau", 13 lutego 1947 roku, w korespondencji wychodzącej, Ernest Hemingway Collection, JFK Library, omówionym w rozdziale 7.

[67] Watson, *My Life in Print*, s. 69.

[68] List EH do Williama Sewarda, 31 marca 1959 roku, pudło 12, Carlos Baker Papers, PUL.

[69] List EH do Jacka Hemingwaya, 30 marca 1959 roku, pudło 22, Carlos Baker Papers, PUL. List został sporządzony charakterem pisma Mary.

[70] Tynan, *Right & Left*, s. 62.

[71] Ustęp oparty na świadectwie Roberta Herrery, syna doktora Herrery, który wykonywał różne prace w Fince. Robert Herrera odebrał Hemingwayów z lotniska po ich powrocie i rozmawiał z pisarzem o rewolucji. Paporov, *Hemingway en Cuba*, ss. 396–397.

[72] List Kennetha Tynana do Billa i Annie Davisów, 30 kwietnia 1959 roku, w: Kathleen Tynan (red.), *Kenneth Tynan Letters*

(Random House, Nowy Jork 1994), ss. 232–233. Tynan napisał ten list po powrocie z Kuby, wspominając o pochwałach Hemingwaya pod adresem Castro. Zob. też: Kenneth Tynan, „A Visit to Havana", „Holiday" 27, nr 2 (luty 1960), ss. 50–58.

[73] Tynan, *Right & Left*, s. 334. W końcu egzekucję odwołano z powodu deszczu, bo publiczność zawiodła. Pochodząca z drugiej ręki, przekręcona wersja tej historii znajduje się w książce Nelsona W. Aldricha (red.), *George, Being George* (Random House, Nowy Jork 2008), ss. 145–146.

[74] List Kennetha Tynana do Terence'a Kilmartina, 11 kwietnia 1959 roku, w: Tynan, *Letters*, ss. 231–232. Okoliczności opisano w: Tynan, *Right & Left*, ss. 335–336.

[75] Paporov, *Hemingway en Cuba*, s. 397.

[76] Vázquez Candela był jednym z redaktorów gazety „Revolución". Relacje jego i Herrery zostały nagrane i opublikowane w: Paporov, *Hemingway en Cuba*, ss. 398–399. Zob. też: Fuentes, *Hemingway in Cuba*, s. 275. Candela cytuje artykuł o spotkaniu w: Euclides Vázquez-Candela, „Hemingway Worried About Cuba and Fidel", „Cuban Gazette" 2, nr 13 (13 lutego 1963 roku), którego nie zdołałem odnaleźć.

[77] Paporov, *Hemingway en Cuba*, s. 398.

[78] *Ibid.*, s. 399. Reynolds, *Hemingway: The Final Years*, ss. 322–323, dostarcza znakomitego opisu spotkania. Reynolds wskazuje, że notatki przygotowane przez Hemingwaya znajdują się wśród jego dokumentów w archiwum JFK.

[79] Franqui, *Family Portrait with Fidel*, ss. 31–32, zawiera opis tych wydarzeń pochodzący od dobrze poinformowanej osoby, twierdzącej, że Castro posłuchał rad, których za pieniądze udzieliła mu amerykańska firma public relations.

[80] Wydaje się, że to Franqui ukuł określenie „fidelenglish". *Ibid.*, s. 31. „Chropowaty, lecz jasny" to słowa z książki Tynana. Tynan, *Right & Left*, s. 336. Zob. też: R. Hart Phillips, *The Cuban Dilemma* (Nowy Jork, Ivan Obolensky, 1962), s. 72.

[81] Franqui, *Family Portrait with Fidel*, s. 32.

[82] Moim źródłem jest w tym ustępie Baker, *Hemingway*, ss. 547–548.

[83] Davis gościł Hemingwaya także w Meksyku w roku 1942. Hemingway pojechał tam, żeby oglądać walki byków i odwiedzić Gustava Reglera.

[84] MWH, *How It Was*, s. 598.

[85] „Ernest Hemingway Again in Cuba Arrives", „Revolución", 5 listopada 1959 roku (przedrukowany w: Fuentes, *Hemingway in Cuba*, s. 274). Zob. też: „Hemingway Back in Cuba", „New York Times", 6 listopada 1959 roku: „Pan Hemingway oświadczył reporterom, że zawsze odnosił się z sympatią do reżimu premiera Fidela Castro". Gdy kilka dni później poproszono go o skomentowanie tych słów, nie miał nic do powiedzenia. „Hemingways Plan Sun Valley Visit", „Washington Evening Star", 10 listopada 1959 roku.

[86] Wydarzenie cytowane w piśmie ambasady amerykańskiej w Hawanie do Departamentu Stanu w Waszyngtonie (6 listopada 1959 roku), które znalazło się w teczce FBI na temat Hemingwaya, przedrukowane w: Fensch, *Behind Islands in the Stream*, ss. 100–101.

[87] *Ibid.* W liście do Bucka Lanhama pisarz miał utrzymywać, że „słowa o *Yanqui* [Jankesie]" zostały wyrwane z kontekstu. Chodziło o to, „aby podkreślić, że nie jestem jankeskim imperialistą, ale starym druhem z San Francisco de Paula", co nie było równoznaczne z „wyrzeczeniem się amerykańskiego obywatelstwa". List EH do CTL, 12 stycznia 1960 roku, w: Baker (red.), *Selected Letters*, s. 899. Tak bardzo zależało mu na opinii w Stanach Zjednoczonych, że wysłał „korygującą" wiadomość Leonardowi Lyonsowi prowadzącemu rubrykę towarzyską. *Ibid.*

[88] Hemingway napisał Lanhamowi, że przeczekają miesiące huraganów w Idaho, a resztę roku spędzą na Kubie. *Ibid.*

[89] Herbert L. Matthews, *Castro: A Political Biography* (Penguin, Londyn 1969), s. 156. Matthews opisał swoje wrażenia w notatce sporządzonej po podróży, w marcu 1960 roku. Wcześniej Mary napisała do Matthewsa, w imieniu własnym i Hemingwaya, chwaląc jego „wnikliwą analizę" i „obronę rewolucji". List MH do Herberta L. Matthewsa, 7 stycznia 1960 roku, w: Matthews Papers, RBML, Columbia University.

[90] List EH do CTL, 12 stycznia 1960 roku, w: Baker (red.), *Selected Letters*, s. 899. Matthews przeprowadził podobną analizę dotyczącą „dłuższej perspektywy" w liście do Hemingwaya z 1961 roku. List Herberta L. Matthewsa do EH, 2 stycznia 1961 roku, w: Matthews Papers, RBML, Columbia University. Joseph Alsop, „Hemingway's Guest at a Cockfight", „Washington Post and

Times Herald", 9 marca 1960 roku, opisuje atmosferę, która panowała w Hawanie podczas jego wizyt, podobnie jak Ruby Phillips, korespondentka „Timesa" mieszkająca w Hawanie od wielu dziesięcioleci. Zob. Phillips, *The Cuban Dilemma*, rozdz. 14.

[91] List EH do CTL, 12 stycznia 1960 roku.

[92] Valerie Hemingway, *Running with the Bulls: My Years with the Hemingways* (Ballantine, Nowy Jork 2005), s. 116, stanowi moje główne źródło informacji na temat wspomnianego spotkania. Zob. też list Mary Hemingway do CTL, 16 marca 1960 roku, pudło 1, Lanham-Hemingway Papers, PUL. Mary opisuje wizytę Matthewsa i dodaje, że sytuacja na scenie lokalnej pozostaje „pasjonująca", bo reżim podejmuje kolejne kroki w polityce i gospodarce. Podobnie jak Hemingway, podkreśliła, że nie była to jedynie zmiana gwardii pałacowej, ale prawdziwa rewolucja popierana przez 75 procent obywateli. Spotkanie mogło się odbyć 8 marca, zgodnie z propozycją Matthewsa. List Herberta L. Matthewsa do MWH, 1 lutego 1960 roku, pudło 2, Matthews Papers, RBML, Columbia University.

[93] Po odbytej rozmowie Matthews zanotował, że on i Hemingway w dalszym ciągu zgadzają się w kwestii polityki kubańskiej. Cyt. za: Fuentes, *Hemingway in Cuba*, s. 428. Zob. też: list Herberta L. Matthewsa do Carlosa Bakera, 15 listopada 1961 roku, pudło 22, Carlos Baker Papers, PUL.

[94] Castro powiedział, że rozmawiał z Hemingwayem „dwukrotnie, ale bardzo krótko" w „pierwszym roku rewolucji". Castro i Ramonet, *Fidel Castro: My Life*, s. 592.

[95] Valerie Hemingway, *Running with the Bulls*, s. 119.

[96] Castro i Ramonet, *Fidel Castro: My Life*, s. 1.

[97] Paporov, *Hemingway en Cuba*, s. 402.

[98] *Ibid.*, s. 402.

[99] Hotchner, *Papa Hemingway*, s. 235.

[100] List EH do Charlesa Scribnera Jr., 6 lipca 1960 roku, w: Baker (red.), *Selected Letters*, s. 906. W swoich wspomnieniach Bonsal przychylnie cytuje argument Hemingwaya przeciwko zniesieniu kwot cukrowych. Philip W. Bonsal, *Cuba, Castro, and the United States* (University of Pittsburgh Press, Pittsburgh 1971), s. 151.

[101] List EH do L.H. Brague'a Jr., 24 stycznia 1959 roku, w: Baker (red.), *Selected Letters*, ss. 891–892. Matthews uważał

Bonsala za człowieka otwartego, nawet gdy się ze sobą nie zgadzali. Zob. list Herberta L. Matthewsa do Nancie Matthews, 9 lipca 1959 roku, pudło 2, Matthews Papers, RBML, Columbia University.

[102] Valerie Hemingway, *Running with the Bulls*, ss. 106–107, stanowi główne źródło dotyczące tego oraz kolejnego spotkania, które odbyło się tydzień później. Valerie Hemingway umieszcza rozmowy z Bonsalem w kwietniu, dodając, że odbyły się na krótko przed jego odwołaniem. Jednak Bonsala odwołano dopiero w październiku 1960 roku, kiedy Hemingway wyjechał już z kraju. We wspomnieniach Bonsala czytamy, że ambasada zaczęła doradzać Amerykanom wyjazd z Kuby w lipcu, który wydaje się bardziej prawdopodobnym miesiącem spotkania. Bonsal, *Cuba, Castro, and United States*, s. 167. Zob. też Villarreal i Villarreal, *Hemingway's Cuban Son*, s. 133, gdzie autor pisze, że dyplomaci amerykańscy naciskali na Hemingwaya, aby wyjechał z Kuby, i sugeruje, że do wspomnianych spotkań doszło latem, podobnie jak Mary Hemingway omawiająca tę kwestię po opisaniu pogody panującej w czerwcu. MWH, *How It Was*, s. 613.

[103] Pismo ambasady w Hawanie do Departamentu Stanu w Waszyngtonie z 6 listopada 1959 roku, które znalazło się w teczce FBI na temat Hemingwaya, przedrukowanej w książce Fenscha, *Behind Islands in the Stream*, ss. 100–101.

[104] Valerie Hemingway, *Running with the Bulls*, s. 106.

[105] *Ibid.*, s. 107.

[106] *Ibid.*

[107] Zob. Bonsal, *Cuba, Castro, and the United States*, s. 51: „Podczas moich pierwszych tygodni na Kubie wykorzystałem wszystkie możliwe kanały, aby wyrazić życzliwość i gotowość przystąpienia do poważnych negocjacji we wszelkich kwestiach, które reżim zechce podjąć". Notatka w pudle 1, Philip W. Bonsal Papers, LoC, opisuje jego wczesne próby dotarcia do Castro.

[108] Życzliwa wzmianka Castro na temat Hemingwaya pojawia się również w Fidel Castro, „Statements", „Revolución", 9 lipca 1960 roku (przedrukowanym w Fuentes, *Hemingway in Cuba*, s. 427). Hemingway przechowywał ten wycinek prasowy wśród innych dokumentów w Fince, podkreśliwszy wspomniany fragment.

[109] „New York Times" donosił, że Castro wymienił Hemingwaya. R. Hart Phillips, „Havana Rejects Seizure Protest", „New York Times", 9 lipca 1960 roku.

[110] Paporov, *Hemingway en Cuba*, s. 399, utrzymuje, że w lipcu Castro przytoczył fragment wywiadu Emmetta Watsona z Hemingwayem przy tej lub innej okazji. W książce Paporova nie ma przypisów, nie zdołałem więc potwierdzić jego relacji nawet po żmudnym przejrzeniu mów, które Castro wygłosił w tym miesiącu.

[111] Hotchner, *Papa Hemingway*, s. 243.

[112] *Ibid.*, s. 242.

[113] W 1960 roku opublikowano go jako artykuł oraz w formie książkowej, Ernest Hemingway, *The Dangerous Summer* (Scribner, Nowy Jork 1984).

[114] MWH, *How It Was*, s. 614.

[115] Paporov, *Hemingway en Cuba*, s. 434, cytuje jego przyjaciela, Mario Menocala, który odwiózł Hemingwaya na lotnisko. Przejrzenie amerykańskiej prasy z lipca 1960 roku wskazuje, że pisarzowi udało się wyjechać z Kuby bez zwrócenia na siebie uwagi. We wrześniu Hemingway napisał do Matthewsa, aby zapewnić go, że „doniesienia o tym, jakoby miał się «odwrócić» od Fidela i kubańskiej rewolucji, są fałszywe". Matthews, *The Cuban Story*, s. 299. List, o którym wspomina Matthews, to przypuszczalnie pismo EH do Herberta L. Matthewsa z 13 września 1960 roku, pudło 2, Matthews Papers, RBML, Columbia University. Hemingway pisze w nim, aby Matthews nie słuchał doniesień na temat jego poglądów, które pochodzą z drugiej ręki, oraz donosi, iż powiedział redaktorowi naczelnemu „Saturday Review", że Matthews ma doskonałe kwalifikacje, aby pisać o Kubie.

[116] MWH, *How It Was*, s. 614.

[117] Baker, *Hemingway*, s. 554.

[118] *Ibid.*

[119] Meyers, *Hemingway*, ss. 546–550, zawiera szczegółowy opis pobytu Hemingwaya w klinice Mayo. A.E. Hotchner, *Hemingway in Love: His Own Story* (St. Martin's Press, Nowy Jork 2015), ss. 157–158, ukazuje stosunek Hemingwaya do jego lekarzy. Jeffrey Meyers, „The Hemingways: An American Tragedy", „Virginia Quarterly Review", wiosna 1999, ss. 267–279,

sugeruje, że to Mary wyraziła zgodę na leczenie i że lekarz Hemingwaya nie poinformował jej o zastosowanej procedurze. Opinia ta jest zgodna z relacją Gregory'ego Hemingwaya, który rozmawiał z lekarzem z Mayo (przypuszczalnie doktorem Romem) i prawie niczego się nie dowiedział. Gregory Hemingway, *Papa*, ss. 115–116.

[120] Hotchner, *Papa Hemingway*, s. 280.

[121] Źródłem do tego ustępu są: *ibid.*, ss. 264–299; Baker, *Hemingway*, ss. 555–564; Reynolds, *Hemingway: The Final Years*, ss. 317–359.

[122] Hotchner, *Hemingway in Love*, s. 162.

[123] MWH, „Christmas 1960 Note to Self", cyt. za: Reynolds, *Hemingway: The Final Years*, s. 351.

[124] Notatka agenta specjalnego dowodzącego z Minneapolis do dyrektora FBI, 13 stycznia 1961 roku, vault.fbi.gov/ernest-miller-hemingway (wejście w sierpniu 2015). Niektórzy badacze przekonywali, że FBI odnalazło Hemingwaya w klinice Mayo, co było szczytowym punktem „nieskutecznych prób przejęcia kontroli, wyszydzenia i oszkalowania pisarza". Meyers, *Hemingway*, s. 109. Jak wspomniałem w innym miejscu, zupełnie inaczej odczytuję sytuację. Gdyby FBI śledziło Hemingwaya, jego teczka liczyłaby znacznie więcej niż 124 strony i zawierała szczegółowe raporty z prowadzonej inwigilacji, a także wskazówki z „Siedziby Rządu", jak Hoover lubił nazywać Waszyngton.

[125] Notatka agenta specjalnego dowodzącego z Minneapolis do dyrektora FBI, 13 stycznia 1961 roku.

[126] List EH do CTL, 16 stycznia 1961 roku, pudło 1, Lanham-Hemingway Papers, PUL.

[127] List Herberta L. Matthewsa do EH, 2 stycznia 1961 roku, pudło 2, Matthews Papers, RBML, Columbia University.

[128] List EH do CTL, 16 stycznia 1961 roku, pudło 1, Lanham-Hemingway Papers, PUL.

[129] *Ibid.* Mogę jedynie domniemywać, że zawdzięczamy tę wzmiankę sowieckiemu ministrowi spraw zagranicznych Anastasowi Mikojanowi, który w lutym 1960 roku złożył Hemingwayowi kurtuazyjną wizytę w Fince i obiecał, że w ciągu dziesięciu lat wypłaci honoraria autorskie, które Związek Radziecki był winny pisarzowi. List MWH do Clary Spiegel, 29 lutego

1960 roku, pudło 12, Carlos Baker Papers, PUL; list MWH do Alfreda Rice'a, 19 listopada 1961 roku, pudło 6, Hemingway Legal Files, New York Public Library. Także inne listy odzwierciedlają jego niepokój związany z Kubą. Szesnastego stycznia zawiadamiał syna, Patricka, że wydarzenia na Kubie są „bardziej skomplikowane, niż je przedstawiają", a następnego dnia napisał do przyjaciela od morskich połowów Thomasa Shevlina, że choć Finca pozostała nietknięta, „w sytuacji na Kubie nie ma niczego oczywistego". List EH do Patricka Hemingwaya, 16 stycznia 1961 roku, w: Baker (red.), *Selected Letters*, ss. 911–912; list EH do Thomasa Shevlina, 17 stycznia 1961 roku, pudło 12, Carlos Baker Papers, PUL.

[130] Herbert L. Matthews do EH, 20 lutego 1961 roku, pudło 2, Matthews Papers, RBML, Columbia University.

[131] Cyt. za: Jim Rasenberger, *The Brilliant Disaster* (Scribner, Nowy Jork 2011), s. 252, źródłem dotyczącym inwazji oraz okoliczności, które jej towarzyszyły.

[132] „Communique by Castro", 21 kwietnia 1961 roku, „New York Times".

[133] Rasenberger, *Brilliant Disaster*, s. 313.

[134] MWH, *How It Was*, s. 631. Mary zastanawiała się później, czy wojskowi planujący operację mogli otrzymać informacje, które przekonały ich, że lądowanie nie może się udać. Czy pochodziły one „z dna butelki, po wypiciu tuzina podwójnych porcji rumu?". List MWH do CTL, 20 października 1961 roku, pudło 1, Charles T. Lanham Papers, Firestone Library, PUL.

[135] List CTL do EH, 9 maja 1961 roku, w korespondencji przychodzącej, Ernest Hemingway Collection, JFK Library.

[136] MWH, *How It Was*, s. 631. Reynolds, *Hemingway: The Final Years*, s. 354, łączy inwazję w Zatoce Świń ze stanem psychicznym Hemingwaya. Reynolds wskazuje, że jako pierwsza zwróciła na to uwagę inna badaczka Hemingwaya, Susan Beegel. Moja chronologia różni się nieznacznie od tej, którą ona przedstawia. Ja koncentruję się na datach walk lądowych – tej części operacji, która przyciągała największą uwagę.

[137] Wydarzenia opisane w: Reynolds, *Hemingway: The Final Years*, s. 354. Materiał został opublikowany po śmierci Hemingwaya w książce pod tytułem *Ruchome święto*.

[138] Opisane w: MWH, *How It Was*, s. 630.

[139] *Ibid.*, s. 633.

[140] Villarreal, Villarreal, *Hemingway's Cuban Son*, s. 134. Villarreal dostał list w końcu czerwca 1961 roku i zapamiętał jego treść. Oryginał zaginął.

[141] MWH, *How It Was*, s. 635, oraz Baker, *Hemingway*, s. 563, stanowią główne źródło wydarzeń, które miały miejsce tamtego dnia.

[142] Mary miała powiedzieć Lanhamowi, że w ostatnie popołudnie Hemingway jeszcze raz przeczytał jego list, co jakimś sposobem odnotowano w skrupulatnie sporządzonym nekrologu generała. Jean R. Hailey, „Maj. Gen. Charles Lanham Dies", „Washington Post", 22 lipca 1978 roku. To samo twierdzenie pojawia się w artykule Francesa S. Leightona, „Letters from Hemingway; Unadulterated, Uninhibited – and Unpublishable", „American Weekly", 12 maja 1963 roku. Choć w żadnym ze źródeł nie ma przypisów, wydaje się to prawdopodobne. Latem 1961 roku Mary i Lanham rozmawiali i pisali do siebie o korespondencji generała z Ernestem. Zob.: list CTL do MH, 21 listopada 1961 roku, pudło 1, Charles T. Lanham Papers, Firestone Library, PUL.

[143] Kopie ostatnich listów Lanhama do Hemingwaya (z 5 i 28 czerwca 1961 roku) mają podobną treść. Pierwszy został wysłany do Rochester, drugi do Sun Valley. Pudło 3, Charles T. Lanham Papers, Firestone Library, PUL.

[144] MWH, *How It Was*, ss. 635–636.

EPILOG. PODLICZENIE UKRYTYCH KOSZTÓW

[1] Zob. Meyers, *Hemingway*, ss. 565–566.

[2] Watson, *My Life in Print*, s. 75.

[3] Przedrukowane *ibid.*, ss. 76–77.

[4] Więcej informacji na temat związku Hemingwaya z Mary oraz jego leczenia w klinice Mayo można znaleźć w: Meyers, „The Hemingways: An American Tragedy", ss. 267–279. Wśród innych interesujących hipotez zob. też: Gregory Hemingway, *Papa*, szczeg. ss. 114–119, oraz Hotchner, *Papa Hemingway*, szczeg. ss. 277–303.

[5] A.E. Hotchner, „Hemingway, Hounded by the Feds", „New York Times Magazine", 11 lipca 2011 roku.

[6] *Ibid.*

[7] *Ibid.*

[8] vault.fbi.gov/ernest-miller-hemingway (wejście w sierpniu 2015). Paragraf stanowi rekapitulację mojej analizy teczki przedstawionej w rozdziale 11.

[9] Ponieważ Hemingway zarejestrował się w klinice pod nazwiskiem George Saviers, martwił się, że FBI może zainteresować, co ukrywał. Zob. dyskusja w rozdziale 13.

[10] List Quentina Reynoldsa do J. Edgara Hoovera, 6 stycznia 1964 roku, vault.fbi.gov/ernest-miller-hemingway (wejście w sierpniu 2015). Najwyraźniej jako znany dziennikarz Reynolds pozostawał w dobrych stosunkach z Hooverem i był rad, mogąc napisać do Mary w jego imieniu.

[11] *Ibid.*, notatka na marginesie listu Reynoldsa dokonana charakterem pisma Hoovera.

[12] Za: Anders Österling, cytat z mowy wygłoszonej podczas uroczystości wręczenia Nagrody Nobla w dziedzinie literatury.

[13] Tytuł książki Koestlera. Arthur Koestler i in., *The God That Failed: A Confession* (Harper Brothers, Nowy Jork 1949).

ŹRÓDŁA

Źródła główne

FBI, strona internetowa
File Number 64-23312 (Ernest Hemingway), vault.fbi.gov

Biblioteka Prezydencka Franklina D. Roosevelta
Franklin D. Roosevelt Presidential Library
Henry Morgenthau Jr., Diaries

Biblioteka Przeydencka Jona F. Kennedy'ego
John F. Kennedy Presidential Library
Ernest Hemingway Collection

Biblioteka i Archiwum Instytutu Hoovera, Uniwersytet Stanford
Hoover Institution Library and Archives, Stanford University
J. Arthur Duff Papers
Joseph Freeman Papers
Myers G. Lowman Papers

Biblioteka Kongresu
Library of Congress
A.E. Hotchner Papers
Alexander Vassiliev Papers
Archibald MacLeish Papers
Communist International Archives
Philip W. Bonsal Papers

Oddział Historii Korpusu Piechoty Morskiej
Marine Corps History Division, Quantico, VA
John W. Thomason Jr., Personal File

Archiwa Narodowe I
National Archives I, Washington, DC
HUAC Files, Records of the House of Representatives (RG 233)

Archiwa Narodowe II
National Archives II, College Park, MD
Alexander Orlov Papers
Department of the Treasury Records (RG 56)
FBI Records (RG 65)
OSS Records (RG 226)
US Navy Records (RG 38)
Department of State Records (RG 59)

Brytyjskie Archiwa Narodowe
National Archives, Kew, Anglia
Gustav Regler Personal File, Records of the Security Service

Nowojorska Biblioteka Publiczna
New York Public Library
Hemingway Legal Files

Uniwersytet Princeton
Princeton University
Firestone Library, Rare Books and Special Collections
Carlos Baker Papers (C0365)
Charles T. Lanham Papers (C0305)
Lanham–Hemingway Papers (C0067)
Scribner's Sons, archiwum (C0101)
Mudd Library, Rare Books and Special Collections
Charles T. Lanham Papers (MC081)

Biblioteka Ksiąg Rzadkich i Rękopisów, Uniwersytet Columbia
Rare Books and Manuscripts Library, Columbia University, New York
Herbert L. Matthews Papers
Spruille Braden Papers

Muzeum Roalda Dahla i Centrum Historii
Roald Dahl Museum and Story Centre, Buckinghamshire, England
Roald Dahl Correspondence

Kolekcje Specjalne, Biblioteka Uniwersytetu Georgetown
Special Collections, Georgetown University Library, Washington, DC
Edward P. Gazur Papers

Uniwersytet Nowojorski
Tamiment Library, New York University
Milton Wolff Papers

Biblioteka Uniwersytetu Kalifornijskiego
Library of the University of California, San Diego
Southworth Spanish Civil War Collection

Towarzystwo Historyczne Wirginii
Virginia Historical Society, Richmond
David K.E. Bruce Papers

Biblioteka Ksiąg Rzadkich i Rękopisów Beinecke, Uniwersytet Yale
Beinecke Rare Book and Manuscript Library, Yale University
Robert Joyce Papers

KSIĄŻKI I ARTYKUŁY

Aaron Daniel, *Writers on the Left*, Avon, Nowy Jork 1961.
Aldrich Nelson W. (red.), *George, Being George*, Random House, New York 2008.

Andrew Christopher, Mitrokhin Vasili, *The Sword and the Shield*, Basic Books, Nowy Jork 2001.
Baker Carlos, *Ernest Hemingway: A Life Story*, Scribner, Nowy Jork 1969.
Baker Carlos (red.), *Ernest Hemingway: Selected Letters*, Macmillan, Nowy Jork 1989.
Bentley Elizabeth, *Out of Bondage*, Ivy, Nowy Jork 1988.
Bentley Eric (red.), *Thirty Years of Treason: Excerpts from Hearings Before the House Committee on Un-American Activities 1938–1968*, Thunder's Mouth Press, Nowy Jork 1971.
Bessie Alvah, *Men in Battle*, Chandler & Sharp, Nowy Jork 1975.
Bessie Dan (red.), *Alvah Bessie's Spanish Civil War Notebooks*, University Press of Kentucky, Lexington 2002.
Billingsley Kenneth Lloyd, „Hollywood's Missing Movies: Why American Films Have Ignored Life Under Communism", „Reason", czerwiec 2000.
Billingsley Kenneth Lloyd, *Hollywood Party: How Communism Seduced the American Film Industry in the 1930s and 1940s*, Forum, Roseville, CA, 2000.
Brack Fred, „Emmett Watson Reminisces", „Seattle Post-Intelligencer", 21 października 1981.
Braden Spruille, *Diplomats and Demagogues: The Memoirs of Spruille Braden*, Arlington House, New Rochelle, NY, 1971.
Bradley Mark A., *A Very Principled Boy: The Life of Duncan Lee, Red Spy and Cold Warrior*, Basic Books, Nowy Jork 2014.
Brasch James D., „Hemingway's Doctor: José Luis Herrera Sotolongo Remembers Ernest Hemingway", „Journal of Modern Literature" 13, nr 2 (lipiec 1986).
Brasch James D., Sigman Joseph, *Hemingway's Library: A Composite Record*, JFK Library Electronic Edition, Boston 2000.
Brian Denis, *The True Gen*, Grove, Nowy Jork 1988.
Briggs Ellis O., *Proud Servant: Memoirs of a Career Ambassador*, Kent State University Press, Kent, OH, 1998.
Briggs Ellis O., *Shots Heard Around the World*, Viking, New York 1957.

Bruccoli Matthew J. (red.), *Conversations with Ernest Hemingway*, University Press of Mississippi, Jackson. Ms–London 1986.

Bruccoli Matthew J. (red.), *Hemingway and the Mechanism of Fame*, University of South Carolina Press, Columbia 2006.

Bruccoli Matthew J. (red.), *The Only Thing That Counts: The Ernest Hemingway–Maxwell Perkins Correspondence*, Scribner's, New York 1996.

Capa Robert, *Slightly Out of Focus*, Random House, New York 1999.

Carpenter Iris, *No Woman's World*, Houghton Mifflin, Boston 1946.

Carr Virginia S., *Dos Passos: A Life*, Doubleday, New York 1984.

Carroll Peter N., Fernandez James D. (red.), *Facing Fascism: New York & the Spanish Civil War*, NYU Press, New York 2007.

Carroll Peter N., *The Odyssey of the Abraham Lincoln Brigade: Americans in the Spanish Civil War*, Stanford University Press, Stanford, CA, 1994.

Castro Fidel, Ramonet Ignacio, *Fidel Castro: My Life: A Spoken Autobiography*, Scribner, New York 2008.

Chamberlin Brewster, *The Hemingway Log*, University Press of Kansas, Lawrence 2015.

Charney David L., „True Psychology of the Insider Spy". „Intelligencer" 18, nr 1 (jesień–zima 2010).

Churchill Winston S., *The Second World War*, Houghton Mifflin, New York 1959.

Cockburn Claud., *I, Claud*, Penguin, London 1967.

Conant Jennet, *The Irregulars: Roald Dahl and the British Spy Ring in Wartime Washington*, Simon & Schuster, New York 2008.

Conquest Robert, *The Great Terror: A Reassessment*, Oxford University Press, New York 2008.

Copeland Miles, *The Game Player*, Aurum Press, London 1989.

Costello John, Tsarev Oleg, *Deadly Illusions: The KGB Orlov Dossier*, Crown Books, New York 1993.

Cowley Malcolm, *The Dream of the Golden Mountains: Remembering the 1930s*, Penguin, New York 1981.

Craig R. Bruce, *Treasonable Doubt: The Harry Dexter White Spy Case*, University Press of Kansas, Lawrence 2004.

De la Mora Constancia, *In Place of Splendor*, Harcourt, Brace, New York 1939.

DeFazio III Albert J. (red.), *„Dear Papa, Dear Hotch": The Correspondence of Ernest Hemingway and A.E. Hotchner*, University of Missouri Press, Columbia 2005.

Del Vayo Julio Álvarez, *Give Me Combat: The Memoirs of Julio Álvarez del Vayo*, Little, Brown, Boston 1973.

DePalma Anthony, *The Man Who Invented Fidel: Castro, Cuba, and Herbert L. Matthews of the New York Times*, Public Affairs, New York 2006.

Dmytryk Edward, *Odd Man Out: A Memoir of the Hollywood Ten*, Southern Illinois University Press, Carbondale 1996.

Donaldson Scott, *Archibald MacLeish: An American Life*, Houghton Mifflin, Boston–New York 1992.

Donovan Robert J., *Conflict and Crisis: The Presidency of Harry S. Truman, 1945–1948*, Norton, New York 1971.

Dubois Jules, *Fidel Castro: Rebel, Liberator, or Dictator?* Bobbs--Merrill, New York 1959.

Eakin Hugh, „Stalin's Reading List", „New York Times", 17 kwietnia 2005.

Eby Cecil B., *Comrades and Commissars: The Lincoln Battalion in the Spanish Civil War*, Pennsylvania State University Press, University Park 2007.

Ehrenburg Ilya, *Memoirs: 1921–1941*, World, Cleveland–New York 1964.

Fensch Thomas, *Behind Islands in the Stream: Hemingway, Cuba, the FBI, and the Crook Factory*, iUniverse, New York 2009.

Franqui Carlos, *Family Portrait with Fidel*, Vintage, New York 1985.

Fuentes Norberto, *Hemingway in Cuba*, Lyle Stuart, Secaucus, NJ, 1984.

Fuller Robert, „Hemingway at Rambouillet", „Hemingway Review" 33, nr 2 (wiosna 2014).
Gazur Edward P., *Alexander Orlov: The FBI's KGB General*, Carroll & Graf, New York 2001.
Gellhorn Martha, „Cry Shame", „New Republic", 6 października 1947.
Gellhorn Martha, *Travels with Myself and Another*, Penguin, New York 2001.
Gerogiannis Nicholas (red.), *Ernest Hemingway: 88 Poems*, Harcourt, Brace, Jovanovich, New York–London 1979.
Gingrich Arnold, *Nothing But People: The Early Days at Esquire*, Crown, New York 1978.
Glantz David M., House Jonathan, *When Titans Clashed: How the Red Army Stopped Hitler*, University Press of Kansas, Lawrence 1995.
Goodman Walter, *The Committee: The Extraordinary Career of the House Committee on Un-American Activities*, Farrar, Straus, New York 1968.
Grimes Larry, Sylvester Bickford (red.), *Hemingway, Cuba and the Cuban Works*, Kent State University Press, Kent, OH, 2014.
Groth John, *Studio: Europe*, Vanguard, New York 1945.
Gurney Jason, *Crusade in Spain*, Faber & Faber, London 1974.
Haberkern E., Lipow Arthur (red.), *Neither Capitalism nor Socialism: Theories of Bureaucratic Collectivism*, Center for Socialist History, Alameda, CA, 2008.
Hailey Jean R., „Maj. Gen. Charles Lanham Dies", „Washington Post", 22 lipca 1978.
Haines Gerald K., Langbart David A., *Unlocking the Files of the FBI: A Guide to Its Records and Classification System*, Scholarly Resources, Wilmington, DE, 1993.
Haynes John Earl, Klehr Harvey, Vassiliev Alexander, *Spies: The Rise and Fall of the KGB in America*, Yale University Press, New Haven–Connecticut 2009.
Hemingway Ernest, *Green Hills of Africa*, Scribner, New York 1935.

Hemingway Ernest, „«I Saw Murder Done in Spain» – Hemingway's Lost Report", „Chicago Tribune", 29 listopada 1982.
Hemingway Ernest (red.), *Men at War: The Best War Stories of All Time*, Crown, New York 1942.
Hemingway Ernest, *The Fifth Column*, Simon & Schuster, New York 1969.
Hemingway Ernest, „Who Killed the Vets?", „New Masses", 17 września 1935.
Hemingway Ernest i in., *Somebody Had to Do Something: A Memorial to James Phillips Lardner*, James Lardner Memorial Fund, Los Angeles 1939.
Hemingway Gregory H., *Papa: A Personal Memoir*, Houghton Mifflin, Boston 1976.
Hemingway Leicester, *My Brother, Ernest Hemingway*, Pineapple Press, Sarasota, FL, 1996.
Hemingway Leicester, Jenkinson Anthony, „A Caribbean Snoop Cruise", „Reader's Digest" 37 (1940).
Hemingway Mary Welsh, *How It Was*, Ballantine, New York 1977.
Hemingway Valerie, *Running with the Bulls: My Years with the Hemingways*, Ballantine, New York 2005.
Hendrickson Paul, *Hemingway's Boat: Everything He Loved in Life, and Lost*, Knopf, New York 2011.
Herbst Josephine, *The Starched Blue Sky of Spain*, Harper Collins, New York 1991.
Hickam Homer H., Jr, *Torpedo Junction: U-Boat War off America's East Coast, 1942*, Naval Institute Press, Annapolis, MD, 1996.
Hicks Granville, *Where We Came Out*, Viking, New York 1954.
Hochschild Adam, *Spain in Our Hearts: Americans in the Spanish Civil War, 1936–1939*, Houghton Mifflin, 2016.
Horne Gerald, *The Final Victim of the Blacklist: John Howard Lawson, Dean of the Hollywood Ten*, University of California Press, Berkeley 2006.
Hotchner A.E., *Hemingway and His World*, Vendome Press, New York–Paris 1989.

Hotchner A.E., „Hemingway, Hounded by the Feds", „New York Times Magazine", 11 lipca 2011.
Hotchner A.E., *Hemingway in Love: His Own Story*, St. Martin's Press, New York 2015.
Hotchner A.E., *Papa Hemingway*, Random House, New York 1966.
Isaacson Walter, Thomas Evan, *The Wise Men*, Touchstone, New York 1986.
Jenkinson, sir Anthony, *America Came My Way*, Arthur Barker, London 1936.
Jenkinson, sir Anthony, *Where Seldom a Gun Is Heard*, Arthur Barker, London 1937.
Kale Verna, *Ernest Hemingway*, Reaktion Books, London 2016.
Kert Bernice, *The Hemingway Women: Those Who Loved Him –The Wives and Others*, Norton, New York 1983.
Kessler Lauren, *Clever Girl: Elizabeth Bentley, the Spy Who Ushered in the McCarthy Era*, Perennial, New York 2003.
Knight Amy, *How the Cold War Began: The Igor Gouzenko Affair and the Hunt for Soviet Spies*, Carroll & Graf, New York 2006.
Knightley Philip, *The Master Spy: The Story of Kim Philby*, Knopf, New York 1989.
Koch Stephen, *Double Lives: Spies and Writers in the Secret Soviet War of Ideas Against the West*, Free Press, New York 1994.
Koch Stephen, *The Breaking Point: Hemingway, Dos Passos and the Murder of José Robles*, Counterpoint, New York 2005.
Koestler Arthur, *Invisible Writing: The Second Volume of an Autobiography,1932–1940*, Stein & Day, New York 1984.
Koestler Arthur, *Spanish Testament*, Gollancz, London 1937.
Kowalski Daniel, *Stalin and the Spanish Civil War*, Columbia University Press, New York 2004.
Langer Eleanor, *Josephine Herbst*, Northeastern University Press, Boston 1994.
Lankford Nelson, *The Last American Aristocrat: The Biography of Ambassador David K.E. Bruce*, Little, Brown, Boston 1996.

Lankford Nelson (red.), *OSS Against the Reich: The World War II Diaries of Colonel David K.E. Bruce*, Kent State University Press, Kent, OH, 1991.

Lash Joseph P., *Eleanor: The Years Alone*, Norton, New York 1972.

Leighton Frances S., „Letters from Hemingway; Unadulterated, Uninhibited – and Unpublishable", „American Weekly", 12 maja 1963.

Levin Elizabetha, „In Their Time: The Riddle Behind the Epistolary Friendship Between Ernest Hemingway and Ivan Kashkin", „Hemingway Review" 32, nr 2 (2013).

Luddington Townsend (red.), *The 14th Chronicle: Letters and Diaries of John Dos Passos*, Gambit, New York 1973.

Lynn Kenneth S., *Hemingway*, Harvard University Press, Cambridge, MA, 1995.

Marshall S.L.A., *Bringing Up the Rear*, Presidio Press, San Francisco 1979.

Matthews Herbert L., *A World in Revolution: A Newspaperman's Memoir*, Scribner, New York 1971.

Matthews Herbert L., *Castro: A Political Biography*, Penguin, London 1969.

Matthews Herbert L., „Castro Is Still Alive and Still Fighting in the Mountains", „New York Times", 24 lutego 1957.

Matthews Herbert L., *Education of a Correspondent*, Harcourt, Brace, New York 1946.

Matthews Herbert L., *The Cuban Story*, George Braziller, New York 1961.

Matthews Herbert L., *Two Wars and More to Come*, Carrick & Evans, New York 1938.

Matthews Nancie, „Journey to Sierra Maestra: Wife's Version", „Times Talk" 10, nr 7 (marzec 1957).

McGilligan Patrick, Buhle Paul, *Tender Comrades: A Backstory of the Hollywood Blacklist*, St. Martin's, New York 1971.

Mellow James R., *Hemingway: A Life Without Consequences*, Houghton Mifflin, Boston 1992.

Merriman Marion, Lerude Warren, *American Commander in Spain: Robert Hale Merriman and the Abraham Lincoln Brigade*, University of Nevada Press, Reno 1986.

Meyers Jeffrey, *Hemingway: A Biography*, DaCapo, New York 1999.

Meyers Jeffrey, *Hemingway: Life into Art.*, Cooper Square, New York 2000.

Meyers Jeffrey, „The Hemingways: An American Tragedy", „Virginia Quarterly Review", wiosna 1999.

Mickelson Erik D., „Seattle By and By: The Life and Times of Emmett Watson", praca magisterska, University of Montana, 2002.

Moorehead Caroline, *Gellhorn: A Twentieth-Century Life*, Henry Holt, New York 2004.

Moorehead Caroline (red.), *Selected Letters of Martha Gellhorn*, Henry Holt, New York 2006.

Moreira Peter, *Hemingway on the China Front: His WWII Spy Mission with Martha Gellhorn*, Potomac Books, Washington, DC, 2007.

Mort Terry, *The Hemingway Patrols*, Scribner, New York 2009.

National Security Agency and Central Intelligence Agency, *Venona: Soviet Espionage and the American Response, 1939–1957*, NSA i CIA, Washington, DC, 1996.

North Joseph, *No Men Are Strangers*, International, New York 1968.

Olmstead Kathryn S., *Red Spy Queen: A Biography of Elizabeth Bentley*, University of North Carolina Press, Chapel Hill 2002.

O'Rourke Sean, *Grace Under Pressure: The Life of Evan Shipman*, Harvardwood, Boston 2010.

Paporov Yuri, *Hemingway en Cuba*, Siglo Veintiuno Editores, Mexico–Madrid 1993.

Phillips R. Hart, *The Cuban Dilemma*, Ivan Obolensky, New York 1962.

Pleshakov Constantine, *Stalin's Folly*, Houghton Mifflin, Boston 2005.

Preston Paul, *We Saw Spain Die*, Constable, London 2009.

Price Ruth, *The Lives of Agnes Smedley*, Oxford University Press, Oxford 2005.

Radosh Ronald, Habeck Mary R., Sevostianov Grigory (red.), *Spain Betrayed: The Soviet Union in the Spanish Civil War*, Yale University Press, New Haven–Connecticut–London 2001.

Radosh Ronald, Radosh Allis, *Red Star over Hollywood*, Encounter Books, San Francisco 2005.

Rasenberger Jim, *The Brilliant Disaster: JFK, Castro and America's Doomed Invasion of Cuba's Bay of Pigs*, Scribner, New York 2011.

Regler Gustav, *Das grosse Beispiel*, 1940; reprint, Kiepenhauer & Witsch, b.d.w. Kölna, Niemcy.

Regler Gustav, *Dokumente und Analysen*, Saarbrücker Druckerei und Verlag, Saarbrücken, Niemcy 1985.

Regler Gustav, *The Great Crusade*, Longman, Green, New York 1940.

Regler Gustav, *The Owl of Minerva*, Farrar, Straus, New York 1960.

Reynolds Michael S., *Hemingway: The Final Years*, Norton, New York 1999.

Reynolds Nicholas, „A Spy Who Made His Own Way: Ernest Hemingway, Wartime Spy", „Studies in Intelligence" 56, nr 2, wyjątki (czerwiec 2012).

Robinson Daniel, „«My True Occupation Is That of a Writer»: Hemingway's Passport Correspondence", „Hemingway Review" 24, nr 2 (jesień 2005).

Romerstein Herbert, Breindel Eric, *The Venona Secrets: Exposing Soviet Espionage and America's Traitors*, Regnery, Washington, DC, 2000.

Rooney Andy, *My War*, PublicAffairs, New York 2000.

Sanders David, „Ernest Hemingway's Spanish Civil War Experience", „American Quarterly" 12, nr 2 (1960).

Sbardellati John, *J. Edgar Hoover Goes to the Movies: The FBI and the Origins of Hollywood's Cold War*, Cornell University Press, Ithaca, NY, 2012.

Scammell Michael, *Koestler*, Random House, New York 2009.

Schoonover Thomas D., *Hitler's Man in Havana*, University Press of Kentucky, Lexington 2008.

Schoots Hans, *Living Dangerously: A Biography of Joris Ivens*, Amsterdam University Press, Amsterdam 2000.

Scott Phil, *Hemingway's Hurricane*, McGraw-Hill, New York 2006.

Setlowe Rick, „Hemingway and Hollywood: For Whom the Camera Rolled", „Los Angeles Times", 14 października 1979.

Sigal Clancy, *Hemingway Lives! Why Reading Ernest Hemingway Matters Today*, OR Books, New York–London 2013.

Smedley Agnes, *China Correspondent*, Pandora, London–Boston 1984.

Smith Richard Harris, *OSS: The Secret History of America's First Intelligence Agency*, University of California Press, Berkeley 1981.

Stein Jacob A., „General Buck Lanham, Ernest Hemingway and That Woman in Venice", „Washington Lawyer", styczeń 2003.

Stoneback H.R., „Hemingway's Happiest Summer – The Wildest, Most Beautiful, Wonderful Time Ever Ever, or, The Liberation of France and Hemingway", „North Dakota Quarterly" 64, nr 3 (lato 1997).

Straight Michael, *After Long Silence*, Norton, New York 1983.

Sweet Matthew, *The West End Front*, Faber & Faber, London 2011.

Szurek Alexander, *The Shattered Dream*, East European Monographs, Boulder, CO, 1989.

Tannenhaus Sam, *Whittaker Chambers: A Biography*, Random House, New York 1997.

Thomas Hugh, *The Spanish Civil War*, Modern Library, New York 2001.

Thompson Hunter S., „What Lured Hemingway to Ketchum?", „National Observer", 25 maja 1964.

Tierney Dominic, *FDR and the Spanish Civil War*, Duke University Press, Durham, NC, 2007.

Tuchman Barbara W., *Practicing History*, Knopf, New York 1981.

Turner Martha Anne, *The World of John W. Thomason, USMC*, Eakin Press, Austin, TX, 1984.

Tynan Kathleen (red.), *Kenneth Tynan Letters*, Random House, New York 1994.

Tynan Kenneth, „A Visit to Havana", „Holiday" 27, nr 2 (luty 1960).

Tynan Kenneth, *Right & Left*, Longman, London 1967.

US House of Representatives, *This Is Your House Committee on Un-American Activities*, U.S. Government Printing Office, Washington, DC, 1954.

Vernon Alex, *Hemingway's Second War: Bearing Witness to the Spanish Civil War*, University of Iowa Press, Ames 2011.

Viertel Peter, *Dangerous Friends: At Large with Huston and Hemingway in the 1950s*, Doubleday, New York 1992.

Villarreal René, Villarreal Raúl, *Hemingway's Cuban Son: Reflections on the Writer by His Longtime Majordomo*, Kent State University Press, Kent, OH 2009.

Watson Emmett, *My Life in Print*, Lesser Seattle, Seattle 1993.

Watson William B., „Investigating Hemingway: The Novel", „North Dakota Quarterly" 60, nr 1 (zima 1991).

Watson William B., „Investigating Hemingway: The Story", „North Dakota Quarterly" 59, nr 1 (zima 1991).

Watson William B., „Investigating Hemingway: The Trip", „North Dakota Quarterly" 59, nr 3 (lato 1991).

Watson William B., „Joris Ivens and the Communists: Bringing Hemingway Into the Spanish Civil War", „Hemingway Review" 18, nr 2 (jesień 1990).

Weinstein Allen, Vassiliev Alexander, *The Haunted Wood*, Modern Library, New York 1999.

Wheelock John H. (red.), *Editor to Author: The Letters of Maxwell E. Perkins*, Scribner's, New York 1950.

White Theodore H., *In Search of History*, Harper & Row, New York 1978.

White William (red.), *By-Line: Ernest Hemingway*, Touchstone, New York 1967.

Wilmers Mary-Kay, *The Eitingons: A Twentieth-Century Story*, Faber & Faber, London 2010.

Wyden Peter, *The Passionate War: The Narrative History of the Spanish Civil War*, Simon & Schuster, New York 1983.

Zheng Kaimei, „Hemingway in China", „North Dakota Quarterly" 70, nr 4 (2003).

POZWOLENIA

Dziękuję za udzielenie zgody na wykorzystanie zdjęć i fragmentów książek następującym instytucjom: agencji Getty Images; agencji Corbis Images za fotografie Bettmanna; Tamiment Library za fotografie z Abraham Lincoln Collection; Nederlands Fotomuseum za zdjęcie Fernhouta; Annemay Regler-Repplinger za fotografię Gustava Reglera z 1944 roku wykorzystaną na mocy powszechnej licencji publicznej GNU.

INDEKS

Druk i oprawa:
Druk-Intro S.A.
88-100 Inowrocław, ul. Świętokrzyska 32
tel. +48 52 354 94 50, fax +48 52 354 94 51
www.druk-intro.pl; druk-intro@druk-intro.pl